AF567831
7115
Virus Velomanie
Franz Haßdenteufel
NOVE COLLI 2004
BARBOTTO PENDENZA MAX 18%

Franz Haßdenteufel

Virus Velomanie
Vom Glück im Sattel
- das Buch zum Fahrrad

Alles rund ums Rad,
mit 126 Einzeletappen,
17 Wochentouren für Einsteiger und
Fortgeschrittene auf E-Bike, Mountainbike,
Rennrad oder Tourenrad,
mit einem Prologvon Udo Bölts

DeBehr

Herausgeber: Verlag DeBehr, Radeberg
Erstauflage: 2022
ISBN: 9783957539731

1.Buchinnenseite der
Autor bei Radmarathon „Granfondo Nove Colli 2004"
Nove Colli / Cesenàtico, 23. Mai 2004
(Foto: © Studio5, Cesenàtico,
Viale Carducci 166/c)
©AdobeStock NikonSteff

Das Leben ist wie Fahrradfahren.
Um die Balance zu halten,
musst du in Bewegung bleiben.

Albert Einstein

Für Beatrice

Für Julia

Für Lucien

In memoriam Heiko Landwehr

Prolog

Liebe Leserinnen und Leser,

ich habe mich wirklich sehr gefreut, als Franz mich fragte, ob ich den Prolog für sein Buch schreiben will.
In meinen 15 Jahren als Berufsrennfahrer habe ich so manchen Prolog bestritten. Ein Buchprolog ist allerdings für mich nun auch etwas Neues.
So neu wie viele Dinge, mit denen die Menschen 2020 konfrontiert wurden.
Seit 2020 hat das Radfahren, bedingt durch mehr Freizeit aufgrund von Lockdown und Homeoffice, eine Renaissance erlebt. Die Fahrradgeschäfte erleben einen Aufschwung wie schon lange nicht mehr. Egal ob Rennrad, MTB, Trekkingrad, Cityrad, Gravelrad oder E-Bike, alles ist heiß begehrt und wird gekauft.
Man trifft Radler auf Radwegen, Mountainbikewegen, sie sitzen in Cafés oder Biergärten. Radfahren wurde dank Corona wieder neu entdeckt. Den Wind fühlen, die Sonne auf der Haut spüren und die Landschaft samt Umgebung bewusst wahrnehmen sind Dinge, die das Radfahren ausmachen.
Jeder bestimmt sein Tempo selbst. Und wenn es dann auch noch eine schöne Einkehrmöglichkeit und attraktive Übernachtungsvorschläge bei zwei- oder mehrtägigen Rundfahrten gibt, wie Franz sie in seinem Buch beschreibt, dann sollten Sie/solltet ihr diese auch nutzen, um danach gestärkt wieder in die Pedale treten zu können.
Ich wünsche Ihnen/euch viel Spaß beim Lesen der Etappen. Vielleicht weckt Franz' Buch auch Ihr/euer Interesse, eine seiner Routen selbst zu erkunden - in diesem Fall wünsche ich Ihnen/euch eine erlebnisreiche Radsaison!

Ihr/Euer Udo Bölts

Vorbemerkung

Das Radfahren erlebt durch die Corona-Pandemie einen erfreulichen Boom.

Sportliches Radfahren gehört zu den schönsten Hobbys, die ich mir vorstellen kann. Dieses Buch schildert Abenteuer mit dem Rennrad seit über fünf Jahrzehnten, es beschreibt ereignisreiche große und kleine Touren, darunter viele in Frankreich - wo das Fahrrad seit 1890 nach der niederländischen Thronerbin Wilhelmine liebevoll *la petite reine* (*die kleine/junge Königin*) genannt wird - und im „Herzen Europas“: In der *Großregion* mit Saar-Lor-Lux, Rheinland-Pfalz, der belgischen Wallonie und in den Nord-/Vogesen habe ich mich für die Rundfahrten im Hochgebirge vorbereitet.

Frankreich - aufgrund seiner *sechseckigen Form* auch als *Hexagon* bezeichnet - ist ein wunderbares Land, in welches man 20 Jahre fahren kann, um jedes Mal eine neue Urlaubsregion zu entdecken: 14 *Régions*, zwei Hochgebirge, drei Mittelgebirge, Kanäle und Flusstäler, *Routes Forestières, Voies Vertes, Pistes cyclables*, verkehrsarme Straßen.

Befallen und getrieben von einem Virus, durfte ich mit meinen Radsportfreunden viele bezaubernde Landschaften erkunden; die Tourpläne inklusive schön gelegener Übernachtungsmöglichkeiten mit einem guten Preis-Leistungs-Verhältnis hatte ich in der entbehrungsreichen, fahrradarmen Winterzeit ausgearbeitet.

Die Fortbewegung mit dem Veloziped garantiert eine ideale Reisegeschwindigkeit, um Landschaften, Orte und Gebirgspässe nicht nur intensiv kennenzulernen, sondern auch in Erinnerung zu behalten.

Meine autobiografischen Erzählungen in 21 Kapiteln, die ich „Etappen“ nenne, enthalten zusätzliche landeskundliche Informationen und behandeln Aspekte sowohl der *Tour de France*-Historie als auch ausgewählte Themen der allgemeinen Geschichte.

Dieses Buch soll einfach Freude bereiten beim Lesen. Die 21 Tourenvorschläge - darunter 17 einwöchige Rundfahrten, insgesamt 126 Einzeletappen - werden aber auch manche Interessierte anregen zu

Touren im Hochgebirge wie in den französischen Alpen mit dem vorgelagerten, großartigen Vercors, dem *Mythos Mont Ventoux,* in den französischen und spanischen Pyrenäen mit dem Baskenland, in den Alpen der Schweiz und Italiens, in den Dolomiten, im hügeligen Hinterland von Cesenàtico an der Adriaküste oder in den französischen Mittelgebirgen wie Vogesen, Jura und Auvergne.

Die Vogesen unweit des Saarlandes spielen für die *Tour de France* eine immer bedeutendere Rolle. Das „Vogesen-Alpe d'Huez" <*La Planche des Belles Filles*> („das Brett der schönen Mädchen") wurde für 2022 zum sechsten (!) Mal seit 2012 zum Menü der <*Grande Boucle*> auserwählt. Das Mittelgebirge unweit der deutschen Grenze ist <*en vogue*>. Die *Tour*-Organisatoren hatten im Oktober 2021 anlässlich der Streckenpräsentation in Paris schon wieder ihre Empathie für die Vogesen gezeigt: Von *Tomblaine* (bei *Nancy*) geht es zur Bergankunft auf die Planche des Belles Filles.

Die Franzosen haben für die 2022 wieder stattfindende *Tour de France Femmes* (24. - 31. Juli) die Vogesen als Schwerpunkt auserkoren. Nach vier Tagen ab Paris geht es für die Frauen in der zweiten Hälfte ausnahmslos durch dieses Mittelgebirge - mit dem Ziel auf der Planche des Belles filles!

Meine Abenteuer sollen auch Interesse wecken für wunderbare Erlebnisse mit dem Fahrrad im grünen Herzen Mittel-Europas, in der *Großregion,* wo ich seit vielen Jahren immer mehr auto- und motorradfreie, asphaltierte Rad- und Forstwege ausfindig machen konnte:

In Saar-Lor-Lux, im Maas-Tal, in den französischen, belgischen und luxemburgischen Ardennen, in der Eifel, im grenzüberschreitenden Biosphärenreservat Pfälzerwald/Regionalpark Nordvogesen, im Nord-Elsass, im Biosphärenreservat Bliesgau, im Warndt, im Sankt Wendeler Land, im Nordpfälzer Bergland und im Naturpark Saar-Hunsrück mit seinem Zentrum Nationalpark Hunsrück-Hochwald.

Saarbrücken, im Februar 2022

Franz Haßdenteufel

Anmerkungen des Verfassers

Um den Lesefluss nicht zu beeinflussen, wurde auf Anmerkungen unterhalb der Textseiten oder gebündelt am Ende verzichtet; Zitatangaben finden sich direkt im Text, benutzte Literatur und Onlinequellen sind im Anhang aufgeführt.

Neben den Abenteuern im Hochgebirge beschreiben 11 der 21 Touren die mit viel Sorgfalt ausgewählten Strecken abseits von Autos und Motorrädern - auf Radwegen und wenig frequentierten Straßen im Herzen Europas und in den Vogesen.

Ein Abfotografieren der Radstrecken (ab Seite 391 ff.) und der enstprechenden Kartenausschnitte sollte ein Gelingen der Radtouren garantieren.

Die Touren werden natürlich - wie von Udo Bölts in seinem „Prolog“ erwähnt - für alle Räder inklusive E-Bikes empfohlen: „Jeder bestimmt sein Tempo selbst“.

Aber auch ambitionierte Hobbyfahrer kommen auf ihre Kosten. Auch können die einwöchigen Rundfahrten beliebig variiert werden, indem man nur Teilstrecken abfährt oder durch mehr Übernachtungen die Tagesetappen verkürzt. Viele Routen in der Großregion sind kombinierbar mit Auto oder Zug, Teilstrecken werden so attraktiv für mehr Mitglieder der Fahrrad-Fan-Gemeinde.

Inhaltsverzeichnis

Etappe 1 Kindheit / Jugend / Studienjahre

Ich springe von der Couch hoch, reiße die Wohnzimmertür auf und renne völlig aufgedreht durch den Flur in unser Esszimmer. Meine Eltern, Tante und Onkel sind gerade dabei, nach Kaffee und Kuchen ein Gläschen Wein zu genießen. Der Schreck fährt ihnen in die Glieder, da alle davon ausgehen, es sei etwas Schlimmes passiert.

„Papa, Onkel Edmund, kommt schnell ins Wohnzimmer, *Rudi Altig* ist Weltmeister!"

Die Mienen hellen sich auf.

Es war Sonntagnachmittag, der 28. August 1966.

Ich kann mich nicht mehr an die Siegerehrung erinnern, bei welcher der zweite Podiumsplatz leer geblieben war. Neben dem neuen Weltmeister Rudi Altig stand der WM-Dritte, der im November 2019 mit 83 Jahren verstorbene *Raymond Poulidor*, *Poupou*, der „ewige Zweite" und Liebling (*chouchou*) der Franzosen, der aber einige große Siege auf seinem *Palmarès* zu verzeichnen hatte: u.a. die *Vuelta*, zweimal *Milano – San Remo*, *Paris - Nice* gegen *Eddy Merckx*...

Jahre später recherchierte ich, um die Frage zu klären, wer eigentlich Vizeweltmeister 1966 geworden war, bei der Siegerehrung aber durch Abwesenheit glänzte: kein Geringerer als *Jacques Anquetil*! Dieser hatte als erster Fahrer die *Tour de France* fünfmal gewonnen.

Der Zeitfahrspezialist - *Monsieur Chrono* - hatte 1957 und von 1961 - 1964 die *Tour* dominiert.

Was war an jenem für den deutschen Radsport so denkwürdigen Sonntag Ende August 1966 passiert?

Eine illustre siebenköpfige Ausreißergruppe mit den Favoriten Anquetil, Poulidor und dem Italiener *Felice Gimondi* schien den Sieg unter sich auszumachen. Aber die Gruppe lief nicht rund, weil die beiden französischen Stars sich gegenseitig neutralisierten und Gimondi nicht alleine die Führungsarbeit machen wollte.

Es gelang Altig, die Verfolgergruppe heranzuführen, und der Deutsche hatte als Sprintspezialist noch ausreichend Körner, um Anquetil und Poulidor auf die Plätze zu verweisen - ein Paukenschlag!

Die französische Presse beschrieb den Gefühlszustand des *Maître Jacques* mit dem Adjektiv *<écoeuré>*, was übersetzt je nach Kontext heißen kann: „angewidert, entsetzt, enttäuscht“. Es war gekränkte Eitelkeit des großen Meisters, der Weltmeistertitel fehlte ihm noch in seiner Trophäensammlung. Er bekam übrigens eine Geldstrafe wegen des unsportlichen Nicht-Erscheinens bei der Siegerehrung.

Altig und Anquetil waren befreundet, seit sie ab 1962 im französischen Rennstall *Saint-Raphaël-Hutchinson* gemeinsam Rennen gefahren waren. Deshalb hielt sich auch lange das Gerücht, der Deutsche sei gegen seinen Mannschaftskameraden gefahren. Aber Rudi Altig fuhr 1966 für die italienische Mannschaft *Molteni.* Er hatte sich den WM-Titel mit seiner unbändigen Kraft und Sprintstärke verdient.

Dieser 28. August 1966 sollte mein Leben bis heute stark beeinflussen.

Ich wurde im Dezember 1952 im saarländischen *St. Wendel* als viertes von fünf Kindern geboren. Schon sehr früh durfte ich Bergluft schnuppern. Wie mir meine Mutter später erzählte, unternahm sie im Juli 1952 - als sie mit mir im vierten Monat schwanger war - mit dem Katholischen Frauenbund St. Wendel einen Tagesausflug in die *Vogesen*: in das Kloster auf dem Wallfahrtsberg *Mont Sainte-Odile*, dem heiligen Berg der Elsässer - die *Heilige Odilia* ist die Schutzpatronin des Elsass’.

Und im selben Monat jenes Jahres dominierte *Fausto Coppi* die erstmalige Auffahrt nach *Alpe d’Huez*: er siegte am 4. Juli in der Etappe Lausanne - L’Alpe d’Huez mit 1 min 20 s vor *Jean Robic*; und der *Campionissimo* gewann als erster Fahrer der Radsportgeschichte nach 1949 zum zweiten Mal das *Double Giro d’Italia/Tour de France*, die *Tour* 1952 übrigens mit einem Vorsprung von 28 min 17 s vor dem Belgier *Stan Ockers*, dem größten Abstand zu einem *Tour*-Zweiten nach dem Zweiten Weltkrieg. Am *Galibier* ließ der

Italiener seinen einzigen Begleiter *Jean Le Guilly* stehen, „als ob der Franzose nicht existiert hätte". Seine Überlegenheit veranlasste die Organisatoren, ein Rennen im Rennen zu schaffen: der Preis für den Zweitplatzierten wurde verdoppelt (Pierre Chany in: L'Équipe, Tour de France - 100 ans, S. 314).

Ergebnis: Die Berge sollten in meinem Leben eine außergewöhnliche Rolle spielen, und ich wurde als Erwachsener ein *Fausto Coppi-Fan*. Nach reiflichen, jahrzehntelang andauernden Überlegungen komme ich nicht umhin, folgendes festzustellen:

- Die pränatale Phase beeinflusst das weitere Leben in einem entscheidenden Maß.
- Das Leben besteht nicht nur aus Zufällen.

Wir waren eine Bahner-Familie: Opa Stellwerkmeister, Vater früher Lokführer, dann nach Studium am Technikum in Bingen Maschinenbau-Ingenieur bei der Deutschen Bundesbahn.

Wir hatten kein Auto - ich bin mit dem Fahrrad groß geworden; wir kannten die vier Fortbewegungsarten zu Fuß, per Rad, Schwimmen und mit dem Zug.

Gegenwärtig geblieben sind mir Radtouren, die heute das Flair des Abenteuerlichen widerspiegeln.

Den *Campionissimo* täglich vor Augen: Tür zum Arbeitszimmer des Autors

Um meine Mutter zu entlasten, machte unser Vater Radtouren mit drei Kleinkindern - allerdings nur mit seinem Rad: Meine ältere Schwester auf dem Gepäckträger, die jüngere hinter dem Lenker in einem kleinen Schalensitz auf dem Oberrohr und ich in einem Körbchen vor dem Lenker mit dem Rücken zur Fahrtrichtung. Auch die jüngste, Cornelia, erinnert sich heute noch an diese außergewöhnlichen Radtouren; es dürfte im Sommer 1957 gewesen sein: das Nesthäkchen der Familie war zweieinhalb, der Autor zwei Jahre älter und Hildegard sechs Jahre. Bei einem Sturz hätte es 4/7 unserer Familie getroffen. (Meine beiden Brüder Peter und Wendelin waren nicht dabei, sie sind fünfeinhalb bzw. vier Jahre älter als ich, waren aber noch nicht in Besitz eines Drahtesels.)

Glückliche Kindheit – auch ohne Konsum, St. Wendel 1957 (Autor vorne links in Lederhose)

Wir fuhren - bei sehr wenig Autoverkehr - von St. Wendel Richtung Werschweiler und machten Picknick im nahe gelegenen Keimbachtal. Unser Vater staute den gleichnamigen Bach, damit wir uns zur Abkühlung ins Wasser setzen konnten; am späten Nachmittag kamen wir vom Tagesausflug zurück. Ins Keimbachtal wanderten wir auch später mit der siebenköpfigen Familie für einen ganzen Tag, mit Spielsachen und einem Fußball, unsere Mutter hatte Kartoffelsalat mit Wiener Würstchen vorbereitet.

Wir waren gut trainiert zu Fuß. Im Spätsommer liefen wir mit einem Handwagen mehr als einmal zehn Kilometer (hin und zurück) zu unserem Grundstück in St. Wendel-Alsfassen, um Äpfel zu ernten; unsere Eltern konnten uns im Herbst und Winter regelmäßig mit Müsli durchfüttern.

Die Fortbewegung mit dem Fahrrad wurde uns vorgelebt und hat mich stark geprägt. Später fuhren wir alle mit eigenen Rädern eintägige Touren: Für das Brombeersammeln gab es bei der Rückfahrt eine heiß ersehnte kühle Limonade auf dem Billerborner Hof; und meine Mutter freute sich über einen freien Tag ohne Kinder, die Früchte unserer Arbeit verarbeitete sie zu Gelee.

Drei Jahre nach meiner Einschulung in die *Nikolaus-Obertreis-Schule* bekam ich 1962 anlässlich meiner ersten Heiligen Kommunion von meiner Patentante mein erstes - anfangs zu großes - Fahrrad, ein Damenfahrrad, also ohne Oberrohr, aber mit drei Gängen, so dass ich mich mit meinen neun Jahren schon einigermaßen per Rad fortbewegen konnte; ich müsste nur noch in das Rad hineinwachsen, wurde mir gesagt.

Wir erledigten alles mit dem Rad, und 1965 ging es zum ersten Mal in den Sommerferien auf große Tour. Mit meinem Freund Heiko, dessen Bruder Holger und meiner Schwester Conny wurde der *Jägersburger Weiher* bei *Homburg* als Ziel anvisiert.

Die Strecke war damals wenig befahren, sie betrug 50 km hin und zurück und war nicht flach; zunächst fuhren wir direkt hinter St. Wendel voller Tatendrang über den Werschweiler Berg, via *Fürth* im Ostertal nach *Lautenbach* und zum zweiten längeren Anstieg nach *Frankenholz* und *Höchen*.

Karton als simulierte Motorrad-Verkleidung wie bei den damaligen Weltcup-Rennen in St. Wendel
Holger Landwehr, rechts Autor (Foto 1964: Heiko Landwehr)

Der Hinweg war noch gut zu bewältigen - zu groß waren der Genuss der letzten Abfahrt und die Vorfreude auf die wohlverdiente Abkühlung in dem kleinen See. Wir hatten Essen und Trinken dabei und Geld: 1 DM pro Person. Nach dem ersten Schwimmen war das halbstündige Paddeln (50 Pfennig pro Person im Zweierboot) der Höhepunkt unseres Tagesausflugs, der Rest des Geldes wurde vor der leider näher rückenden Heimfahrt in eine erfrischende Limonade investiert.

Unser Weg nach Hause war mit der morgendlichen Hinreise nicht zu vergleichen: er wurde jetzt bisweilen beschwerlich nach dem halben Tag am und im See und war gespickt mit Durchhalteparolen und gegenseitigen Aufmunterungen.

Am letzten Anstieg, dem 1,5 km langen Werschweiler Berg mussten wir alle kämpfen und beißen; Heiko quälte sich tapfer hoch und beneidete mich ob meiner Dreigangschaltung.

Aber nachdem wir in St. Wendel angekommen waren, hatten wir unseren Eltern und Geschwistern viel zu berichten. Wir waren stolz und glücklich, diese Strecke selbstständig geplant und zurückgelegt zu haben; und wir fuhren im nächsten Jahr nochmals zum Schwimmen und Kajakfahren an „unseren" Jägersburger Weiher. Mit Heiko unternahm ich regelmäßig Radtouren, bevorzugt durch das Ostertal zum Weiselberg bei *Oberkirchen* mit Besuch des *Mineralogischen Museums,* zur Wasserburg in *Illingen* oder zum *Hunnenring* bei *Otzenhausen*.

Seit 1962 oder 1963 hatten wir unseren ersten Fernseher in schwarzweiß, einen Farbfernseher bekamen wir im Sommer 1972 pünktlich zu den Olympischen Spielen in München.

Vor dem Abendessen durften wir fernsehen - es wurde ab 17 Uhr gesendet.

Zwei Serien haben mich geprägt:

Peter Rosegger erzählte in seinem Werk „Als ich noch der Waldbauernbub war" von den landschaftlichen Schönheiten der österreichischen Gebirgslandschaft, und Luis Trenker fesselte mich trotz seines anfangs schwer verständlichen Dialekts mit seinen Schilderungen und Filmausschnitten über die Südtiroler Bergwelt der *Dolomiten.*

Bei meinen späteren Alpentouren mit dem Rennrad erinnerte ich meine Radfreunde regelmäßig an Luis Trenkers Motto, welches mir in mein Fleisch und Blut übergegangen war: „Nur in den Bergen fühl' ich mich frei!"

Schon vor Altigs WM-Triumph im August '66 hatte ich die *Tour de France* im Fernsehen entdeckt.

Der Saarländische Rundfunk (SR) berichtete bereits damals für die ARD über *La Grande Boucle*. Die *Große Schleife* gewann 1965 *Felice Gimondi*, im Juli 1966 ein gewisser *Lucien Aimar*, und der Vorname dieses *Tour*-Siegers sollte in meinem späteren Leben noch eine große Rolle spielen.

Nach Rudi Altigs WM-Titel wollte ich ein Rennrad haben. Der Wunsch war natürlich utopisch - bei einer Familie mit fünf Kindern, aber wie heißt es so schön: Die Hoffnung stirbt zuletzt. Heute weiß ich natürlich nicht mehr, ob ich meine Eltern ständig nervte - ich konnte sehr hartnäckig sein, zu meinen Gunsten positiv formuliert: eiserner Wille. Hatten sie wirklich erkannt, dass ich diesen Wunsch nicht nur geradeso aus aktuellem Anlass (Altigs WM-Triumph) äußerte, sondern wirklich ein Rennrad begehrte?

In der Adventszeit des Jahres 1966 sollte ich eines Tages zu meinem Vater nach Saarbrücken kommen. Er arbeitete inzwischen als technischer Bundesbahnamtmann bei der Deutschen Bundesbahndirektion.

Ich fuhr regelmäßig, aber spontan mit dem Zug nach Saarbrücken, auch mit meinem Freund Heiko, wir besuchten dort unsere Väter auf der Arbeit. Wir verbanden unseren Ausflug mit einem Besuch des Zoos oder des *Deutsch-Französischen Gartens (DFG)* und einem Gang ins *PK (Passage-Kaufhaus*, die heutige *Galeria Kaufhof)*.

(Ich kam in den Genuss von 80 % Ermäßigung für diese Zugfahrten im Saarland; jedes Jahr hatte unsere Familie pro Person acht Freifahrten erster Klasse in der Bundesrepublik Deutschland.)

Im Dezember ’66 war es allerdings das erste Mal, dass ich aufgefordert wurde, allein meinen Vater zu besuchen.

In Saarbrücken angekommen, traf ich auch meinen Onkel Edmund, der von 1966 -1974 Bürgermeister in der saarländischen Hauptstadt war.

Wir gingen zielstrebig zum St. Johanner Markt - zu einem damals dort ansässigen Fahrrad-Großhandel. Ich weiß heute natürlich nicht mehr, was ich empfand, aber alles war sehr ungewöhnlich. Mit Sicherheit schoss mir die Frage durch den Kopf: Was wollen wir denn hier?

Und dann der Satz meines Vaters: „Such’ Dir ein Rennrad aus!“

Wahrscheinlich war ich konsterniert, perplex oder zeigte zunächst keine Reaktion, ich stand wohl eine Weile neben mir.

Der Verkäufer empfahl mir einen verkehrstauglichen Halbrenner mit Licht - dies war wohl vorher so abgesprochen - und ich suchte mir ein blaues *Tornado* mit 10-Gang-Schaltung aus. Mein Weihnachtsgeschenk, ein Traum war Realität geworden!

Auch im 17. Lebensjahr noch Riesenfreude über Tornado-10 Gang (Foto 1969: Heiko Landwehr)

Im nächsten Jahr (1967) beendete ich abrupt meinen mehrjährigen Geigenunterricht, wohl sehr zum Bedauern meiner Eltern. Bis heute spiele ich aber noch Weihnachtslieder auf meiner Violine, zusammen mit meiner Tochter am Klavier.

Als ich ca. 13 Jahre alt war, hatte mich eine Tagesschau-Sendung ziemlich stark irritiert: Ich sah im Fernsehen protestierende Bauern, die in der damaligen Bundeshauptstadt Bonn ihre Tomatenernte öffentlich vernichteten. Diese für mich damals völlig unverständliche Aktion löste bei mir einen Schub aus; in mir wuchsen immer intensiver Gedanken über Ungerechtigkeiten und Ungleichheiten in der Welt.

Ab meinem fünfzehnten Lebensjahr unternahm ich von Frühjahr bis Herbst regelmäßig Radtouren von 50 - 80 km im Kreis St. Wendel bis zum sog. *„Hunnenring"* (ein Keltenwall) in *Otzenhausen* im *Hunsrückvorland,* im wunderschönen *Ostertal* und im angrenzenden Kreis *Kusel*, welcher schon zu Rheinland-Pfalz gehört. Dort entdeckte ich die *Auffahrt* zur *Burg Lichtenberg* - eine riesige Burganlage mit integrierter Jugendherberge. Ich empfand zum ersten Mal eine *große Genugtuung und innere Zufriedenheit*, diese für mich damals längere Steigung mit Begeisterung gemeistert zu haben. Ich hatte Blut geleckt: Der *Schaumberg* (bei *Tholey*), diese 570 m hohe Dominante im Kreis St. Wendel, wurde von mir jetzt regelmäßig ins Visier genommen, er wurde mein Hausberg.

Schon in jugendlichen Jahren hatte ich einen starken Hang zu Ausdauerleistungen. Mich überkam ein großes Bedürfnis, meinen Freunden die wundervollen Radstrecken in meiner Heimat, dem *Sankt Wendeler Land*, auch *per pedes* zu zeigen. Ich erinnere mich, im Sommer 1970 (also mit 17 1/2 Jahren) zwei spektakuläre, heute eher nicht vorstellbare Nachtwanderungen mit meiner Schwester Conny für unsere Clique organisiert zu haben:

- Samstag Abend vor Mitternacht Treffen im Sankt Wendeler Gasthaus <Coburger Eck>, nach Kneipenschluss um ein Uhr Wanderung zur Burg Lichtenberg, der geplante Sonnenaufgang fiel buchstäblich ins Wasser - auf dem Hinweg goss es in Strömen, total durchnässt frühstücken in der dortigen Jugendherberge, abtrocknen und dann zurück nach St. Wendel: 50 km.

- Mit dem gleichen Zeitplan wanderten wir auf den Wegen der späteren *Straße der Skulpturen* (Initiator war der renommierte Sankt Wendeler Bildhauer *Leo Kornbrust,* 1929 - 2021) zum Naturschutzgebiet *<Oberthaler Bruch>,* über *Nohmühle* und *Elzenberger Mühle*, dann trockenen Fußes durch den *Bostalsee* - das touristische Aushängeschild des *Sankt Wendeler Landes* wurde erst ab 1979 angestaut - und weiter zum „Hunnenring", Frühstück bei den Großeltern meines Großcousins Peter in Otzenhausen, Rückweg bis Sonntagnachmittag: insgesamt 55 km!

Ein Riesenproblem entwickelte sich bei meinen Radtouren: nachdem Heiko kleine Runden anfangs noch mitgefahren war, steigerte ich die Dosis, und mir fehlte ein Trainingspartner; ich war alleine unterwegs auf diesen für einen 15-jährigen doch relativ ausgedehnten Touren in hügeligem Gelände.

Ein Virus keimte in meinem Körper und Geist!

Es gab damals in St. Wendel keinen Radsportverein, und so spielte ich weiterhin Fußball, um unter Freunden zu sein: Im Hobbyverein *Zick Zack Wassersack*, benannt nach unserem Wohngebiet in St. Wendel. Seit dem Jahr 2000 sind diese ehemaligen Fußballer auf das Mountainbike umgestiegen; sie fahren jede Woche, auch im Winter, seit 2021 alle mit E-Bike. Der Verein wird von Teamchef Albert ausgezeichnet geführt, echte Kameradschaft und soziales Engagement sind die Stärken des Clubs. Manchmal fuhr ich mit dem MTB nach St. Wendel (45 km), um samstags das dortige Training von ca. 40 km mitzumachen. Auf auto- und motorradfreien Waldwegen, darunter viele asphaltiert, wird das anmutige, hügelige Sankt Wendeler Land erkundet; 500 Höhenmeter sind keine Seltenheit. Das gesellige *<Après-Vélo>* war die Belohnung, bevor ich mit dem Zug zurückfuhr - oder aufgrund längerer Analyse der gefahrenen Strecken bei meiner Schwester Hildegard und Schwager Ernst übernachtete. Dadurch hatte ich am Sonntagmorgen eine zusätzliche Trainingseinheit zurück nach Saarbrücken, also 130 km mit dem MTB am Wochenende.

1968 - die Beatles hatten gerade *Hey Jude* herausgebracht - hatte ich ein Erlebnis, welches mir bis heute stark in Erinnerung geblieben ist: Mit unseren Eltern verbrachten wir erstmals einen zweiwöchigen Urlaub - bei *Klagenfurt* am *Wörther See* in Kärnten in Österreich. Als Bahner-Familie fuhren wir bei schönem Wetter mit dem Zug auf die Alpensüdseite! Ich saß meistens alleine im freien Nachbarabteil - wir fuhren in der schwächer frequentierten ersten Klasse, und ich konnte von der Aussicht auf die hohen Berge nicht genug bekommen - Faszination pur. Ich dachte an Luis Trenkers Satz über die Freiheit in den Dolomiten. Hier mit dem Rad zu fahren, schien mir damals unvorstellbar - aber vielleicht entwickelte mein Unterbewusstsein schon eine *Passion* ... Ich empfand eine starke Liebe zur Natur und den Bergen - wie später auch zum Meer.

Der Gedanke der Umweltzerstörung durch den sich permanent steigernden Konsum beschäftigte mich immer häufiger; während meiner Studentenzeit unterstützte ich regelmäßig die 1971 gegründete Umweltschutzorganisation *Greenpeace.*

Nach dem Abitur 1971 mit 18 Jahren am *Gymnasium Wendalinum* (humanistischer Zweig) wusste ich noch überhaupt nicht, was ich studieren sollte; bei der Option Wehrpflicht/Ersatzdienst entschied ich mich nach kurzer Überlegung für die Bundeswehr, obwohl mich eine stark antimilitaristische Gesinnung prägte; doch ich hoffte, dort viel Sport machen zu können, und ich sollte auf meine Kosten kommen.

Nach meiner Wehrdienst-Pflichtzeit hatte ich mir meine Anerkennung als Kriegsdienstverweigerer in zwei nicht einfachen Verhandlungen erkämpft (In der ersten war ich durchgefallen).

In meinen zwanziger Jahren kostete mich - aus heutiger Sicht oder mit Rad-Scheuklappen betrachtet - das nähere Kennenlernen des weiblichen Geschlechts viele Radkilometer. Das Leben besteht nicht nur aus Radfahren!

Von Oktober 1972 bis Februar 1979 studierte ich Romanistik und Geschichte in Saarbrücken, 1974/75 in Paris. Hier war 1973 mit einem Waffenstillstandsabkommen das Ende des *Vietnamkrieges* eingeläutet worden. Die Nacht vom 30. April zum 1. Mai 1975 durfte ich im Freudentaumel erleben: Wir tanzten auf den Straßen: Mein späterer Mercierfreund Alfredo Pedale war zu Besuch. In der französischen Metropole feierten wir mit Einheimischen den Fall der südvietnamesischen Hauptstadt *Saigon* und das Ende dieses verfluchten Krieges - in der Hoffnung auf eine bessere Zukunft für ein vereinigtes Vietnam.

In Paris war ich Mitglied in der *französisch-chinesischen Freundschaftsgesellschaft*, wo ich auch den bekannten, 1980 verstorbenen Schriftsteller und Philosophen *Jean-Paul Sartre* kennenlernte. Präsident zu meiner Zeit war der Ökonom und Soziologe *Charles Bettelheim*. Die *Association des Amitiés Franco-Chinoises (AAFC)* setzt sich für gute Beziehungen und kulturellen Austausch zwischen den beiden Ländern ein.

Die Weltstadt, in der ich durch die Volkszählung 1975 als Pariser Bürger in die Statistik eingegangen bin, fasziniert mich bis heute; eine große Affinität empfinde ich außerdem für die Metropolen Berlin, Rom und Barcelona.

Mit Schülern der Klassenstufen 10 bis 12 (zu G 9-Zeiten bis zum Abiturjahrgang 13) habe ich regelmäßig mehrtägige Paris-Lehrfahrten durchgeführt.

Auch mit meinem Junior unternahm ich schon eine Vater-Sohn-Tour in die <*Capitale de la France*>, natürlich unabdingbar mit einem Abend im *Quartier Marais* in meinem Lieblingslokal seit 1974: <*Au Petit Fer à Cheval*>. Diese kleine Brasserie mit der *hufeisenförmigen* Theke, original aus dem Jahr 1905, befindet sich im dritten Arrondissement.

Noch heute fahren meine Frau und ich regelmäßig alleine oder mit befreundeten Paaren dorthin. Von Saarbrücken aus benötigen seit 2007 *ICE* oder *TGV* eine Stunde und 50 Minuten bis zur *Gare de l'Est* im Zentrum des zehnten Arrondissements. Und ich führe meine Gruppe auch an authentische Orte, wo der normale Tourist nicht hinkommt, ein Abschluss findet natürlich regelmäßig statt im *Kleinen Hufeisen* in der Rue Vieille du Temple!

Die <*Belle Époque*> von 1871 - 1914 interessiert mich im Besonderen. Covid-19 hat meine Sehnsucht nach dieser Stadt noch gesteigert!

Sportlich betätigte ich mich als Fußballer in Saarbrücken und Paris in Universitätsmannschaften. Damals war es unmöglich, sich im hektischen Paris per Rad zu bewegen, mein Tornado blieb in Saarbrücken. An Sonntagen traf ich mich ganztägig mit französischen Studierenden zum gemeinsamen Kochen, Essen und Tanzen; das typisch französische *Dîner-dansant* begann bei uns an Sonn- oder auch Feiertagen schon am Vormittag. Ich erfuhr zum ersten Mal, wie man sich das einfache Studentenleben durch gehobene Küche enorm versüßen konnte.

Ich überlegte auch, in Frankreich zu bleiben, aber nicht in dieser Metropole, mir fehlte die Natur. Ich hätte nach einem Jahr in Paris in *Troyes* (150 km südöstlich) weiterstudiert, wo ich Bekannte hatte. Dort gab und gibt es auch mehrere Radsportvereine. Aber es zog mich zurück nach Saarbrücken. St. Wendel - Paris - Saarbrücken: Die saarländische Landeshauptstadt direkt an der Grenze zu Frankreich entspricht meinen Lebensvorstellungen perfekt. Mein Tornado-10-Gang benutzte ich in Saarbrücken manchmal noch als Stadtfahrrad.

Nach meinem Paris-Aufenthalt verbrachte ich 1975 einen Monat in Algerien - Radfahren und Radsport waren weit weg. Leistungs- und Profisport waren in jenen Zeiten in meinem studentischen Umfeld gelinde formuliert verpönt.

Vom *Tour de France-Fieber* angesteckt wurde ich erstmals 1977, als *Dietrich Thurau* in Deutschland eine wahre Radsport-Euphorie auslöste. *L'Ange blond* hatte aber auch die Herzen der Franzosen und v.a. vieler Französinnen erobert. Der *blonde Engel* fuhr seit dem Prolog in den Pyrenäen 16 Tage im *Maillot Jaune*, bevor er dieses beim *<contre-la-montre individuel en montagne>* von *Morzine* nach *Avoriaz* an den späteren Rundfahrt-Sieger *Bernard Thevenet* abgeben musste. Dietrich Thurau soll dieses mitentscheidende *Bergzeitfahren* gewissenhaft vorbereitet haben: Es war zu lesen, er sei den 14 km langen Anstieg schon am Vormittag abgefahren und habe hierbei vielleicht zu viele Körner verbraucht. Dennoch war sein fünfter Rang in der Gesamtwertung ein Riesenerfolg für ihn und den Radsport in Deutschland.

Einen ähnlichen Triumph feierte *ich* in jenem Jahr mit 40 000 Zuschauern und den Fußballern des 1. FC Saarbrücken. Am 16. April 1977 wurde ich im Ludwigsparkstadion Augenzeuge des unglaublichen, legendären 6:1 Heimsiegs über das Star-Ensemble des FC Bayern München mit Gerd Müller, Kaiser Franz Beckenbauer und Sepp Maier!

1979 schloss ich mein Französisch-Studium mit der Ersten Staatsarbeit über Früh-/Sozialisten des 18. und 19. Jahrhunderts ab: „Der Eigentumsbegriff bei Babeuf, Fourier, Saint-Simon und Proudhon". Mein Professor, der die Examensarbeit begleitete, schlug mir vor, an der Uni zu bleiben, um zu promovieren, nachdem ich meine Erste Staatsarbeit in seinem Seminar jüngeren Studenten vorgestellt hatte. Aber ich wollte an die Schule, um mit Kindern und Jugendlichen zu arbeiten.

Während meines Studiums hatte ich das Glück, an der Universität des Saarlandes bei hochkarätigen Professoren lernen zu dürfen: Neben diesem Prof. Dr. Schlobach (Französisch) profitierte ich enorm auch von Prof. Dr. Neuschäfer (Französisch und Spanisch) und Prof. Dr. Hoensch (Neuere Geschichte).

Von einer Begeisterung für die *Tour* ergriffen wurde ich endgültig, als ich nach meinem Ersten Staatsexamen im Mai 1979 eine ABM-Stelle im Fernseharchiv des Saarländischen Rundfunks angenommen hatte. Ich wertete das laufende SR-Programm aus: Ich fasste Inhalt und Bilder der Sendungen vom Vorabend komprimiert zusammen, eine Sekretärin tippte meine Texte auf Karteikarten, welche alphabetisch im Fernseh-Archiv katalogisiert wurden.

Während der Mittagspause und nach Arbeitsende konnte ich mir alle vom SR produzierten Filme anschauen. Und ich genoss es, Radsportsendungen im wahrsten Sinne des Wortes in mir aufzusaugen - u.a. auch die *Tour*-Siege von *Felice Gimondi, Lucien Aimar* und *Roger Pingeon* 1965, 1966 und 1967 - meine ersten Erinnerungen an die Frankreich-Rundfahrt zuhause beim Fernsehen in St. Wendel. Ich steigerte mich 1979 in eine wahre *Tour-Passion* hinein und lernte u.a. auch *Werner Zimmer* kennen. Der spätere *„Mister Sportschau"* hatte ab 1963 die *Große Schleife* begleitet und eine hervorragende Berichterstattung für die ARD erarbeitet - neben vielen Porträts über *La Grande Boucle* und Radsport-Größen wie *Eddy Merckx* und viele andere.

Bis heute ist mir gegenwärtig geblieben, improvisiert einen französischen Künstler gedolmetscht zu haben, der beim SR zu Besuch war. Dadurch bekam ich Kontakt zur Frankreich-Redaktion. Mit meinen studierten Fächern Romanistik/Geschichte, als profunder Kenner

Frankreichs und der *Tour de France* und als aktiver Hobby-Rennradfahrer wäre ich sicherlich nicht ungeeignet gewesen.

Aber das Arbeiten beim Fernsehen war bisweilen geprägt von unbeschreiblicher Hektik, da wir immer sofort auf aktuelle Ereignisse reagieren mussten. Als z. Bsp. der damalige saarländische Ministerpräsident *Franz-Josef Röder* im Juni '79 verstarb, waren wir über zwei Wochen im Fernseh-Archiv pausenlos gefordert, um den Redakteuren Filmmaterialien zur Verfügung zu stellen.

Ich kündigte im März 1980 und begann im April mein Referendariat; ich wollte das Zweite Staatsexamen absolvieren, um im Lehrerberuf arbeiten zu können. Ich sollte meine Entscheidung nicht bereuen, bis zu meiner Pensionierung 2018 blieb ich ein engagierter, verantwortungsvoller Pädagoge.

1979 musste ein neues Rennrad her, und ich entschied mich für einen Halbrenner von *Motobécane*: *Robert Alban* fuhr diese Marke - als *grimpeur* gehörten ihm - neben dem belgischen Kletterstar *Lucien van Impe* - alle meine Sympathien. Die Bergetappen hatten mich am meisten fasziniert, auch wegen der gigantischen Landschaftsaufnahmen. Und was lag näher als in die *Vogesen* zu fahren!

In jenem Jahr fuhr ich im Sommer alleine mit Minizelt und Campinggeschirr von Saarbrücken über *Sarrebourg, Baccarat* nach *Xonrupt-Longemer*; die 185 km waren für einen ganzen Tag ohne Schwierigkeiten zu bewerkstelligen, ebenso der Rückweg. Allerdings hatte ich auf meine Pedale <*Cales-pieds*> montiert; nur mit diesen *Pedalhaken mit Lederriemchen* gelangt man - nach einigen tausend Kilometern - zum *runden Tritt*, weil man in der Ebene und noch intensiver am Berg im *Wiegetritt* die Pedale am tiefsten Punkt hochziehen kann.

Ich schlug für fünf Tage mein Basislager auf dem Campingplatz *Verte Vallée* am *Lac de Longemer* auf. Zum ersten Mal fuhr ich einen Mittelgebirgspass, den *Col de la Schlucht* auf 1135 m, dann auf den mit 1363 m zweithöchsten Vogesengipfel - den *Hohneck*. Ich fuhr über die Panoramastraße *Route des Crêtes* und entdeckte die *Bergbauernhöfe*, die *Fermes-Auberges*, wo ich verbrauchte Energie mit einem *Menu Marcaire* kompensierte; allerdings ist diese traditionelle *Melkermahlzeit* sehr kalorienreich; sie empfiehlt sich nicht während einer Tour, sondern eher am Ende, wenn keine Höhenmeter mehr zu bewältigen sind.

Ein Kleinod ist die *Ferme-Auberge Huss* in wunderbarer Südwestlage auf 1100 m Höhe mit Aussicht *auf den See <Lac de Kruth-Wildenstein>*; bis heute hat sie ihre Ursprünglichkeit der 70er Jahre bewahren können.

Nach dieser einen Woche in den Bergen war für mich klar, in welche Richtung die Reise meines Lebens gehen würde. Mein Weg war vorgezeichnet, und ich freute mich schon auf die Berichterstattung über die *Tour* im nächsten Jahr.

Etappe 2 Die Erleuchtung: Alpes de Haute-Provence

Lac de Sainte-Croix

1980 - 1982 absolvierte ich mein Referendariat für das Lehramt an Gymnasien. Aufgrund meines Studiums der Romanistik und Geschichte inklusive vieler Frankreich-Aufenthalte und durch die Filme aus dem Archiv des Saarländischen Rundfunks hatte ich unser westliches Nachbarland schon sehr genau kennengelernt; jetzt wollte ich das *Hexagon* mit dem Rennrad entdecken.

Da die Sommerferien 1981 schon Mitte Juni begannen, konnte ich in der zweiten Junihälfte noch die Vorsaison genießen.

Wir drei (zwei Studienreferendare, eine Lehramtsanwärterin) steuerten auf meinen Vorschlag den *Lac de Sainte-Croix* in der *Hochprovence* an. Wir ließen uns nieder auf dem *<Camping Municipal Les Ruisses>* bei *Les Salles-sur-Verdon* an der D 957 - 100 m vom See entfernt. Ein Camping Municipal ist einfach, gut und preiswert.

Als das *Verdon-Tal* 1973/1974 hier gestaut wurde, hatte man vorher das alte *Les Salles* (450 m) bis auf die Kirche gesprengt, überflutet und 400 m weiter auf 510 m neu aufgebaut.

Nur ich hatte ein Rennrad dabei. Täglich fuhr ich morgens knapp 60 km um den See, nicht flaches, sondern welliges Gelände mit ca. 800 Höhenmetern - alleine zwei Stunden, also mit durchschnittlich 29 km/h. Allerdings fuhr ich einen Schnitt von 34-35 km/h mit einem Franzosen zusammen, den ich zufällig früh am Morgen unterwegs traf. Dieser fuhr zügig nach Trainingsplan; er fragte mich auch, ob ich am Nachmittag wieder mitfahren möchte, aber da lag ich lieber am See. Zwei Wochen werktags jeden Morgen - da kamen wir natürlich ins Gespräch. Er befände sich nach Verletzung im Wiederaufbautraining, sei Profi-Fahrer und ein Freund eines riesigen Talents von 20 Jahren namens *Laurent Fignon*. Im nächsten Jahr würden sie beide in *Bernard Hinaults* Mannschaft *Renault-Elf-Gitane* fahren. Ich dachte nur, naja, kann ich gar nicht glauben, dass ich mit einem echten Profi hier herumfahren kann. Allerdings fuhr ich auch mehr im Windschatten als mein Trainingspartner, das Angebot zu einer weiteren gemeinsamen Trainingsfahrt am Nachmittag schlug ich dankend aus; nach diesem für mich intensiven Vormittagstraining waren meine Radfahrkörner für den weiteren Tagesverlauf aufgebraucht, außerdem war doch ich im Urlaub!

Zwei Jahre später, im Juli 1983, verbrachte ich mit Jugendlichen eine Ferienfreizeit auf dem Campingplatz am *Lac d'Esparron* in der Provence, unterhalb des Lac de Sainte-Croix am Verdon.

Im Haus der Camping-Betreiber schaute ich mit dem *Opi* zusammen im Wohnzimmer die *Grande Boucle*. Sehr zielstrebig hatte ich es mit geschickter Kommunikation geschafft, jeden Nachmittag die Live-Berichterstattung der *Tour en direct* mitverfolgen zu können.

Am 23. Juli sprang ich vom Stuhl auf! Ich traute meinen Augen nicht, erkannte aber diesen jungen Mann und Trainingspartner von 1981 beim Einzelzeitfahren in *Dijon* wieder: er fuhr - wie bei mir zwei Jahre zuvor angekündigt - im Trikot der Mannschaft *Renault-Elf-Gitane*, ohne Mütze, gut zu erkennen, an seinen Namen erinnere ich mich heute nicht mehr. (Helme wurden damals noch lange nicht getragen, erst ab 2003 wurde die Helmpflicht eingeführt.) Laurent Fignon trug oft ein Stirnband, die langen Haare hatte er sich zu einem Zopf zusammengebunden. Voller Stolz erzählte ich dem Vater der Campingplatzbetreiber von meinem Bekannten von 1981, dessen Mannschaftskamerad Fignon in jenem Jahr mit noch 22 Jahren seine erste Frankreich-Rundfahrt gewann.

Der zweimalige Gewinner der *Tour* und *Giro*-Sieger wurde am 12. August 1960 geboren und starb mit 50 Jahren aufgrund einer Krebserkrankung.

In jener Sommerfreizeit 1983 am Lac d'Esparron hatte ich drei erwähnenswerte Erlebnisse:

1. Ich radelte für zwei Tage Richtung *Alpes de Haute-Provence* und übernachtete mit Schlafsack in der freien Natur - *<à la belle étoile>*, „unter dem schönen Sternenfirmament" - wie die französische Sprache es elegant auszudrücken vermag. Der wolkenlose Himmel hielt nicht lange. Am nächsten Morgen kam ich vor *Saint-André-les-Alpes* in einen derart heftigen Hagelsturm, wie ich ihn bis heute nicht mehr erlebt habe. 300 Meter vor dem Dorf musste ich bei der Abfahrt

anhalten und zu Fuß durch die Straße waten, da diese - einem Gewitter mit großen Temperaturunterschieden geschuldet - mit taubeneigroßen Hagelkörnern auf über 10 cm Höhe bedeckt war. Mein Kopf mit Radmütze hatte einiges auszuhalten - ich trug damals noch keinen Helm. Im Café konnte ich mich barfüßig und bei freiem Oberkörper mit einem *Chocolat chaud* - vielleicht auch zwei oder drei - aufwärmen, während Unterhemd, Radtrikot und Socken trockneten. Es dauerte eine Zeit, bis die Straßen von den Wassermassen der abtauenden Hagelkörner befreit wurden und das Unwetter weitergezogen war.

2. Unsere Jugendlichen wollte ich motivieren, auch einmal eine *Bouillabaisse* zu probieren. Wir waren mit dem Bus aus dem Saarland gebracht worden und hatten nicht immer ein Auto zur Verfügung - aber mein Rad. Die nächstgelegene *Poissonnerie* war 20 km entfernt. Mit meinem Halbrenner kam ich von *Riez* mit der *Fischsuppe* zurück. Die Verkäuferin hatte diese Spezialität aus *Marseille* mit Crash-Eis und Zeitungspapier gut gekühlt, in meine Satteltaschen verpackt und mir mit auf den Weg gegeben, *zügig zu pedalieren, damit die Suppe noch unverdorben zu verspeisen sei*; der Satz klingt mir noch heute in den Ohren:

<Pédalez bien pourque la bouillabaisse soit encore bonne!>

Und die Heranwachsenden - in der Regel keine Fischliebhaber - probierten oder aßen teilweise sogar mit Genuss von der provenzalisch-mediterranen Spezialität, da sie von den Mühen meines doch ungewöhnlichen Einkaufs und Transports mit Rad beeindruckt waren.

3. Betreuer anderer saarländischer Jugendlicher, die ebenfalls vor Ort waren, konnten sich nicht vorstellen, dass ich imstande sei, eine heftige Rampe in der Nähe mit dem Fahrrad zu bezwingen, ohne einen Fuß auf den Boden zu setzen. Sie boten eine Wette an; bei dem für mich nicht sonderlich schweren Aufstieg auf der *Route de Riez* von *Moustiers-Sainte-Marie* auf das *Plateau de Valensole* wurde ich gefilmt: 3 km mit teilweise 16 Prozent Steigung.

Die sechs Flaschen *Côtes de Provence* genossen wir gemeinsam an den nächsten Abenden.

Zurück zum Lac de Sainte-Croix. 2019 ließ ich die hügelige See-Umrundung im Alter von 66 Jahren mit 2 h 35 min für 58 km mit knapp 800 Hm (24er Schnitt) etwas ruhiger angehen.

Juni 2019, nach der Runde
um den *Lac de Sainte-Croix*

1981, im Jahr der Erleuchtung, wollte ich am 26. Juni von Les Salles-sur-Verdon auch einmal ans Meer fahren: Nach 80 km in *Fréjus-Saint-Raphaël* angekommen, drehte ich nach Getränkeaufnahme und Espresso schleunigst wieder um - die *Côte d'Azur* schon

Ende Juni ein *No go*! Ich sollte die <*Côte*> - wie viele Saarländer die *Blaue Küste* liebevoll nennen - noch zu angenehmeren Jahreszeiten kennenlernen.

Am Nachmittag - wohl gegen 16 Uhr - wurde ich nervös: 20 km vor dem Campingplatz sah ich in *Aups* im Erdgeschoss eines Privathauses an der Hauptstraße den Fernseher mit *Antenne 2* laufen. Ohne ein Bistrot zu suchen, klingelte ich spontan und fragte ungezwungen, ob ich das Finale der *Tour*-Etappe mitschauen könne - in Radkleidung kein Problem!

Die holländische *Ti-Raleigh*-Mannschaft gewann das *<contre-la-montre par équipes>*, *Gerrie Knetemann* eroberte durch dieses *Mannschaftszeitfahren* das Gelbe Trikot.

Ein folgenschweres Erlebnis war der Besuch der Etappe *Nice - Martigues* einen Tag später. Ich fuhr mit meinem *Motobécane* nach *Salernes*, 30 km südlich von Les Salles-sur-Verdon, einem provenzalischen Dorf, in dem die Rennfahrer wohl im *Peloton groupé* durchrasen würden. Rechtzeitig brach ich auf, um zu sehen, wie sich die Einwohner auf diesen zusätzlichen Feiertag vorbereiteten.

Lange vor der *Caravane publicitaire* waren alle auf den Beinen. Es war Samstag. Die *Werbekaravane* fährt 1-2 Stunden vor den Fahrern über die Strecke. Eine Musikkapelle unterhielt die Dorfbevölkerung mit traditioneller Musik von *Musette*- bis *Chanson*-Klängen, man trank einen *Pastis,* eine *Bière pression* oder einen *Rosé de Provence*, während die typisch französischen *Merguez* natürlich auch nicht fehlen durften. Ich genoss die *Lamm-Rind-Würstchen* und eine *Canette de bière* - auf der Straße gab es kein *Fassbier*. Ich unterhielt mich mit den Einheimischen auch über den neuen französischen Radstar *Bernard Hinault*. Hatte *le blaireau* - wie er genannt wurde - Chancen auf seinen dritten Gesamtsieg nach 1978 und 1979? Immerhin musste der *Dachs* im Vorjahr in den Pyrenäen wegen massiver Knieprobleme im Gelben Trikot aufgeben und den *Tour*-Sieg dem fast ewigen Zweiten *Joop Zoetemelk* überlassen. Und einen Tag vor Salernes - als ich die Etappe in Aups mit Einheimischen im Wohnzimmer schauen durfte - hatte Hinault das Trikot des Führenden an Gerrie Knetemann verloren.

Aber die dreiwöchige *Tour* sei ja erst am fünften Tag, gab man sich siegessicher, und der Bretone sollte 1981 tatsächlich souverän seinen dritten Gesamtsieg erringen.

Seit 1985 trauert die <*Grande Nation*> wie in jedem Jahr Bernard Hinault nach - er ist der letzte französische *Tour*-Sieger!

In Salernes herrschte fast schon ein geschäftiges Treiben - gepaart mit großer Aufgeregtheit. Schon als ich ankam, hatte man eine Oma im Rollstuhl an den Straßenrand gefahren, und diese erfreute sich die ganze Zeit an dem geselligen Leben und der Unterhaltung mit mir. Eine friedliche Atmosphäre lag über dem Ort; Neugierde und Vorfreude, aber auch Nervosität waren vor der Ankunft der *Tour* nicht zu übersehen: *Le Tour arrive!*

Über eine Stunde nach der Werbekaravane huschte das Fahrerfeld geschlossen im 40er Schnitt vorbei - aber das dreistündige Warten für zwei Minuten hatte sich gelohnt! Ich fuhr dem *Peloton* hinterher, als ich plötzlich mit lautem Hupen vom *Voiture-balai* in die Schranken verwiesen wurde: Der *Besenwagen* trieb eine kleine Nachzüglergruppe vor sich her.

Ich war *très impressionné* von meinem Besuch bei der Frankreich-Rundfahrt, *sehr beeindruckt* von der ausgelassenen Heiterkeit in diesem provenzalischen Dorf der Keramikherstellung.

Die *Tour de France* bedeutet - wie der *Giro d'Italia* oder die *Vuelta a España* - nicht nur Sport. Sie ist ein Volksfest, tangiert die Politik, die Kultur, die Geschichte, den Tourismus und die Infrastruktur: Bei der Streckenausarbeitung, die über ein Jahr vorher beginnt, wird peinlichst darauf geachtet, dass möglichst jede *Région* alle zwei bis drei Jahre durchfahren wird. So wurden z. Bsp. in den letzten Jahrzehnten in den strukturschwachen Gebieten etliche Straßen neu geteert, unbekannte Gegenden konnten für den Tourismus entdeckt werden. Auch in Spanien und Italien profitieren die Regionen von *Vuelta* und *Giro*, wenn die Straßen erneuert werden.

Der Saarländische Rundfunk versteht es ausgezeichnet, das Ambiente während der *Tour* wiederzugeben und mit seinen sehenswerten

Beiträgen *Tour de Kultur* interessierte Zuschauer für das Land und den Radsport zu sensibilisieren.

Allerdings zählt Deutschland nicht zu den klassischen Radsportnationen wie Frankreich, Italien, Spanien, die Benelux-Staaten oder auch die Schweiz.

Bei uns wird die gesellschaftliche Relevanz der *Tour* leider nicht immer verstanden.

Manche Ignoranten rufen und fordern undifferenziert: *„Alle gedopt, Schluss mit den Fernseh-Übertragungen!"* *Jan Ullrich* wurde als Held verehrt, obwohl er sich dagegen zu wehren versuchte - ohne Erfolg; dann wurden er und der gesamte Radsport in Deutschland blitzschnell fallen gelassen.

Bei uns herrscht eine starke Tendenz zur Schwarz-Weiß-Malerei.

Auch bei den *Olympischen Spielen* gibt es regelmäßig Dopingfälle. Die größte Sportveranstaltung der Welt dürfte also auch nicht mehr im Fernsehen gezeigt werden - dieses Szenario wäre eine Katastrophe für den Nachwuchs und insgesamt für unsere bewegungsarm gewordene Gesellschaft.

Ich hatte ein schönes Erlebnis: Olympia 2012 - ich radelte während der Woche der Londoner Ruder- und Kanuwettbewerbe an der Saar in *Dillingen* beim dortigen Kanuclub vorbei: im Wasser wimmelte es nur so von jungen, begeisterten Kanuten - Mädchen wie Jungen, die es ihren großen Vorbildern bei Olympia nachmachen wollten - ein herrlicher Anblick.

Zurück zum *Lac de Sainte-Croix*, diesem wunderschönen Stausee in der *Haute-Provence.* Ab Mitte/Ende Juni bis Mitte August blüht hier der Lavendel, die Landschaft wird von einem violettfarbenen Teppich überzogen.

Nordwestlich des Sees, auf dem Hochplateau oberhalb von *Sainte-Croix-du-Verdon* über *Riez* bis in das pittoreske Dörfchen *Valensole - Sonnental* - erstrecken sich die größten Lavendelfelder in Frankreich.

In der Provence hatte ich 1981 zum ersten Mal die Frankreich-

Rundfahrt live miterlebt. Heute muss ich davon ausgehen, dass mein Immunsystem durch diesen *Tour*-Besuch in Salernes geschwächt und empfänglich für Viren-Attacken wurde, angekündigt durch große Aufregung und leichtes Fieber.

Meine Mission war noch lange nicht beendet - sie steckte erst in den Anfängen.

Gorges du Verdon

Fotoreportagen und Bildbände hatten meine Aufmerksamkeit geweckt. Die *Verdonschlucht* zieht sich 21 km durch eine spektakuläre Mittelgebirgslandschaft mit 700 m Höhenunterschied von der Straße zum Fluss. Zu Recht hat sie den Beinamen *<Le Grand Canyon de l'Europe>*. Eine aufsehenerregende eintägige Rundstrecke bietet sich hier an, da auf beiden Seiten oberhalb des Flusses jeweils eine Straße verläuft. In *La Palud-sur-Verdon* ließ ich die Sonderrunde natürlich nicht aus: Die 24 km lange *Route des Crêtes* ist wirklich nur für Schwindelfreie geeignet, aus Gründen der Sicherheit nur als Einbahnstrasse befahrbar. Am höchsten Punkt auf 1330 m hat man einen direkten Blick auf die gegenüberliegende, senkrechte Felswand; neben Franzosen klettern hier traditionell viele Engländer. Als ich einige Jahre später wieder vorbeifuhr, war eine Touristengruppe in großer Aufregung, da gerade ein *Alpiniste* abgestürzt sei. Am nächsten Tag las ich im *Var Matin oder La Provence* (es gibt hier beide Regionalzeitungen), dass ein Engländer beim Klettern an der Steilwand zu Tode gekommen sei.

An der Abzweigung *Pont de Soleils* fuhr ich über *Trigance* auf die gegenüberliegende Flussseite zum *Pont de l'Artuby.*

Was sah ich denn hier? Ich dachte, ich bin im falschen Film: Auf der Brücke, die sich 180 m über den kleinen Zufluss zum Verdon spannt, standen einige Personen, als plötzlich jemand über das Geländer kletterte. Ein Suizidversuch war unmöglich bei den um ihn herumstehenden Personen. Durch Seil und Gurt mit dem Brückengeländer verbunden, ließ er sich plötzlich schwerelos in die Tiefe fallen, um einige Meter über der Wasseroberfläche leicht federnd wieder nach oben gezogen zu werden: durch das hoch elastische Seil mit enormer Dehnung wurde der Fall des Springers sanft abgebremst; dann verharrte er ruhig auf- und abfedernd in der Luft und wurde wieder langsam nach oben gezogen. Nach dem ersten Schrecken war ich nur noch perplex. So etwas hatte ich ja noch nie gesehen! Später erzählte mir ein Wirt am *Tresen* (*<au comptoir>*), dass das *Bungee-Springen* aus den USA erstmals in Europa hier am Pont de l'Artuby seinen späteren Siegeszug angetreten habe.

Jetzt folgte das letzte Drittel meiner 110 km langen Runde. Mehrmals durfte ich spektakuläre Ausblicke auf den Fluss von 1100 m Höhe aus auf 400 m genießen. Es rollte immer besser, ich fühlte mich *berauscht*. Ich empfand zum ersten Mal, dass die *Psyche* meine *Physis* positiv beeinflusste, dass Geist und Körper nicht zu trennen sind. Wenn man mental *gut drauf* und gleichzeitig in einer außergewöhnlichen Landschaft unterwegs ist, machen diese Faktoren zusätzliche Kräfte frei.

Im Bergdorf *Aiguines* auf knapp 800 m hatte ich einen weiten Blick über den 15 km langen Stausee.

Lac de Sainte-Croix
(Foto: Beatrice, 2019)

Nur noch eine sieben Kilometer lange Abfahrt trennte mich vom Campingplatz! Waren dies die berühmten Endorphine? Ich weiß es nicht. Auf jeden Fall hatten mich die Gorges du Verdon in *Trance* versetzt.

Als Ausgleich zum Radfahren empfehle ich die Wanderung durch die Schlucht auf dem *Sentier Martel.* Der französische Höhlenforscher Etienne Martel hatte 1905 als Erster diesen Weg entdeckt und ausgebaut. Auf 15 abenteuerlichen Kilometern wandert man vom Ausgangspunkt *La Maline* hoch und runter, auf schmalen, steilen Treppen und schließlich durch zwei unbeleuchtete Tunnel zum Endpunkt *Point Sublime.* Ich habe diese Schluchtwanderung schon dreimal genießen dürfen, zuletzt im Oktober 2002, unsere Kinder

Julia und Lucien waren 15 bzw 12 Jahre alt, mit zwei befreundeten Familien - und mit gebrochener *Clavicula* aufgrund des Radsturzes zwei Wochen vorher beim Abradeln (vgl. E. 18, S. 291/292). Die abwechslungsreiche Strecke zwischen senkrecht abfallenden Felswänden wird nie langweilig; inklusive eines Picknicks unten am Verdon sollte man aber sechs Stunden Zeit einplanen. Am Point Sublime besteht die Möglichkeit, mit Bus oder Gruppentaxi zum Ausgangspunkt zurückzufahren.

Le *Tour* arrive!

Im Juni/Juli 1981 hörte ich auf dem Camping Municipal täglich ab 16 Uhr die Live-Berichterstattung über die *Tour*-Ankunft im französischen Radio: *<Le Tour arrive>*. Die *grimpeurs* waren meine Idole geworden - nicht der alles und jeden dominierende *Bernard Hinault.*

Dem belgischen Kletterspezialisten *Lucien van Impe* galten meine größten Sympathien. Meine Freunde waren von meiner Empathie für ihn schon beeindruckt - oder auch genervt. Aber ich hatte ja keine andere Wahl: Seitdem meine Mutter, im Juli 1952 im vierten Monat mit mir schwanger, auf dem Odilienberg in den Vogesen weilte - im selben Monat, als Fausto Coppi die *Tour* zum zweiten Mal gewonnen hatte, war mein *Schicksal vorherbestimmt* (vgl. E 1).

Dieser Lucien van Impe gewann sechsmal als Bergbester das *Maillot blanc à pois rouges,* und, obwohl er den *Giro* nicht oft fuhr, eroberte er zweimal das *Maglia verde* (seit 2012 blau: *Maglia azzurra).* Und 1976 gewann er sogar die Frankreich-Rundfahrt, aber nicht durch eigene Initiative, da er immer nur auf das *weiße Trikot mit den roten Punkten* fokussiert war: Der Ex-Profi *Cyrille Guimard*, welcher sich zu einem erfolgreichen Team-Manager entwickeln sollte, nötigte den 30-jährigen Belgier, die Konkurrenz der beiden sich neutralisierenden Favoriten Zoetemelk und Poulidor auszunutzen und das *Maillot jaune* von den Pyrenäen bis nach Paris über 12 Tage zu verteidigen.

Das Podium der *Tour de France 1981* von links:
3. Robert Alban,
2. Lucien van Impe, Maillot à pois rouges,
1. Bernard Hinault, Maillot jaune
(© Sprint International, Hors Série 1983, N° 3, S. 159)

Am späten Nachmittag des 30. Juni 1981 überschlug sich die Stimme des Radioreporters auf dem Motorrad - gefühlt hörte ich eine halbe Stunde lang fast nur den Namen des belgischen Kletterstars. Im Herbst seiner Karriere gewann er diese Pyrenäenetappe, das 6. Bergtrikot und den zweiten Platz in der Gesamtwertung hinter dem Bretonen Hinault.

Der Adrenalinschub kam gerade zur rechten Zeit: für die letzte Ferienwoche hatte ich schon lange eingeplant: Zum ersten Mal in meinem Leben peilte ich das Hochgebirge an - ich wollte in die *Provenzalischen Alpen* nach *Barcelonnette* im *Parc National du Mercantour.*

Alpes de Haute-Provence

Einen Tag nach van Impes Sieg in den Pyrenäen startete ich zum Highlight meines Urlaubs in der *Hoch-Provence*: Meine Expedition mit Minigepäck und Schlafsack über *Castellane, Saint-André-les-Alpes* nach *Allos* auf 1400 m, wo ich nach 100 km eine überdachte Bushaltestelle am Ortsende zu meinem Schlafquartier auserwählt hatte. Dann ging es in die Dorfkneipe - die in Frankreich oft Namen hat wie: *Café du Centre, Bar du Sport, Café de la Place, Café du Marché.* Ich gesellte mich am Tresen zu den Einheimischen, um mit ihnen ins Gespräch zu kommen. Mit dem Wirt verabredete ich mich zu einem Frühstück, um mich dann mit meinem Vélo an der zitierten Bushaltestelle zur Ruhe zu legen.

Ich weiß noch ganz genau, dass ich mein Rad an meinem Unterschenkel ankettete - aber ich erinnere mich nicht mehr, warum ich auf diese doch etwas bizarr anmutende Idee gekommen war. Wohl niemand hätte in dieser verlassenen Gegend mein geliebtes Reitpferd gestohlen, aber wir gehörten zusammen!

Vielleicht hatte ich keinen Pfosten zum Absperren gefunden - möglicherweise deutete dieses Verhalten aber auch auf eine sich schleichend ausbreitende Krankheit hin. Auch ohne Isomatte wachte ich nach einer Nacht auf Betonboden am nächsten Morgen ausgeruht und voller Tatendrang auf.

Nach dem Frühstück mit *Café au lait* und *Croissant*, aber auch mit vereinbarter Banane und Yoghurt, begann der Aufstieg zum *Col d'Allos.*

Ich war bestens vorbereitet durch das tägliche Training der letzten beiden Wochen und dementsprechend hoch motiviert. Auch das Wetter spielte mit.

Mir fiel die intensiv blaue Färbung des Himmels auf, und ich erinnerte mich daran, dass Impressionisten wie *Vincent van Gogh* die Süd-Provence liebten wegen des Lichtes und des tiefblauen Himmels.

Aber dann ein Schock! Schon der kleine Retorten-Skiort *La Foux d'Allos* passte in die Landschaft wie die berühmte Faust aufs Auge. Und danach glaubte ich, Skilifte im Sommer surren zu hören. War es eine *Fata Morgana* oder kündigte sich eine *fringale* an, da ich vielleicht zu wenig gegessen hatte? Als ich um die Kurve fuhr, traute ich meinen Augen nicht - ich sah tatsächlich einen Skilift in Aktion, Skifahrer waren auch da und fuhren auf dem Gras den Hang hinunter. *Quelle décadence!* - dachte oder schrie ich vielleicht wirklich, um einer drohenden Schnappatmung zuvorzukommen.

Die Almwiesen waren durch das *Gras-Skifahren* dreckig braun geworden. Seit vielen Jahren ist *Ski sur l'herbe* allerdings verboten.

Ich erholte mich schnell von diesem kleinen Rückschlag, der mich nicht aus dem Tritt bringen konnte; ich fuhr die letzten Kilometer gleichmäßig und bei bester Stimmung, ja euphorisch zum Gipfel: *Col d'Allos, 2240 Meter über Normalnull.*

Es war für mich ein erhebendes Gefühl, welches ich nicht in Worte zu kleiden vermag; ich spürte eine Veränderung in mir. Positive Aufregung und Hitzewallungen ergriffen Körper und Geist. Ich spürte es in mir: Einen Hochgebirgspass mit eigener Kraft zu erklimmen, dieses Spektakel an jenem Tag Anfang Juli 1981 wurde für mich etwas Einzigartiges, welches sich aber über Jahrzehnte wiederholen sollte.

Am Col d'Allos ließ ich die Bergwelt weit oberhalb der Baumgrenze einfach nur auf mich einwirken, ein Gefühl von tiefer Zufriedenheit und Unabhängigkeit erfüllte mich. Luis Trenker mit seinem Spruch über die Freiheit in den Bergen ging mir wiederholt durch den Kopf.

Allerdings muss ich beim Erwähnen dieses Passes jedes Mal auch an die 150 Opfer der Flugzeugtragödie denken: Im März 2015 ließ der Copilot die Maschine am *Col* de *Mariaud* auf 1550 m ü. NN zerschellen - Luftlinie nur 10 Kilometer südwestlich vom Col d'Allos Richtung *Le Vernet.*

Ich fuhr vorsichtig, da die Länge der Abfahrt für mich im Vergleich zu den Vogesen neues Terrain war. Zwei Kilometer vor Barcelonnette zweigt die Straße sechs Kilometer hoch nach *Pra-Loup* ab. Die *Tour*-Organisatoren hatten 2015 diese Skistation als Etappenziel ausgewählt, weil dort vor 40 Jahren die Ära Eddy Merckx zu Ende ging. Historie verpflichtet. Der belgische Ausnahmefahrer hatte 1975 hier einen Einbruch und verlor sein Gelbes Trikot an den späteren Gesamtsieger *Bernard Thevenet*. Der unermüdliche Kämpfer *Simon Geschke* aus Berlin erkämpfte sich hier bei der Revival-Etappe mit dem Sieg einen seiner größten Erfolge.

Ich kam sicher in *Barcelonnette* an, einer Gemeinde auf 1100 m über dem Meeresspiegel. Der Ort sollte mein *Eldorado* werden; diese Bezeichnung meint der Legende nach ein *goldenes Land* in Südamerika, mit der die spanischen *Conquistadores* die brutale Eroberung des lateinamerikanischen Kontinents rechtfertigten. Im Dorf herrschte ein angenehmes, ruhiges, friedliches Kommen und Gehen, einige Radfreaks und Bergwanderer waren unterwegs.

In einer *Boucherie* genehmigte ich mir ein *gegrilltes Hähnchen*: *Poulet rôti*, ich hatte riesigen Hunger, hatte ob der vielen Eindrücke seit der Passhöhe vergessen, genügend zu essen. Nach der Rast am Ortsrand schlief ich am Ufer des *Bachelard* ein, mein Körper verlangte wohl nach einer *Siesta*.

Am Nachmittag wollte ich zurück über den *Col de la Cayolle*. *Klettern - grimper* sollte sich zu meiner Leidenschaft entwickeln; die Folgen des Gravitationsgesetzes von Isaac Newton hatte Mutter Natur bei mir abgeschwächt: 65 kg bei 1,74 m Körpergröße.

Ich dachte nicht darüber nach, wo ich denn die nächste Nacht verbringen würde - zu frei und unabhängig fühlte ich mich in den Bergen des *Parc national du Mercantour*.

Obwohl der Aufstieg flüssig verlief, hatte ich mich aufgrund meines Mittagsschläfchens zeitlich verschätzt. Von Barcelonnette aus führt die Straße 30 km bei 1200 Höhenmetern hinauf, also bei angenehmer Steigung. An der Passhöhe auf 2326 m angekommen, war es schon Abend, mein zweiter Hochgebirgspass, und das an einem Tag! Ich war doch etwas angeknockt und hatte keine Lust, jetzt direkt ins

Tal zu fahren. Die abendliche Stimmung hatte mich in einen *Rausch* versetzt, ich war infiziert! Irgendetwas in mir hatte sich verändert, ich konnte es nicht einordnen. Ich war sehr aufgeregt, fühlte mich leicht fiebrig - wie bei meinem *Tour*-Besuch fünf Tage zuvor in Salernes. Ich musste hier oben bleiben, um meinen Gefühlen freien Lauf zu lassen. Ich hatte nichts mehr zu essen dabei, und nur mit Schlafsack und Wasser würde die Nacht in dieser Höhe nicht angenehm werden.

Und von der grenzenlosen Freude über meine beiden ersten Hochgebirgspässe würde ich auch nicht satt werden. Also doch direkt ins Tal, um im Hellen unten noch anzukommen? Mein Bauchgefühl zwang mich zum Bleiben.

300 m unterhalb des Cayolle entdeckte ich ein schlichte *Berghütte*: *<Refuge de la Cayolle>*, und ich hatte das Glück des Tüchtigen: Die junge, attraktive Frau hatte das Haus einen Tag zuvor Anfang Juli 1981 gerade erst nach vier Wochen wieder geöffnet! Nachdem sie mir, dem einzigen Gast, ein Essen zubereitet hatte, fiel ich in einen Tiefschlaf - den Schlaf des Gerechten. Vorher hatte ich aber noch ein großes Geschrei vernommen. Die Hüttenwartin bekam während meines Essens Besuch von einem/ihrem(?) Freund, danach kam wohl ein weiterer junger Mann (ein Freund/ihr Freund?) hinzu, der ebenfalls um ihre Gunst zu buhlen schien; großes Geschrei - mehr bekam ich aber in der ersten Etage in meinem Bett nicht mit. Nach Radtouren bin ich anfangs noch aufgewühlt, finde aber schnell meine innere Ruhe, ich kann mir dann keine bessere Nachtruhe vorstellen als in Morpheus' Armen zu ruhen.

Am nächsten Morgen bereitete die Frau mir ein kräftiges *Petit déjeuner* zu. Mir fielen die heftigen Auseinandersetzungen des Vorabends ein, aber zu einem Drama waren sie wohl nicht ausgeartet; von den vermutlich drei Autos am Vorabend waren zwei übriggeblieben, der Nebenbuhler hatte (unverrichteter Dinge?) das Feld wohl räumen müssen. Es interessierte mich aber auch nicht, zu sehr war ich mit mir beschäftigt.

Ich richtete den Fokus auf mein Inneres. *Noch immer spürte ich eine erhöhte Temperatur, und ich fühlte mich sehr, sehr wohl*. Nach dem reichhaltigen Frühstück hielt ich draußen inne; ich war betört von der absoluten Ruhe, von der *Fauna* und *Flora* der Provenzalischen Alpen. Auf der Passhöhe war ich der einzige Mensch weit und breit, ein noch nie erlebtes, *berauschendes Gefühl* erfüllte meinen Körper.

Königsadler zogen ihre Kreise. Der *Aigle Royal* ist der natürliche Hauptfeind der putzigen *Murmeltiere - les marmottes.* Diese zeigten sich kurz mit Pfeifen, um dann in den Höhlen wieder zu verschwinden. Sie hatten wohl eine Art Frühwarnsystem untereinander entwickelt, um sich und ihren Nachwuchs vor Angriffen der riesigen Raubvögel zu schützen.

Später kamen die ersten Autos, sie wirkten wie Fremdkörper in dieser am Morgen noch unberührten Natur, und allmählich näherte ich mich in *Saint-Martin-d'Entraunes* und *Guillaumes* wieder der Zivilisation. Durch die atemberaubenden *Gorges de Daluis* mit braunrotem Gestein fuhr ich über *Annot*, *Castellane* und die mir jetzt bekannten Gorges du Verdon zurück zum Campingplatz Les Salles-sur-Verdon.

3. Juli, 1981, am frühen Morgen
allein mit Königsadlern und
Murmeltieren

Diese drei Tage in den *Alpes de Haute-Provence* waren natürlich der absolute Höhepunkt in den dreieinhalb Wochen am Lac de Sainte-Croix. Am 2. Juli 2021 feierte ich in Saarbrücken ein wenig ein Jubiläum: 40 Jahre Col de la Cayolle!

Rückblickend stelle ich heute fest:

Die Berge wurden für mich das *Salz in der Suppe*, und seit diesem ereignisreichen Aktiv-Urlaub in der Haute-Provence 1981 war ich *positiv*. Das *Virus Velomanie*, welches seit meiner Jugend in mir schlummerte, war 1981 auf dem Col de la Cayolle in Geist und Körper ausgebrochen.

Resümee: Die Kombination von drei Faktoren hat den Verlauf meines Lebens bestimmt:

- Prägungsphase während Schwangerschaft und Kindheit
- Liebe zu den Bergen
- vollständig befallen vom *Virus Velomanie* seit Donnerstag, dem 2. Juli 1981, als ich nach Bezwingung von Col d'Allos und Col de la Cayolle im *Refuge* am gleichnamigen Bergpass auf 2266 m über Meereshöhe übernachtet hatte.

Etappe 3 Vélo Mercier

1982 verfolgte ich die zweite *Tour*-Etappe (04. Juli, Basel - Nancy) am *Ballon d'Alsace* (vgl. E 16, Vivent les Vosges!).

Mit dem Rad zwei Kilometer vor dem Pass (1178 m) angekommen, erwarteten wir die Fahrer auf 1055 m, nahe am Naturfreundehaus: *Refuge Le Quand Même*. Ich war mächtig beeindruckt, als fast das gesamte Feld als *peloton groupé* in Fünferreihen oben geschlossen ankam: der bis dato dreimalige *Tour*-Sieger Hinault als Dominator in der ersten Reihe, flankiert von weiteren Helfern links und rechts. Joop Zoetemelk, Mannschaftskapitän von *Coop-Mercier*, fiel mir auf wegen der Farbe seines Rennrades. Sein pinkfarbenes *Vélo Mercier* glänzte in der Mittelgebirgssonne. Welch einzigartiger Anblick! Ich erinnerte mich an die *Tour de Corse* vom Juni 1971. Nach dem Abitur verbrachte ich mit fünf Klassenkameraden drei abenteuerliche Wochen in *Korsika*, wir trampten in Zweiergruppen über die <*Île de Beauté*>. Ich wurde Zeuge des Starts des Radrennens in *Bastia*. Vor dem Rennen erklärte mir ganz locker ein Fahrer der Mannschaft *Fagor-Mercier* (Kapitän: Poulidor) sein damals schon pinkfarbenes Rennrad, v.a. *die Übersetzungen (les développements*). Die Lackierung hatte mich wie ein *Blitz* getroffen, *coup de foudre, Liebe auf den ersten Blick*!

Die Vogesenetappe 1982 gewann übrigens in Nancy *Phil Anderson*, und mit ihm schlüpfte ein Australier ins *Maillot jaune*, das er schon ein Jahr zuvor erstmals überstreifen konnte - die *Tour* wurde weiter internationalisiert.

Zurück in Saarbrücken ging mir dieses Mercier mit seiner auffallenden Lackierung nicht mehr aus dem Kopf. Also mal auf ins 20 km entfernte französische, zweisprachige *Sarreguemines/Saargemünd*, wo es ein Rennradgeschäft mit riesiger Auswahl gab. In der Avenue de la Gare angekommen, empfing mich der *Patron* mit dem Satz, welchen ich die nächsten zehn Jahre immer wieder hören sollte: „Ich hon chenoh („genau“) dos richtiche vélo for dich!“

Der Chef lief mit den Kaufinteressenten durch mehrere Kellerräume, man kam vier Häuser weiter wieder auf die Straße, um so schneller wieder ins Geschäft zurückzufinden - unterwegs gefühlt Hunderte von Rennrädern oder auch Rahmen - *inimaginable* - *unvorstellbar*, wenn man es nicht gesehen hätte!

Und plötzlich fingen meine Augen an zu glänzen: Ich erblickte - wie 11 Jahre zuvor auf Korsika - tatsächlich dieses pinkfarbene Mercier, 55er Rahmenhöhe, mit *Campagnolo Gran Sport*, der damals günstigsten Ausstattung des großen italienischen Fahrrad-Komponenten-Herstellers aus *Vicenza*. *Tullio Campagnolo* erfand 1930 die Schnellspannachse, damit sich das Umdrehen des Hinterrades mit zwei Gängen - eine Übersetzung für die Berge - leichter und schneller bewerkstelligen ließ.

Dieser September 1982 bedeutete für mich schon ein vorgezogenes Weihnachtsfest: Der Chef verkaufte die Räder um 33 % billiger, wenn sie ins Ausland exportiert wurden - statt für umgerechnet 1800 DM bot er mir „mein" Mercier für 1200 DM an - *incroyable, mais vrai - unglaublich, aber wahr!*

Der Inhaber schenkte mir noch die Wintermütze von *MERCIER cycles*, die ich manchmal auch an Familienmitglieder verlieh.

Wie wurde dieser attraktive Kauf eines Rennrads abgewickelt? Sofort fuhr ich mit meinem alten Rad nach Saarbrücken, um mit dem Zug am frühen Abend wiederzukommen. Ich bezahlte den reduzierten Preis, fuhr mit meinem neuen Vélo Mercier Richtung Saarbrücken und ließ es am Zoll in Güdingen offiziell als Exportartikel abstempeln. Die Exportbestätigung brauchte ich nur noch per Post nach Saargemünd zu senden, oder bei einer Radtour vorbeizubringen.

Einen guten Freund informierte ich sofort. Durch den Radsport waren wir beide auch *italophil*. Ich nannte ihn manchmal *Alfredo Pedale*, während er mich ab und an *Francesco* rief. Er fand eine Woche später das gleiche Rennrad mit einem für ihn höheren, passenden Rahmen.

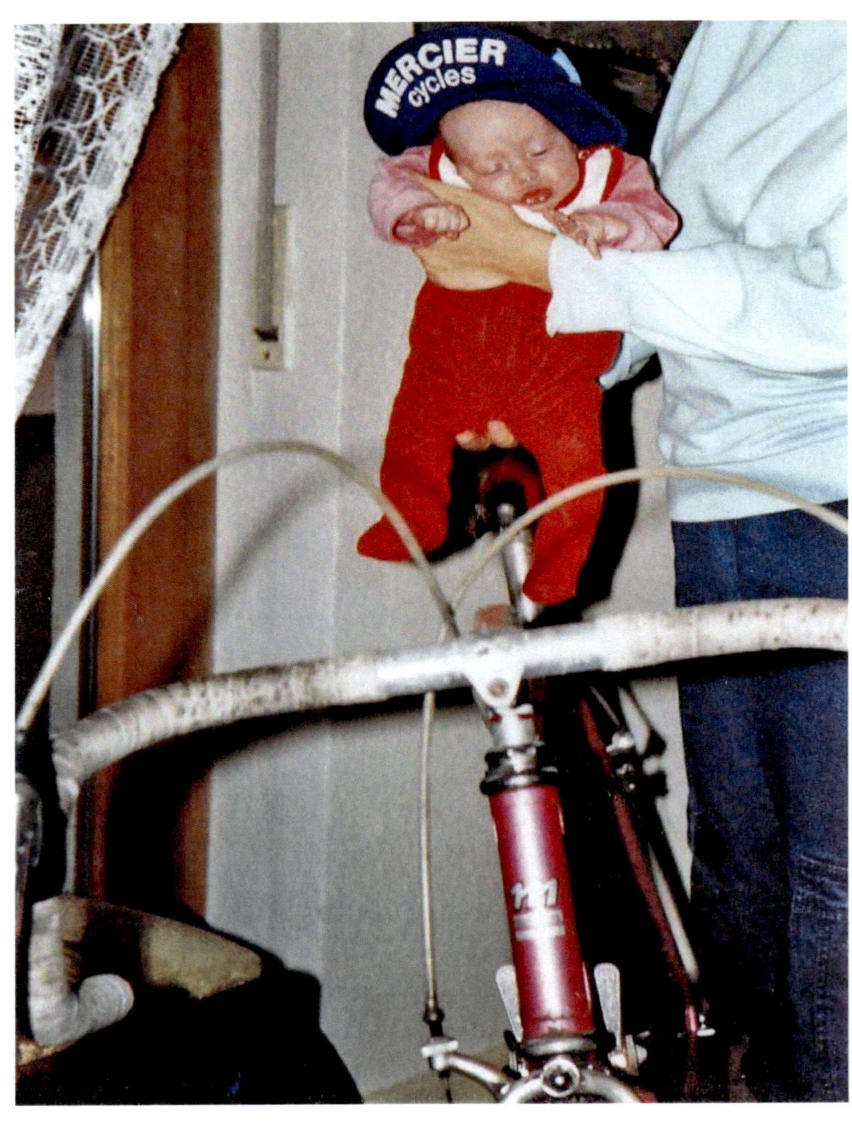

Töchterchen Julia schon im Herbst 1987 mit wenigen Wochen auf Papas Rennrad

Beim Export fiel wohl die in Frankreich damals ungleich höhere Mehrwertsteuer weg, und der Chef kalkulierte als cleverer Geschäftsmann, indem er noch um viele weitere Prozente reduzierte, um die saarländischen Käufer anzulocken. Auch mein damaliger Mitbewohner Peter legte sich in Sarreguemines einen Edelrenner zu, ein *Koga Miyata*. Alleine der Schreiber dieser Zeilen animierte in den nächsten 10 Jahren gefühlt 50 Freunde/Bekannte zum Kauf eines um ein Drittel ermäßigten Rennrades; ohne zu übertreiben dürften es realiter aber mindestens 30 gewesen sein, bis dann 1992 (Verträge von Maastricht) oder spätestens nach dem dritten Schengener Abkommen 1995, wenn ich mich recht erinnere, dieses Sonderangebot nicht mehr realisiert werden konnte.

Zuhause in der WG bekam mein Prachtstück einen Ehrenplatz auf dem überdachten Balkon meines Zimmers. Ich ging allerdings nicht so grenzwertig freundlich mit meiner neuen Eroberung um wie *Pierre Brambilla*. Paul Fournel („die liebe zum fahrrad", Covadonga-Verlag, S. 50) erzählt, dieser italienisch-französische Radrennfahrer der Nachkriegszeit habe sein Fahrrad in sein Bett und sich selbst auf den Teppich gelegt, wenn er seine Leistung für unzureichend hielt; dadurch sollte sich seine Psyche besser regenerieren. Aber *ich* war doch kein *fou de vélo* - kein *Fahrradverrückter*!

Anfang Oktober 1982 fuhren Alfred und ich mit unseren beiden Zwillingsfahrrädern und zwei Freunden bei schönem Herbstwetter in die Vogesen. Unser Quartier war - wie auch bei den Skilanglauf-Touren (vgl. E 8) - für viele Jahre das Naturfreundehaus am *Lac Noir* auf 950 m: <*Le Refuge* des *Amis de la Nature*>.

Die *Naturfreunde* - ihre Hütten in den Vogesen sind Selbstversorgerhäuser mit großzügigen Küchen - wurden 1895 als eine internationale Organisation in Wien gegründet mit dem Ziel, auch Arbeiterfamilien einen günstigen Urlaub in den Bergen zu ermöglichen. Ich bin Mitglied in der französischen Section in *Stiring-Wendel* (mit dem <*Chalet Glück Auf*>, mit 20 Übernachtungsplätzen in vier Zimmern), unweit unseres Hauses in Saarbrücken. Der Name des Hauses erinnert an vergangene Zeiten: Lothringen war, wie das Saarland, bis in die 1980er Jahre eine Bergarbeiterregion. Im September 2003 organisierte ich in diesem Naturfreundehaus ein Wochenende mit der Radsportgruppe des LC Rehlingen; Kajo vom Club der kochenden Männer verwöhnte uns nach einer für einige Mitstreiter anstrengenden Tour von der Saar durch Lothringen.

1982 fuhren wir bei „Goldenem Oktober“-Wetter erstmals mit unseren beiden Mercier-Rennern via *Col des Bagenelles* auf die *Route des Crêtes*, die *Panoramastraße* der Vogesen. Rolf quälte sich mit einem 22er-Ritzel die Berge hoch. Wir, die beiden Mercier-Fahrer, warteten auf die anderen beiden in den Fermes-Auberges, wo wir in der Bergsonne - mal ganz unsportlich - den *Fedderweißen (<Vin nouveau>)* kosteten und ... eine Alpentour für das nächste Jahr planten...

Mit meinem Mercier fuhr ich als Trauzeuge im Sommer 1985 stilvoll zu Alfreds Hochzeit, 65 km nach Pirmasens - morgens um sechs Uhr, die feine Kleidung in meinem Lenkertäschchen gefaltet. Geduscht und fein angezogen ging es zur Trauung um 10 Uhr ins Rathaus.

Wenn die *Tour* im Hochgebirge Station machte, hatten wir beide erhöhte Temperatur. Ich fuhr Alfred - aus Pirmasens kommend - entgegen, wir zogen uns bei mir zuhause die Bergetappen auf *Antenne 2* im französischen Fernsehen rein - *Eurosport* gab es erst ab 1989. Danach waren wir beide mächtig aufgedreht, ich begleitete meinen Freund ein Stück des Weges zurück durch den *Bliesgau.*

Mein Veloziped trug mich einige Zehntausende von Kilometern über die Berge und Täler, nach 10 Jahren mit 90 000 km war der Rahmen weich geworden. Allein 1983, 1985, 1986 und 1987 fuhr ich 12 000 km pro Jahr. Als ich beim Diakonischen Werk arbeitete, fuhr ich regelmäßig mit dem Rennrad von Saarbrücken nach Elversberg; mein Ziel war es, schneller als der Linienbus zu sein. In der Ebene fuhr ich bis 40 km/h. Ich erinnere mich, dass mir einmal der Inhaber eines Radsportgeschäfts und Vorsitzende seines neu gegründeten Radsportvereins mit dem Auto folgte; sofort wollte er mich werben, Mitglied in seinem jungen Verein zu werden - ohne Erfolg, ich spielte doch Fußball im französischen *Spicheren*!

Der Rahmen meines edlen Hengstes gab im Laufe der Zeit im Tretlagerbereich nach; es war angenehm, durch diese Dämpfung an der

Saar entlang gemütlich spazieren zu fahren. Aber stramme Abfahrten im Gebirge waren zu gefährlich geworden; der Rahmen entwickelte eine Eigendynamik, fing an zu flattern, und der Stabilität der Gabel traute ich auch nicht mehr. Mein geliebtes Vélo wurde jetzt mein Zweitrad, es bekam von mir quasi wie ein ausgedientes Pferd sein Gnadenbrot für treueste Dienste seit einem Jahrzehnt im Hochgebirge.

Ein letztes Abenteuer wollte ich ihm aber noch schenken: Da ich neben Französisch und Geschichte auch noch freiwillig Spanisch unterrichtete, waren Intensivkurse auf der Iberischen Halbinsel angesagt. Nach einer Fortbildung in Barcelona (1988, ohne Rad!) absolvierte ich 1996 einen vierwöchigen Intensivkurs in *Salamanca*. Ich wohnte bei einer Friseurfamilie; in der bekannten Universitätsstadt wird kein Dialekt gesprochen, sondern reines *<castellano>* - *„kastilisch"*, wie die Spanier ihre Sprache anstelle von *<español>* bezeichnen.

Mein Mercier hatte ich rechtzeitig in Forbach bei der *SNCF* aufgegeben, zum letzten Mal sah ich es *lebend*.

Als ich in Salamanca am Bahnhof ankam und mein Rad abholen wollte, traf mich der Schlag, es war der *Super-GAU*: Der Bahnangestellte führte mich in den Gepäck-Aufbewahrungsraum und zeigte mir sehr verlegen mein *ehemaliges* Vélo Mercier. Es war nur noch ein Schatten seiner selbst, ein Haufen Schrott - von Madrid bis Salamanca mit Lkw transportiert, eine Waschmaschine habe es zertrümmert. Ich verabschiedete mich von meinem so sehr geliebten Rennrad, das mir *ans Herz gewachsen* war, und mit dem ich sehr, sehr viele Pässe in den Alpen, Provence mit Mount Ventoux, Pyrenäen, Vogesen, Schwarzwald, Jura und Auvergne bezwungen hatte. Wie im Traum - de facto traumatisiert - ließ ich die unzähligen Touren Revue passieren.

In Salamanca wollte ich ursprünglich noch ein letztes Mal mit ihm in die Berge: in die *Sierra de Francia*, auf die *Peña de Francia* (1727 m).

Am Abend traf ich mich wie geplant *mit* Mitgliedern des dortigen Fahrrad-Clubs *Los Amigos de la Bici*; diese stellten mir nach dem

Drama sofort ein passendes Rennrad zur Verfügung. Ein Mitglied der *Fahrradfreunde* erzählte mir später - nachdem ich den Schock verdaut hatte - folgendes: Er arbeite bei der spanischen Bahn *RENFE* und habe seinen Dienst getauscht, um mir nicht das zerstörte Rennrad zeigen zu müssen.

Ich wurde wiederaufgebaut und belohnt mit großartigen Touren mit den neuen Radfreunden; ich lernte kleine, verkehrsarme Straßen in der Gegend um Salamanca kennen, die ich alleine nie hätte erkunden können. Und ich profitierte sehr vom *Bad in der Sprache*: den ganzen Tag unterhielt ich mich auf spanisch - an der Uni, mit einer *Tandem-Sprachpartnerin* (einer Deutsch studierenden Spanierin), in der spanischen Familie und mit meinen Amigos de la Bici.

Aber der Plan, meinem geliebten pinkfarbenen Edelstahlross (* 1982 - + 1996) noch länger sein wohlverdientes Gnadenbrot zu geben, war in Salamanca jäh zerstört worden! Die Trauer über diesen schmerzhaften Verlust habe ich nie überwinden können; seit 2020 suchte ich verstärkt in Lothringen nach einem klassischen Edelrenner:

Mercier, Retro 70er/80er Jahre, pink - Juni 2021: Geschafft! Mein Sohn hat Laurent ausfindig machen können. Drei Freunde Luciens hatten schon Klassiker von *Peugeot* günstig bei ihm im lothringischen Dorf *Cappel* gekauft, 30 km von Saarbrücken entfernt. Dieser Händler mit Retro-Rennrädern hat mir geholfen, meine Trauer zu überwinden: ein 40 Jahre altes *Mercier* - Felgen, Schaltung (52/42, 13-19) und Bremsen original von *Mavic*, weißes Lenkerband, *Cales-pieds*, Retro-Schuhe von *Rivat*, *Columbus*-Stahlrahmen, verchromte Gabel mit eingravierter Mercier-Krone - wird mich auf kleineren Touren mit meiner Frau auf ihrem E-Bike um Saarbrücken herum, im Bliesgau und im angrenzenden Lothringen begleiten, solange ich noch Fahrrad fahren kann.

Der Kreis meines Lebens als Radsportler hat sich geschlossen.

Cappel (Département Moselle) am 23. Juni 2021

Etappe 4 Vom Abgrund zum Galibier

Nach unserer Vogesentour mit meinem neuen zweirädrigen Liebling im Oktober 1982 fuhr ich ab Januar auch im Winter bei trockenem Wetter in unserer Region kleinere Strecken à 50 km.

Ich spielte nach meinem Paris-Aufenthalt aktiv Fußball in der *Union Sportive de Spicheren*, fünf Kilometer von Saarbrücken entfernt im benachbarten Lothringen, auch, um mich als Französischlehrer in der Sprache unseres Nachbarn fit zu halten. Mein Trainer rief mich anfangs <*Franz*> (mit Nasallaut), so dass es klang wie <*France*> - „Frankreich" bzw. der Mädchenname *France*; Spieler oder auch Zuschauer waren leicht irritiert; nach drei Monaten hieß ich <*François*>. Im Mai 1987, als meine Frau schwanger war, hörte ich im Alter von 34 Jahren mit dem aktiven Fußballspielen auf.

Bis 1987 Fußballer bei der *<Union Sportive de Spicheren>*
(Foto: November 1987)

Da Mitte Mai die Fußballsaison beendet war, konnte ich mich gut auf das Hochgebirge vorbereiten, von Januar bis Ende Juni hatte ich 7000 km in den Beinen.

Ende Juni 1983 machten mein *Mercierfreund* und ich uns auf, mit unseren beiden Zwillingsrädern große Pässe der *Tour de France* zu bezwingen.

Alfred hatte ich von *Barcelonnette* dermaßen vorgeschwärmt, dass er keine andere Wahl hatte als sich über meinen Tourenvorschlag zu freuen.

Col de la Bonette

Vom Campingplatz aus in diesem kleinen Städtchen in den *Alpes de Haute-Provence* wollten wir zunächst eine Zwei-Tages-Tour über den *Col de la Bonette* unternehmen, mit roten Lenkertäschchen - natürlich einigermaßen passend zur *Mercier*-Lackierung. Den höchsten Alpenpass hatte ich seit den Wintermonaten im Visier. Ich wollte meinem Freund auch den *Col de la Cayolle* zeigen, den ich seit meiner ersten Besteigung zwei Jahre zuvor mehr als „in mein Herz geschlossen“ hatte (vgl. E 2). Ich danke der Schöpfung oder der Natur, dass ich diesen außergewöhnlichen Aufstieg, der mein Radfahrerleben stark beeinflussen sollte, schon viele Male fahren durfte!

Bei wolkenlosem Himmel starteten wir früh am Morgen, wir waren voller Vorfreude auf die Wärme in der Provence. Von den 30 km bis zur Passhöhe ging es zunächst 20 km gemütlich bergauf. Manchmal mussten wir absteigen, um uns durch Schafherden durchzuarbeiten. Die Zeit des Almauftriebs hatte begonnen, die Tiere wurden auf die Hochweiden getrieben, bevor sie im Oktober wieder ins Tal kamen.

Wir radelten durch die *Gorges du Bachelard*, ergötzten uns am Rauschen des Flüsschens, atemberaubend, Idylle pur. In der Nähe des *Cayolle* entspringt der Fluss *Var*, er mündet bei Nizza ins Mittelmeer. Oben parkten wir unsere Räder: wir schoben die vorderen Laufräder einfach in den Schnee am Wegesrand, ein halber Meter, die Straße war aber frei und trocken, wir waren frei und unbekümmert. Nach dem Cayolle-Pass - ich dachte bewegt und erregt an meine erste Bezwingung vor zwei Jahren 1981 - bewunderte Alfred im Tal des Var zum ersten Mal die *Gorges de Daluis*, die aus rötlichem Schiefergestein bestehenden Schluchten.

In *Tournefort* 30 km vor Nizza - Hauptstadt des *Département Alpes-Maritimes* - übernachteten wir und nahmen in einer *Chambre d'Hôtes* (Bed & Breakfast) in der provenzalischen Sonne unser Frühstück im Freien ein - wir freuten uns auf den Rückweg nach Barcelonnette - kein Gedanke an das, was später auf uns zukommen sollte. Mein Ziel dieser zweitägigen Expedition war natürlich der *Col de la Bonette*, der höchste asphaltierte Alpenpass mit 2802 m. Da der *Col de Restefond* - in einem Kilometer Entfernung - mit seinen 2715 m „nur" der vierthöchste Alpenpass ist - nach dem *Col de l'Iseran* (2770 m), *Passo dello Stelvio (*2757 m), *Colle d'Agnello (*2744 m) - wurde 1962 eine Extraschleife von zwei Kilometern asphaltiert, um mit 2802 m sogar für „die höchste (Pass-)Straße Europas" werben zu können. (Höher sind die Straßen zum *Pico del Veleta* in der spanischen *Sierra Nevada* bei *Granada*, 3394 m, bis 3270 m asphaltiert, und die Ötztaler Gletscherstraße zum Rettenbachferner-Gletscher, 2830 m - allerdings keine Passtraßen, nur Sackgassen.)

Und die *Tour* fuhr sofort über die neue Strecke, nach 1962 noch dreimal 1964, 1993 und 2008. Bei dieser sommerlichen Frühstücksatmosphäre schaute ich in der Regionalzeitung *Nice-Matin* - für das Département der *Seealpen* - nicht nach dem Wetter. Bei bester Stimmung, mit großer Vorfreude, aber auch mit Respekt begannen wir nach einer kleinen Abfahrt den Aufstieg bei *Pont de Clans* im *Vallée de la Tinée* auf 300 m, also noch 2500 Höhenmeter bis zur Passhöhe, für uns an sich kein Problem...

Wir fuhren parallel zur französisch-italienischen Grenze, passierten *Isola*, einen Ort mit italienischem Ambiente. Männer spielten *Boule* (in Italien *Boccia)* bei angenehmen, sommerlichen Temperaturen. Ich dachte schon an eine knackige französisch-italienische Runde *Barcelonnette - Col de la Bonette - Isola - Col de la Lombarde - Vinadio - Col de Larche - Barcelonnette*: 182 km, 4300 Hm!

Als wir auf 1800 m Meereshöhe am ehemaligen Militärlager Camp *des Fourches vorbeikamen*, trafen wir auf dieses Schild:

Juni 1983: Straße gesperrt, auf 1800 m ü. NN

Warum haben die Franzosen denn diese schöne Straße gesperrt? Nur wegen des Nebels, der schon lange die Sonne hatte verschwinden lassen? Sicherlich wegen Steinschlags, da können wir mit den Rädern durch! Da wir nicht unverrichteter Dinge zurückfahren wollten, um wieder über den Cayolle Barcelonnette zu erreichen, setzten wir nach kurzer Rast mit Wasser und Bananen auf 1800 m unseren Aufstieg fort.

Plötzlich kippt das bis dahin ruhige, neblige Wetter; von einem Moment auf den anderen ziehen Wind und dunkle, niederschlagsträchtige Wolken auf, wir stellen uns auf Regen ein - aber binnen weniger Minuten fahren wir Ende Juni auf *schneebedeckter* Straße! Jetzt sind wir doch etwas verunsichert.

Auf der Passhöhe angekommen, liegen schon ca. 10 cm Schnee auf der Straße. Unsere Füße und Hände beginnen zu frieren. Wir wechseln Unterhemd und Strümpfe, die wir im Hochgebirge in Nylontüten immer zusätzlich mitführen, wir machen noch schnell ganz unbedenklich einige Fotos, es sollten die letzten dieses Tages sein. Zu sehen gibt es gar nichts, alles weiß, und neblig, Sichtweite 10 - 15 Meter!

2715 m oder 2802 m ü. NN ?

Wir suchen auch keine Schilder, sondern nur einen Weg bergab. Aufgrund der schlechten Sicht und unseres angeschlagenen Zustandes weiß ich bis heute nicht, ob wir auf dem *Col de la Bonette auf 2802 m* waren oder uns direkt vom *Col de Restefond* auf 2715 m heruntergearbeitet haben; ich gehe davon aus, dass uns der Instinkt zu überleben auf den nächsten Weg ins Tal geleitet hatte.

Kein Gedanke, die *Cales-pieds* wieder festzuziehen, die Pedalhaken hängen nach unten durch. Und jetzt beginnt mit der „Abfahrt" unser beider *calvaire:* Der Wind ist eisig, das Schneetreiben verunsichert uns, die Sichtweite beträgt keine zehn Meter, wir versuchen, bei unserem *Leidensweg* im Schritttempo voranzukommen: auf der Nordseite erreicht die Schneedecke schnell eine Höhe von ca. 20 cm, wir haben keine Überschuhe und nur Fahrradhandschuhe, die Kälte in den Füßen strahlt in unsere Körper, erste Erfrierungen! Wir sind gezwungen, mit nur einer Hand zu fahren: rechte Hand am Lenker, die andere in der linken Kniekehle zum kurzfristigen Aufwärmen und umgekehrt. Die schneebedeckte Straße will nicht enden.

Frühstück an diesem Morgen in provenzalischer Sonne? Kann nicht wahr gewesen sein!

Eine Metamorphose erfasst uns: ein Gefühlschaos von ursprünglicher Freude über beginnende Unsicherheit bis hin zur puren Angst. Nur ein Gedanke kreist in unseren Köpfen: Bei einem *Platten* sind wir verloren - oder müssen versuchen, auf der Felge ins Tal zu fahren...

Vas-y, bois-en! Los, trink davon!

Ich liege eingehüllt in eine wärmende Decke, als ich aus einem Dämmerschlaf aufwache. Der junge Mann in Kampfkleidung reicht mir einen Becher mit *heißem Rosé,* während er mich zielstrebig auffordert, *Baguettestücke* hinein zu tunken und zu essen.

Ich versuche, mich zu erinnern.

Kein Sturz im Schnee, kein defekter Schlauchreifen, die Sicht war etwas besser geworden, irgendwann hatten wir bei unserer Horrorabfahrt im Wandertempo rechts plötzlich verschwommen ein Gebäude erkennen können - ein altes, unbewohntes, offenes Bauernhaus oder eine Schutzhütte?

Wir hatten Rauch aufsteigen sehen, Stimmen gehört, die Räder in den Schnee fallen lassen, da wir sie mit gefühlt halb erfrorenen Händen kaum mehr hätten festhalten können.

Die Gebirgsjäger der französischen Armee hielten in dieser Gegend einige Kilometer unterhalb des *Col de la Bonette* eine Winterübung ab, sie hatten sich in die zerfallenen Steinhütten aus der Zeit Napoleons III., der diese Straße bauen ließ, zurückgezogen und ein wärmendes Feuer entfacht - es war unsere Rettung!

Die Soldaten hatten wohl sofort erkannt, was mit uns los war, als wir uns von der Passhöhe heruntergequälten; sie hatten uns Windjacke, Radschuhe und Socken ausgezogen, uns in Feldbetten gelegt und in Wolldecken eingewickelt. Später - ich weiß natürlich nicht mehr, wie lange wir uns dort aufhielten, ich schätze 1-2 Stunden - überprüften sie, ob wir uns erholt hatten und in der Lage waren weiterzufahren.

Wir hatten uns gestärkt, waren *nicht mehr am Frieren!* Und wir schafften es jetzt, auf bald wieder schneefreier Straße langsam und sicher ins Tal nach *Jausiers* (1200 m) abzufahren.

Im ersten *Bistrot* bestellten wir uns einen *chocolat chaud*; ich verschlang den *heißen Kakao* möglichst schnell, musste ihn allerdings gleich auf der Toilette oral entsorgen. Einen Riesendurst hatte ich, bestellte mir mein alkoholfreies Lieblingsgetränk *Orangina,* aber gleiches Prozedere wie beim *choky;* obwohl ich sicherlich dehydriert war, konnte mein Magen nichts aufnehmen.

Auf dem Campingplatz in Barcelonnette gelang es uns, extrem lange unter der warmen Dusche zu verweilen. Im kleinen Restaurationsbetrieb erkannte die Chefin, dass wir benommen waren, bevor wir von unserem brutalen zweitägigen Ausflug erzählten. Sie bereitete uns ein Omelette mit Salat zu, welches wir beide erfreulicherweise nicht durch die Speiseröhre zurückbefördern mussten.

Nach einer Nacht wahrscheinlich im Halbkoma fühlten wir uns am nächsten Morgen wie *runderneuert*. Erst im Laufe der nächsten Tage realisierten wir, dass unser Abenteuer als *Tragödie* hätte enden können. Aus diesem Fast-Drama habe ich zwei wichtige Erkenntnisse für das Hochgebirge für immer und ewig verinnerlicht:

- Das Wetter kann sich *fürchterlich schnell* ändern.
- Mir war sehr, sehr deutlich geworden, wie unterschiedlich die Wetterbedingungen auf der Nord- oder Südseite sein können!

In den nächsten beiden Tagen war Erholung angesagt - der *Jour de repos* wurde verdoppelt. Über die französisch-italienische Runde (182 km, 4300 Hm) mit dem Bonette verloren wir kein Wort, uns war überhaupt nicht danach! Wir schlenderten durch unser geliebtes

Barcelonnette. Dieser Wintersportort zeigt sich im Sommer von seiner schönsten Seite. Er liegt inmitten des *Parc National du Mercantour*, der sich entlang der italienischen Grenze erstreckt. Wanderer und sportliche Rad- bzw. E-Bike-Fahrer können sich hier an der Unberührtheit der Natur erfreuen - auch wenn es seit 1992 immer wieder dunkle Schatten gibt: Die ersten aus den italienischen Alpen eingewanderten Wölfe wurden gesichtet. Die Bevölkerung ist sehr gespalten: Schafzüchter gegen *Écologistes*, die zuletzt genannten begrüßen die Immigration des Wolfs als natürlich. In romantisch-idealisierender Weise engagieren sich diese *Umweltschützer* sehr aktiv für das Raubtier. Ich stehe auf der Seite der Schäfer, deren Tiere wehrlos den Angriffen der Wölfe ausgesetzt sind.

Wir genossen das lässige Treiben in den Gassen der Fußgängerzone dieses Bergdorfs, wo ich ja zwei Jahre zuvor erstmals mit dem Hochgebirge Bekanntschaft machen durfte, bei besten meteorologischen Bedingungen. Die Gemeinde wirkt trotz ihrer nur 3000 Einwohner durch das pulsierende Leben wie ein kleines Städtchen.

Raymond Berengar, Graf der Provence und ein Nachfahre der Grafen von *Barcelona*, gründete 1231 in den Alpes de Haute-Provence sein *Klein-Barcelona*; das ehemalige Fischerdorf *Barceloneta* ist heute ein blühender Stadtteil in der Nähe des Hafens der *katalanischen Metropole*.

Uns fielen prächtige Villen auf - Mitte des 19. Jahrhunderts waren Tuch- und Seidenhändler nach Mexiko emigriert; einige kamen Jahrzehnte später als wohlhabende Bürger zurück, um hier ihre mexikanischen Villen zu bauen. In den 1980er Jahren nahmen mexikanische Nachfahren der französischen Emigranten mit der Stadt Kontakt auf, es entstand 2004 die *Städtepartnerschaft*: *Jumelage Barcelonnette - Valle de Bravo*, eine schöne Geschichte für Völkerverständigung.

Wir hatten noch einen heißen Ritt über die Berge geplant: *La marmotte* - „Murmeltier“ hieß damals noch der Klassiker über drei Zweitausender.

Seit vielen Jahren ist *La Marmotte Granfondo Alpes* die extreme Runde *Bourg d'Oisans - Glandon - Télégraphe - Galibier - Alpe d'Huez* mit 174 km bei 5000 Höhenmetern.

Und bei *La Marmotte Granfondo Pyrénées* sind bei 160 km 5500 Höhenmeter zu überwinden: *Col du Tourmalet - Hourquette d'Ancizan - Col d'Aspin - Luz Ardiden*!

Die kurze, aber knackige Hausrunde mit Start und Ziel in Barcelonnette - heute: *<les trois Cols>* des *<Cyclo-Club de l'Ubaye>* - ist mit 3340 Höhenmetern bei 125 km auch nicht zu verachten: *Col de la Cayolle (2326 m) - Col des Champs (*2087 m*) - Col d'Allos (2240 m).*

Nach zwei Tagen der Regeneration starteten wir im Uhrzeigersinn über den *Cayolle,* fuhren ab bis *Saint-Martin d'Entraunes* und nahmen in der Mittagshitze den einsamen *Col des Champs* in Angriff. Kein Auto, kein Motorrad, aber auch kein Schatten - und keine *Buvette* mit frischen Getränken! Die beiden im Tal aufgefüllten *Bidons* waren schnell geleert. Der Aufstieg ist unregelmäßig, und nur schwer ist ein Rhythmus zu finden. Als ich kurz nach meinem Kumpel auf der einsamen Passhöhe ankam, sackte meine Stimmung rapide in den Keller: Ich machte meinen Mercierfreund ziemlich derb an mit der Frage, warum er mir denn nichts aus seiner Trinkflasche übriggelassen hätte - Alfredo Pedale reagierte souverän, blieb ganz ruhig, und wir fuhren durstig, aber konzentriert ab - seit dem Drama am Bonette war unser Motto: „Besser zu heiß als zu kalt". Im Tal in *Colmars* stärkten wir uns vor dem dritten Aufstieg. Auf den Gras-Ski-Hang kurz nach *La Foux d'Allos* hatte ich meinen Mitfahrer schon vorbereitet, damit er nicht den gleichen Schock erleben sollte wie ich zwei Jahre zuvor.

Und sie fuhren immer noch Sommerski - die ursprünglich grünen alpinen Wiesen zeigten sich wieder in braun; *affreux*, *abscheulich*, wie die Franzosen ihre totale Abneigung auszudrücken pflegen.

Den Abend genossen wir bei vollster Zufriedenheit mit unserem aktuellen Spruch „Besser Wärme und Durst als Kälte und Schnee!"

Diese Drei-Pässe-Rundfahrt - eine wirkliche *Symphonie* - habe ich noch einige Male absolviert. Sie gehört zu den attraktivsten, welche ich in fünf Jahrzehnten kennengelernt habe und erfüllt meine

Wunschkriterien:

- anspruchsvoll,
- phänomenales Naturerlebnis,
- verkehrsarm.

Col du Galibier

Wir verließen diesen wunderbaren Ort in der Hoch-Provence, um auf dem Rückweg das letzte Ziel unserer Reise anzusteuern: den *Col du Galibier*, welcher *Tour de France*-Geschichte(n) geschrieben hat; für Alfredo und mich bedeutete er neben dem *Mont Ventoux* das *Nonplusultra*.

1911 gehörte der Riese als erstmals überquerter Alpenpass zum Menü der *Tour*, im Jubiläumsjahr 100 Jahre später wurde er den Fahrern zweimal serviert, als Vorspeise und als Hauptgang mit abschließender Bergankunft. Auf der Südseite des Passes am Ausgang des Scheiteltunnels wurde eine *Stele* zu Ehren des Tour-Gründers *Henri Desgrange* errichtet. Bei der *Tour* wird zusätzlich zur Bergwertung der Sonderpreis *<Souvenir Henri Desgrange>* für den höchsten Punkt der Rundfahrt vergeben, beim *Giro d'Italia* wird dieser Ehrenpreis *<Cima Coppi>* genannt, zu Ehren des *Campionissimo.*

Auch der Giro hat diesem Giganten seine Ehre erwiesen: Die Italien-Rundfahrt endete 2013 am *Galibier,* aufgrund schlechter Witterungsbedingungen allerdings 4,5 km unterhalb der Passhöhe auf 2300 m Höhe am *Pantani-Denkmal.*

Unser Basislager wurde ein Campingplatz in *Saint-Jean-de-Maurienne* (500 m), da für uns natürlich nur die sportlichere klassische Nordrampe in Frage kam.

Wir hatten schnell gelernt, dass mit Respekt und Demut die für das Hochgebirge unerlässliche mentale Stärke gefördert wird.

In *Saint-Michel-de-Maurienne* verpflegen wir uns mit *stillem Wasser (de l'eau plate, de l'eau non gazeuse)* und Bananen, wir passieren das Schild: *Col du Galibier 34 km*, inklusive des vorgeschalteten *Col du Télégraphe.*

Dies ist natürlich beachtlich. Den *Télégraphe* fahren wir gleichmäßig hoch.

Serpentinen lassen sich besser als gerade Abschnitte bewältigen, da man im Notfall ganz außen fahren kann, um die Steigungsprozente zu reduzieren.

Nach dem Télégraphe mit 1570 m geht es fünf Kilometer bergab nach *Valloire* auf 1400 m. Diese Abfahrt schmeckt uns beiden gar nicht. Höhe abgeben während eines Aufstiegs mag ich überhaupt nicht, bringt mich aus dem Rhythmus, und diese Abfahrt über 170 Höhenmeter wird zwangsläufig als Steigung wieder dazuaddiert. Es folgen 17,5 km mit 1240 Höhenmetern. Von Saint-Jean-de-Maurienne aus (500 m) sind es 48 km mit 2300 Höhenmetern, allerdings 14,5 km bis Saint-Michel (700 m) auf einem nur minimal ansteigenden *faux plat* mit 200 Höhenmetern.

Nach Valloire zieht sich die Straße am Fluss entlang bei mäßiger Steigung, bevor sie dann nach *Plan Lachat* auf 1900 m in einer scharfen Rechtskurve steil ansteigt. Hier beginnt das Herz des *Galibier* zu schlagen, er saugt die Radsportler geradezu in sich auf, er streckt seine Arme aus, damit jeder Fahrer - ob euphorisiert oder am Rande der Erschöpfung - diese letzten anspruchsvollen acht Kilometer mit Würde bewältigen kann. Ich konnte damals nicht wissen, dass diese entscheidende Passage des mythischen Passes in meinem Radfahrerleben 15 Jahre später noch eine aufregende Rolle spielen sollte (vgl. E 13.2). Wir passieren den geschlossenen Tunnel (2556 m) unterhalb der Passhöhe, Jahre später wird er wieder für Autos geöffnet werden. Zwischen meterhohen Schneewänden, aber bei Sonnenschein, kommen wir auf 2646 m über dem Meeresspiegel an. Da die Straßen frei sind, erinnern uns die Schneemassen nur kurz an das Drama am Col de la Bonette. Zu sehr sind wir von der grandiosen Aussicht auf die vergletscherten Berge überwältigt: Der Blick zurück auf die Serpentinen und auf das *Massif des Écrins* mit dem *Glacier de la Meije* bietet ein einzigartiges Panorama.

Ende Juni 1983 bei Schnee und Sonnenschein
an der Legende
(2022 zweimal auf dem Speiseplan der *Tour*)

Der *Galibier* ist für mich einfach nur majestätisch. Und ich hatte schon 1983 eine *Vision*: Das Hinauffahren der Pässe filmen, um die Aufnahmen als Videokassette zu verkaufen; dann könnte man die Pässe zu Hause auf dem Hometrainer abfahren. Ich gehe davon aus, dass ich mit dieser damals neuen Idee ein sehr erfolgreicher Geschäftsmann geworden wäre...

Wir sehen uns wieder im nächsten Jahr - dies beschlossen wir auf dem Gipfel - vollgepumpt mit euphorischen Gefühlen, bevor wir dieselbe Strecke zurückfuhren. Und fürs erste konnte ich tiefenentspannt wieder jubeln: *Mission accomplie*!

Vor unserer Rückfahrt mit dem Auto hatten wir eine Begegnung, welche mein Leben beeinflussen sollte: Zwei in unseren Augen damals ältere Italiener bereiteten sich nach einigen Tagen im Hochgebirge um den Galibier herum auf ihre Rückfahrt mit dem Auto vor: Während ich mit ihnen über *Colnago* und *Campagnolo* fachsimpelte, bestand ihre einzige Tätigkeit am Morgen darin, ihre edlen Renner auf dem Autodach akribisch mit Tüchern zu polieren, ja geradezu zu *liebkosen* - obwohl *ihre Lieblinge* den Rücktransport sicherlich nicht so sauber überstehen würden; also im Prinzip eine unnütze Arbeit, die man erfolgreicher nach der Ankunft in Italien hätte erledigen können. Uns wurde anschaulich vor Augen geführt, was *wahre Velophilie* bedeutet.

Im September '83 verbrachte ich 10 Tage bei einem Schulfreund in Freiburg (280 m). Schauinsland (1200 m), Rinken (1196 m), Thurner (1030 m), Belchen (1360 m) und Hochblauen (1165 m) hatte ich zu Objekten meiner Begierde auserkoren; fast täglich spulte ich ca. 150 km im Hochschwarzwald ab, ich war in einer blendenden Verfassung. Zum würdigen Abschluss genoss ich ich die RTF des *RSV Ebnet* (Freiburg) mit unzähligen Höhenmetern auf verkehrsarmen Wegen.

Die erlebnisreiche Saison beendete ich im Oktober nach 12 000 Kilometern.

Etappe 5 Beziehungspflege

Rupture du ligament croisé antérieur - Riss des vorderen Kreuzbandes! Der Arzt hatte mich mit seiner Diagnose wahrlich geschockt.

Adieu Galibier!!!

Die Fußballsaison 83/84 im französischen Lothringen war wie immer Mitte Mai zu Ende, ich konnte viel mit dem Rennrad trainieren und spielte im Juni nur noch an Pfingsten mit einer Sankt Wendeler Hobby-Mannschaft bei einer Einladung mit Frauen/Freundinnen in *Grenoble*. Nach der Schockdiagnose - meine einzige schwere Verletzung als Fußballer - wurde mein linkes Bein eingegipst, ich wollte mich in Saarbrücken operieren lassen.

Ich blieb mit Gipsbein im Hotel in der Hauptstadt des *Dauphiné*, konnte dadurch das extrem spannende Finale des *Giro d'Italia* 1984 verfolgen, und ich wurde Zeuge einer denkwürdigen - im Klartext bedenklichen - Streckenänderung. *Laurent Fignon* strebte das *Double Giro/Tour* an, er hätte seinen Vorsprung auf *Francesco Moser* auf der vorletzten Etappe am 9. Juni über den *Passo dello Stèlvio* noch ausbauen können. *Moser* bewertete seine Chancen trotz eines für ihn günstigen, abschließenden Einzelzeitfahrens am Sonntag mit *gleich null*: Den Reportern sagte er, dass *er nicht an Wunder glaube*. Doch das *Mirakel* kam unverhofft: Die Rennleitung ließ die Überquerung des legendären Passes (vgl. E 10, Mekka der Velomanen) im letzten Moment offiziell wegen Schneetreibens streichen.

Französische Reporter konnten den Pass mit dem Auto problemlos hochfahren, von Manipulation und Betrug war die Rede.

Daraufhin wurde zusätzlich Lawinengefahr in den italienischen Medien publiziert. Ich konnte die unglaubliche Hektik dieses Samstages in Fernsehen und Radio in unserem Hotel in Grenoble mitverfolgen - ich war ja ruhiggestellt, aber vergeblich hatte ich mich auf die Fernsehbilder über den *Stèlvio* gefreut. Das Hotelpersonal fieberte mit mir für Laurent Fignon.

Francesco Moser blieb das Martyrium über diesen Giganten erspart - er sicherte sich das *Maglia Rosa* am letzten Tag - mit bitterem Beigeschmack. Sogar die Fernsehhubschrauber sollen dem italienischen

Zeitfahrspezialisten Rückenwind gespendet haben.

Fignon gewann danach in blendender Verfassung die *Tour* im Juli 84, hatte aber aber das prestigeträchtige *Double Giro/Tour* verpasst.

Und 1989 verlor er nach seinem ersten Tiumph im *Giro* die *Tour* mit 8(!) Sekunden, der geringste jemals gemessene Zeitabstand zwischen Sieger und Zweitem: Gegen den Amerikaner *Greg Lemond*, welcher - als bis dahin Zweiter mit 50 Sekunden Rückstand - das Zeitfahren *Versailles - Paris-Champs Élysées* (24 km) mit einem erstmals eingesetzten Triathlon-Lenker gewann.

Von diesem K.O.-Schlag konnte sich Fignon nicht mehr richtig erholen, auch wenn er noch seinen neunten und letzten großartigen Etappensieg bei der *Tour* erzielte: Am *Grand Ballon* attackierte er 1992 - 40 km vor dem Etappenende in *Mulhouse* - und rettete vor der heranjagenden Meute ... 12 Sekunden Vorsprung ins Ziel.

Nach meiner Knieoperation wurde mein linkes Bein von der Leiste bis zur Ferse eingegipst - ein damals noch gängiges Verfahren; statt den *Col du Galibier* zu bezwingen lag ich fixiert im Krankenhaus und dann zuhause - im Juni empfand ich dies als Höchststrafe.

Die Entzugserscheinungen, unter denen ich sonst nur im Winter litt, trafen mich jetzt im Sommer wie giftige Pfeile, das Virus arbeitete weiter. Dadurch gelang es mir aber, mit großer Begeisterung Geschichten über Radchampions in mich aufzusaugen, u.a. *Jean-Paul Ollivier, <Fausto Coppi - La tragédie de la gloire>,* ders.: *<La légende de Louison Bobet>*, gerade im März 1984 erschienen; Bobet war im März 1983 mit 58 Jahren verstorben.

Ich durfte mich bester Fürsorge erfreuen: Seit Januar 1984 war ich mit meiner heutigen Frau Beatrice liiert, einer *Krankenschwester* - das Leben besteht eben nicht nur aus Zufällen.

Heute gehe ich davon aus, dass mir mein Unterbewusstsein aufgrund meines Leidens in Absprache mit meinem Virus eine Partnerin mit diesem Beruf empfahl.

Als nach sechs Wochen mein Liegegips entfernt wurde, war ich trotz psychologischer Vorbereitung mehr als konsterniert: Mein linker

Oberschenkelmuskel, der *Quadrizeps,* war fast verschwunden - der *runde Tritt* war in weite Ferne gerückt; schon dachte ich an jugendliche Rennfahrer, die auf der Radbahn abwechselnd nur mit einem Bein pedalieren, um den flüssigen Tritt mit Drücken und Ziehen zu perfektionieren.

Statt mit meinem *Vélo Mercier* verbrachte ich mit Freundin, Zelt und Krücken als Gehhilfen einen ruhigen, erholsamen Urlaub an der *Dordogne* und bei *Montpellier* am Mittelmeer; ich musste oder durfte erkennen, dass das Leben nicht nur aus Rennradfahren besteht.

Dennoch wurde ich immer weiter *getrieben.*

„Ihr geht mir und den anderen Gästen mit euren stundenlangen Gesprächen über Cols *sooo* auf die Nerven. *I c h werde n i e* in meinem Leben einen *Col* fahren, ich wette um *Schampus* oder *Crémant*!"

Was war passiert? Warum legte meine Freundin dieses Gelübde ab?

Wir verbrachten im Oktober '84 eine wunderschöne Woche im *Périgord Vert*. Peter wollte seine Heike stilvoll im Südwesten Frankreichs heiraten. Bis 1982 wohnte ich in Saarbrücken in einer *Vierer-WG:* Peter, sein *Koga Miyata*, mein *Vélo Mercier* und ich.

Einige von uns - ich wohl im Besonderen - hatten in übertriebenem Maße über Berge und Pässe gesprochen. Und dabei sowohl die Hochzeitsgäste als auch andere Themen vernachlässigt. Ich sollte mich aufgrund meiner Sprachkenntnisse auch mit den französischen Gästen aus dem Ort unterhalten, was ich während des Essens anfangs auch tat. Aber ich hatte Scheuklappen und nur wenig Blick und Gefühl für Lebensbereiche außerhalb des Radsports.

Ich war nicht nur ein <*fou de vélo*>, ein „*Radverrückter*". Mein Verhalten war mehr als grenzwertig:

Mein Horizont endete hinter Bergen und Cols, die mich wie Magnete anzogen.

Die Situation hing natürlich zusammen mit einer durch meine Verletzung entbehrungsreichen Zeit seit Juni, die eine Verschlimmerung meines Krankheitszustandes provozierte.

Das Virus hatte sich in meinem Körper weiter ausbreiten können. Ich hielt es nicht mehr aus ohne Fahrrad, musste unsägliche seelische Schmerzen ertragen. Ich fühlte mich permanent getrieben und floh nach dieser Woche in *Aquitanien* in der zweiten Oktoberhälfte in die *Vogesen* - in „mein" Naturfreundehaus am Lac Noir auf 950 m - mit Rennrad. Mein leider viel zu früh verstorbener Freund Dieter, den ich vom Rennradfahren und Skilanglaufen voll überzeugt hatte, war dabei. Das Wetter zeigte sich - vorsichtig formuliert - für normale Radtouristen nicht mehr attraktiv, aber das störte uns wenig. Die Ärzte hatten nicht nein gesagt, ich hatte sie allerdings ganz bewusst auch nicht gefragt. Sie hätten mich wohl vier Monate nach der Operation mit anschließendem sechswöchigen Liegegips sofort in die *Psychiatrie* überwiesen. Ich hatte eine überlange MTB-Sattelstütze montiert, um mein linkes, operiertes Knie nicht so stark beugen zu müssen; mein Becken wurde dadurch arg ramponiert; flüssiges Pedalieren sieht wahrhaft anders aus, aber es gelang mir, sanfte Steigungen über die *Route des Crêtes* irgendwie zu bewältigen. Trotz der Qualen spürte ich sogar ein gewisses Wohlbefinden; ich war einfach nur glücklich, wieder in meinen geliebten Bergen mit dem Vélo unterwegs zu sein.

Mit diesem Radtest lag ich nicht falsch. Über Silvester verbrachte ich mit meiner Freundin einige Tage in der *<Ferme-Auberge du Steinlebach>* auf 1200 m in den Hochvogesen; bei Sonne pur und 80 cm Neuschnee liefen wir gemeinsam in der Loipe täglich ca. 25 km.

Vier Jahre nach der Hochzeit von Heike und Peter im schönen *Périgord* kam meine Frau zu mir und ließ mich kleinlaut wissen, dass sie doch einmal einen *Col* bezwingen möchte.

Ich war begeistert und freudetrunken, wir fuhren dreimal pro Woche die Steigungen rund um Saarbrücken, gaben unsere einjährige Tochter zu den Schwiegereltern und fuhren Freitagnachmittag mit dem Auto mit Ruth und Dieter über das erste Oktober-Wochenende in das einladende *Hôtel des Cigognes* in *Abreschviller* in den Vogesen, 90 km von Saarbrücken entfernt.

Am nächsten Morgen radelten wir an einem sonnigen Herbsttag 1988 durch das Tal der *Roten Saar* an der *Saarquelle* vorbei zum

Col du Donon (727 m); der schöne Rundkurs (50 km) wurde vervollständigt durch die Abfahrt in das *Vallée de la Sarre Blanche* und zurück in unser Hotel über das zu den schönsten Dörfern Frankreichs gehörende *Saint-Quirin* (Wallfahrtsort, Barockkirche mit *Silbermann-Orgel*). Meine Frau hatte ihren Schwur von 1984 gebrochen. Wir freuten uns auf den *Apéro* mit elsässischem Crémant, und später in Saarbrücken kamen noch einige Bekannte in den Genuss des edlen Getränks.

Col du Donon im Oktober 1988:
mit Beatrice an der Saarquelle

Ein Jahr nach meinem Kreuzbandriss planten wir für 1985 eine gemeinsame Radtour; ich schlug eine Fahrt durch das Loiretal vor - mit der Aussicht auf eine Woche am Strand als Belohnung.

Die Loire - ein stiller, ruhiger Fluss, wir fühlten uns ein Jahrhundert zurückversetzt. Wir fuhren mit dem Zug an den längsten Fluss Frankreichs, südlich von Orléans. Mit Rad, Zelt und Kochgeschirr waren wir frei und unabhängig. Natürlich suggerierte ich meiner Freundin, dass sie sich länger am Strand aufhalten könne, wenn wir mehr Kilometer pro Tag zurücklegen würden - nach dem Prinzip *Fördern durch Fordern* - und so spulten wir täglich um die 100 km ab. Die gleißende Sonne zwang Beatrice, die verbrannten Arme einzuwickeln, ich hatte - obwohl ich ein heller Hauttyp bin - durch die vielen Radkilometer eine vorgebräunte Haut.

Radwandern im *Val de Lcire*

Wir verließen das Loire-Tal bei *Saumur* und erreichten *La Tranche-sur-Mer* in der *Vendée*; die Belohnung hatte sich meine Freundin mit viel Kampfgeist verdient: über eine Woche Sandstrand am Atlantik.

Hier las ich in der *Équipe* - damals mein tägliches Brot - erstmals den Namen *Boris Becker*, als er mit 17 Jahren in *Wimbledon* gewann. Aber dafür interessierte ich mich überhaupt nicht. Ich studierte die französische Tagessportzeitung ausführlich wegen des Radsports; im Juli sind 10-14 Seiten täglich der *Tour* gewidmet.

Interessanter als Tennis war für mich der Sieg eines *Luis Herrera* bei der Etappe *Pontarlier - Morzine-Avoriaz.* Ein Jahr zuvor hatte der kolumbianische Kletterstar in Alpe *d'Huez* gewonnen; sofort wurde ich ein Fan von *Lucho,* dem Gärtner aus Fugasagusa in Kolumbien.

Die französische Sportzeitung war für mich wie eine Bibel, gläubige Menschen mögen mir diesen Vergleich verzeihen; intensiv studierte ich auch *Marca und AS,* wenn die *Vuelta a España* lief (April, ab 1995 September), und die *Gazzetta dello Sport,* vor allem im Mai während des *Giro d'Italia.*

L'Équipe titulierte fast schon literarisch mit einem Wortspiel:

Die Schlagzeile lautete:

<Colombie-Les-Deux-Aiglons>

Aiglon ist ein *junger Adler*, Etappenvierter wurde Herreras Landsmann *Fabio Parra,* er war der zweite dieser beiden kolumbianischen Könige der Lüfte.

Ausgesprochen klingt diese Überschrift ähnlich wie der Ort, wo der ehemalige französische Staatspräsident Charles de Gaulle in seinem lothringischen Alterswohnsitz beerdigt ist:

<Colombey-Les-Deux-Églises> - einfach nur genial!

Beatrice am Strand mit der *Équipe*-Titelseite vom 10. Juli 1985: <*Colombie-Les-Deux-Aiglons*>

Eine Woche am Strand konnte ich es nicht aushalten, meine Freundin hatte sich aber diese Zeit durch engagiertes Radfahren verdient; wir fanden sofort einen *Modus vivendi*:

Neben meinen täglichen Ausfahrten am Morgen erinnere ich mich an eine 200 km - Runde: 100 km mit Rückenwind ins Landesinnere durch das von Kanälen durchzogene einzigartige Naturparadies *Venise Verte, „Grünes Venedig"*, Richtung *Niort* und fast die identische Strecke wieder zurück. Beim Rückweg bohrte sich immer intensiver bei mir der Titel eines Radfahrerromans in den Kopf: *„Der Wind kommt immer von vorn"*.

Ich hatte mich dermaßen verschätzt, dass mich nur einige Kilometer vor dem Ziel die *fringale* packte. Der *Hungerast* zwang mich, in einem *Bistrot* 15 km vor dem Meer über die restlichen drei, vier *Sol-Eier* herzufallen, welche der Wirt noch an der Theke anbot. Diese werden hartgekocht, nach Omas Rezept in einer Salzlake eingelegt, sie sind bis zu vier Wochen haltbar.

Nach einer wunderschönen, relaxten Woche am Meer gaben wir unsere Räder mit Gepäck am Bahnhof in *Les Sables-d'Olonne* auf, fuhren mit dem Zug nach *Paris* und verbrachten amouröse Tage in meiner Lieblingsstadt.

Fazit: Wir beide waren mit der dreiwöchigen Beziehungspflege mehr als zufrieden - drei Wochen täglich 24 Stunden können intensiver sein als eine mehrjährige Wochenendbeziehung.

Allerdings gehe ich heute davon aus, dass meine Freundin als sehr einfühlsame Krankenschwester in den drei Wochen Loire/ Vendée/Paris mein Leiden erkannt hatte.

Dennoch zog sie mit mir zusammen, hatte aber vielleicht anfangs noch Vorbehalte ob ihres Entschlusses: Unsere abendlichen Bettlektüren unterschieden sich z. Bsp. fundamental. Während sie sehr gerne Krimis liest, liege ich oft im Bett und starre auf eine *Carte Michelin.* Diese gelben Karten sind für mich wie Literatur - während meiner Schulzeit zählte Geographie zu meinen Lieblingsfächern.

Irritierend für meine Bettnachbarin war damals die Tatsache, dass ich eine halbe Stunde auf *eine einzige* Karte schaute. Es mag bizarr klingen, aber ich fahre die Strecken vor und nach den Touren im Bett ab. Im Winter kann ich auf diese Art meine Entzugserscheinungen etwas kompensieren. Ich lese die Karte und habe die Landschaft vor Augen, fahre in Gedanken alte Strecken ab und suche neue Wege.

Viele Strecken habe ich gespeichert, v.a. mit den Steigungsangaben: ein Häkchen/Pfeil 5 % - 9 % Steigung im Schnitt, zwei Pfeile 9 % - 13 %, drei Pfeile über 13 %. Eine Psychologin bescheinigte mir einmal, dass ich über ein *fotografisches Gedächtnis* verfüge. Ich fahre in vielen Gegenden herum, ohne oft auf die Karte schauen zu müssen, also quasi als *lebendes Navi.*

Unseren achten Hochzeitstag feierte ich - mit den Radfreunden in den Vogesen. Dort verweilte ich regelmäßig im Mai an den durch Christi Himmelfahrt verlängerten Wochenenden (Donnerstag bis Sonntag). Am 15. Mai 1994 erwähnte ich bei einer ersten Rast ganz nebenbei mein Jubiläum, Dirk reagierte sofort und schlug vor, eine Flasche Crémant auf das Wohl meiner Frau zu trinken. Spontan lud ich an jenem Sonntagvormittag auch den Kellner ein. Als ich ihn über den Anlass unseres stilvollen Apéritivs aufklärte, fragte er nur leicht verunsichert: <Mais où est Madame?>

Zu meiner Verteidigung möchte ich anführen, dass wir am Abend in Saarbrücken unseren Ehrentag wie immer mit einem feinen Essen würdigten.

Trotz meines bisweilen gewöhnungsbedürftigen Verhaltens entwickelte meine Freundin zu meiner großen Freude eine Empathie für mich ... aber vielleicht nur aufgrund ihres sozialen Gewissens, geprägt von dem beim weiblichen Geschlecht verstärkt auftretenden Helfersyndrom?

Resümierend kann ich heute feststellen: Es passt oder es passt nicht; die Chemie stimmt, oder sie stimmt nicht.

Etappe 6 Die Pyrenäen rufen

Im Winter 1985/86 fokussierte sich meine abendliche Bettlektüre immer häufiger auf die beiden Michelin-Karten N° 85: *Pyrénées Atlantiques*, *Hautes Pyrénées* mit spanischer Seite und N° 86 mit dem *Département Pyrénées Orientales* (heute N° 342, 343, 344).

Und ich *studierte* nach dem *<Atlas des Cols des Alpes>* jetzt den *<Atlas des Cols des Pyrénées>*.

Der legendäre *Col du Tourmalet* ging mir nicht mehr aus dem Kopf.

Meinen drei Mitstreitern Alfred, Dirk, ebenfalls ein begeisterter *grimpeur,* und Rolf hatte ich schon im Frühjahr in der Motivationsphase das *Pyrenäenbuch* von *Kurt Tucholsky* als Lektüre empfohlen.

Doch zunächst erschütterte mich eine folgenreiche Katastrophe im Osten Europas. In der letzten Aprilwoche des Jahres 1986 überschlugen sich die Ereignisse: Ich rief meine Freundin Beatrice an, sie solle sofort die Koffer packen, um nach Mallorca zu fliegen! Aber mein Plan scheiterte, in Deutschland wurde das Ausmaß dieses Reaktorunfalls erst mit zeitlicher Verzögerung erkannt.

Ich war mit Freunden auf einem Segelboot zwischen Mallorca, Ibiza und Formentera unterwegs. Auf unserem Fernseher sahen wir Berichte des schwedischen Fernsehens über die radioaktiven Wolken aus *Tschernobyl*, bevor diese Katastrophe vom 26. April 1986 in Deutschland publik wurde.

Zurück in Deutschland bereitete ich mich dennoch zielstrebig auf unsere Pyrenäen-Tour vor.

Rolf hatte sich ein Rad für über 2000 DM zugelegt, und es war mir gelungen, ihm klar zu machen, dass jede D-Mark einem Höhenmeter entspräche, dass er also nach den Vogesen jetzt

1. eine Etappe mit über 2000 Höhenmetern fahren und

2. dabei einen Pass mit mindestens 2000 m ü. NN überwinden müsse.

Spanisches Baskenland

Nach einer 1200 km langen Anfahrt über Nacht schlugen wir im August 1986 unser Basislager in *Laruns* auf, um am nächsten Tag mit Mini-Rucksack zu einer fünftägigen *Pyrenäen-/Baskenland-Rundfahrt* zu starten. Wir fuhren gemütlich Richtung *Col du Pourtalet*, ein *Rollerpass,* wie wir damals zu sagen pflegten.

Auf 1250 m Meereshöhe passierten wir den schön gelegenen *Lac de Fabrèges*, wo ich 1979 schon einmal zu Studentenzeiten während eines Urlaubs mit meiner damaligen Freundin wild gezeltet hatte.

Ich hatte einige tausend Kilometer in den Beinen und fuhr hoch mit 42/22; nach 24 Zähnen hatten wir als als Reserve noch das 26er-Zahnrad, von mir/uns damals despektierlich als *Pensionärsritzel* bezeichnet. Wir überholten einen Holländer und spornten ihn an: Er hatte die Berechtigung, mithilfe einer Triplette oder mit 26 oder 28 Zähnen hochzukurbeln: vier voll bepackte Taschen am Vorderrad und auf seinem Gepäckträger waren seine Begleiter.

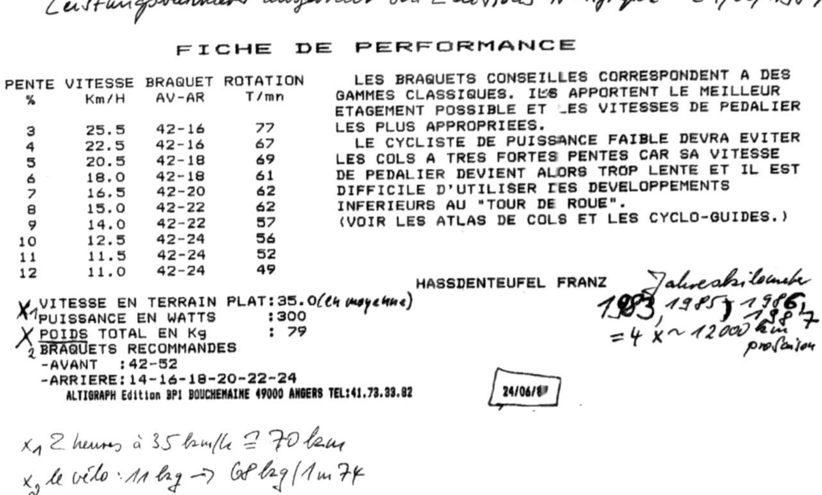

Leistungsparameter ausgestellt von Editions Altigraph 24/06/1987

FICHE DE PERFORMANCE

PENTE %	VITESSE Km/H	BRAQUET AV-AR	ROTATION T/mn
3	25.5	42-16	77
4	22.5	42-16	67
5	20.5	42-18	69
6	18.0	42-18	61
7	16.5	42-20	62
8	15.0	42-22	62
9	14.0	42-22	57
10	12.5	42-24	56
11	11.5	42-24	52
12	11.0	42-24	49

LES BRAQUETS CONSEILLES CORRESPONDENT A DES GAMMES CLASSIQUES. ILS APPORTENT LE MEILLEUR ETAGEMENT POSSIBLE ET LES VITESSES DE PEDALIER LES PLUS APPROPRIEES.

LE CYCLISTE DE PUISSANCE FAIBLE DEVRA EVITER LES COLS A TRES FORTES PENTES CAR SA VITESSE DE PEDALIER DEVIENT ALORS TROP LENTE ET IL EST DIFFICILE D'UTILISER LES DEVELOPPEMENTS INFERIEURS AU "TOUR DE ROUE".
(VOIR LES ATLAS DE COLS ET LES CYCLO-GUIDES.)

HASSDENTEUFEL FRANZ

Jahreskilometer 1983, 1985, 1986, 1987 = 4 x ~ 12000 km pro Saison

X1 VITESSE EN TERRAIN PLAT: 35.0 (en moyenne)
PUISSANCE EN WATTS : 300
X2 POIDS TOTAL EN Kg : 79
BRAQUETS RECOMMANDES
-AVANT : 42-52
-ARRIERE: 14-16-18-20-22-24

ALTIGRAPH Edition BP1 BOUCHEMAINE 49000 ANGERS TEL:41.73.33.82

24/06/87

x1 2 heures à 35 km/h ≙ 70 km
x2 le vélo: 11 kg → 68 kg/1m74

Für den Autor empfohlenes Übersetzungsprofil von *Altigraph* (1987)

Altigraph Édition hatte für mich 1987 eine Leistung von 300 Watt im Schnitt errechnet; seit 1981 hatte ich drei Kilogramm an Muskelmasse zugenommen (68 kg, 1,74 m). Ich fuhr im Flachen einen 35er Schnitt über zwei Stunden, ohne Windschatten, ohne Rückenwind bzw. 100 nicht ganz flache Kilometer in drei Stunden bei 33,5 km/h (vgl. S. 283/284). Mir wurden die Übersetzungen 42/16 - 42/24 empfohlen, ein Ritzel (*<Braquet>*) mit 24 Zacken für 12 % Steigung (*<Pente>)* bei einer kalkulierten Geschwindigkeit (*<Vitesse>*) von 11 km/h. Damals waren 52/42 - Kettenblätter Standard; heute fahre ich Compact: 50/36 oder 50/34 und 13 - 29er Ritzel.

Tempora mutantur et nos mutamur in illis - Die Zeiten ändern sich, und wir ändern uns in ihnen!

Nach 29 km bei 1260 Höhenmetern erreichten wir gemütlich die Passhöhe auf 1800 m und genehmigten uns auf der spanischen Seite ein *Estrella* oder *San Miguel;* das spanische Bier war über ein Drittel preiswerter als das französische in der Kneipe 100 m vorher.

Während die französische Nordseite der Pyrenäen aufgrund der Niederschläge einem grünen Teppich mit Bäumen glich, bot die iberische Seite im August ein konträres Bild: Abgeerntete Felder dämpften ein wenig die gelöste, heitere Stimmung bei der Abfahrt. Aber wir wurden entschädigt durch unsere erste Station: in der exponiert gelegenen Stadt *Jaca* fand ich in der *Ciudad vieja* - einer wirklich einladenden *Altstadt* - ein günstiges Hotel. Da wir nur zu viert waren, hatte ich nicht vorreserviert, wir konnten spontan unsere Übernachtungen festlegen.

Bei bester Laune fuhren wir am nächsten Morgen zunächst ein Stück Richtung *Pamplona*, als ich nach 25 km in *Punte de la Reina de Jaca* plötzlich feststellen musste, dass ich meine Euroschecks im Hotel hatte liegen lassen. Wir vereinbarten einen späteren Treffpunkt, und ich drehte meine Ehrenrunde von 50 km extra nach Jaca und zurück. Im Hotelzimmer hatte die Reinigungskraft gerade meine Schecks gefunden, ich konnte ihr noch persönlich mein Trinkgeld überreichen. Überschlau hatte ich die Gutscheine nicht im Nachttischschränkchen deponieren wollen, sondern hatte sie zwischen Matratzenrand und Bettrahmen *sicher* abgelegt, um sie dann am nächsten Morgen zu vergessen!

An einem *Stausee* (*Embalse de Yesa)* bogen wir nach Süden ab in die *Provinz Zaragoza* und machten Station in einer *Hostal* - es könnte *<Las Coronas>* gewesen sein - im schönen mittelalterlichen Städtchen *Sos del Rey Católico.*

Auf kleinen Straßen und bei großer Nachmittagshitze steuerten wir am darauffolgenden Tag Richtung *Pamplona* und wollten uns in einem auf der Michelin-Straßenkarte eingezeichneten Ort mit Getränken versorgen. Uns fiel die berühmte Kinnlade - der Ort war ein verlassenes Geisterdorf. Ein junges Paar kam aus einer parkenden *Ente* (*Citroën 2 CV = chevaux*) und bot uns freundlicherweise aus einer 75 cl-Flasche warmes Bier an - aber uns war nicht danach...

Sofort fuhren wir weiter, da es noch etliche Kilometer bis zum nächsten Dorf kurz vor Pamplona waren. Auf einer Brücke angekommen, warf Rolf plötzlich sein Rad respektlos an den Straßenrand, um vorsichtig zu einem kleinen Bach hinunterzugehen. Ich schrie noch energisch, dass er auf keinen Fall Wasser trinken dürfe.

Er habe sich nur das Gesicht gekühlt - zumindest behauptet er diese Version bis heute.

Wir kamen wie erhofft kurz vor Pamplona in einem belebten Dorf an und fielen in die *Tienda* ein, ein *Tante-Emma-Laden* mit integrierter Kneipe.

Die in Spanien übliche *Merienda* (Kaffee, Gebäck gegen 17 Uhr) wurde von uns leicht abgewandelt: Jeder trank geschätzt 3 - 4 kleine *Cervezas Estrella*, unsere Stimmung erhellte sich mit jedem Bier, ebenso erging es dem Besitzer. 15 Fläschchen des Gerstensafts hatte er wohl selten in einer guten halben Stunde verkaufen können. Gut gelaunt suchten wir in Pamplona in der *Altstadt* (*Centro histórico)* nach einem Hotel. Es dauerte etwas länger, da der erste Hotelier uns nicht erlaubte, unsere edlen Rennpferde mit aufs Zimmer/den Balkon zu nehmen. Diesen *Affront* ließ ich mir nicht bieten. Mein *Mercier* ohne mich allein im Keller - eine solche Situation hätte meine *Vélophilie* niemals ertragen können. Ich dachte an die beiden Italiener 1983 in *Saint-Jean-de-Maurienne*, als sie ihre Fahrräder liebevoll polierten; sie hätten genauso gehandelt wie ich! (vgl. E 4, S. 73)

Im gegenüberliegenden Hotel wurden wir sofort freundlich aufgenommen, nachdem ich dem Chef geschickt von unserem Problem erzählt hatte. Der Wunsch nach gemeinsamer Nacht mit unseren Rennrädern wurde sofort erfüllt.

Pamplona hat eine phantastische Altstadt. *Ernest Hemingway* hat in seiner *Fiesta* das Stiertreiben durch die engen Straßen und Gassen literarisch interessant verarbeitet, er machte dieses Spektakel auch aktiv mit, idealisierte wohl deswegen in seiner Erzählung. Heute gerät diese anachronistische Stierhatz mit immer mehr Verletzten häufiger in die Kritik, von dem martialischen Stierkampf ganz zu schweigen. (In Katalonien ist die *Corrida* seit 2012 verboten, auf den Kanaren seit 1991, Barcelona hatte sich 2004 explizit zur „Antistierkampfstadt“ erklärt.)

Am Montagmorgen sahen wir in den Schaufenstern der Fotogeschäfte Hunderte von Bildern der gerade zu Ende gegangenen *Fiesta de San Firmín.*

Als nächsten Etappenort hatte ich *Ochagavía* vorgesehen. Die imposante Strecke zeugte von der Schönheit des *Baskenlandes*. Die grüne Region mit ihren bunten Häusern erinnerte uns ein wenig an das *Allgäu.*

In *Ochagavía* kamen wir in einer entzückenden Herberge unter: Im *Hotel Rural Auñamendi*, die *Hostal Orialde* ist noch etwas günstiger. Eine *Hostal* ist in Spanien keine *Jugendherberge* (*Albergue Juvenil),* diese Gasthäuser in Spanien sind kleine, *familiäre Landhotels* und zeichnen sich aus durch eine einfache, aber gute, frische Küche. Unabhängig vom Gasthaus hatten wir abends ein Riesenproblem! Auf der iberischen Halbinsel essen Spanier und Portugiesen in der Regel *nach* 21 Uhr zu Abend. Mir gelang es, die Essenszeit um eine Stunde vorzuverlegen. Gegen 20 Uhr saßen wir ganz alleine und leicht unterzuckert am Tisch - schon ein Bier oder ein *Aperitivo* zeigten sofort ihre unmittelbare Wirkung. Wir hatten aber schon in Pamplona dazugelernt, die Zeitspanne überbrückt und die wunderbaren *Deckelchen* um 18 Uhr genossen. Diese *Tapas* (Appetithäppchen, die baskische Variante sind *Pinchos* - kleine Holzspieße) haben ihren Ursprung in *Andalusien,* wo man die Sherry- oder Weingläser mit einem durch kleine Leckereien gefüllten Tellerchen zudeckte (= tapar), um die wertvollen Getränke vor Fliegen zu schützen und den aromatischen Duft der Getränke zu erhalten.

Mir fährt der Schreck in die Glieder: Vor mir legt sich mein Mercierfreund bei hoher Geschwindigkeit auf seine linke Seite und rutscht eine nicht enden wollende Strecke über den rauhen Asphalt. Gerade haben wir den *Puerto de Larrau* überquert, den Übergang vom spanischen ins französische Baskenland. Welch großes Glück, dass die Straße nach dem *Col d'Erroymendi* auf der sehr steilen Abfahrt (auf 5 km 10 % - 12 % im Schnitt) an dieser Stelle gerade ist, weiter unten sehe ich vor einer Linkskurve das Tal und geradeaus und rechts die Felswand!

Obwohl ich vor Entsetzen und Schreien fast vergesse zu bremsen, gelingt es mir im letzten Moment, mein Rad herumzureißen und ohne Sturz vorbeizufahren.

Was war passiert? Bei dem geklebten *Schlauchreifen* hatte sich das Ventil durch das viele Bremsen verschoben, stand nicht mehr im Lot, der Vorderreifen war bei 10 bar geplatzt.

Wie unsere Vorbilder fuhren wir 19 mm-Reifen, heute fahre ich von Continental den Grand Prix 5000 mit 25 mm, wobei der Rollwiderstand dieses „Race-Allrounders" als sehr günstig angegeben wird; mit Scheibenbremsen sind in der Regel 28 mm (evtl. sogar 32 mm) möglich, wenn Sitz- und Kettenstrebe des Hinterbaus nicht zu schmal sind, ideal für schlechtere Radwege, also in Richtung Gravelbike.

Die Profis bremsen nicht soviel und bekommen bei Bergetappen wahrscheinlich die *boyaux* jeden Abend neu geklebt. (Für meine Radsportfreunde und mich bestellte ich damals regelmäßig 20 Schlauchreifen kostengünstig bei *Brügelmann* in Frankfurt.)

Gott sei Dank hat unser Kompagnon „nur" Hautabschürfungen, allerdings massiv von seiner linken Schulter bis zum Bein.

Nach Notversorgung der Wunden fahren wir gemeinsam und alle sichtlich geschockt weiter. Die urprünglich geplante Route über über den *Col de Marie Blanque* (7,7 km, 8,6 %), müssen wir ändern. Die sportlich herausfordernde Westauffahrt hat auf den letzten vier Kilometern einen Schnitt von 12 %.

Hier hatte Bernard Hinault vier Wochen zuvor das gesamte Feld der Favoriten 45 km vor dem Ziel in *Pau* gesprengt, mit dem Etappensieger *Pedro Delgado* fast fünf Minuten auf die Mitkonkurrenten herausgefahren (www.lagrandeboucle.com). Obwohl der Franzose *Greg Lemond*, der ein Jahr zuvor Hinault zu seinem fünften *Tour*-Triumph verholfen hatte, unterstützen wollte, griff der Bretone seinen Mannschaftskollegen unerwartet an. Dem Amerikaner gelang es zu kontern, er triumphierte 1986 zum ersten Mal in der *Grande Boucle.*

Wir fahren durch das Tal über *Arudy* zurück.

Eine legendäre *Tour*-Etappe

Auf „unserem" Campingplatz in Laruns blieben wir dann zwei Tage zur Erholung, bevor Alfred und ich zu unserer *Étape royale/Étape reine* starten konnten. Diese *Königsetappe* ist der Pyrenäen-Klassiker schlechthin und gehörte schon mehrmals zum Programm der Frankreich-Rundfahrt: *Pau - Bagnères-de-Luchon* über *Col d'Aubisque, Col du Tourmalet, Col d'Aspin* und *Col de Peyresourde*, knapp 200 km bei 4400 Höhenmetern.

Wir fuhren von *Laruns* aus „nur" 170 km; die um 30 flache Kilometer verkürzte Strecke war aber ohne diese Einrollphase von Pau aus nicht leichter.

Alfredo Pedale traute sich nicht, mit seinem ziemlich zerkratzten Rad diese vier Pyrenäenpässe in Angriff zu nehmen, eventuell war die Gabel nicht mehr stabil genug für die langen, manchmal steilen Abfahrten. Da wir nur zu zweit fuhren, lieh er sich Rolfs Rad aus, ein Handicap, da dessen Rahmen etwas zu klein war. Aber Sicherheit geht vor.

Früh am Morgen begann unsere Expedition sofort mit dem Aufstieg zum *Aubisque.*

Wir fuhren durch den Thermalkurort *Eaux-Bonnes*, befanden uns immer noch in einer dichten Nebelwand und kamen auf dem *Col d'Aubisque* bei angenehmen Temperaturen in der Morgensonne an. Ein traumhafter Blick wie aus dem Flugzeug war unsere Belohnung, der Nebel hatte die Täler in Watte gepackt, *Inversionswetter* mit Windstille wie oft im Herbst hatte diese grandiose Sicht ermöglicht. Die Sonne wärmte schon unsere Körper, während es in den Tälern noch frisch war.

Col d'Aubisque früh am Morgen - Über den Wolken muss die Freiheit wohl grenzenlos sein...

Einen in unseren Augen damals älteren Herrn (56 Jahre), der auch schon so früh mit Rennrad auf 1709 m verweilte, bat ich, von uns beiden ein Foto zu machen.

Es entwickelte sich ein interessantes Gespräch und ich sollte aus dem Staunen nicht mehr herauskommen. Auf meine anerkennenden Worte für seine Leistung, entgegnete er mir mit reservietem Stolz, dass er früher ein *cycliste professionnel* gewesen sei. Ich muss ihn wohl erstaunt angeschaut haben - oder zeigte keine Reaktion. Er wies sich darauf mit *passeport* und Bruderfoto aus - es war tatsächlich *Jean Bobet* (1930 geboren), der jüngere Bruder des großen *Louison Bobet* (* 1925, + 1983); Jean hatte schon das prestigeträchtige, einwöchige Etappenrennen *Paris - Nizza* 1955 gewonnen, sein größter Erfolg.

Fotograf: *Jean Bobet*

Ich erzählte ihm, ich hätte das Buch von *Jean-Paul Ollivier* über seinen Bruder gelesen. Louison hatte als erster die *Tour* dreimal in Folge gewonnen: 1953, 1954 und 1955, und 1954 war er Weltmeister in Solingen geworden. Er hatte die italienisch-schweizerische Dominanz von *Gino Bartali, Fausto Coppi, Hugo Koblet und Ferdy*

Kübler beendet. L'Équipe hatte ihn 1953 und 1954 zum Sportler des Jahres gewählt: <*Champion des Champions*>.

Stolz konnte ich Jean noch erzählen, dass ich in jenem Frühjahr 1986 die Witwe seines 1983 wegen eines Krebsleidens früh verstorbenen Bruders Louison auf der *IFMA* in Köln getroffen hätte. Die Schwägerin unseres Fotografen hatte auf dieser Fahrradmesse (Vorläuferin der *Eurobike* in Friedrichshafen am Bodensee) Werbung für französische Rennräder gemacht - es könnten die *Vélos Gitane* aus der Region um *Nantes* (Bretagne) gewesen sein, Bobet war Bretone.

In jenem Jahr 1986 fuhr die *Tour* zum ersten Mal über den *Col de Burdincurutcheta* im französischen Baskenland. Jean Bobet war noch aktiv in den Radsport involviert: Er hatte diesen Pyrenäen-Pass den *Tour*-Organisatoren empfohlen.
(www.lagrandeboucle.com)

Konnte es nur Zufall sein, dass wir den jüngeren Bruder des großen Bobet am *Aubisque* getroffen hatten?

Nach diesem wirklich gelungenen Auftakt mussten wir unsere Fahrt fortsetzen, Jean Bobet verabschiedete uns mit *Chapeau!* - nachdem ich ihm unsere Strecke genannt hatte.

Der Nebel unterhalb des Passes begann sich allmählich aufzulösen, und wir fuhren in das sonnenüberflutete Tal.

In *Argelès-Gazost* (463 m) versorgten wir uns mit Essen und Getränken, und bald sollte der lange Aufstieg zum *Col du Tourmalet* beginnen, der erste Hochgebirgspass der *Tour* 1910, ein Jahr vor dem *Galibier.*

Wenn die Muskeln arbeiten, setzt das Hirn nicht aus. Mir gehen dann fortwährend Geschichten, welche *Tour*-Fahrer geschrieben haben, durch den Kopf.

„Ihr seid Mörder, ja, Mörder": <Vous êtes des assassins, oui des assassins> soll *Octavio Lapize* den Organisatoren zugebrüllt haben, als die Fahrer 1910 über den nicht asphaltierten Pass gehetzt worden waren.

Einen der legendären *Tour*-Pässe bezwungen

Als wir auf 2114 m ankamen, ließen wir die Stille der Bergwelt lange auf uns einwirken - ohne ein Wort zu sagen - der Wettergott hatte es wieder einmal gut mit uns gemeint.

Mein Kompagnon hatte sich mit Bravour trotz Rückenschmerzen hochquälen müssen: mit dem geliehenen Rad und dem zu kleinen Rahmen. Dennoch konnten wir unsere Fahrt guten Mutes fortsetzen; die zwei schwierigsten der vier Pässe hatten wir hinter uns. Jetzt nur konzentriert abfahren!

Ich dachte an *Eddy Merckx*: 1969 hatte der *Kannibale* hier 200 Meter vor dem Gipfel volle Attacke gefahren und die verdutzten Konkurrenten bei einer waghalsigen Abfahrt gehörig aufgemischt. Nach einer schier unfassbaren Solofahrt von 138 km erreichte der Belgier das Ziel in *Mourenx* mit 7 *min 56 s vor dem Zweiten Michele Dancelli (www.lagrande-boucle.com). Der Unersättliche* sicherte sich gleich bei seiner ersten Teilnahme den *Tour*-Gesamtsieg im

Alter von 24 Jahren.

Im Tal erreichten wir das Pyrenäendorf *Sainte-Marie-de-Campan*, wo *Eugène Christophe* 1913 seine gebrochene Gabel reparieren musste. Da ein Lehrling in der Schmiede den Blasebalg betätigte, bekam der Radprofi wegen fremder Unterstützung noch eine Zeitstrafe zusätzlich aufgebrummt - raue Sitten bzw. Regeln!

Am vermeintlich leichtesten Pass - dem *Col d'Aspin* - hatte ich einen leichten Einbruch und musste mich bei gleichmäßiger Steigung von nur 5 % hochquälen. Aber meine Schwäche war ja nicht diesem Berg geschuldet, ich hatte *Aubisque* und *Tourmalet* in den Beinen; oben erholte ich mich sofort. Kurz unterhalb der Passhöhe unserer letzten Bergprüfung, des *Col de Peyresourde,* waren wir im Rausch der Sinne und legten einen spontanen Stopp ein; wir genehmigten uns 2-3 kleine *Kronenbourg*. Das bekannteste französische Bier stammt aus dem Elsass. Ein *Monsieur Bofinger* aus dem vom Deutschen Reich besetzten *Strasbourg* brachte 1875 das Getränk aus Hopfen und Malz mit der neuen Eisenbahn nach Paris, auch als Fassbier in seine bis heute berühmte *Brasserie Bofinger*, neben der *Place de la Bastille.* Heute sagt man zum *Gezapften <pression> („Druck"),* damals hieß es zunächst *<bière à la pompe>* - es wird ja tatsächlich vom Keller in die Gaststätte hochgepumpt.

170 km, 4400 Höhenmeter - aber schnell regeneriert!

Zurück zu unserem Husarenstück: Unsere beiden Freunde holten uns in *Bagnères-de-Luchon* ab; wir fuhren noch einige Tage ins *<Chalet des Amis de la Nature>* in *Adervielle*, zwischen *Peyresourde* und *Aspin* im Tal *Vallée de Louron* gelegen.

Wir hatten zu wenig gegessen bei unserem wilden Ritt durch die Berge. Gegen Mitternacht bereiteten wir uns in der Küche des Naturfreundehauses noch ein Omelette zu, obwohl wir am Abend zur Feier unserer Königsetappe mit Dirk und Rolf fein essen waren.

Am nächsten Tag - als unsere beiden Mitstreiter den *Tourmalet* in Angriff nahmen und Rolf damit den Preis für sein Mittendorf-Rennrad rechtfertigte (vgl. S. 84) - konnten wir gemütlich in der Ebene pedalieren. Alfredos Mercier hatte doch keinen Schaden an Rahmen oder Gabel.

Als gegen 11 Uhr die Chefin eines kleines Restaurants den *Plat du jour* auf der Schiefertafel mit Kreide anschrieb, stellten wir sofort unsere Räder an die Wand, mit dem Ziel der direkten Nahrungsaufnahme.

Wir mussten allerdings noch eine Zeit lang warten, konnten uns aber bald als die ersten Gäste des Mittags an dem preiswerten *Tagesgericht* erfreuen.

An diesem letzten Tag unseres Pyrenäen-Aufenthalts fuhren Alfred und ich am Nachmittag zu zweit die empfehlenswerte *Hourquette d'Ancizan* (1564 m) wie ein *Bergzeitfahren* bzw. Rennen am Berg. Wir hatten uns gut regeneriert und legten eine für engagierte Hobbyfahrer erstaunliche Form an den Tag: Bei unserem *Contre-la-montre en montagne* pushten wir uns gegenseitig hoch von *Arreau* bis zur Passhöhe. Wir attackierten uns gegenseitig und konterten abwechselnd; wir spielten, simulierten ein Bergrennen, wir hatten supergute Beine; die 14,5 km - die ersten 4 km nur minimal ansteigend - und 850 Hm von *Arreau* aus legten wir in 50 Minuten zurück, also etwa ein 17er Schnitt.

2013 (Sieger *Daniel Martin*) fuhr das *Gruppetto* auch nicht schneller.

Der einsame Pass auf kleiner Straße wurde von den Organisatoren der *Tour* erst 2011 entdeckt, stand aber nach 2013 und 2016 im Jahr 2019 schon zum vierten Mal auf dem Programm.

Unsere 1200 km-Rückfahrt mit dem Auto - der unangenehmste Teil unseres Pyrenäen-Abenteuers - absolvierten wir in zwei Tagesetappen.

Ich war mal wieder *total tiefenentspannt* und konnte einige *Cols* in meinem *Altigraph* als erledigt abhaken.

Für 2017 hatte ich eine weitere Pyrenäentour mit Start und Ziel in *Tarbes* - ohne mich - für meine Radfreunde ausgearbeitet; eine variantenreiche, anspruchsvolle Runde mit Start und Ziel in *Tarbes,* auch wieder durch das spanische Baskenland via *Ochagavía* mit ausgesuchten radsportfreundlichen Hotels. (Tour 13, Pyrenäen, Radwege in Spanien: *Vías verdes,* www.viasverdes.com)

Von Mitte Oktober bis Anfang November 1986 verbrachte ich mit meiner Freundin einen dreiwöchigen Urlaub auf den *Insulae Fortunatae*, den *Inseln der Glückseligen* - wie der römische Schriftsteller *Plinius der Ältere* die *Kanarischen Inseln schon* vor 2000 Jahren bezeichnet hatte.

Wir hatten Rucksäcke und Flugtickets dabei, ohne vorherige Reservierungen fühlten wir uns unendlich frei. Unser Lieblingsort wurde die zweitkleinste der sieben Inseln: *La Gomera* mit dem *Valle Gran Rey.*

Vom *Tal des großen Königs* aus erkundeten wir diese Perle im Atlantik zu Fuß und - mit einer *Vespa.*

Zu meinem Erstaunen wehrten sich weder Geist noch Körper gegen diese motorisierte Fortbewegung, ich war sogar glücklich.

Ich vermute, weil ich in jenem Oktober 1986 mit 12 000 Jahres-Kilometern in den Beinen schon eine gewisse Befriedigung erlangt hatte. Eine erfolgreiche Radsaison war wieder zu Ende gegangen.

Und rückblickend gelange ich zu der Feststellung, dass das *Virus* seine Arbeit in meinem Körper reduzierte. Es sah eine günstige Perspektive für meine neue Beziehung und wollte diese Entwicklung nicht stören - es zeigte also tatsächlich eine gewisse Empathie für mich - und meine Freundin!

Wir wanderten im weltweit einzigartigen, immergrünen Nebelwald *El Cedro* - der märchenhafte, riesige subtropische *Lorbeerwald* - auch als *Laurisilva* bezeichnet.

Am schwarzen Sandstrand verbrachten wir ebenfalls viele Stunden.

Unsere Lieblingsinsel *La Gomera*,
nach 12 000 Jahreskilometern - diesmal ohne
Rennrad im *Valle Gran Rey*

Ich lief zunächst am frühen Morgen und schwamm, ja arbeitete tagsüber 1-2 Stunden im unruhigen Atlantik; ich hatte viele Radkilometer in den Beinen und war total fit - ein Zustand, welcher unsere Beziehung an einem Tag auf die Probe stellen sollte.

Ich schlug eine Bergwanderung am Vormittag vor: Von *La Playa* im Valle Gran Rey in das schöne Palmendorf *Las Hayas*. Dies hörte sich gut an, doch die Geschichte hatte einen Haken.

Wir liefen von Meereshöhe auf 1000 m; ich hatte es wohl als Spaziergang verinnerlicht - und kein Wasser mitgenommen, eine Fahrlässigkeit, die mir seit 1986 nicht mehr passiert ist. Die letzten Höhenmeter ging ich in großem Sicherheitsabstand vor meiner Freundin. Ich musste außer Reichweite sein, damit sie mir nicht einen von den vielen hier gedeihenden Kakteen ins Kreuz schleuderte!

Aber durch meinen *Bittgang nach Canossa* mit einem sehr versöhnlichen Aufenthalt in der Bar *La Montaña* sah die Welt schon wieder rosiger aus; wir fuhren mit dem Bus zurück ans Meer, und ich hatte diese brisante Situation mit Bravour überstehen können.

Wir blieben noch einige Tage auf *Teneriffa* im schönen Tal *La Orotava.* Am oberen Ende warb damals das *<Café Vista Humboldt>* - heute *<El Mirador de Humboldt>* mit Restaurant - mit einem berühmt gewordenen Zitat des großen Berliner Naturforschers:
Alexander von Humboldt, der viele Kontinente bereist hatte, soll in sein Tagebuch geschrieben haben, dass das *Valle de Orotava* eines der schönsten Täler sei, die er jemals gesehen habe.

Und so fand mein Pyrenäenjahr 1986 mit unserem Gomera-Teneriffa-Urlaub einen krönenden, versöhnlichen Abschluss.

Im Winter überlegte ich mal wieder, ob ich am Radmarathon *Trondheim - Oslo* teilnehmen sollte: Die 540 km werden bei Tageslicht um den 20. Juni ab Freitag Abend, 22 Uhr in Angriff genommen. Aber der Aufwand für die teure Hin- und Rückreise ist unverhältnismäßig groß - und außerdem liebe ich ja die höheren Berge!

Das Jahr 1987 legte diese vagen Trondheim-Pläne auch schnell ad acta:

Obwohl ich die Saison schon im September ausklingen ließ, verkraftete ich diesen vermeintlichen Rückschritt guten Mutes. Mein Leiden erfuhr sogar eine leichte Linderung aufgrund großartiger privater Veränderungen:

Meine schwangere Freundin und ich heirateten im Mai. Mir wurde natürlich ein besonderes Geschenk am Rathaus überreicht:

Hochzeit im Wonnemonat 1987
Radfelge mit Knoblauch und Babyschuhen bestückt

Im 6. Monat der Schwangerschaft verbrachten wir einen - wie ich ursprünglich dachte - perfekt geplanten Urlaub in den Niederlanden mit unserer Hebamme und Rolf, mit dem ich Rennradtouren unternehmen konnte; die Geburtshelferin kümmerte sich um meine Frau, wenn ich mit meinem Radkumpel unterwegs war, alles war bestens organisiert; dies war mein Plan gewesen.

Wir hatten wieder unser Zelt von der Loire-Tour dabei - ein Expeditionszelt, doppelt belüftet wegen der beiden Apsiden mit Moskito-Netzen; dass es laut Beschreibung auch bis zu 20 cm Neuschnee aushält, konnte meiner Frau im Juli wenig helfen.

(Anfang April 1981 übernachtete ich mit einem Freund und einer Freundin im Pfälzerwald im Garten eines Hotels in *Iggelbach*,

Elmsteiner Tal - morgens hatten wir 5 cm Neuschnee, kein Problem!)

Als meine Frau im Juli '87 nur noch mit Wadenkrämpfen aus unserer kleinen, aber gemütlichen Bleibe herausklettern konnte, diagnostizierte ich Magnesiummangel. Mit der Feststellung, dass ich diese Krämpfe nach längeren Radtouren bei hochsommerlichen Temperaturen auch bekäme, konnte ich nun wirklich nicht punkten...

Unmissverständlich wurde ich von Frau und Hebamme gezwungen, sofort eine Wohnung anzumieten - oder den Urlaub abzubrechen. Plan B musste umgesetzt werden. Schnell gelang es mir, eine geräumige, allerdings äußerst schnakenreiche Unterkunft bei einem belgischen Bauern zu finden; Urlaub und Radtouren waren gerettet. Heute konstatiere ich selbstkritisch: Ich hätte mich mit einer Schwangeren doch für eine erholsamere Urlaubsvariante entscheiden müssen!

Aber getrieben von dem Virus, welches mich süchtig gemacht hatte, möchte ich auf mildernde Umstände plädieren.

Im August '87 unternahm ich in der zweiten Hälfte der Schulferien mit ausdrücklicher Genehmigung meiner Frau noch alleine eine einwöchige Vogesentour, bevor nach der geplanten Geburt Anfang November meine Radkilometer erheblich reduziert werden sollten. Nach 180 km war das Naturfreundehaus am *Lac Noir* erreicht, mein *Basislager*, aber auf 950 m. Von dort fuhr ich fünf heftige Etappen durch Täler und vor allem über Berge in den Hochvogesen, mit Hin- und Rückfahrt 1000 km in einer Woche - unsere Tochter kam Anfang September zwei Monate zu früh auf die Welt!

Die Hochzeit im Mai und die unbeschreibliche Freude über die Geburt unseres ersten Kindes *Julia* mit Zweitnamen *Désirée* (*„die Erwünschte")* ließen uns das Leben aus einer völlig neuen Perspektive betrachten.

Diese Ereignisse bedeuteten für mich allerdings nicht, dass der Ruf der Berge nachgelassen hätte.

Etappe 7 Mythos Mont Ventoux

„Altissimum regionis huius montem, quem non immerito Ventosum vocant, hodierno die, sola videndi insignem loci altitudinem, cupiditate ductus, ascendi...“

Mit diesem Satz beginnt *Die Besteigung des Mont Ventoux. Francesco Petrarcas* Bericht - der italienische Dichter lebte einige Jahre in Avignon - ist die erste überlieferte Darstellung der freiwilligen Besteigung eines Berggipfels:

„Den höchsten Berg dieser Gegend, den man nicht zu Unrecht Ventosus, <den Windigen> nennt, habe ich am heutigen Tag bestiegen, allein vom Drang beseelt, diesen außergewöhnlich hohen Ort zu sehen. Viele Jahre lang hat mir diese Besteigung im Sinn gelegen... Dieser Berg aber, der von allen Seiten weithin sichtbar ist, steht mir fast immer vor Augen...

Es ergriff mich nun das ungestüme Verlangen, endlich einmal auszuführen, was ich täglich hatte ausführen wollen...

26. April 1336, Malaucène“

(Petrarca, Die Besteigung des Mont Ventoux, S. 4,5)

Auch der Provence-Dichter *Frédéric Mistral* - nach dem der kühle Nordwind durch das *Rhône-Tal* benannt ist - hatte den Berg im 19. Jahrhundert bestiegen.

Petrarcas Schrift hatte ich schon mehrmals in der Reclam-Ausgabe auf lateinisch und deutsch gelesen, ich kann ihn verstehen; die Besteigung des *Géant de Provence* hat mir ebenfalls *viele Jahre lang (...) im Sinn gelegen*.

Auch ich war *vom Drang* beseelt, auch mich *ergriff (...) das ungestüme Verlangen*, diesen *Giganten der Provence* zu erklimmen, allerdings nicht *per pedes*, sondern mit meinem *Vélo Mercier*!

Berg - Mythos - Legende. Der *Heilige Berg der Kelten* dominiert die *Provence* und hat seit Jahrzehnten unzählige Hobby-Radfahrer geradezu elektrisiert.

1951 führte die *Tour* erstmals über den legendären Pass, *Lucien*

Lazaridès erklomm den Gipfel in der steinernen Mondlandschaft zuerst, *Louison Bobet* gewann diese Etappe von *Montpellier* nach *Avignon*. Aber ein anderer Fahrer dominierte 1950/1951 die Radsportwelt: Bevor der Schweizer *Hugo Koblet* die *Tour* 1951 gewann, hatte er ein Jahr zuvor als erster Ausländer den *Giro d'Italia* gewonnen. Dennoch war es ihm unmöglich, als erster über den *Ventoux* zu fahren, er gewann auch niemals eine Bergankunft, nie fuhr er als Erster über einen Col, er wollte nicht in verschwitztem, abgekämpftem Zustand gesehen oder abgelichtet werden. Der schöne Hugo wurde von dem Chansonnier Jacques Grello als *<Pédaleur de charme>* bezeichnet. Der charmante Schweizer - ein Typ Lieblings-Schwiegersohn - verfügte auch über einen eleganten, *geschmeidigen Tritt* (*la souplesse)*, und er war bekannt für seine Solo-Zielankünfte in der Ebene im Stile eines Models. Unmittelbar nach Überfahren der Ziellinie bediente er sich eines kleinen Kammes. In seiner Trikottasche führte er auch eine kleine Spraydose mit *Eau de Cologne* mit sich. Kurz vor seinem Etappensieg hatte er sich mit einem Schwämmchen den Schweiß von der Stirn abgewischt (*L'Équipe, Tour de France - Cent ans, S. 306* und *Pierre Chany*, *La fabuleuse histoire du Tour De France*, S. 391 und 393). Aber die Schweißtropfen hätten nicht unangenehm gerochen, denn: *„Der Schweiß der Götter enthält kein Urea" (=Urin).*

Der niederländische Soziologe *Benjo Maso* zitiert *Pierre About* von *L'Équipe* und hat für seine *Geschichte des Radsports* - eine lesenswerte Pflichtlektüre für jeden Radsportfan - Hugo Koblet zu Ehren den Haupttitel gewählt: *„Der Schweiß der Götter"* (Covadonga-Verlag S. 134).

Für 1988 hatte ich eine 12-tägige Rundfahrt mit dem *Windigen Berg* als Höhepunkt ausgearbeitet. Manche *Ventouxphile* behaupten übrigens, der Berg sei nach dem gallischen Siegesgott *Vintur* benannt (Procycling 1/2007, S. 117).

Vorher verbrachte ich im Juli 1988 mit Frau und Kind einen dreiwöchigen Urlaub im *Finistère* in der *Bretagne*. Um mich fit zu halten, konnte ich mein Programm problemlos abspulen: Jeden Mittag zur Siesta-Zeit für Beatrice und die kleine Julia fuhr ich einen hügeligen Rundkurs von 50 km, diese Vorbereitung sollte genügen.

Als wir 1987 Nachwuchs erwarteten, hatte ich sofort die Gelegenheit genutzt und mir einen neuen Halbrenner von *Villiger* zugelegt - um unser kleines Kind *in spe* bei kleineren Radtouren auch mitnehmen zu können.

Bretagne 1988 - von der Boulangerie zurück
(mit Julia: 11 Monate)

1988 starteten wir wieder in *meinem* Barcelonnette, die Gruppe bestand inzwischen aus 6-8 Kameraden. Meine auserlesenen Touren hatten sich herumgesprochen, aber ich wollte nicht mit mehr Radfreunden unterwegs sein. Wir bildeten eine lustige Truppe. Jeder hatte seine persönliche Sicht zum Thema Radsport. Einer meiner Freunde fiel auf mit einem besonderen *Credo*. Zwei Grundsätze, welche er gebetsmühlenartig wie sein *Mantra* verkündete, bestimmten sein fahradaffines Dasein:

- Abgabe seines Führerscheins zum 50. Geburtstag
- Zucker sei der größte Feind der Menschheit

Seine damals doch ansatzweise vorhandenen velomanen Züge hatten sich nach seiner Hochzeit neutralisiert.

Alfred und ich mussten noch eine Rechnung begleichen - der *Col de la Bonette* hatte uns fünf Jahre zuvor in die Knie gezwungen, das Trauma vom Juni 1983 galt es zu überwinden, aber nicht durch einen Psychologen, sondern ganz praktisch, indem wir einfach wieder hochfuhren.

Col de la Bonette 24 km - dieser Hinweis in *Jausiers* löste bei mir keinen Stress aus; ich hatte seit den Pyrenäen die notwendige *grinta* - wie die Italiener für *Biss, Durchhaltevermögen* zu sagen pflegen; die Franzosen und die Spanier nennen es *punch.*

Die meteorologischen Bedingungen waren sehr günstig, der August ist im Hochgebirge natürlich sicherer als Ende Juni. Wir begannen unsere Klettertour dieses Mal über die Nordseite. Jeder fuhr in seinem Rhythmus. Nach vielen Kilometern gleichmäßigen Pedalierens - abwechselnd im Sitzen und im Wiegetritt - winkte mir ein junges Paar neben dem Motorrad zu und wollte fotografiert werden. Ich rief freundlich, aber bestimmt im Vorbeifahren, dass sie Auto- oder Motorradfahrer fragen sollten. Etwas mehr *Empathie* für uns, die wir immerhin den höchsten asphaltierten Alpenpass unmotorisiert und ohne medizinische Unterstützung in Angriff nahmen, hätte ich doch erwartet!

Als ich mich auf 2000 m Höhe befand - heute ist dort das Bergrestaurant *<Halte 2000>* - ging mein Blick immer nach links; hier in irgendeinem ehemaligen, offenen Bauernhaus, aber wohl eher in den alten Steinhäusern neben der von Napoleon III. im 19. Jahrhundert erbauten Passstraße, spielte sich das Fast-Drama im Schnee ab, als Soldaten der französischen Gebirgsjäger uns gerettet hatten (vgl. E 4).

Über unseren damaligen Leichtsinn konnte ich nur den Kopf schütteln.

Während ich der Passhöhe entgegenkletterte, überkam mich ein angenehmes Gefühl; ich liebe diese langen, gleichmäßigen, nicht zu steilen Anstiege.

Durch den Kopf gingen mir Siegerinterviews nach Bergetappen, in welchen die Fahrer regelmäßig mit dem Satz beginnen: <*J'ai trouvé mon rythme*> - und auch ich hatte definitiv *meinen Rhythmus gefunden.*

Mit diesem Satz hatte ich übrigens anlässlich einer Rede zu meinem 60. Geburtstag, ausnahmsweise verspätet im Juni 2013 als Sommerfest, auch den Verlauf meines Lebens charakterisiert. Das Leben ist auch ein ständiges Auf und Ab. Wie hatte schon *Albert Einstein* treffend festgestellt:

„Das Leben ist wie Fahrrad fahren. Um die Balance zu halten, musst Du in Bewegung bleiben."

Meine Radfreunde schenkten mir zu diesem runden Wiegenfest mit 100 Gästen einen Fotoband (Überschrift: Franz - une vie sportive remarquable („ein bemerkenswertes Sportlerleben") mit gemeinsam bezwungenen Cols und rührenden Widmungen:

„Lieber Franz, mal ehrlich: Wo wären wir heute ohne dich...?" (Dominique, Uwe), „Lieber Franz, ohne dich wäre ich nie so hoch hinaufgekommen! Vielen Dank dafür, Valerio", „Lieber Franz, hätte ich ihn (= Col de Vars) jemals ohne dich erklommen? ..." (Werner), oder: „Von den Pyrenäen bis in die Alpen, immer auf der Spur der Tour de France - Danke für alle tollen Touren! Rolf".

Nach 1700 Höhenmetern - von Barcelonnette aus gerechnet - erreichten wir unser *Souvenir Henri Desgrange*: *Col de la Bonette*, 2802 m über dem Meeresspiegel.

Auf der engen Passhöhe mit einer kleinen Getränkebar wurden wir mit einer überwältigenden Aussicht über die Provenzalischen Alpen belohnt.

Die anfängliche Ruhe wurde allerdings jäh gestört: Ein Franzose kaufte für Frau und Kinder in der <*Buvette-Snack*> Getränke, ohne aber den Motor in über 100 Metern Entfernung abzustellen.

Und die Eltern ließen sich mit ihren beiden Kindern neben der Bar gemütlich nieder.

In der dünnen Bergluft nahmen wir den Gestank sofort auf. Valerio fackelte nicht lange, ging zielstrebig zum Auto und drehte den Schlüssel um. Beim Gesichtsausdruck des Familienvaters dachte ich schon, der öffentlich Gedemütigte wolle eine Schlägerei beginnen, um vor Frau und Kindern den Starken zu markieren und seine Ehre wiederherzustellen. Schon schoss mir eine Schlagzeile der Regionalzeitung *Le Dauphiné Libéré* durch den Kopf:

<Bagarre au Col de la Bonette>, aber es war mir gelungen, die befürchtete *Schlägerei* zu verhindern und den vor seiner Familie Gebrandmarkten mittels Einschüchterung ruhig zu stellen. Ich wies ihn unmissverständlich auf die Möglichkeit hin, dass mein impulsiver Freund normalerweise den Autoschlüssel einfach den Hang hinuntergeworfen hätte. Aber mein Radkumpel sei nach der der Bezwingung des *Bonette* sehr positiv gestimmt gewesen. Und ich erklärte ihm sehr deutlich, dass wir nicht 24 Kilometer bergauf gefahren seien, um hier die Abgase seines Wagens intensiv einatmen zu müssen. Der Familienvater war sprachlos geworden, mein Konzept der dezidierten Deeskalation hatte gesiegt.

Obwohl wir die schier endlose Abfahrt konzentriert angehen mussten, war sie ein Hochgenuss.

20 km vor *Nizza* bogen wir rechts ab in die *Montagne de Cheiron*, wo wir auf dem Campingplatz in *Roquesteron* unser Etappenziel erreicht hatten.

Und wir konnten uns an einem typischen Gericht des *Midi,* wie die Franzosen *Südfrankreich* bezeichnen, erfreuen: *Merguez et Ratatouille Niçoise* - die aus dem nordafrikanischen *Maghreb* stammenden *Grillwürstchen* (Lamm und Rind) mit *dem* Klassiker der südfranzösischen Gemüseküche: *Aubergines, Courgettes,* die bei uns wie in Italien *Zucchini* heißen, Tomaten, Paprika, Zwiebeln, Knoblauch - alles zusammen geschmort - ein Gedicht!

Am nächsten Morgen fuhren wir weiter auf der D 10 zum *Col de Bleine* auf 1440 m. Auf 33 km überwindet die Straße mit wenig Autoverkehr 1380 Höhenmeter, ein gemütlicher Aufstieg zum Genießen!

Auf unserer 12-tägigen <*Tour des Alpes de Haute-Provence et du Mont Ventoux*> nahmen wir Kurs Richtung *Gorges du Verdon* und blieben zwei Tage in *La Palud* - idyllisch gelegen oberhalb der Schlucht auf 800 m.

Der nächste Tag wurde zur freien Verfügung gestellt, ich unternahm eine 140 km lange Revival-Tour durch die bezaubernde Gegend, wo der Lavendel mit seinen Farben die Landschaft entzückt: *Lac de Sainte-Croix, Riez, Valensole, Allemagne-en-Provence.* Der Name dieses Dorfs hat nichts mit Deutschland zu tun, sondern ist abgeleitet von *Alemona,* der keltischen Göttin der Fruchtbarkeit.

An jenem Tag herrschte eine *canicule,* eine *extreme Hitze,* so dass ich mir mindestens fünfmal in einer *Alimentation* kühles, stilles Wasser für meine beiden Trinkflaschen besorgen musste; jedesmal gab ich eine Prise Salz dazu.

Am folgenden Tag eroberten wir nach *Gréoux-les-Bains* den wundervollen Gebirgszug des *Lubéron.* Wir blieben in der Hauptstadt *Apt*, entspannten uns am Abend bei tief provenzalischem Flair. Ich traf Ex-Kollegin Edda vom Diakonischen Werk an der Saar, die mit ihren Jugendlichen hier eine Sommerfreizeit durchführte. (Seit Anfang 1987 unterrichtete ich an der Saarbrücker *Gesamtschule Bellevue*.)

Aber der Ventoux rief uns, der näher rückende Koloss ging mir nicht mehr aus dem Kopf. In *Malaucène* angekommen ließen wir uns auf einem Campingplatz nieder. Rolf hatte am Morgen unser Auto gesteuert und war mit seinem Rad schon alleine, eine Folge seiner totalen Aufregung, dem *Objekt der Begierde* entgegengestürmt.

Mit dem Fahren des Autos gab es übrigens nie Probleme. Je länger meine Touren dauerten, desto eher fand sich ein Freund, welcher freiwillig das Auto mit Zelten und Gepäck fuhr, um dadurch in den Genuss eines zusätzlichen Ruhetags zu kommen.

Malaucène 1988: Kalorienaufnahme, im Hintergrund: *Mont Ventoux*
(Foto: Autor)

Früh am Morgen starteten wir von *Malaucène* aus über den nicht erwähnenswerten *Col de la Madeleine* (448 m, 80 Hm, nicht zu verwechseln mit dem gleichnamigen Alpenriesen) in Richtung *Bédoin* (310 m), wo der klassische Aufstieg beginnt: 1600 m Höhenunterschied auf 21 km.

Meine Gefühlswelt war dreigeteilt durch Vorfreude, Aufregung und Ehrfurcht zugleich.

Ich hatte einiges an Literatur über dieses Monster verschlungen. Ab *Saint-Estève* wird die Straße im Wald immer anspruchsvoller, ohne Erholungsphasen geht es zum *Chalet Reynard*, wo die letzten sechs Kilometer mit 500 Höhenmetern beginnen. Wegen dieser steinigen Mondlandschaft wird der *Dominator der Provence* auch *Mont Chauve* genannt. Noch eine letzte Rechtskurve, und der *Kahle Berg* war bezwungen: 1909 m über Meereshöhe! Die Gefühle, die ich - oben angekommen - empfand, kann ich heute nicht mehr genau wiedergeben, es war sicherlich wie *Beethovens Neunte:* seine *Ode „An die Freude".*

Nach *Galibier* und *Tourmalet* hatten mein Mercierfreund und ich den dritten geschichtsträchtigen Pass der *Tour de France* bezwungen.

Wir gingen in die Bar unterhalb des Observatoriums, ich stellte mich an die Theke, da ich einen *cycliste*, den ich überholt hatte, wiedererkannt hatte.

Er hatte kräftiges, graues, eher schneeweißes Haar und bestellte sich auf meine Einladung hin zu seinem Wasser noch einen *Pastis* - ich blieb beim Wasser. Ich war mit meinen 35 Jahren fasziniert, dass dieser doch schon ältere Herr den *Ventoux* bezwungen hatte. Als ich ihm meine Hochachtung zu verstehen gab, begann er auch, von sich zu erzählen: 73 Jahre, aus *Carpentras,* seit seiner späten Jugend fuhr er jeden Sonntag von Mai/Juni bis Oktober auf seinen Hausberg, so wie bei uns jemand am Sonntag Vormittag eine Runde mit dem Rennrad fährt oder seinen Waldlauf absolviert. *Chapeau!*

Dieses Gespräch hat mich bis heute sehr geprägt, und mir wurde klar, was ich durch mein Pädagogik-Studium schon erfahren hatte: Der Mensch lernt sehr, sehr viel durch Imitation.

Und ich war *berauscht* von der Aussicht, das sportliche Radfahren bis ins Seniorenalter praktizieren zu können.

Zurück fuhren wir über die Nordseite und waren wieder früh am Mittag in unserem Basislager *Malaucène.* Als Alfred und ich beschlossen, am Nachmittag auch diese Seite hochzufahren, schloss sich der kletterfeste Dirk sofort unserem Plan an.

Ich erinnere mich noch genau, dass wir eine *Truite aux amandes/salade* zu uns nahmen, bevor wir eine kleine *Siesta* hielten. Diese *Forelle mit Mandeln,* eines meiner bevorzugten Gerichte, Salat plus Banane waren die ideale leichte Küche für unser Vorhaben.

Den *Ventoux* an einem Tag von den beiden schweren Seiten erklommen zu haben - dies bedeutet für mich bis heute: es war ein *außergewöhnlicher Tag - une journée extraordinaire.* Wir fuhren nicht auf Zeit, ich achtete aber dennoch darauf. Am Morgen hatte ich eine Stunde und 45 Minuten gebraucht, am Nachmittag schaute ich auch auf die Uhr, um zu vergleichen: eine Stunde, 50 Minuten - trotz der Hitze am Nachmittag! An diesem Tag hatten wir *nur* 96 km, allerdings 3300 Höhenmeter in den Beinen.

Valerio hatte den Nachmittag zu einer kulturellen Exkursion nach *Vaison-la-Romaine* genutzt, er kam aber mit einer kurzzeitig schweren Depression vom Ort der römischen Ausgrabungen zurück; wir mussten ihn aus einem tiefen Tal der Tränen herausholen und seine Moral wiederaufbauen: Die Gabel seines neuen *Dancelli* hatte einen leichten, fast unsichtbaren Kratzer abbekommen, der für unseren Freund - gefühlt - fast einem Totalschaden seines edlen Renners gleichkam.

Wir wählten zurück Richtung Barcelonnette die Panoramastraße D 40 über *Brantes,* mit letzten Blicken auf den Giganten, über *Montbrun-les-Bains*, das einsame *Vallée du Jabron* am Rande der *Montagne de Lure.* Wir übernachteten 20 km hinter *Sisteron* - dem Tor zur Provence - in *La Motte-du-Caire* in einer *Chambre d'hôtes* mit *Table d'hôtes*: neben dem Frühstück wird bei Reservierung auch ein Essen angeboten, welches man mit den Besitzern gemeinsam einnimmt.

Nach dem *Col de Sarraut* (980 m) folgten wir dem Tal der *Uzaye* und freuten uns, nach erfolgreicher Mission wieder in *Klein-Barcelona* angekommen zu sein.

Der aufmerksame Leser weiß natürlich sofort, dass wir als krönenden Abschluss vor der Heimreise unsere Traumrunde <*La Marmotte*> abspulten. (vgl. E 4, S. 69)

Etappe 8 Ski-Langlauf für den Radsport

Ein Porträt über Eddy Merckx in den Loipen der Ardennen hatte ich im Kopf gespeichert, als mich während meiner Bundeswehrzeit meine Empathie für den Skilanglauf dazu zwang, fünf Tage (Montag bis Freitag) im Militär-Krankenhaus Koblenz zu verbringen. Unter Vorgabe von heftigem Schwindel mit Kopfweh ließ ich mich im Februar 1972 zur Untersuchung stationär einweisen und konnte - welch glücklicher Zufall - die Nordischen Ski-Wettbewerbe der Winter-Olympiade im japanischen Saporro im Fernsehen mitverfolgen!

1979 stieg ich in den Ski-Langlauf im klassischen Diagonalschritt ein.

Ein Jahr später verbrachte ich mit einer Freundesgruppe eine Woche Skifahren bei *Disentis* in der Schweiz. Da ich aber schon damals den ganzen Ski-Lift-Zirkus mit großer Skepsis betrachtete, hatte ich prophylaktisch auch meine schmalen Bretter dabei.

Ich lief u.a. eine 44 km-Runde von *Sedrun* (1400 m) bei *Disentis* über die nicht geräumte Straße zum *Oberalp-Pass* (2044 m), hinunter nach *Andermatt* (1400 m) und zurück, ein Naturerlebnis mit integriertem sportlichem Training. Den Oberalp-Pass sollte ich viele Jahre später (1995, Etappe 11) mit meinem Vélo kennenlernen.

Die ersten großen Highlights führten mich in den Osterferien 1981 und 1982 jeweils zwei Wochen nach *Maloja* am gleichnamigen Pass im *Oberengadin* bei *St. Moritz.* Auf 1800 m lag dort in den 80er Jahren fast ein halbes Jahr lang Schnee bei viel Sonnenschein. Regelmäßig lief ich 60 km über *Pontresina* - wo viele Sportler ihr Höhentrainingslager beziehen - ins malerische *Val Roseg* mit Ausblick auf die *Bernina-Gruppe* und zurück. Auch unternahm ich eine zwar interessante geführte Ski-Hochtour - abseits der Piste mit Steigfellen - zur *Al Forno-Hütte* auf 2600 m, aber das stundenlange, parallele Gleiten in der Loipe faszinierte mich mehr; ich kam zu dem Schluss, dass dies im Winter die perfekte Ergänzung sein müsste zum Pedalieren während der Radsaison.

Ich lernte die außergewöhnliche Ruhe und Schönheit der weißen Winterlandschaft im *Val Fex* kennen. 12 Jahre später sollte ich in diesem autofreien Tal mit meinen Radfreunden Zwischenstation machen (vgl. E 10, Stèlvio, Mekka der Velomanen).

Anfang Janaur 1984 verbrachte ich einige Tage mit Bekannten im Allgäu. Wir liefen auf Langlaufskiern 20 km durch das *Kleinwalsertal*. Obwohl ich in sehr guter Form war, fand ich keinen Rhythmus, aber das Laufen war dennoch interessant. Wir waren jede halbe Stunde zu einer Pause gezwungen, um der Kleinsten etwas Bewegung zu verschaffen: Auf dem Rücken trug ich ein etwa einjähriges Baby.

Die freien Fastnachtstage eigneten sich sehr gut als Vorbereitung für die Radsaison. Ich organisierte regelmäßig Ski-Langlauf-Touren in den *Vogesen* in „mein" *<Chalet des Amis de la Nature>* am *Lac Noir*. Auch ging es mit Rucksack und Schlafsack vom *Col de la Schlucht* aus über die nicht vom Schnee geräumte *Route des Crêtes* bis zur *<Ferme-Auberge du Steinlebach>* am *Markstein* auf 1200 m.

Trotz Sonnenschein war eine dieser Touren eine Tortur, da die Vogesenkammstraße durch extreme Schneeverwehungen fast nicht passierbar war. Wir (ca. 12 Personen, nicht alle waren mit Skilanglaufen vertraut) benötigten für 20 km fünf Stunden! Flüssiges, gleichmäßiges Gleiten sieht anders aus, das Abenteuer stand im Vordergrund - wie heißt es wirklich treffend: No risk, no fun!

Für meinen französischen Fußballverein *US Spicheren* organisierte ich Anfang der 80er Jahre Schnee-Wochenenden auf dem *Champ du Feu*, dem von Saarbrücken aus nächstgelegenen Skigebiet mit einer 20 km langen Loipe auf 1000 m bis 1100 m Höhe, und im Bergbauernhof Steinlebach am *Markstein*. Mit meinen Fußballkameraden absolvierte ich - wie mit meinem Trainer vorher genau abgesprochen - zunächst einen Schnelldurchang *<Ski de fond>*, um am Samstagnachmittag und Sonntag die Ausdauer zu trainieren, während die Frauen/Partnerinnen von mir vorgeschlagene Schneewanderungen unternahmen.

Mit Schulfreunden und meiner damaligen Freundin und heutigen Frau liefen wir einen Teil des *Schwarzwälder Skimarathons* - gemütlich 60 km in drei Tagen von *Schonach* bis *Hinterzart*en. Der Rosenmontag 1984 sollte ein guter Trainingstag für mich werden.

Bei Kaiserwetter lief ich vor dem Frühstück die 16 km lange *Thurnerspur* ab, bevor unsere Gruppe zu den 18 km nach Hinterzarten aufbrach.

Beatrice hatten wir unterwegs bei einer Einkehr durch meine Schuld verloren, und da sie nicht in Hinterzarten ankam, lief ich die ganze Strecke zurück, um sie dann - wie erhofft - am Ausgangspunkt *Thurner* in meine Arme schließen zu können. Damals gab es noch kein Mobiltelefon!

Ich war doppelt glücklich: Ich freute mich über das Wiederfinden meiner Verschollenen, und ich kam in den Genuss einer Trainingseinheit von 50 km!

Als ich vier Jahre beim Diakonischen Werk an der Saar arbeitete, war es selbstverständlich, dass die Jugendlichen mit mir in die Vogesen zum Skilanglauf durften bzw. mussten - je nach Motivationsgrad. Aber maßvoller Ausdauersport in schöner winterlicher Umgebung fördert intensiv die Belastbarkeit und stärkt die Frustrationstoleranz.

Eine der schönsten Skilanglauftouren führte mich zur *Ferme-Auberge* am zugefrorenen *Lac du Forlet:* Vom Col de la Schlucht liefen wir mit Gepäck (Rucksack, Schlafsack) zu dieser Perle in den Vogesen, wo wir mit den Herbergseltern und deren Enkelkind die Fastnachtstage in totaler Abgeschiedenheit auf 1100 m Höhe verbrachten; damals konnte man dort noch übernachten. Im Winter war diese *Ferme* nur mit Langlaufskiern zu erreichen.

Als Lehrer leitete ich viele Jahre den Schüleraustausch zwischen der Saarbrücker *Gesamtschule Bellevue* und dem *Collège* in *Cornimont* in den Vogesen. Mit jeweils 20 deutschen und 20 französischen Schülerinnen und Schülern unternahmen wir Skilanglauf-Touren. Durch eine geschickte Streckenführung wurde das gemeinsame Laufen mit 40 Schülern möglich:

Vom Col de la Schlucht aus liefen alle in verschiedenen Leistungsgruppen dieselbe Richtung auf der im Winter nicht geräumten *Route des Crêtes* Richtung *Col du Calvaire*. Nach einer Stunde liefen alle wieder zurück. So konnten jeder stressfrei nach seinem Tempo laufen, und wir schafften eine zweistündige Tour gemeinsam in einer doch sehr leistungsheterogenen Gruppe.

In den 90er Jahren fuhren wir regelmäßig mit befreundeten Nachbarfamilien in die <*Pension Deckerhäusle*> am Thurner, 1999 mit 23 Personen: sechs Ehepaare, 11 Kinder. Es war mir gelungen, meine Saisonvorbereitung zu optimieren: Nachdem wir die Kinder zum ganztägigen Ski-Abfahrtskurs abgegeben hatten, fuhren wir Erwachsene mit Pausen 20 km in der Loipe. Eingebettet waren kleine Lern-Kurseinheiten; ich hatte eine Fortbildung als Skilanglauflehrer absolviert. Da ich vor dem Frühstück und nach 16 Uhr die *Thurnerspur* (16 km, 420 Hm) insgesamt zweimal lief, kam ich auf 50 km pro Tag - in vier Tagen über Fastnacht also auf 200 km, eine perfekte Vorbereitung, um nach den tollen Tagen im Schnee auf mein geliebtes *Vélo* zu steigen, die Radsaison konnte nicht besser beginnen - und ich hatte im Schwarzwald Familie und Sport optimal miteinander verbinden können.

Auch mit meinem Sohn lief ich schon Thurnerspur und *Stübenwasenspur* am *Notschrei* (40 km hin und zurück), die ich auch schon mit meiner Frau bis zum *Berggasthof Stübenwasen* (20 km hin und zurück) bewältigt hatte, oder auch gemütlich mit Beatrice die 18 km vom Thurner nach *Hinterzarten,* von wo wir - nach Genuss einer Schwarzwälder Kirschtorte - mit dem Bus zurückfahren, um auf über 1000 m Meereshöhe im *Gasthaus zum Kreuz* (!) genussvoll zu speisen und zu übernachten. Alternativ bieten sich *Schweizerhof* und *Thurnerwirtshaus* (1030 m) an.

Mit meinem Mercierfreund machte ich die Vogesen an Winterwochenenden unsicher. Einen fast romantischen Rückweg durften wir erleben, als wir von einer anspruchsvollen 40 km-Runde zum *Petit Ballon* zu spät in das Naturfreundehaus *Schnepfenried* zurückkamen: Die letzten zwei Tageskilometer vom *Col du Platzerwasel* konnten wir ohne Probleme bei Dunkelheit abfahren - der Mondschein projizierte unsere Schatten in den Neuschnee!

Als echtes *Langlauf-Paradies* hatte ich das französische *Jura* kennengelernt. Mit Alfred unternahm ich in den 80er Jahren spektakuläre Touren in dieser Mittelgebirgsregion, deren Weite ein wenig an

Norwegen erinnert. Das Hoch-Jura (<*La petite Sibérie*>) ist ein Kälteloch, relativ schneesicher von Januar bis März. Schon oft lief ich bei minus 20°C und Sonnenschein, die Kälte war nicht zu spüren. Wir bezogen Quartier im Chalet *des Amis de la Nature* <*Les Adrets*> bei *Lamoura* (1200 m), später auch Anlaufstelle für unsere Radtouren. Wir wollten natürlich auch mit den schmalen Brettern Berge erklimmen, wir kämpften uns in ungespurtem, äußerst schwierigem Terrain bei zweistelligen Minusgraden, blauem Himmel und eisigem Wind auf die höchsten Erhebungen im französischen Jura - mit grandiosem Blick auf den *Mont Blanc,* der dann zum Greifen nahe schien, davor ruhte unter Wolken der Genfer See.

Mit Alfred bei Sonne, Eis und Schnee am *Colomby de Gex* (1688 m)

Vieles wollten wir sehen und erkunden, liefen bei jedem Wetter, zeitlich und körperlich immer bis zum Anschlag - und landeten eines Abends im falschen Tal; in der Dunkelheit fanden wir ein abgelegenes Gasthaus, von welchem aus wir mit einem Taxi zurückfahren konnten.

Wir liefen Teilstrecken der *GTJ*: la *Grande Traversée du Jura,* die *Große Durchquerung des Jura.*

Eine Zweitages-Tour à 100 km mit Rucksack und Schlafsack wurde zu einem besonderen Erlebnis. An der *GTJ* gibt es *Gîtes d'Etapes*, allerdings oft viele Kilometer auseinander. Wir liefen von Lamoura drauf los, ohne reserviert zu haben, zunächst Richtung Norden, ab *Prémanon* Richtung Süden durch den einsamen Wald *Forêt du Massacre* (vgl. E. 17, S. 280).

Nach ca. 50 Tageskilometern kamen wir an einer Unterkunft an, kurz nachdem die Sonne am Horizont abgetaucht war.

Im *<Gîte le Berbois>* - einige Kilometer von *La Pesse* entfernt - waren alle Zimmer und der Schlafsaal belegt. Wir durften in der Scheune im Stroh übernachten - mit einem weiteren Lebewesen: Da diese Hütte fernab jeder vom Schnee geräumten Straße liegt, transportieren die Inhaber Speis' und Trank mit Pferd und Schlitten.

Dieser *Gîte d'étape* ist im Winter nur auf der Loipe zu erreichen. Und es ist ein ungeschriebenes Gesetz, einzelne Skiwanderer nicht abzuweisen. Wir hätten ja auch keine andere Option gehabt.
Unsere Übernachtung im Notquartier war an Bedingungen geknüpft. Wir mussten unsere Rucksäcke komplett ausräumen, da die Wirtsleute sichergehen mussten, dass wir weder Zigaretten noch Streichhölzer besaßen. Vertrauen ist gut - Kontrolle ist besser!
Ich verfiel in einen Tiefschlaf, träumte aber dennoch: von einem Wasserfall, doch der Traum wandelte sich unmittelbar in Realität um: Unser Nachbar, das Pferd, ein Isländer oder Haflinger, ließ gefühlt einige Liter Wasser ins Stroh ab, ohne uns aber zu treffen, da der Sicherheitsabstand eingehalten worden war.

Die Begeisterung für das winterliche *Jura* ließ eine neue Idee entstehen: *La Transjurassienne*. Wir wollten 1989 diesen in Europa nach dem schwedischen *Wasa-Lauf* zweitlängsten Skimarathon, der zur Worldcup-Serie zählt, absolvieren.

Die Vorbereitungen begannen im Oktober '88 mit regelmäßigen Waldläufen, die ich immer im Winterhalbjahr unternahm, und mit Trockentraining zu Hause. Da ich als Vater einer jungen Tochter, als

Mann einer Krankenschwester mit Schichtdienst im Krankenhaus und als Lehrer mit vielen Korrekturen über die Wochenenden nicht einfach mal in die Vogesen fahren konnte und auch nicht wollte, musste ich nach Alternativen suchen.

Neben 50 Liegestützen täglich setzte ich mich jeden zweiten Abend auf unserem überdachten Balkon auf mein *Mercier*. Ich pedalierte locker und nicht zu heftig, nur im Sattel, da ich im Wiegetritt den fixierten Hinterbau zu sehr belastet hätte. Während der eineinhalb Stunden (!) auf dem dunklen Balkon mit Licht aus der Küche vertiefte ich mit Kopfhörer meine Spanisch-Kenntnisse. Ich war *a u f* der Rolle, aber die Nachbarn, welche mich auf unserem zum Garten liegenden Balkon sehen konnten, dachten wohl, der ist *v o n* der Rolle.

Mit wenig Skilanglauf-Training meisterten wir am dritten Februar-Wochenende die *Tansjurassienne*, die in jenem Jahr 1989 wegen Schneemangels ohne die Schleife in das Schweizerische Langlaufzentrum *Le Brassus* von 76 km auf 66 km reduziert worden war.

Auf der Strecke von *Lamoura* nach *Mouthe*, wo der bezaubernde *Doubs* entspringt, läuteten in *La Chapelle des Bois* die Kirchenglocken - wie manchmal, wenn die *Tour de France* durch Dörfer fährt. Wir wurden angefeuert und mit Obst und Häppchen des berühmten Jurakäses *Comté* versorgt - ein einmaliges, unvergessliches Erlebnis.

1990 legte ich mir einen Ruder-Heimtrainer zu; mit jetzt zwei Kindern (vgl. nächstes Kapitel) wollte ich den Verlust von Training im Freien zu Hause kompensieren. Außenstehende bezichtigten mich der *Selbstquälerei*; aber Fahrrad-Enthusiasmus schließt doch *Masochismus* aus!

Nachdem ich das Zimmer allerdings zu einer kleinen Folterkammer umfunktioniert hatte, verkaufte ich nach zwei Jahren dieses Gerät wieder; ich war und bin doch bis heute ein überzeugter Outdoor-Sportler!

Dennoch hatte ich mich im Oktober 2021 zum erstenmal in einer „Mucki-Bude“ angemeldet, um im Winter mit Indoor-Radfahren, Wirbelsäulengymnastik und gezieltem Muskelaufbautraining die neue Saison in meinem siebzigsten Lebensjahr vorzubereiten.

Drei Jahre nach dem Skimarathon im Jura lief ich im *Allgäu* den *König-Ludwig-Lauf* mit Start und Ziel in *Oberammergau*, vorbei am *Schloss Linderhof*, welches *Ludwig II.* erbauen ließ.

Alfred lief von Null auf Hundert: er stand in jenem Winter hier zum ersten Mal (!) auf den schmalen Brettern.

Um den *Märchenkönig* ranken sich bis heute viele Gerüchte. Er hatte auch den Touristenmagnet *Schloss Neuschwanstein und* das *Schloss Herrenchiemsee – „*das unvollendete *Versaill*es" - erbauen lassen; unter bis heute ungeklärten Umständen war er 1886 im Starnberger See ertrunken.

Ski-LL-Spitzen
<*La Transjurassienne*>
Le 19 Février 1989
Medaille *„König-Ludwig-Lauf*"1992

Auch weitere attraktive Skilanglaufgebiete hatte ich intensiv kennengelernt:

Der Cheftrainer des saarländischen Schwimmbunds hatte 2005 - 2009 sehr große Erfolge vorzuweisen. Skilanglauf ist auch für Schwimmer ideal, da Ausdauer, Arme und Beine trainiert werden. Peter Fischer konnte mich motivieren, drei Jahre lang seine Kaderathleten in Trainingslagern in der ersten Januarwoche mit Ski-Langlauf zu trainieren. Auf meinen Vorschlag hin ging es nach *Nesselwang* (*Allgäu*), *ins Tannheimertal* und nach *Ehrwald („Tiroler Zugspitz Arena")*. Es machte Riesenspaß, diese Leistungssportler zu trainieren. Ein Teil der Gruppe lernte am dritten und vierten Tag *Skating*; mit diesen Jugendlichen fuhr ich mit dem Zug Richtung *Reutte* bis *Heiterwang*, um 2o km nach Ehrwald zurückzuskaten, eine nicht einfache Strecke! Höhepunkt der Woche war das spannende Abschlussrennen. Auf einem 1,5 km langen Rundkurs (acht Runden) kämpften drei Vierer-Mixed-Staffeln um den Sieg.

Ich konnte zwei Fliegen mit einer Klappe schlagen: perfektes Training für die Schwimmerinnen und Schwimmer und beste Vorbereitung auch für mich! Etwas unangenehm war das Korrigieren von Französisch-Klassenarbeiten nach dem Training.

Ein besonderes Juwel für Skilanglauf möchte ich hervorheben: Mit befreundeten Familien aus der Nachbarschaft fuhren wir - nach Schwarzwald und Nesselwang im Allgäu - mehrmals in die *Allgäuer Alpen*: in das Skilanglauf-*Eldorado Tannheimer Tal* in *Tirol* auf 1100 m, 430 km von Saarbrücken.

Ein ausgiebiges Loipennetz (70 km klassisch, 70 km Skating) in einer attraktiven Winterlandschaft lädt ein zu Touren aller Schwierigkeitsgrade, aber auch zum Wandern und Radfahren - von Frühjahr bis Herbst. Der *Schwarze Adler* in Tannheim gehört zu den Verwöhnhotels, als Ferienwohnungen empfehle ich *Familie Fügenschuh* oder auch das *Gästehaus Rief.*

Zurückblickend kann ich zufrieden feststellen, dass diese kleinen Fluchten in eine verschneite Winterlandschaft eine optimale Vorbereitung meiner Radsaison ermöglicht hatten.

Etappe 9 Mehr als „Kleine Fluchten“: Saarbrücken - Elsass - Jura - Alpen - Nizza

Beim Stichwort *Kleine Fluchten* denke ich sofort an den gleichnamigen Film (Schweiz, 1979), welcher die Emanzipation eines Knechts auf einem Bauernhof thematisiert. Durch ein neu erworbenes Moped lernt er den anmutigen Charme des *Jura* kennen; die Erweiterung seines Horizonts wird von großartigen Landschaftsaufnahmen begleitet. Nach diesem Film hatte ich das Mittelgebirge in der Schweiz und Frankreich sofort ins Herz geschlossen.

Neben den Skilanglauf-Touren im Jura war ich dort mit meiner Radsportgruppe mehrere Male während einer einwöchigen Runde in Lamoura unterwegs.

Die Weite der Landschaft mit den sanften Anstiegen auf einsamen kleinen Straßen hat mich jedes Mal aufs Neue fasziniert. (E 17, Vive le Jura!, Tour 5: Tour du Jura)

Die Expedition *Saarbrücken - Nizza* im Jahr 1990 war allerdings wahrlich keine *kleine* Flucht!

Vorher kündigten sich noch zwei große private Veränderungen an:

1. Wir ließen ein Haus (mit Garten zum Schwenken) nahe am *Deutsch-Französischen Garten (<jardin franco-allemand>)* bauen - unweit der französischen Grenze, damit ich im Juli während der *Tour* die *<Équipe>* schon früh am Morgen studieren konnte. Ich musste nur 3 km in das erste Zeitungsgeschäft nach der Grenze „*Goldene Bremm*“ (*<La Brème d'Or>*) fahren oder radeln, heute sind es 4,5 km zum *Maison de la Presse* in *Stiring-Wendel*; nach Bergetappen der *Tour* fahre ich auch manchmal in das acht Kilometer entfernte *Forbach*: Am dortigen Bahnhof kann ich mich an meiner Lieblingslektüre schon ab sechs Uhr morgens erfreuen.

2. Meine Frau war wieder schwanger, vor unserem Aufenthalt 1989 bei Martin, der als Auslandslehrer in *Las Palmas auf Gran Canaria* tätig war. Damals überlegte ich ebenfalls, für fünf Jahre in den Auslandsschuldienst zu gehen. Nach Martins Rückkehr hatte meine Frau eine nachhaltige Idee: Die *Martinsgans* wurde Kultessen für drei Familien; seit 1995 zelebrieren wir jährlich abwechselnd bis heute

dieses Festmahl im November. Und von der nachwachsenden Generation haben schon sowohl Julia als auch Lucien in ihren Wohnungen dieses wohlschmeckende Federvieh zubereitet.

Als wir erfuhren, dass unser Kind ein Junge war, fing mein Gehirn unentwegt an zu arbeiten. Wie bringe ich es meiner Frau bei? Welche Strategie ist notwendig, um sie zu überzeugen? Gerade hatte ich zum zweiten Mal das Buch über die Tragödie um *Fausto Coppi* verschlungen.

Ich brachte zunächst den Vornamen *Faustino* ins Spiel - nach dem Motto: zuerst etwas Unmögliches vorschlagen, um danach das Machbare zu erreichen. Dieser Faustino war das biologische Ergebnis aus Coppis außerehelichen Beziehung mit der <*Dama Bianca*>. Coppis Geliebte wurde erstmals 1954 in der *L'Équipe* von *Pierre Chany* als <*La Dame en blanc*> bezeichnet, nach der *Giro*-Etappe von Bozen nach St. Moritz am 12. Juni. (vgl. auch J.P. Ollivier, Fausto Coppi, S. 244 und Walter Lemke, Fausto Coppi, S. 407)

Wegen dieser Beziehung soll Pius XII. sogar erstmals die traditionelle Segnung des *Giro* verweigert haben, weil der *Ehebrecher Coppi* mitfuhr. Der Papst hatte vorher den Campionissimo öffentlich aufgefordert, zu seiner Ehefrau Bruna zurückzukehren.

Nach der Hochzeit der beiden in *Mexico* - in Italien war dies nicht möglich - musste *Giulia Locatelli* ihren Faustino weit außerhalb Italiens, in *Buenos Aires*, zur Welt bringen!

Meine Frau war bei dem Namensvorschlag *Faustino* ziemlich entsetzt, so dass ich nach gespielter Enttäuschung meinen Vorstoß wagen konnte: *Lucien* sei doch ein schön klingender, französischer Vorname, der auch gut zu unserem Familiennamen passe. Und wir würden doch unmittelbar an der Grenze wohnen, auch sei ich Französischlehrer und gefühlt ein halber Franzose. (In den 80er Jahren schlug mein Herz für <*les Bleus*>, nicht für die deutsche Fußball-Nationalmannschaft!)

Ich erwähnte auch *Roger Hassenforder* (* 1930, + 03. Januar 2021), dessen Name ja von der Intonation her ähnlich klänge.

Die Familie des elsässischen Radprofis und Trägers des Gelben Trikots (1953) führt seit Jahrzehnten das gastfreundliche gleichnamige Hotel-Restaurant/Appart'Hôtel im elsässischen *Kaysersberg,* 2020 wurden die 14 Zimmer in vier Appartements umgewandelt.

Die spontane Reaktion meiner Frau produzierte bei mir unweigerlich Glückshormone: Lucien (französisch, also am Ende betonter Nasallaut) und der abgeänderte Rufname *Lulu* (französisch ausgesprochen, endbetont: Lülü, deutsch Lülü) klängen ja gar nicht so schlecht. *Lucien van Impe* war für meine Frau kein Begriff - dessen große Zeit war ja mehr in den 70er Jahren, 1983 hatte er aber noch ein sechstes Mal das Bergtrikot bei der *Tour* erobert. (vgl. E 2)

Ich hatte mein Ziel - schneller als in den kühnsten Träumen erhofft - erreicht.

Als ich voller Stolz meinen Radfreunden verkünden konnte, dass *w i r uns* für den Namen *Lucien* entschieden hätten, lachten diese sich ins Fäustchen, verneigten sich aber ob meines Verhandlungsgeschicks und attestierten mir ein <*Chapeau*>.

Und Anfang Juni 1990 erblickte ein junger Erdenbürger mit dem superschönen Vornamen *Lucien* das Licht der Welt.

Zwar wurde er mit 1,94 m Körpergröße kein *grimpeur*, aber im Windschatten meines Sohnes erfreue ich mich noch heute eines Tempos mit 40 km/h in flachem Terrain.

Lucien wurde ein sehr erfolgreicher Schwimmer und hat viel von der Welt gesehen.

Mit 16 Jahren wurde er mit sechs deutschen Jahrgangs-Meistertiteln der erfolgreichste Schwimmer seiner Altersklasse in Deutschland.

Anfang Juli 2008 holte er Silber und Bronze bei den Juniorenweltmeisterschaften im mexikanischen *Monterrey.* Und drei Wochen später am 31. Juli lasen wir während des Urlaubs bei unserer italienischen Verwandtschaft in Cesenàtico Luciens Namen in der *Gazzetta dello Sport:* einen Tag zuvor hatte er die Goldmedaille mit der 4x100 Meter Freistil-Staffel bei der Junioren-EM in Belgrad gewonnen - vor Italien und mit neuem Junioren-Europarekord. Luciens italienischer Opa Umberto (vgl. 13.1) zeigte Freunden voller

Stolz die *Gazzetta dello Sport* mit dem Namen seines deutschen Enkels.

Luciens Autogrammkarte 2009
(Foto: © Mirko Seifert)

Lucien gewann in der offenen Klasse viele nationale und internationale Medaillen, u.a. eine Bronzemedaille bei dem World Cup 2008 in Belo Horizonte (Brasilien), er wurde Zweiter (Monaco) und Dritter (Canet) bei der prestigeträchtigen *Mare-Nostrum-Tour* 2009, er war mehrmals deutscher Vizemeister, Mitglied im Perspektivkader Olympia 2012 und in der Nationalmannschaft. Er schwamm bei der Kurzbahn-EM 2009 in Istanbul, im Jahr 2011 nahm er an der *Universiade* im chinesischen *Shenzhen* teil, eine der größten Sportveranstaltungen der Welt.

Die fest eingeplante Teilnahme an den Olympischen Spielen 2012 in London zerschlug sich: in der dafür notwendigen zweijährigen Vorbereitungszeit wurde sein Training durch zwei gravierende Verletzungen (2010 Bänderriss im Fuß, November 2011 Bizepssehnen-Abriss) jäh unterbrochen.

Danach war die Zeit gekommen, die berufliche Laufbahn in Angriff zu nehmen. Nach der Ausbildung zum Bankkaufmann absolvierte er ein Duales Studium. Das gewaltige Pensum BWL-Studium mit anschließendem Master und gleichzeitiges Arbeiten zog er als ehemaliger Leistungssportler zielstrebig und erfolgreich durch.

Auch wenn Tochter und Sohn mich jeweils 2000-3000 Radkilometer pro Saison *kosteten*, konnte ich diesen vermeintlichen Verlust gerne verkraften - ich war rundum glücklich mit unserer kleinen Familie.

Aber ich musste Kilometer machen für mein neues Projekt und nutzte jede Gelegenheit. Auch mit 6000 - 9000 Jahreskilometern erreichte ich eine stabile Form. Gezieltes *Intervalltraining* war angesagt, um die fehlenden Kilometer zu kompensieren. Ich ging regelmäßig an die Schmerzgrenze. Nicht nur in der Ebene, bevorzugt bei Steigungen beschleunigte ich kurzfristig, bis dass die Oberschenkel brannten.

Von einer einwöchigen Klassenfahrt durfte ich 1990 wegen der Geburt unseres Sohnes einen Tag früher (Donnerstag, 21. Juni) nach Hause fahren. Mit meinem *Mercier* - das ich auf der Hinfahrt im Bus mitgenommen hatte - legte ich die 140 km von *Saint-Mihiel* an der *Maas* (frz. *la Meuse*) nach Saarbrücken mit fünf Bananen als „Benzin“ freudestrahlend zurück - mit einer Espresso-Pause, unter fünf Stunden, Schnitt über 30 km/h. Unterwegs hatte ich ein beklemmendes Erlebnis: Auf einer Hauptstraße (*Route Nationale),* die ich an jenem Tag ausnahmsweise benutzte, überholte mich ein Motorradfahrer wie eine Rakete, ohne Abstand; eine halbe Stunde später - vor dem Städtchen *Faulquemont* - sah ich seine Maschine: um einen Baum gewickelt, neben dem zugedeckten Biker auf der Wiese standen ein Ambulanz-Auto und schon der Leichenwagen...

Zu meinem nächsten Abenteuer hatte meine Frau ihr Einverständnis gegeben; für Außenstehende war mein ambitioniertes Verhalten mehr als grenzwertig, und heute blicke auch ich mit Skepsis zurück: die Frau zurücklassen mit zweieinhalbjähriger Tochter und sieben Wochen altem Baby. Aber ein Bazillus hatte mich attackiert, es bestanden ernsthafte Zweifel an meiner Zurechnungsfähigkeit - deshalb gilt: *in dubio pro reo.*

Vom 20. - 30. Juli machte ich mich auf, mit meinem Mercier-Freund zum Mittelmeer zu radeln. Alfredo Pedale war schon einmal mit einem Bekannten von Saarbrücken bis nach *Sizilien* gefahren: für ihn als Kletterfan natürlich mit einem extravaganten Ziel: die Straße zu dem *Krater* ist bis auf 1800 m über dem nahen Mittelmeer asphaltiert. Am 5. Oktober 2020 führte die zweite Etappe des *Giro* als Bergankunft auf den sizilianischen *Ätna.*

Für uns beide stand *Saarbrücken - Nice (Nizza)* auf dem Programm, aber natürlich nicht entlang der französischen Mosel, der Saône und der Rhône über die *Viarhona*, ab *Avignon* Richtung Südosten entlang der Füsse *Durance*, *Verdon* (*Gréoux-les-Bains, Gorges du Verdon*) und über den *Col de Toutes Aures* in das Tal des *Var;* standesgemäß wählten wir den Weg durch *Jura* und *Alpen.*

Bei großer Hitze trafen sich unsere beiden pink lackierten *Mercier-Renner* im Nord-Elsass - Alfred kam von *Pirmasens*; wir fuhren über die *Route du Vin* bis nach *Dambach-la-Ville*, wo wir nach 180 km die erste Nacht verbrachten.

Die *Weinstrasse* verläuft nicht in der Rheinebene, sondern passt sich dem hügeligen Gelände der Weinberge an, so dass ein 30er Schnitt für die erste Tagesetappe schon sportlich war. Wir wollten in dreieinhalb Tagen bis *Saint-Jean-de-Maurienne* fahren, wo wir eine Verabredung hatten.

Um noch das Finale der *Tour*-Etappe verfolgen zu können, besorgten wir uns schnell in einem *Supermarché* Wasser und Bananen und ließen uns in einem Bistrot nieder. Dass Trikot und Radhose weiße Kränze durch den Schweiß aufgrund des hohen Salzverlusts hatten, war uns bekannt. Neu war ein Juckreiz im Bereich der Augen: ich füllte ein Espresso-Löffelchen mit der an den Augenbrauen abgekratzten Salzkruste!

Als wir weiterfahren wollten, stellten wir fest, dass wir bei diesen hochsommerlichen Temperaturen beide unsere kleinen Rucksäcke vergessen hatten, wir konnten sie aber im selben Ort vor dem Supermarkt wiederfinden.

Wir hatten sie einfach stehen lassen - so sehr waren wir auf das Ende der *Tour*-Etappe fokussiert.

Am nächsten Morgen starteten wir früh zur zweiten Etappe. Die *Sundgau-Ebene* hitzte sich schon am Vormittag auf... Bei extremer Hitze sah ich zum ersten Mal in meinem Leben eine digitale Temperaturanzeige mit über 40° Celsius.

Bei *Montbéliard* erreichten wir das Tal des *Doubs*; dieser wunderschöne Fluss hat einen nicht alltäglichen Verlauf: Er entspringt bei *Mouthe* nördlich der Wasserscheide, fließt also nach Norden; allerdings hat er es sich dann anders überlegt, sein Flussbett vollzieht in Montbéliard eine spektakuläre Wende, um Richtung Südwesten in die *Saône* zu münden.

Auf dem *Eurovelo 6* kann man heute dem Fluss folgen über *Besançon* und *Dôle* zum *Rhein-Rhône-Kanal* und südlich in die *Bourgogne („Burgund“).*

In der Hoffnung auf weniger Hitze waren wir froh, dass es endlich in das Jura-Massiv ging. Wir passierten *Pontarlier*, und um Kilometer zu machen, fuhren wir zügig mit Windschatten über die D 471 Richtung *Champagnole*. Nach 260 km hielten wir allmählich Ausschau nach einer Unterkunft.

Leider fanden wir kein *Logis de France*. Wir übernachteten ohne Reservierung, fuhren bis zum frühen Abend, um dann spontan eine Bleibe zu finden.

Am dritten Tag wollten wir möglichst nahe an den ersten Alpenriesen *Col de la Madeleine* heranfahren, um danach in den Genuss einer Halb-Etappe zu kommen.

Zunächst erfreuten wir uns noch an der Landschaft des lieblichen Jura. Wir fuhren über *Morez* und *Lajoux* und verließen das Mittelgebirge über die D 991 durch das Tal der *Valsérine* nach *Bellegarde*.

Danach sollte der unangenehmste Teil der Strecke folgen, aber wir hatten dies einkalkuliert. Auf dem nächsten Weg durch die Täler über *Annecy* waren wir auf die *Route Nationale* angewiesen, welche wir ansonsten nie benutzen. Und in der Ferienzeit bekamen wir es neben den Lkw's auch mit den Autos der Touristen zu tun. Viele Schrecksekunden musste ich über mich ergehen lassen, als mich ein Pkw knapp überholte und mit seinem breiteren Wohnwagen meine linke Schulter touchierte!

Noch heute denke ich daran, was bei einem Sturz alles hätte passieren können, diese Zeilen hätte ich womöglich nicht schreiben können.

Nachdem wir den schwierigsten Tag unserer zehntägigen Mission mit 160 Tageskilometern überstanden und in *Faverges* vor *Albertville* übernachtet hatten, legten wir am vierten Tag „nur" knapp 80 km zurück. Wir freuten uns, wieder auf verkehrsärmeren Straßen fahren zu können. Wir kletterten über die Nordrampe des endlos langen *Madeleine*: 25 km bei 1650 Höhenmetern auf 1995 m, weshalb dieser Alpenriese auch die höchste Klassifizierung hat: *Hors Catégorie („Ehrenkategorie").*

Nach 680 km in dreieinhalb Tagen trafen wir wie verabredet unsere Freunde in *Saint-Jean-de-Maurienne.* Diese waren mit dem Auto aus dem Saarland auf den vereinbarten Campingplatz gekommen, um mit uns einige Tage im Hochgebirge zu verbringen. Ich konnte natürlich nicht verhindern, dass ich meine Radfreunde mit dem Virus angesteckt hatte, aber alle in abgeschwächter Form; nur Alfred war wie ich heftig infiziert.

Für Dietmar - ebenfalls mit einem *Mercier* aus *Sarreguemines* - war dieses Streckenprofil Neuland, aber ich hatte ihm von *Galibier Izoard, Cayolle und Bonette* dermaßen vorgeschwärmt, dass er keine andere Möglichkeit sah als mit uns zu kommen.

Bei schönem Sommerwetter konnten wir die gleichmäßigen Serpentinen (*les lacets)* zum *Col du Télégraphe* genießen, auch wenn wir wieder fast 200 Höhenmeter bis *Valloire* abgeben mussten - aber die Strecke war mir ja seit 1983 bekannt.

Der Aufstieg zum *Galibier* bei *Kaiserwetter* - wie man in Bayern und Österreich zu sagen pflegt - war einfach grandios, die Hitze in den Tälern war vergessen. Wir wurden mit bester Sicht auf den Gletscher *Glacier de la Meije* (3893 m) belohnt.

1990 wieder mit Alfred am *Col du Galibier*, 2646 m ü. NN

Den Abend und die Nacht verbrachten wir bei bester Stimmung nach langer Abfahrt über den *Col du Lautaret* im Tal in *Saint-Chaffrey*. Jeder war froh und glücklich, den faszinierenden *Galibier* in die Knie gezwungen zu haben.

Die folgende Etappe sollte uns über zwei weitere Alpenriesen führen. Aber zu Beginn konnten wir an der laut Touristeninformation „höchst gelegenen Stadt Europas“ nicht einfach vorbeifahren. Wir wollten uns nicht vorwerfen lassen, „Kulturbanausen“ zu sein. *Briançon* gehört zu einem riesigen Verteidigungsgürtel, den *Vauban* - der Festungsbaumeister und Militärarchitekt des *Sonnenkönigs* - im 17. Jahrhundert in Frankreich von Nordwesten bis Südosten angelegt hatte:

Von der *Bretagne/Normandie* über das heutige Belgien in das saarländische *Saarlouis* - von Louis XIV 1680 als <*Sarrelouis*> gegründet - über *Bitche, Lichtenberg*, das von Frankreich besetzte *Landau, Strasbourg, Neuf-Brisach, Besançon* bis nach *Briançon,* um nur einige Festungen zu nennen.

Die mächtige Zitadelle thront in exponierter Lage über dem Tal gegen Italien. Diese Festungsanlage, auch *Cité Vauban* genannt, sucht in Europa ihresgleichen.

Die Altstadt *La Gargouille* ist durch schmale Tore zu erreichen, der Gang durch enge Gassen gleicht einer Reise ins Mittelalter.

In radsportlicher Hinsicht glänzt die Vauban-Stadt ebenfalls: Seit 1947 war sie 25-mal Etappenstadt, ihre Lage impliziert natürlich großartige, außergewöhnliche Hochgebirgsetappen, zum letzten Mal 2017, als die Fahrer in Briançon gestartet waren und *Chris Froome* nach dem *Col de* Var*s* die Bergankunft auf dem *Col d'Izoard* gewonnen hatte.

Auch der *Giro* erwies dieser Stadt schon mehrere Male seine Referenz. 2020 sollte die extrem harte vorletzte Etappe über den *Colle Agnello/Col Agnel,* den *Izoard, Briançon* und den *Col de Montgenèvre* nach *Sestrières führen,* aber die auf Oktober verschobene Italien-Rundfahrt durfte wegen der Corona-Pandemie nicht durch Frankreich führen.

In entgegengesetzter Richtung nach Süden nahmen wir nun den *Izoard* in Angriff. Die inzwischen durchgängig mit Radstreifen markierte Nordrampe erreichte bei der Wahl zum schönsten Rennrad-Anstieg der Welt Rang neun, sie sei ein „Geheimtipp unter den französischen Pass-Klassikern, ein echtes Juwel..." (radsport-news.com, 03.05.2020)

Auf 2360 m beginnt die lange Abfahrt nach *Guillestre*. Wir fuhren durch die *Casse déserte* (<le désert> - „die Wüste", nicht zu verwechseln mit <le dessert> - „der Nachtisch"!), eine versteinerte, felsige, bizarre Mondlandschaft, „... eine fremdartig anmutende Landschaft aus zerklüfteten Felsen und Geröllfeldern. Felsnasen strecken sich in die Höhe und regen die Fantasie an. Der Hang wirkt, als hätte ein übermenschlicher Riese eine Hand voll Sand auf den Berg geschüttet - so glatt wirken die Geröllfelder von Weitem..." (Frankreich erleben, Nr. 11/2007, S. 22)

Dieses magische Naturspektakel wurde schon in den 50er Jahren bekannt, nachdem sich *Coppi* und *Bobet* hier packende Duelle geliefert hatten. Vor der den beiden Champions zu Ehren errichteten Gedenktafel ließ ich mich gerne ablichten, und *Jean-Paul Olliviers* Biografien über die beiden Radstars gingen mir mal wieder durch den Kopf: Bobets Toursiege 1953, 1954 und 1955, sein WM-Titel 1954 in Solingen und Coppis Trophäensammlung: Der *Campionissimo* hatte schon 1940 im Alter von gerademal 20 (!) Jahren den *Giro d'Italia* gewonnen, insgesamt fünfmal trotz der fünf Jahre Unterbrechung durch den Zweiten Weltkrieg; 1949 und 1952 hatte er als erster Fahrer der Radsport-Geschichte das *Double Giro/Tour* seinem Palmarès hinzugefügt. Am 2. Januar 1960 starb er unter tragischen Umständen mit 40 Jahren im Krankenhaus in *Tortona* (Piemont). Statt Malaria wurde nur eine Grippe diagnostiziert (J. P. Ollivier, *Fausto Coppi - La tragédie de la gloire*, S. 277). Fausto wollte den Afrikanern den Radsport näherbringen und hatte sich dabei in *Obervolta* (heute: *Burkina Faso*) mit Malaria infiziert. Bei Coppis Mitstreiter Raphaël Géminiani (* 1925 in *Clermont-Ferrand*, Auvergne) wurde die gefährliche Infektion im Krankenhaus seiner Geburtsstadt erkannt, am 12. Juni 2021 zählte er stolze 96 Lenze.

Auf den Spuren des großen Campionissimo wandelt das saarländische Radsportteam *Bike Aid* mit Sitz in *Blieskastel*: Es fördert Fahrer aus afrikanischen Ländern, bietet diesen eine sportliche Perspektive mit Sprachausbildung und Berufspraktika bei Teamsponsoren. (vgl. SR-Reportage, 02. Januar 2022 über Matthias Schnapka: „Einfach anders! Ein Visionär auf dem Fahrrad", ein Film von Marc Drumm)

Coppi, dessen blinder Masseur Cavanna dem jungen Fausto eine großartige Karriere vorausgesagt hatte, habe - wie *Jean-Paul Ollivier* in seinem Kapitel *<Une idée révolutionnaire de la course>* betont - den modernen Radsport wie kein anderer geprägt. Der Italiener war ein Perfektionist. Im italienischen Fernsehen (*Storia del ciclismo/del Giro*) sah ich bemerkenswerte Szenen: Sein Team hatte frühzeitig die Hotelzimmer reserviert, möglichst nicht höher als in der ersten Etage, da die Betreuer den *velophilen* und *velomanen* Fausto vor dem Start von der Massagebank aus direkt auf sein Rad tragen mussten, das vor dem Hotel auf ihn wartete - Treppengehen sei nicht gut für die gerade massierte Beinmuskulatur.

Systematisches Training, Renntaktik und bewusste Ernährung waren seine Schwerpunkte; einmal pro Woche ernährte er sich z. Bsp. ausschließlich von Leber und Weizenkeimen. (J.P. Ollivier, Fausto Coppi - La tragédie de la gloire, S.197)

Nachdem ich in Olliviers Biografie erstmals 1984 von Coppis Ernährungsplänen erfahren hatte, legte ich mir umgehend einen Ernährungsberater zu: ein Buch der *DGE* (Deutsche Gesellschaft für Ernährung). Louison Bobet hatte immer wieder darauf hingewiesen, dass Coppi der Erfinder des modernen Radsports sei. (ebd. S. 201)

Casse Déserte, vor der *Stele* für *Coppi* und *Bobet* (3 km südlich vom *Col d'Izoard)*

Tim hat meine Begeisterung für den *Campionissimo* künstlerisch verarbeitet:

Träume des Autors
(Fotomontage: Tim Leber)

Der nächste Zweitausender wartete auf uns. Der erste Teil des *Col de Vars* direkt nach *Guillestre* ist nicht zu unterschätzen, v.a. weil wir in der Mittagshitze kletterten und beißen mussten. Aber je höher wir stiegen, desto größer wurde meine Vorfreude, bald wieder in Barcelonnette verweilen zu können.

Am Abend empfahl ich nur ein kurzes *Après-Vélo*, alle waren einverstanden. Die Trilogie *La Marmotte* (vgl. E 4, S. 69) stand natürlich auf dem Programm, meine Traumrunde - eine weitere Steigerung nach den beiden Etappen seit Saint-Jean- de-Maurienne.

Früh am Morgen an
meinem Lieblingscol
v.l.n.r.:
Alfred, Kurt, Dietmar, Rolf

Ich war als verantwortlicher Teamchef nervös. Für die meisten war der Barcelonnette-Klassiker neu, sie hatten Respekt und zu Hause schon eifrig trainiert.

Und die Runde, die ich wie immer im Uhrzeigersinn fahre, klappte hervorragend; ich war froh und erleichtert, dass wir alle dieses Highlight in den *Alpes de Haute-Provence* souverän gemeistert hatten.

Ankunft am *Col des Champs*
(2087 m)

Da große Leistungen natürlich *eschdamiert* werden sollen (ein schöner Ausdruck aus dem Französischen im saarländischen Dialekt integriert, estimer - wertschätzen), stellte ich den nächsten Tag zur freien Verfügung. Ich hatte natürlich einen Zeitplan, um mit den beiden *Vélos Mercier* rechtzeitig am Mittelmeer anzukommen; der Nachtzug von *Nizza* nach *Metz* war reserviert und wartete auf uns. Der *Jour de repos*, den wir uns verdient hatten, sollte sich - nach leichtem Pedalieren am Vormittag - zu einem kleinen Wettbewerb entwickeln: *jouer aux boules/pétanque* war angesagt. Im *Midi (=le Sud de la France)* finden im Sommer sogar Boule-Turniere der Profis statt, mit Gewinnprämien von einigen Tausend Euro; aber das Spiel mit den silbernen Kugeln ist auch - neben Angeln - in Frankreich *der* Volkssport. Verinnerlicht hatte ich, dass wir bei jeder Tour eine Halbetappe fahren - mit Boule-Turnier vor dem Abendessen.

Der *Col de la Bonette* erwartete uns auf 2802 Metern über dem Meeresspiegel. Für einige meiner Radfreunde schüttete der Name allein schon Stresshormone aus, aber es war positiver Stress mit Vorfreude, unser Drama von 1983 erwähnten wir nur beiläufig, um nicht die Pferde scheu zu machen. Die Strecke war seit dem Frühjahr bekannt, alle hatten sich gewissenhaft vorbereitet - wie der Ritt über die drei Zweitausender der *Marmotte-Runde* bestätigt hatte.

Wir fuhren zunächst gemeinsam - aber irgendwann ist jeder alleine in seinem Rhythmus - zum höchsten asphaltierten Alpenpass. An diesem war unsere gemeinsame Runde durch die Provenzalischen Alpen beendet. Die anderen fuhren zurück nach *Barcelonnette* und *Saint-Jean-de-Maurienne,* um vor der Rückreise noch *Alpe d'Huez* zu bezwingen.

Etwas kühl am *Bonette*, im August,
aber kein Schnee wie 7 Jahre zuvor
Ende Juni!

Ich war rundum zufrieden, da meine Radfreunde den Ausflug ins Hochgebirge mit Bravour bewältigt hatten.

Mit Alfredo machte ich mich auf die letzten 115 km unserer Fernfahrt Saarbrücken - Nizza. Wir genossen die Abfahrt quasi als Belohnung für unsere Anstrengungen, wir passierten *Isola,* das Städtchen mit italienischem Flair, und gelangten 30 km vor Nizza auf die *Route Nationale* - ein Schock, wenn man aus der Ruhe des *Parc National du Mercantour* in die Zivilisation muss - eine andere Welt.

Wir kämpften uns auf der stark befahrenen Straße bis zum Bahnhof durch. Da wir uns zeitlich mal wieder verkalkuliert hatten, konnten wir uns gerade noch von unseren Rädern bei der Gepäckaufgabe verabschieden, um im reservierten Nachtzug Platz zu nehmen, keine Schlafwagen mit Betten. Wir freuten uns auf einen wohlverdienten, kleinen Imbiss mit Bier im Zug, aber weit gefehlt - es gab keinen Bistrot-Wagen!

Nach Mitternacht versuchte ich in *Marseille* schnell Getränke zu besorgen, da der Zug wegen Lokwechsels einen kurzen Aufenthalt hatte - aber nur Automaten am Bahnhof, ohne Münzgeld war damals nichts zu bekommen, ich rannte hastig unverrichteter Dinge wieder in den Zug. Alfred - ein Tomatenliebhaber - hatte als Notlösung vier große Fleischtomaten bei sich, und wir überlebten die nächsten Stunden - wir tranken kein Wasser auf dem WC im Zug. Ich konnte den Spruch nachvollziehen: „Durst ist schlimmer als Heimweh“.

Als der Nachtzug am frühen Morgen zwischen vier und fünf Uhr in *Lyon* zum ersten Mal hielt, stürzten wir in die Bahnhofswirtschaft, um zunächst wahrscheinlich einen Liter Wasser pro Person hinunterzuspülen; wir frühstückten und fuhren mit einem der nächsten Züge über Metz nach Saarbrücken. Unsere Expedition an das *Mer Méditerranée* über 1200 km inklusive sehr vieler Höhenmeter in 10 Tagen hatte auch dank unserer Routine ein versöhnliches Ende gefunden - wir waren einfach ein *kongeniales Duo.*

Nach diesem ereignisreichen Jahr war Beziehungspflege angesagt. Mit Frau, dreijähriger Tochter und vier Monate altem Sohn - mein

Mercier musste zu Hause bleiben - entspannten wir uns zwei Wochen in den Herbstferien im Oktober an der <*Côte*> in *Le Lavandou.* Ich lag mit der Familie am Strand oder wir schipperten zu den *Îles d'Or* (*Goldene Inseln*), wo wir auf der traumhaften *Port Cros* Karibikflair genießen konnten. Ich dachte in vollster Zufriedenheit an meine Tour durch Jura und Alpen an die *Blaue Küste*.

Oktober 1990 in *Le Lavandou: Plage de Saint-Clair* mit Julia (3 Jahre) und Lucien (4 Monate)

Für mich jungen Familienvater war es natürlich mehr als förderlich, dass ich durch meine regelmäßig unternommenen Fahrrad-Highlights mein Leiden immer besser in den Griff zu bekommen *schien ...*

Etappe 10 Mekka der Velomanen: Passo dello Stèlvio

Nach Vogesen, Alpen, Pyrenäen und Jura stand zunächst noch das fünfte Gebirge in der *Grande Nation* auf meiner To-do-Liste.

Auvergne

1991 starteten wir in *Roanne-sur-Loire* zu einer einwöchigen Rundfahrt durch die *Auvergne.*

Gegen den Uhrzeigersinn ging es zunächst durch den *Parc Naturel Régional des Volcans d'Auvergne* bis zum Pass *Pas de Peyrol* am *Puy Mary,* dann durch den *Parc Naturel Régional du Livradois,* die *Monts du Forez* mit dem *Col du Béal* und wieder zurück nach Roanne-sur-Loire.

Diese einzigartige Kraterlandschaft im *Zentralmassiv* gehört zu <*La France profonde*>. Der Begriff „*das tiefe Frankreich*" wurde ursprünglich von der Pariser Bevölkerung geprägt und hatte einen eher pejorativen Beigeschmack: die tiefe Provinz! Touristisch gesehen ist diese Bezeichnung heute nur positiv zu interpretieren und steht für einsame Regionen, *sanften Tourismus* und preiswerten Urlaub. Die *Auvergne,* das *Jura*-Gebirge oder auch der atemberaubende *Vercors* sind abgelegene Naturschönheiten für Wanderer und Radsportler. Zum französischen Zentralmassiv (westlich des Rhônetals) gehören neben der Auvergne auch weiter südlich die *Cevennen* mit *Mont Aigoual* und *Mont Lozère.*

Wir fuhren am berühmten *Puy de Dôme* ... vorbei.

In die Radsportgeschichte eingegangen ist das Foto von 1964, als sich *Jacques Anquetil* und *Raymond Poulidor* einen erbitterten, körperbetonten Kampf lieferten.

Schulter an Schulter, Ellenbogen an Ellenbogen kämpften sich die beiden verbissen hoch. Anquetil führte in der Gesamtwertung mit 56 Sekunden vor Poulidor. Der „ewige Zweite" *Poupou,* der Liebling der Franzosen, welcher während seine Karriere keinen einzigen Tag im Gelben Trikot fahren durfte (Welch ein Drama!), nahm als Etappendritter dem Fünften Anquetil 42 Sekunden ab und blieb in der Gesamtwertung Zweiter mit 14 Sekunden hinter dem Normannen.

Bei dem abschließenden Zeitfahrren *Versailles - Paris* nahm Anquetil seinem Kontrahenten aus dem *Limousin* weitere 21 Sekunden ab und sicherte sich mit der *Bonification* von 20 Sekunden für den Etappensieg seinen fünften *Tour*-Sieg mit 55 Sekunden vor seinem Erzrivalen.

Schweren Herzens verzichtete ich auf diesen geschichtsträchtigen Aufstieg, der im Uhrzeigersinn auch kein Problem dargestellt hätte. Bei der Abfahrt auf der gleichen Strecke zurück in umgekehrter Richtung, welche man notgedrungen mit unendlichen Linkskurven um den Vulkan herum absolvieren musste, war es aber häufig zu Unfällen mit entgegenkommenden Autos gekommen, oder man stürzte bei zu hoher Geschwindigkeit durch die Fliehkraft rechts den Abhang hinunter.

Später wurden hier - wie an vielen legendären Pässen - autofreie Tage für Radfahrer eingeführt.

Ich lernte die Auvergne als eine Vulkanlandschaft kennen, die an Schönheit ihresgleichen sucht. Das tiefe Blau der Kraterseen kontrastiert zum saftigen Grün der Wiesen.

Autor mit seinem geliebten *Mercier* in der *Auvergne*

1992 war keine Radwoche im Hochgebirge angesagt. Die Vereinbarkeit von Familie und Radsport sollte nicht aus dem Gleichgewicht geraten, Frau und Kinder standen im Vordergrund. Wir verbrachten mit drei weiteren Saarbrücker Familien einen Campingurlaub in *Lacanau,* 50 km westlich von *Bordeaux*, aber nicht direkt am Atlantik, sondern am fünf Kilometer vorgelagerten, für Kleinkinder sichereren *Lac de Lacanau* am *<Campig Le Tedey>.* Mit Rädern und Kindern fuhren wir ab und zu durch die Pinienwälder ans Meer; es war das krasse Gegenteil eines gemütlichen Strandurlaubs, am wilden Atlantik konnten wir unseren Nachwuchs nicht alleine herumlaufen lassen.

Unser Saarbrücker Nachbar hatte sein schmuckes Rennrad dabei, ließ aber die Ritzel nicht surren. Ich schlug ihm einen *Ausflug* vor, eine für ihn stramme Runde, damit er aber auch die Mitnahme seines Rades hätte rechtfertigen können - er willigte ein. Wir lernten die schöne Landschaft des *Médoc* über knapp 150 km kennen. Gerd kämpfte am Ende tapfer, das letzte Drittel war wie immer das härteste, aber er meisterte die Strecke bravourös, und am Abend hatte er sich einen gehaltvollen Roten aus dem berühmten Weinanbaugebiet, durch welches wir den ganzen Tag gefahren waren, mehr als redlich verdient!

Zu meinem 40. Geburtstag vor Weihnachten 1992 wünschte ich mir ein neues Rad, da mein *Mercier*-Rahmen weich geworden war, für Abfahrten im Gebirge zu instabil und damit zu gefährlich. (vgl. E 3: Vélo Mercier) Wir fuhren an einem Freitagmittag im Dezember zu dritt nach Frankfurt zum *Radsport-Mekka Brügelmann.* Nach längeren, hartnäckig geführten Verhandlungen war es mir gelungen, den Preis für meinen favorisierten Rahmen kurz vor Ladenschluss - damals noch 18 Uhr - um fast 17 % zu senken: von 1200 DM auf 1000 DM! Im Nachhinein muss ich heute davon ausgehen, dass der Verkäufer von einer zweistündigen Stresssituation erst in seine wohlverdiente Erholungsphase übergehen konnte, als er uns mit dem *Pinarello*-Rahmen auf der Schulter von hinten sah - und wir drei das Geschäft verlassen hatten. Zu Weihnachten wurde das Geburtstagsgeschenk bestückt mit der *Chorus*-Gruppe von *Campagnolo* aus *Vicenza* in Norditalien - ich war und bin bekennender *Campa-Fan.*

Passo dello Stèlvio

Die Ära *Induráin* hatte begonnen, ich fuhr seine Fahrradmarke aus *Treviso.*

Nach vielen Bergen der *Tour de France* fehlte mir noch der geschichtsträchtigste Pass des *Giro d'Italia*, den die Organisatoren zu Ungunsten von *Laurent Fignon* 1984 unter dubiosen Umständen hatten ausfallen lassen (vgl. E 5, Beziehungspflege): das *Stilfser Joch*. Der „wohl der prestigeträchtigste Anstieg Europas" erreichte beim Ranking der schönsten Rennrad-Anstiege der Welt Platz drei, bei dem Pässe-Portal *www.quaeldich.de* sei er der am häufigsten aufgerufene Pass (www.radsport-news.com, 01.05.2020). Der melodischer klingende italienische Name *Passo dello Stèlvio* löste bei mir *Gänsehaut-Feeling* aus; er sollte eingebettet werden in eine einwöchige, würdevolle Tour.

Im Winter hatte ich eine attraktive Rundstrecke mit Start und Ziel in der Schweiz ausgearbeitet, auch, damit die Anfahrt mit dem Auto nicht zu aufwendig werden sollte - von Saarbrücken nach *Chur* sind es 445 km.

In die italienischen Alpen wollte ich durch das *Oberengadin*, welches ich ja viele Jahre zuvor durch Skilanglauf kennengelernt und in mein Herz geschlossen hatte (vgl. E 8, Skilanglauf für den Radsport).

Schon im Winter war ich bei jeder Gelegenheit mit meinem neuen *Pinarello* unterwegs. Eine - für mich nicht ungewöhnliche - Runde möchte ich hier erwähnen: Mitte Januar 1993 herrschten bei einem kontinentalen Winterhoch trotz Sonne pur auch tagsüber ca. minus 10°C (!), ich besuchte meinen *saarländischen* (vgl. E 13.1) Schwiegervater während seiner Reha im Bliesgau, 25 km östlich von Saarbrücken.

Aufgrund des östlichen Gegenwindes war die gefühlte Temperatur noch um einige Grade niedriger; ich fuhr vermummt, um das Gesicht zu schonen.

Einigen Reha-Patienten blieb die Kuchengabel sprichwörtlich fast im Halse stecken, als ich am frühen Nachmittag in der Cafeteria auftauchte. Helmut war zunächst irritiert, dann aber sofort stolz ob des doch ungewöhnlichen Besuchs durch seinen Schwiegersohn.

Im Sommer '93 fuhren wir zu unserem Startquartier in das spartanische, aber nichtsdestotrotz sehr gesellige <*Naturfreundehaus Brambrüesch*> auf knapp 1700 m.

Eine sinnvolle Alternative ist das <Sporthotel *Malixer Hof*> mit Zimmern oder auch preiswertem *Massenlager*.

Als der Wetterbericht im Radio morgens Schnee am *Albula*-Pass meldete, wurde ein Radfreund, der zum ersten Mal dabei war, von Schockstarre erfasst, er wollte uns später nachfahren. Ich musste ihn mit Nachdruck überzeugen, uns zu folgen, nur in der Gruppe seien wir stark. Trotz heftigen Regens hatte ich zeitig das Signal zur Abfahrt geben müssen, die Höchststrafe! Wir waren froh, als es bei *Malix* wieder bergauf zum *Lenzerheidepass* ging. Als wir bei *Tiefencastel* den Aufstieg zum *Albula* begonnen hatten, waren wir durchnässt, hatten kalte Füße trotz unserer Überschuhe. In einem Café in *Bergün/Bravuogn* (1370 m) freuten wir uns über heißen Kakao.

Graubünden ist das einzige Kanton mit drei Amtssprachen:

Deutsch, Rätoromanisch und Italienisch. Im Engadin sind viele Orte dreisprachig: neben *Schweizerdeutsch* kommt zum *Rätoromanischen* noch *ladinisch* hinzu.

Wir begleiteten die *Rhätische Eisenbahn,* die bald in einem Tunnel verschwunden war. Als wir auf dem *Albulapass* ankamen, war der Schnee auf 2315 m zwar weggetaut, aber die angespannte Wetterlage erlaubte uns noch keine Sicht auf das Hochgebirge.

Beim Pässe-Ranking „Der schönste Rennrad-Anstieg der Welt" erreichte der Schweizer Pass den 11. Platz. Der knapp 22 km lange West-Anstieg wird als Geheimtipp geführt. „Neben der spektakulären Berg-Kulisse beeindruckt auch immer wieder die Trasse der Rhätischen Schmalspur-Bahn, mittlerweile Unesco-Weltkultur-Erbe ..." (www.radsport-news.com, 07.05.2020).

Kämpferisches Wetter:
dunkle Wolken am *Albula-Pass*
(Autor 2.v.r.)

Die Abfahrt nutzten wir mit mitgenommenen Zeitungen unter dem Trikot zum Trocknen und Wärmen des leicht angekühlten Körpers. Wir passierten *St. Moritz, Silvaplana* und *Sils-Maria*: Dort hatte ein bekannter deutscher Philosoph seine schaffensreichste Zeit. *Friedrich Nietzsche* soll geäußert haben, dass es ihm im Grunde nirgendwo so gut gefiele wie hier im Oberengadin.

Wir bogen zielstrebig ab in das *Val Fex*, wo ich 11 und 12 Jahre zuvor meine Spuren durch die Loipen gezogen hatte. (vgl. E 8, Skilanglauf für den Radsport)

Am Ende des autofreien Tals throhnt das <*Hotel Fex*> auf 1900 m in exponierter Lage - unser Tagesziel.

Damals gab es in diesem edlen Hotel noch ein *Massenlager* für Gruppen wie unsere und für Bergsteiger.

Die Klientel im Speisesaal hätte nicht kontrastreicher sein können.

Zwei total verschiedene Personengruppen trafen aufeinander.

Neben uns dinierten flüsternd ältere bis alte Damen und Herren des gehobenen Mittelstandes. Ich dachte an Thomas Manns *Zauberberg*, der zu Beginn des 20. Jahrhunderts in einem Luxus-Sanatorium in den Schweizer Alpen spielt. Unser spärlich beleuchteter Speiseraum und die dezent geführten Unterhaltungen schufen eine gewisse morbide Atmosphäre.

Wir Radsportler konnten uns nicht im Flüsterton unterhalten, die Tagesetappe musste noch analysiert werden.

Den Teller nach dem ersten Gang empfanden wir als zweite Vorspeise; nach kurzem, bescheidenen Verhalten fragte ich nach einem *Supplement,* das uns sofort serviert wurde. Die Küche

- freute sich, weil wir ihr Essen wertschätzten und
- befürchtete zu Recht, dass wir nur mit diesen Seniorentellern keinen ruhigen Schlaf finden würden.

Nach einer zunächst ruhigen Nacht war diese allerdings auch schon um vier Uhr vorbei. Die Bergsteiger bereiteten sich auf ihre Expedition vor, ihr penetrantes Packen hauchte mehr Leben in den Schlafsaal ein, als uns lieb war.

Eine preiswertere Alternative zu diesem stilvollen Hotel Fex (kein preisgünstiges Matratzenlager mehr) ist das <*Cervo*> in *Sils-Maria.*

Vor der Weiterfahrt zeigte uns der Hotelier des <*Fex*> voller Stolz sein neuestes Rennrad mit seinem Wunschrahmen. Das für den Weltraum wichtige *Titan* sei jetzt bezahlbar geworden, nachdem die beiden Supermächte nach dem Ende des *Kalten Krieges* abgerüstet hätten.

Wir fuhren das Inntal abwärts bis *Zernez*, wo wir rechts abbogen Richtung *Ofenpass;* vorher erreichten wir nach einem Tunnel am *Lago di Gallo* die italienische Grenze in *Livigno,* von den Italienern auch liebevoll <*Piccolo Tibet*> genannt, da hier oft von November bis Anfang Mai Schnee liegt. Das ganze Jahr über sind hier viele Sportler im Höhentrainingslager, auch *Emanuel Buchmann* hatte

„*Klein-Tibet*“ als Vorbereitung für die *Tour de France* 2020 in sein Trainingsprogramm aufgenommen.

Der französische Kaiser *Napoleon Bonaparte* genießt in Livigno einen ausgezeichneten Ruf, da er im Jahr 1805 die Ansiedlung auf 1800 m s.l.m. zur zoll- und steuerfreien Zone erklären ließ, damit sich mehr Bauern hier niederließen.

Der Kriegstreiber Napoleon war ambivalent: halb Europa überzog er mit Kriegen, er zeichnete sich aber umgekehrt auch aus als Vordenker, Reformer und Förderer der Wirtschaft.

Auf einem seiner Feldzüge schenkte er dem Land Ägypten 1798 eine Druckerpresse. Johannes Gutenberg aus Mainz hatte den Druck mit beweglichen Lettern 1445 erfunden, und die islamischen Herrscher hatten es tatsächlich geschafft, diese Möglichkeit, z. Bsp. mit Flugblättern Kritik zu äußern, über 350(!) Jahre der arabischen Bevölkerung vorzuenthalten.

Wir konnten uns jedenfalls von Napoleons wirtschaftlichem Weitblick an einem Sonntagnachmittag in dem hochalpin gelegenen Ort überzeugen. Kein Parkplatz an den Straßenrändern war frei, es herrschte reges, geschäftiges Treiben. In einem Radgeschäft kamen wir aus dem Staunen nicht mehr heraus. Hochkarätige, edle Renner für 4000 DM bei uns wurden hier für 2400 DM verkauft, also 40 % preiswerter.

Über den *Passo d'Eira* (2209 m) und den *Passo di Foscagno* (2291 m) fuhren wir ab bis *Bormio*.

Bei diesen beiden Pässen hätten wir mit *Jägerlatein* glänzen können - aber das hatten wir wahrlich nicht nötig: Zwei Zweitausender bezwungen - dies hört sich ja sportlich an, allerdings wird der aufmerksame Leser schnell feststellen können, dass von Livigno aus nur 400 bzw. 500 Höhenmeter zu überwinden waren.

In *Bormio* hatte ich eine einfache, zentral gelegene Pension mit Abendessen für uns ausgesucht - und was für eine Wahl! Die Chefin verwöhnte uns, wie es die berühmte Großmutter nicht hätte besser machen können.

Das Hotel <*Albergo Dante*> bot 2020 nur noch Übernachtung/ Frühstück an. Empfehlenswert ist ebenfalls das <*Hotel Daniela*>, das 2020 in der Sommersaison mit einem Halbpensionspreis von 50 € lockte.

Italien ist ein sportverrücktes Land, wo nicht nur *Calcio* und *Ferrari* dominieren, auch der *Ciclismo* erfährt hier neben Fußball und Motorsport größte Wertschätzung. *Jedem* Radsportler wird ein bewundernswerter Respekt entgegenbracht, im spanischen Salamanca hatte ich diese Anerkennung durch Autofahrer nicht in gleichem Maße erleben dürfen.

Nach unserer Ankunft am Sonntag hatten wir alle in der ersten Nacht nicht so gut geschlafen - wir mussten uns zunächst an das nächtliche Treiben in den Gassen gewöhnen.

Aber ich wollte bewusst ins Zentrum. Der ganze Ort war bis nach Mitternacht auf den Beinen - es war August und Ferienzeit. Der Hauptfeiertag in Italien ist im Sommer der 15. August: Mariä Himmelfahrt - *Ferragosto*, und die meisten Italiener nehmen in den ersten drei Augustwochen ihren Urlaub, viele Industriezweige, allen voran die Auto-Industrie, machen Sommerpause.

Am Montag stand direkt die *Königsetappe* auf dem Programm, unsere *Tappa principale* war wie immer der Höhepunkt der Woche und fand bewusst nie am Wochenende statt.

Nach einem sehr guten Frühstück fuhren wir gegen acht Uhr hoch Richtung *Stilfser Joch.* Am *Umbrail-Pass,* dem mit 2501 m höchsten Straßenpass in der Schweiz, ging es auf damals noch nicht asphaltierter Straße hinunter ins *Val Müstair.*

In Italien werden diese Pisten <*Strade bianche*> genannt, die *weißen Straßen* erleben eine große Renaissance und werden auch in Etappen des *Giro* eingebaut. *Chris Froome* begann während der Italienrundfahrt 2017 seine Attacke auf der ungeteerten Retro-Passage zum *Colle delle Finestre* („Pass der Fenster“) und sicherte sich nach einer 80 km langen Solofahrt den Gesamtsieg.

In *Müstair* (Schweiz) fuhren wir an einer sehr alten Kirche vorbei - normalerweise versuche ich immer, Informationen zur Region mit einzubringen, aber für Kultur hatten wir den Kopf nicht frei - wir waren zu sehr fokussiert auf den *Passo dello Stèlvio,* diesen großartigen Pass des *Giro,* den dritthöchsten in Europa nach *Bonette* (2802 m) und *Iseran* (2770 m) und noch vor *Agnello* (2744 m) und dem *Galibier* (2646 m). Seit Monaten hatte ich meine Radfreunde sensibilisiert; sie waren alle sozusagen *intrinsisch* motiviert. Ein *extrinsisch* motivierter Schüler lernt - im Gegensatz zum Lieblingsfach - nur für die Noten, im frühpubertären Alter, sozusagen eine von außen aufgezwungene Motivation - intrinsisch bedeutet: ich will dies aus innerster Überzeugung tun und werde alles geben, was in mir steckt.

Mittags stärkten wir uns im Gasthaus *„Zum grünen Baum"* mit *Spaghetti aglio e olio*, mit Knoblauch und Olivenöl.

Der Ort *Glurns/Glorenza* liegt in Südtirol - wir befanden uns in einer Grenzregion mit zwei Ländern und drei Gegenden: Italien mit der *Lombardei* und Südtirol und die Schweiz. Die italienischsprachige *Lombardia* gehörte allerdings mit Südtirol bis 1918 zum Kaiserreich Österreich-Ungarn, der sog. „Doppel-Monarchie"; Elisabeth von Wittelsbach (Kaiserin „Sissi") verbrachte im 19. Jahrhundert oft ihre Urlaube in *Meran* in Südtirol bei *Bozen/Bolzano.*

Der Chef im „Grünen Baum" wünschte uns viel Erfolg bei unserem Tages- und Wochenhöhepunkt.

Ab *Prato allo Stèlvio/Prad am Stilfser Joch* beginnt auf 900 m allmählich der Aufstieg.

Wir passieren das Örtchen *Stèlvio,* den Namensgeber für die *Königin der Passstraßen*, die 1850 als Übergang in die Lombardei gebaut wurde. Das Schild über die vielen zu bewältigenden *Kehren - 48 tornanti* - erinnert uns an unsere Aufgabe. Es darf *geklettert* werden. Lange Anstiege bewältige ich zu einem Drittel im Stile eines *grimpeur*. In regelmäßigen Abständen gehe ich aus dem Sattel, um mehr am Lenker zu ziehen und dadurch die Oberschenkel zu entlasten. Die französische Radsportsprache hat für den *Wiegetritt* einen Ausdruck geschaffen, der schon literarisch ist: *monter en (position) danseuse: hochfahren wie ein Tänzer*. Ich wiege mein *Vélo* hin und her, als wäre es meine Tanzpartnerin, natürlich mit viel Gefühl;

wenn ich aus dem Sattel gehe, tanze ich mit meinem Rad - welch geniale Metapher!

Ich werde an meinen Vornamen erinnert; dass er zum Stilfser Joch gehört, macht mich euphorisch, wohl ein kleiner, weiterer Schub meiner Krankheit, aber gleichzeitig ein konkreter Antrieb, der mich leichtfüßiger klettern lässt. Ab der *Franzenshöhe* - wo das gleichnamige Berghotel heute Kultstatus besitzt - habe ich mich auf über 2100 m mit gleichmäßigem Tritt hochgearbeitet. Natürlich kehre ich nicht ein, ich habe meinen Rhythmus gefunden, und außerdem würden die 48 Serpentinen *mit Pause* nicht zählen! Ich sehe eine Wand mit den restlichen Kehren bis zur Passhöhe.

Mekka der Velomanen mit Pinarello,
Campagnolo Chorus,
52/42, 12-26

Oben angekommen auf 2757 m s.l.m. (sul livello del mare, über dem Meeresspiegel), schweift der Blick hinunter über die Haarnadelkurven bis zur Franzenshöhe und zum *Ortler-Massiv* mit fast 4000 m. 1850 Höhenmeter bei 25 Kilometern! Wir sind wohl vollgepumpt mit Endorphinen, „atemlos“, im Rausch der Sinne, perfectum est! Und wieder dieses schwer zu beschreibende Gefühl, ein Monument der Radsportgeschichte mit eigener Körperkraft *ohne Hilfsmittel* bewältigt zu haben.

Die Königin der Passstraßen:
Passo dello Stèlvio August 1993

Im Lokal saßen Menschen aus zwei verschiedenen Welten. Wir mit Kakao zufrieden, aber ziemlich geschafft und dort hinter Biergläsern junge scherzende Skifahrer, die in sulzigem Schnee den letzten Kick suchten.

Das Skifahren im August finde ich ziemlich dekadent, es passt nicht zum Rhythmus der Jahreszeiten - ich denke an den *Ski sur l'herbe am Col d'Allos* (E 2). Die Sommer-Skifahrer würden sich den letzten

Kick besser wie wir bei der Bezwingung eines Hochgebirgspasses, einer MTB-Tour oder bei einer strammen Bergwanderung holen - aber das ist ja viel zu anstrengend!

Nach einer ruhigen, sicheren Abfahrt kommen wir wohlbehalten wieder in *Bormio* an, wo uns die Chefin wie jeden Abend kulinarisch verwöhnt - *impeccabile*, *einwandfrei*, *tadellos* - dieses Adjektiv bedeutet in den romanischen Sprachen umgangssprachlich allerhöchstes Lob! Sie hatte uns in ihr Herz geschlossen. Es machte ihr sichtlich Spaß, uns mit guter italienischer Küche zu verwöhnen; und zu sehen, mit welchem *Engagement* wir unsere Speicher wieder füllten. Von Sonntagabend bis Mittwoch hatte sie Zeit und Muße, zwischen den Wochenenden etwas entspannter die Mahlzeiten zuzubereiten.

Nach einer kleinen abendlichen Feier zu Ehren der Bezwingung des drittgrößten Alpenriesen war für den nächsten Tag Regenerieren angesagt.

Als Teamchef gab ich wie geplant einen *Jour de repos.* Einige verbrachten den Tag in der Sauna zum Relaxen.

Ich hatte für den „*Ruhetag*" schon zu Hause ein neues Ziel auserkoren: Nach 3-4 Tagen bin ich immer gerne allein, und der *Passo di Gàvia* stand schon auf meinem Speiseplan: 2621 m s.l.m. - das Virus hatte sich inzwischen wohl im Körper weiter ausgebreitet.

Viel hatte ich von diesem Giganten gelesen. Ich dachte an den *Giro* von 1988, den der US-Amerikaner Andrew Hampsten gewonnen hatte. Die *Gazzetta dello Sport* berichtete von einer Temperatur von minus 5° Celsius. Schneepflüge waren im Einsatz, um vor dem Rennen die Straße einigermaßen befahrbar zu machen, die Abfahrt war der reinste Horror, in der italienischen Presse war zu lesen:

„Der Tag, an dem die großen Männer weinten."

Ich fuhr ganz entspannt auf einer total verkehrsarmen Straße hoch, an *Santa Caterina* vorbei zur Passhöhe auf über 2600 m, um dann am *Lago Bianco* die wirklich *wahnsinnig schöne Bergwelt* auf mich einwirken zu lassen. Meinem Radfreund Alfredo Pedale schickte ich vom *Rifugio Bonnetta* eine Ansichtskarte mit Hüttenstempel, eine

Ansichtskarte mit Fotos von der legendären Etappe des *Giro d'Italia* am 5. Juni 1988 besitze ich noch heute, sie hängt als Erinnerung in meinem Arbeitszimmer.

Bei der Abfahrt vom Gàvia schwor ich mir volle Konzentration - zumal ich ganz alleine unterwegs war, damals noch ohne Mobiltelefon; bei einem Abflug den Hang hinunter wäre ich wohl so schnell nicht gefunden worden, meine Radfreunde hatte ich nicht über diese Besteigung informiert...

Auf der Rückfahrt nach *Chur* - wieder über *Passo di Foscagno* und *Passo d'Eira* - hatte ich ab *Livigno* eine andere Route gewählt, damit es auch eine Rundfahrt wurde. Über *Forcola di Livigno* (2315 m) ging es nach einer kurzen Abfahrt wieder in die Schweiz zum *Bernina-Pass* auf 2330 m.

Die Straße war neu asphaltiert, und auf der breiten, langen Geraden konnte ich es mal richtig krachen lassen; ich erreichte zum ersten - und letzten - Mal in meinem Radsportler-Leben eine Geschwindigkeit von 90 km/h, bäuchlings hatte ich mich auf den Sattel gelegt, um den Windwiderstand zu minimieren. Einige Jahre später durchbrach *Paolo Savoldelli* die Schallmauer; *il Falco* erreichte bei einer Abfahrt 105 km/h.

(Die ebenfalls windschnittige „Super Tuck-Position", bei welcher der Fahrer geduckt auf dem Oberrohr liegt, wurde von der *UCI* 2021 verboten, als Reaktion auf viele schwere Stürze.)

Bei unserer zweiten Übernachtung im Val Fex bekamen wir beim Abendessen schon ohne Aufforderung größere Portionen als die betagteren Gäste, die mit Sicherheit nicht annähernd an unseren Kalorienverbrauch herangekommen waren.

Den *Albula-Pass* durften wir auch noch bei schönstem Wetter erleben - sozusagen als Belohnung für den doch harten Einstieg am ersten Tag, ein krönender Abschluss.

Der stramme Schlussanstieg von *Malix* nach *Brambrüesch,* wo wir mit der Abfahrt im Regen unsere Fahrt begonnen hatten, stand uns noch bevor: Nach 5,5 km bei 9 % im Schnitt kamen wir am Ausgangspunkt wieder wohlbehalten an. Fazit: Auftrag erledigt, und wir ließen den Abend mit *Calanda-Bräu* ausklingen.

Etappe 11 Alpes de Haute-Savoie

Die *Ära Induráin* hatte 1991 begonnen. Der Mann aus *Villava* bei *Pamplona* hatte großen Eindruck auf mich gemacht, obwohl er kein Kletterspezialist war. Er sicherte sich seine fünf *Tour*-Siege bis 1995 durch seine außergewöhnlichen Zeitfahrqualitäten, aber in den Bergen ließ er sich auch nicht abschütteln, ein Fahrertyp, der mit *Jan Ullrich* zu vergleichen ist. Ich erinnere mich genau, dass er 1993, schon im Gelben Trikot, ganz trocken am *Galibier* attackierte, um die seiner Ansicht nach zu große Führungsgruppe zu reduzieren. <*Induráin provoque* la *décision*>, er *provoziert die Entscheidung* - nur *Rominger, Hampsten, Jaskula* und *Mejia* konnten folgen. Rominger gewann zeitgleich vor Mejia und zwei Sekunden vor Induráin. Es war der 14. Juli auf der 10. Etappe von *Villard- de-Lans* nach *Serre-Chevalier* (www.lagrandeboucle.com). Der Fernsehreporter auf *Antenne 2* kommentierte trocken den Angriff des Spaniers am Galibier: *Il a fait le ménage - Er hat aufgeräumt*.

An jenem Juli-Tag wurde ich durch den Galibier, also unverschuldet, zu einer nicht gastfreundlichen Geste gezwungen, und der Haussegen hing bei uns für kurze Zeit schief. Meine Frau hatte Verwandtschaft zum Nachmittagskaffee eingeladen, ohne sich vorher über den Verlauf der *Tour*-Etappe an jenem Tag zu informieren. Bergetappen schaue ich mir immer intensiv an. Ich kam erst nach 17 Uhr zu Kaffee und Kuchen, war kurz angebunden, nicht sehr kommunikativ, da Induráins Attacke am Galibier noch in meinem Kopf umherschwirrte.

Der stoisch ruhige *Miguel* trug fast immer eine dunkle Sonnenbrille, man fürchtete ihn als *Sphinx*; dieser Dominator ließ keine Emotionen erkennen - eine Tatsache, welche seine Gegner nervös machte und manche an den Rand der Verzweiflung trieb.

Ich sah ihn 1994 beim *Contre-la-montre individuel* am *Lac de Madine* bei *Metz.*

In strömendem Regen waren wir 50 km mit den Rädern an die Strecke gefahren und sahen, wie der früher gestartete und durch das Wetter benachteiligte Konkurrent *Tony Rominger* viel Zeit verlor.

Die *Équipe* adelte den Spanier nach dem zweiten Einzelzeitfahren von *Périgueux* nach *Bergerac* als *L'Extraterrestre*, und ich verfolgte den Sieg des *Außerirdischen* während unseres Familien-Urlaubs in der *Vendée* am Fernseher: Er legte die 65 km in einem Schnitt von 50,5 km/h zurück.

Induráin-Fan mit der <*Équipe*> vom 12. Juli 1994: <L'EXTRATERRESTRE>(Urlaub mit Familie in der Vendée)

Wie die spanische Tagessportzeitung *Marca* im Januar 2020 berichtete, hatte der 55-jährige Induráin die Absicht, im April mit seinem Sohn bei der *Titan Desert* zustarten: Das sechstägige MTB-Etappenrennen in *Marokko* ü*ber* 639 km gehört zu den weltweit härtesten Bergprüfungen. Es wurde im März wegen der Coronavirus-Pandemie auf den Herbst 2020 verschoben; Vater und Sohn Induráin meisterten souverän diese Extrem-Tour. (marca.com vom 07.11.2020)

Eine Woche durch die *Savoyer Alpen* hatte ich für 1995 ausgearbeitet, vom 8. - 16. Juli während der *Tour de France.*

Neben den *Alpes de Haute-Savoie* hatte ich als Vorspeise einen weniger bekannten Col auf dem Speiseplan, der sich allerdings am ersten Tag als schwer zu verdauender Hauptgang entpuppen sollte. Der *Grand Colombier* - 1501 m, nicht zu verwechseln mit dem *Col de la Colombière* bei dem Alpendorf *Le Grand Bornand* - stand bei der *Tour* 2012 zum ersten Mal auf dem Programm, im September 2020 wurde er den Fahrern sogar als Bergankunft vorgesetzt.

Dieses Bergmassiv zwischen Süd-Jura und Alpen hatte schon früh meine Aufmerksamkeit geweckt. *Serguei Soukhoroutchenkov* - die Ostblock-Fahrer durften bei der Frankreich-Rundfahrt damals noch nicht starten - gewann die Etappe der *Tour de l'Avenir 1980*, die zum *Grand Colombier* führte; man nannte den Russen auch „Bernard Hinault des Ostens“.

Als Start und Ziel wurde wieder das Naturfreundehaus <*Les Adrets*> in *Lamoura* ausgewählt - und ich freute mich schon auf die Rückkehr und den kulinarischen Abschluss mit der traditionellen Lammkeule.

Ein folgenschwerer Fehler war es, an den dritten oder vierten Tag der Rundfahrt zu denken. Das nächste Spiel, der nächste Tag ist der wichtigste - und die erste Etappe sollte es wirklich in sich haben. Die Empfehlungen und Warnungen des *Altigraph* hatte ich übersehen oder ignoriert.

Außerdem verlief dieser ganze erste Tag von Anfang an chaotisch: Wir waren nicht als Gruppe unterwegs. Schon am einfachen, gleichmäßigen *Col de Richemont* (1036 m) waren wir durch zu hohes Tempo auseinandergefallen. Wir hätten die Etappe gemeinsam und etwas ruhiger angehen müssen.

Ich lernte im Nachhinein hinzu: Die Durchschnittssteigung sagt nichts über die Qualität - lies die Härte - der Steigung aus. Über zwischenzeitliche Erholungspassagen konnte ich mich bald nicht mehr freuen, da die Quittung wie ein Bumerang zurückkam. Ich war viel zu schnell angegangen. Auf der D 120 C erwarteten uns 19 %

Steigung. Bis heute kenne ich keinen Pass, der einen derart ungleichmäßigen Aufstieg hat. Am Ende ging ich in die Knie wie der gereizte, aber durch Blutverlust geschwächte Stier vor dem Torero: Ich musste *a b s t e i g e n* , *<mettre les pieds à terre>* sind die magischen Worte eines *Antenne 2* - Reporters, wenn ein Fahrer während einer Etappe der *Tour* zur Aufgabe gezwungen ist.

Dieses Prozedere war für mich absolutes Neuland. Ich bestand auf einem Foto, das Debakel sollte mir eine Lehre sein!

Mir fiel jetzt ein, was ich wohl verdrängt hatte: Der Alpenatlas Altigraph hatte besonders kleine Gänge empfohlen, die einer *Triplette* entsprachen - für mich damals despektierlich eine Übersetzung für Pensionäre! Hochmut kommt vor dem Fall.

Ohne Worte: 1995 am *Grand Colombier*

Ich arbeitete mich hoch zum Gipfel - Kurt fuhr mit seiner Triplette hoch, ohne abzusteigen, ich war ziemlich irritiert.

Die 15. Etappe der *Tour 2020* endete am 13. September an diesem unrhythmischen Pass der *Hors Catégorie* und hat die Rundfahrt entscheidend beeinflusst. Mit großer Spannung verfolgte ich diese Hammer-Etappe, und ich durfte 25 Jahre nach meinem Debakel reichlich Trost erfahren: *Egan Bernal*, der kolumbianische Kletterstar und mit 23 Jahren *Tour*-Sieger von 2019, erlitt an meinem Schicksalsberg einen schweren Einbruch und handelte sich 7' 20'' Rückstand auf den Etappen- und späteren *Tour*-Gewinner *Tadej Pogacar* ein. Trotz des folgenden Ruhetags musste der Kolumbianer drei Tage später das Rennen aufgeben.

Aufgeben war für mich natürlich keine Option! Die äußerst schwierige Abfahrt hatte ich mit voller Konzentration gut gemeistert - und ich machte mir nach diesem Fiasko wieder Mut: Gut abfahren können ist ja auch was!

Als wir in unserem *Gîte d'étape* einige Kilometer vor dem *Lac d'Annecy* ankamen, warteten wir auf Sportsfreund Hans-Walter, der schon von Weitem hektisch rief: „Hilfe, ich kann nicht absteigen". Und wir konnten ihm gerade noch assistieren, damit er trotz seiner Oberschenkelkrämpfe - der Grand Colombier zeigte Wirkung - absteigen konnte, bevor er umgefallen wäre und seinem schönen Rennrad unnötige Lackschäden zugefügt hätte.

Der Grand Colombier hatte mir eine schwere Niederlage zugefügt, und am Abend nach Dusche, Erholung und feinem Essen äußerte ich einen Satz, um uns alle aufzumuntern, und welcher zu einem geflügelten Wort werden sollte: *On n'est pas ici seulement pour le plaisir - Wir sind nicht nur zum Spaß hier*!

Mit Ironie - an jenem Abend ging es wohl schon Richtung Sarkasmus - können schwierige Situationen auch gelockert und gemeistert werden. Ich war nicht traumatisiert, als Sportler lernt man Niederlagen zu akzeptieren, und außerdem baut unser Gedächtnis gerne einen Filter ein: Negative Erinnerungen werden aussortiert, positive rutschen durch und setzen sich fest; ich denke, dieser Prozess ist eine der Triebfedern von Leben und Fortpflanzung.

Das französisch-italienische Ehepaar verwöhnte uns mit einer hervorragenden Küche, die uns nach dem durchwachsenen Abenteuer am Grand Colombier wiederaufbaute. Ich wähle bevorzugt ruhig gelegene Unterkünfte aus; ein *<Gîte d'étape>* liegt oft an den *Hauptwanderrouten GR (Grande randonnée),* man isst mit den Betreibern zusammen in geselliger Atmosphäre. (Der Gîte d'Étape in *Chavanod* bietet keine Übernachtungen mehr an, nachdem die herzerfrischenden Betreiber in Ruhestand gegangen waren.)

Meine anfangs noch gedrückte Stimmung hatte sich schnell in Wohlgefallen aufgelöst:

Als ich nach dem Essen dem italienischen *Chef de cuisine* von meinen Idolen Lucien van Impe und Lucho Herrera erzählte, sagte er ganz nebenbei, er habe als Mechaniker bei dem kolumbianischen *grimpeur* gearbeitet. Diese Information traf mich wie ein Blitz! Das konnte ich nicht glauben, so ein Zufall - oder auch nicht?

Er zeigte mir seinen Ausweis, als er bei *Café de Colombia* angestellt war.

Lucho Herrera gewann bei der *Tour* 1985 in Alpe d'Huez (vgl. E 5, Beziehungspflege) 1987 das Bergtrikot und im gleichen Jahr die *Vuelta a España* - am Flughafen in Bogotá wurde er laut der spanischen Zeitung *El País* von über einer Million (!) Fans empfangen.

Als letzten, durchschlagenden Beweis zeigte mir unser Gastgeber stolz das Rennrad, das ihm Herrera geschenkt hatte. Die kleine Rahmengröße stimmte, und ich konnte verifizieren:

Luchos Markenzeichen waren *zwei Schnallen* an den Pedalhaken (<Cales-pieds>), dies war mir bekannt. (Die Klick-Pedale gab es erst später, erstmals getestet von Bernard Hinault bei der *Tour* '86)

Ich erinnere mich an eine Bergankunft während einer Rundfahrt Anfang der 80er Jahre, als bei zwei alleine führenden Siegesaspiranten dem favorisierten Fahrer der Lederriemen gerissen und er deshalb Zweiter geworden war. Herrera hatte dieses Malheur wahrscheinlich auch mitbekommen und seine Konsequenzen gezogen.

Mit dem Rad *Lucho Herreras*: mit zweifachen Lederriemen (*<Cales-pieds>*) an den Pedalhaken

Schon im Winter 94/95 hatte ich vorgesehen, unsere Radwoche in den Zeitraum zu legen, wenn die *Tour* in den *Savoyer Alpen* unterwegs sein würde. Für den Tag nach der *Desillusion* am Grand Colombier hatte ich eine Strecke ausgewählt, wo wir die Fahrer an ihrem *Jour de repos* treffen könnten. Und mein Timing hatte doppelt funktioniert.

Nach dem *Col de la Croix Fry* (1476 m) kamen wir auf die Auffahrt zum *Col des Aravis* (1486 m) - und siehe da - die Profis spulten an diesem *Ruhetag* entspannt diesen Pass ab, um im Rhythmus zu bleiben. Meine Planung war gelungen. Beim Aufstieg blickte ich zurück und sah eine Gruppe von fünf *Mapei*-Fahrern. Als *Tony Rominger* und seine Mannschaftskameraden locker an mir vorbei pedalierten und ich dem Schweizer zurief: *<Alors Tony, vas-y, et bon courage pour demain!>*, bedankte er sich mit einem freundlich lächelnden *<Merci>*. Das Blut schoss mir durch die Adern: Unterwegs auf gemeinsamer Strecke zu einem Col mit einem bekannten Radprofi, und dann noch mit Induráins Hauptwidersacher! Oben am Col des Aravis angekommen folgte ein weiterer Höhepunkt dieser Woche: Ich erblickte einen Fahrer im *Telekom-Trikot* - aber keinen Hobbyfahrer, es war kein Geringerer als der Olympiasieger von 1988 und Gewinner des Grünen Trikots bei der *Tour* 1990. Ich fragte *Olaf Ludwig*, ob wir uns zu ihm setzten dürften, da er alleine dort saß mit *Crêpe,* Wasser und Espresso - kein Problem. Sofort bot er uns das *Du* an, wie es doch unter Sportlern üblich sei! Ich erzählte ihm von den Savoyer Alpen, der Flagge mit dem Unterschied zur Schweiz: großes weißes Kreuz/roter Hintergrund für das ehemalige Herzogtum Savoyen und für die Schweiz kleines weißes Kreuz auf rotem Hintergrund.

Col des Aravis, mit *Olaf Ludwig*

Mein *jour sans (schwarzer Tag)* vom Vortag war vergessen, aber nur fast. Vor dem letzten Tagesaufstieg nach *Les Houches* hatte ich mir das koffeinhaltige, süße Getränk zugeführt, welches ich in der Regel nie trinke, aber beim Radfahren ab 100 km - oder wenn ich platt bin, schon früher - immer gerne zu mir nehme.

Der Doppel-Weltmeister *Gianni Bugno* wurde 1994 positiv auf Koffein getestet und für drei Monate gesperrt, die Grenzen zum Doping sind manchmal fließend - der Bohnenextrakt ist 2004 von der WADA wieder von der Dopingliste gestrichen worden.

Mit dem *<Gîte Les Méandres>* in *Les Houches* (1200 m) hatte ich einen mehr als angenehmen Ort zu unserem viertägigen Aufenthalt mit Blick auf das *Mont Blanc-Massiv* ausgewählt.

Zunächst war Erholung angesagt. Nur Heinz und Dominique pedalierten am nächsten Tag zur von mir eigentlich vorgesehenen *Tour*-Etappe.

Ich fuhr mit dem Rest der Gruppe kein Rad, sondern mit dem Zug zum *Adlernest:* Das *Nid d'Aigle* ist mit knapp 2400 m ü. NN die höchst gelegene Bahnstation in Frankreich. Die Zahnradbahn schlängelt sich hoch in Richtung Mont Blanc, ein erlebenswertes Naturschauspiel!

Für den nächsten Tag war eine Etappe zum berüchtigten *Col de Joux Plane* (11,6 km, 989 Hm, *<Hors Catégorie>)* vorgesehen - Dominique und Uwe retteten die Ausführung meines Streckenplans.

Ich war regeneriert und wollte wieder einen Pass, wenn möglich ohne viel Verkehr, bezwingen. Der Chef - ein Guide für Bergwandern und Moutainbiken - empfahl uns den Aufstieg (kein Pass, eine Sackgasse) zum Schweizer Stausee *Lac d'Émosson*; wir sollten diese Tour nicht bereuen. Nach *Argentière* beginnt die einsame Bergstraße hinter der Grenze zur Schweiz bei *Le Châtelard*, 900 Meter Höhenunterschied auf 11 km sind auch nicht zu verachten, *HC*, vom Schwierigkeitsgrad her fast identisch mit dem Col de Joux Plane. Mir kam diese Klettertour nicht sonderlich anstrengend vor. Wenn ich mich an der Natur berauschen kann, wachsen mir Flügel. Das

Desaster am *Grand Colombier* hatte ich aus Psyche und Körper verbannt.

Hans Walter fuhr hier zum ersten Mal ins wahre Hochgebirge - und wie! Mit seinem flüssigen, runden Tritt legte er in dieser einfach nur fantastischen, unberührten Hochgebirgslandschaft seine *Meisterprüfung* ab; bis zur Staumauer geht es auf fast 2000 m über Meeresniveau.

Die Sicht ermöglicht atemberaubende Blicke auf den Mont Blanc und in entgegengesetzter Richtung auf die Viertausender des schweizerischen Kantons *Wallis.*

Als 2016 eine *Tour*-Etappe erstmals hier unterhalb des Stausees als Bergankunft auf 1960 m Höhe am *Col de la Gueulaz (= Finhaut-Emosson)* endete, konnte ich mich an den gigantischen Aufnahmen des Fernsehens erfreuen. Dann gibt es für mich mich nichts Schöneres als *Tour*-Pässe wiederzuerkennen, die ich selbst schon gefahren bin. Die Aufnahmen der französischen Kameraleute sind wirklich vom Feinsten.

Wir machten uns auf den Rückweg: an *Saint-Gervais* vorbei bis *Cluses*, wo wir den bekannten *Col de la Colombière* (1618 m) ins Visier nahmen. Ich wollte ab *Le Petit Bornand* (720 m, seit 2019: *Glières-Val-de-Borne*) durch das *Borne*-Tal über den einsamen *Col des Glières* (1440 m) fahren, um meinen Freunden eine geschichtsträchtige Gedenkstätte zu zeigen:

Das <*Monument National de la Résistance*> erinnert an den Kampf der Freiheitshelden gegen die deutschen Besatzer während des Zweiten Weltkrieges. Hier wurden die französischen *Widerstandskämpfer*, die v.a. weiter südlich im *Vercors (vgl. E 15)* unentdeckt von den Deutschen operieren konnten, von englischen Fliegern mit Waffen versorgt.

Als die *Tour* 2018 zum ersten Mal über dieses Hochplateau fuhr, sollte dadurch auch der gefallenen *Résistance*-Kämpfer gedacht werden. Die *Grande Boucle* ist eben nicht nur Sport.

Im September 2020 führte die *Große Schleife* wieder über die <*Montée du plateau des Glières*>. In den deutschen Fernsehreportagen wurde gerätselt, warum das Plateau über zwei Kilometer noch nicht asphaltiert worden sei. Schon 1995 erfuhr ich vor Ort, dass die Straße an der Gedenkstätte bewusst als Schotterpiste erhalten werde, um rasende Autos zu verhindern. Mit Würde und Entschleunigung solle diese Gedenkstätte des nationalen Widerstands passiert werden.

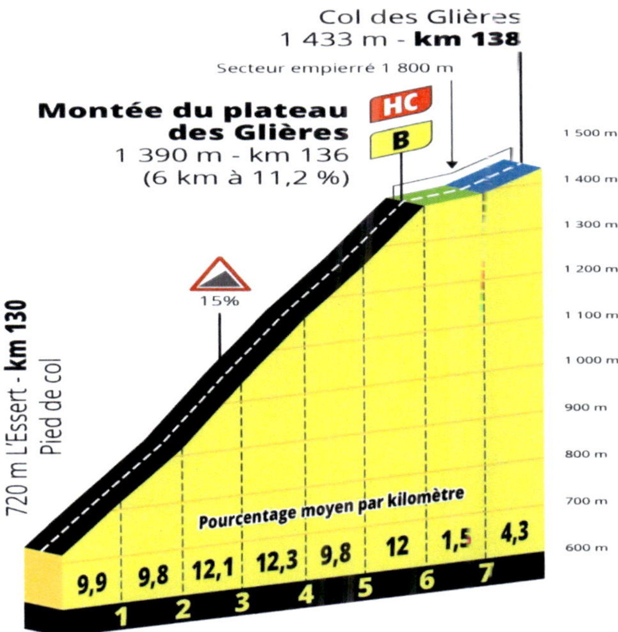

(Quelle: www.ledicodutour.com)

Erst bei der Niederschrift dieser meiner Rad-Biografie stellte ich fest, dass ich 1995 in der zweiten Hälfte unserer Rundfahrt wieder in ansteigender Form war: Dieser relativ kurze Aufstieg (8,6 km, 720 Hm) wird als <*Hors Catégorie*> eingestuft: sechs Kilometer sind vom Feinsten: 670 Höhenmeter, 11,2 % im Schnitt, mit Rampen von von 15 % bis 19 %! Ich kann mich nur daran erinnern, dass diese wirklich hammerharte Strecke für mich anspruchsvoll war, mehr aber auch nicht.

Ich war alleine vorgefahren, startete also eine *<échappée>*, einen *Ausreißversuch*, weil ich in unserem Hotel die Etappenankunft in der Sendung *<Tour en direct>* verfolgen wollte. Über den historischen Hintergrund dieser Gedenkstätte hatte ich meine Radfreunde schon am Morgen informiert.

In *Thorens-Glières* hatte ich für diesen 13. Juli ein bezauberndes *Logis de France* reservieren können.

Mit dem Besitzer hatte ich wie meistens einen günstigen Pauschalpreis für die Gruppe ausmachen können, dieses Mal wie so oft auch ohne Aufpreis für Einzelzimmerbelegung. Bei der Ankunft überließ uns der Chef total entspannt die komplette oberste Etage, um sich in die Küche zu verabschieden.

Wir kosteten wieder die ausgezeichnete *Cuisine du Terroir* (= *Gegend, Region*), also regionale, frische Produkte mit kurzen Wegen vom Produzenten zum Verbraucher. Ich brauche im November keinen Spargel aus Peru. Ich lebe im Rhythmus der Natur und freue mich schon ab Februar auf die Spargelsaison im Frühjahr. Was heute alles auf Straßen transportiert oder um den Erdball geflogen wird, ist nicht mehr zu verantworten und beschädigt *unsere Mutter Erde* in hohem Maße.

Qualität und Ambiente im Hotel *<La Chaumière Savoyarde>* waren typisch für *la France profonde,* himmlich, und dies alles auf der Erde!

Der Käsewagen wurde uns zum Dessert einfach hingestellt. Als wir - permanent hungrigen Sportler - nicht aufhörten, uns mit den leckeren Molkereiprodukten zu versorgen, wurde der Wagen aber ganz dezent und unauffällig zum Nachbartisch weitergeschoben; nachher fand der Käsewagen allerdings irgendwie seinen Weg zu uns zurück.

Nach dem Essen ging es zur *Fête des Sapeurs-Pompiers* nebenan auf dem Dorfplatz - die *Feuerwehr* organisiert in Frankreich oft den traditionellen *Bal Populaire* zum 14. Juli, oder am Vorabend. Wir hatten zwar hervorragend diniert, aber den Abend ließen wir dennoch mit *Merguez* und Bier ausklingen.

Über *Annecy* und *Bellegarde* ging es durch das Tal der *Valsérine* - zurück ins Jura nach Lamoura, wo wir wegen Valerios portugiesischer Lammkeule zum Abschluss zwei Nächte blieben.

Am vorletzten Tag betrieben Dominique und Heinz stellvertretend für unsere Gruppe Wiedergutmachung: Sie bezwangen den *Grand Colombier;* dadurch hatten wir alle jetzt unseren Frieden geschlossen mit diesem Monster zwischen Savoyer Alpen und Jura, nördlich von *Aix-les-Bains*, der schönen Stadt am *Lac du Bourget.*

Eine Woche später verbrachte ich vom 22. Juli bis 5. August wieder einmal zwei Wochen mit Frau und Kindern im belgischen *Bredene* in der schönen Ferienanlage „*Zeewind II*". Ich war hochtrainiert, fuhr aber selten Rad, alle zwei Tage morgens nur 50 km, danach war Familienleben angesagt. Zum Fischmarkt nach *Ostende* (sechs Kilometer) fuhr ich leicht pedalierend frühmorgens, natürlich mit *meinem* Vélo, frische Seezungen kaufen, um sie am Abend mit den Schwiegereltern über Holzkohlenglut zu *schwenken.*

Einmal fuhr meine Familie auf dem Schiff mit Oma Brigitte und Opa Helmut von *Brügge* in die *Til Eulenspiegel-Stadt Damme*; den Rückweg über 10 km lief ich parallel zum Kanal, um meinen Kreislauf zumindest ein wenig zu belasten. Denn ich hatte doch noch ein abenteuerliches Radwochenende vor mir:

Zum Saisonabschluss wollte ich mit meinem *Mercier*-Freund noch einmal ins Hochgebirge; wir hatten uns noch kurzfristig zum ersten Septemberwochenende in *Andermatt* anmelden können - das *Alpen-Brevet* hatten wir im Sinn. Da wir beide als Familienväter nicht länger wegfahren konnten, wurde es ein wirklich strammes Wochenende, das wir aber - wohl dank unseres guten Trainingszustandes - als solches nicht so empfanden.

Wir reisten am Freitagabend an, die unruhige Nacht in einer überfüllten Turnhalle war nicht die beste Vorbereitung, und ich war froh, um fünf Uhr aufstehen zu können, um Kalorien einzufahren. Das Schweizer Fernsehen filmte uns - Alfredo hatte wie immer seine gehaltvolle Nahrungsmischung mit Obst, Haferflocken und den unverzichtbaren Tomaten von zu Hause mitgebracht.

Ganz früh ging es über den *Oberalp-Pass* (2044 m), den ich schon 1980 mit Langlaufskiern bezwungen hatte (vgl. E 8). In der Nähe entspringt der Vorderrhein am kleinen Bergsee *Lai da Tuma,* nördlich der Wasserscheide, also fließt er Richtung Nordsee. Bei *Disentis* bogen wir ab zum *Lukmanierpass/Passo di Lucomagno* (1916 m) ins italienischsprachige *Tessin.* Der hier entspringende Fluss *Brenno* strebt im *Valle di Blenio* gen Süden, also Richtung Mittelmeer.

Beschwerlich war der endlose Aufstieg vom südlichen *Biasca* (300 m) zum Nufenenpass (2478 m ü. NN) über 60 Kilometer.

Wir hatten keine Augen für das schöne Tal des *Ticino* - der Fluss ist Namensgeber für das Schweizer Kanton *Tessin* - zu anstrengend wurde die Strecke; aber wir schafften es, in einer Gruppe von 30 - 40 Fahrern den Gegenwind abzuschwächen. Auf der Passhöhe lag ein halber Meter Schnee, die Straße war aber rechtzeitig vom Schnee geräumt worden; es herrschte trockenes, kühles Wetter, heiter bis wolkig. Nach dem vierten Alpenriesen *Furkapass* (2429 m) hatten wir in Andermatt unser hochgestecktes Ziel erreicht: 200 km, 4800 Höhenmeter!
Dann sofort Dusche und Heimfahrt am Samstag Abend, jede Stunde war eine Espresso-Pause verpflichtend ausgemacht, Ankunft in Saarbrücken Sonntag gegen drei Uhr nachts, um sieben Uhr von den Kindern geweckt: meine Frau hatte Frühdienst im Krankenhaus...
Aber ich war rundum zufrieden mit diesem „Ausflug“ in die Schweizer Bergwelt, über eineinhalb Tage, also 36 Stunden.

Oberalp-Pass (2044 m), *Passo di Lucomagno* (1916 m), *Nufenen-Pass* (2478 m), *Furka-Pass* (2429 m) =4800 Hm

Nicht verschweigen kann ich, dass es nicht einfacher wurde, Ehemann, Familienvater, Beruf und Radsport unter einen Hut zu bekommen. Obwohl ich - wie schon erwähnt - aus familiären Gründen bei nur noch 6000 (bis maximal 9000) Jahreskilometern angekommen war, bin ich meiner Frau bis heute dankbar, dass sie mir soviel Auslauf gewährt hatte, von dem ich immer in bester Laune zurückgekommen war.

Etappe 12 Nur in den Bergen fühl' ich mich frei - 15 Hochgebirgspässe in einer Woche

Ich wurde immer weiter *getrieben,* konnte mich aber *freuen* über weitere Herausforderungen. Als ich dazu noch 1996 mit *Marco Pantani* einen *scalatore puro (reinen Kletterer)* kennenlernen durfte (E 13.2, Cesenàtico), erzeugte diese neue Situation bei mir einen permanenten Adrenalinschub.

Das Frühjahr '96 hatte mich mit einem Trauerfall erschüttet: Mein geliebtes Mercier war in Salamanca brutal zertrümmert worden (vgl. E 3, Vélo Mercier).

Auf der Suche nach neuen Strecken hing ich im Winter wie immer über meinem Kartenmaterial. Ab Herbst stieg meine Aufregung. Zwei Großbuchstaben elektrisierten mich jedes Jahr in der dritten Oktoberwoche, wenn die Strecke der nächsten *Tour* im *Palais des Congrès* in Paris mit den Bergwertungen präsentiert wurde:

4., 3., 2. und 1. Kategorie, und dann **HC** (<**H**ors **C**atégorie>), die Ehrenkategorie; bei der *Vuelta*: ***ESP*** *- Categoría **Esp**ecial,* beim *Giro* die ***Cima Coppi*** als höchsten Pass der Rundfahrt. Ich strebte nach einer Akkumulation bekannter *Tour*-Pässe in den Alpen. In meinem Arbeitszimmer hängt jedes Jahr bis heute ab Herbst der Plan der *Tour*-Strecke mit dem Profil aller Pässe, den *L'Équipe* und *Vélo Magazine* veröffentlichen.

Ich hatte eine wirklich berglastige einwöchige Rundfahrt zusammengestellt, bei optimalem Wetter 17 Hochgebirgspässe mit 20100 Höhenmetern, ich wollte diese Schallmauer durchbrechen. Es gab die Option, je nach Fitnesszustand 3300 - 6000 Höhenmeter auszulassen.

Die Strecke führte uns durch das Herz der französischen Alpen: *Le Dauphiné.* Seit 2010 heißt dieses Vorbereitungsrennen zur *Tour* *<Critérium du Dauphiné>.* Die *Équipe* vom 12. August 2020 kündigte die prestigeträchtige Veranstaltung mit der Metapher *<Gratin Dauphinois>* an. (Das *Kartoffelgratin* mit *Knoblauch* und *Crème fraîche*, eine Klassiker-Beilage in Frankreich, stammt aus dieser Region.) 18 650 Höhenmeter waren für die Profis in fünf Tagen zu bewältigen:

<Une orgie de montagne>!

Wir benötigten für unsere *Orgie* acht Tage.

Leider musste Emanuel Buchmann dieses hochkarätig besetzte Rennen in blendender Verfassung als Dritter in der Gesamtwertung auf der vorletzten Etappe am 15. August 2020 aufgeben. Auf der katastrophal schlecht asphaltierten Abfahrt vom *Col de Plan Bois* wurde er in einen Sturz verwickelt und in seiner bis dahin sehr gut verlaufenen *Tour*-Vorbereitung so weit zurückgeworfen, dass er die *Grande Boucle* im September nach Rückschlägen in den Pyrenäen nur als Helfer für sein Team beenden konnte.

Schon früh brachte ich mich im Winter 1996/97 in Form. Ich intensivierte meine Waldläufe. Auf der 10-14 km langen Strecke im Wald am Saarbrücker Schanzenberg wurde es mir jetzt nicht mehr langweilig, da ich eine attraktive Begleiterin hatte, der ich hinterherhechelte. Unsere treue Hündin *Aika* lief brav vor mir her, erkundigte sich aber regelmäßig nach meinem Befinden.

Nach Skilanglauf im Schwarzwald begann die Radsaison in den Osterferien 1997: Mein damaliger Schul-Kollege Lutwin war der Manager und ist heute der Sport- und Pressewart des *LC Rehlingen.* In *Sainte-Maxime* an der Côte *d'Azur* trainierte ich mit Kajos Radsportgruppe. In diesem überregional bekannten Leichtathletik-Club trainieren auch nationale Spitzenathleten. Eine beachtenswerte Nachwuchsarbeit, kombiniert mit sozialem Engagement, zeichnen den *LCR* aus.

Im ruhigen Hinterland konnte ich mich im *Massif des Maures* so richtig austoben. Der Name des Gebirgszuges ist nicht von den „*Mauren*" abgeleitet, die auch hier präsent waren, sondern von dem provenzalischen Wort *<maouro>* für *dunkel*. Riesige Wälder mit Korkeichen und Kastanienbäumen bedecken diese Gebirgskette an der *<Côte>* zwischen *Hyères* und *Fréjus. Col de Valdingarde, Col de Vignon, Col des Fourches* laden ein zu idealen Trainingstouren während der Saisonvorbereitung. Die Kapelle *Notre-Dame-des-Anges* (768 m) kann auf vier verschiedenen kleinen Straßen/*Routes*

Forestières erklommen werden. Die Rehlinger Trainingspartner spornten mich immer enorm an, weil sie im Frühjahr in der Vorbereitung weiter als ich waren.

Ich hatte ein reines Gewissen - Frau und Kinder waren dabei, alle sinnvoll beschäftigt.

Karwoche 2018 in *Sainte-Maxime*: Trainingslager mit dem *LCR*, (Autor 2.v.r)

Im Mai 1997 fuhr ich zum ersten Mal die *Granfondo Nove Colli* in *Cesenàtico* (vgl. E 13.3), so dass ich im Sommer wirklich gute Beine hatte. Und ich machte zusätzliche Kilometer, um gesundheitliche Probleme zu minimieren - zumindest für die Zeit, die ich auf meinem Rad verbringe: Der Fahrtwind und die Freude an der Natur lassen mich meinen chronischen Tinnitus während des Radfahrens vergessen.

In jenem Jahr 1997 hatte der Luxus bei uns Einzug gehalten. Schon länger kannte ich Eberhard, einen Wanderer, Naturliebhaber und ausgezeichneten Kenner von Flora und Fauna. Nachdem ich ihn überzeugt hatte, dass er seine Forschungen bis zu seinem Lebensende nicht nur in Hunsrück, Eifel, der übrigen BRD und in den Vogesen betreiben könne, ließ er sich auf meinen Vorschlag ein, uns auch in die französischen Alpen zu begleiten. Vorher hatte er uns schon seit einigen Jahren an den Wochenenden beim *An-* und *Abradeln* (vgl. E 18.1) die Rucksäcke abgenommen und im Auto transportiert.

Dieser Gepäcktransport - ohne Begleitwagen - eröffnete uns neue Perspektiven. Die Errungenschaft, Cols klettern zu dürfen ohne einen fünf Kilogramm schweren Rucksack, war ein Riesenfortschritt, den wir uns aber auch wirklich verdient hatten! Und Eberhard gewann neue Erkenntnisse, eroberte unbekannte Landschaften. Seine Fachaufsätze über die Flora und Geologie der bereisten Regionen enthielten bei dem Punkt Danksagung manchmal den Satz:

„Ich danke Franz Haßdenteufel und seiner Radsportgruppe, die mir diese Forschungsreise ermöglicht haben."

Oder diese persönliche Widmung von 2001:

„Für Franz Haßdenteufel, den besonnen-freundlichen und konsequenten, unermüdlichen Rennradsportler und Organisator schönster Reisen auf hohem Niveau"

Im Dezember 2021 machte mir unser Fahrer ein besonderes Geburtstagsgeschenk: vier kleine Gesteine, die er im Rahmen seiner Forschungen bei unseren Touren gesammelt hatte - vom Col du Galibier (1997), aus dem Tal der Ubaye bei Barcelonnette (1997), vom Col de la Cayolle (Route des Grandes Alpes 2009) und von der Mondlandschaft des Mont Ventoux (2018).

Wir starteten in dem von mir bevorzugten *Saint-Jean-de-Maurienne,* um unseren Beinen gleich am ersten Tag zu zeigen, was auf sie zukommt. Der *Col du Télégraphe* war für unseren Autofahrer der erste Hochgebirgspass, Eberhard war leicht irritiert, wie er mir unter vier Augen später berichtete. In einer Serpentine sah er beim Vorbeifahren einen Rennradfahrer stehen: mit einer Hand hielt er sein Rad am Lenker, er stand da, mit seinem Gesäß gestützt auf das Oberrohr, mit einem weißen Glimmstängel, halb verdeckt im Innern der anderen, zusammengerollten Hand, sein Gesicht glänzte in der Sonne wie Speck, eine durchsichtige Creme lief von den Augenbrauen auf beiden Seiten herunter; Eberhard meinte, dieser Fahrer hätte ihn an einen *Zombie* erinnert. Ich stellte sofort zielstrebig fest, dass dies niemals einer von uns gewesen sein könne, und vielleicht sei es auch keine Zigarette gewesen, sondern nur ein Räucherstäbchen, wie sie Esoteriker oft benutzen würden.

Allerdings hatte ich meinen Radsportfreunden erzählt, dass ich mir bei Hitze einen durchgängigen Vaselinestreifen über beide Augenbrauen ziehe, damit der Schweiß über die äußeren Wangen ablaufen kann...

Die erste Etappe war wahrlich keine Strecke zum Einrollen, aber der prächtige *Galibier* weckte bei uns Begeisterung, wir waren alle hochmotiviert und richtig heiß auf die Berge.

Meine Truppe hatte sich wirklich gut vorbereitet auf diese Tour, damit sie zu keiner *Tortur* werden sollte. Heinz hatte viel trainiert und zusätzlich einen Französisch-Kurs belegt, eine gewissenhaftere Vorbereitung kann ich mir nicht vorstellen! Am zweiten Tag überquerten wir *Col d'Izoard* und *Col de Vars*. Als hier ein heftiges Gewitter aufkam, suchten wir sofort die nächste Kneipe auf, bei den Skiliften in *Les Claux*. Ich regte mich fürchterlich auf, weil ein leicht beratungsresistenter Sportsfreund meine Stallorder ignoriert hatte und einfach alleine weitergefahren war bis zum *Refuge Napoléon* vor der Passhöhe. Ich hatte vorher deutlich gemacht, dass mit Gewittern im Hochgebirge nicht zu spaßen sei. Allein auf weiter Flur, nicht in einem geschützten Wald, sei man im Visier der Blitze. Ich hatte wahrlich keine Lust, der Frau meines Radkumpels mitteilen zu müssen, sie sei Witwe geworden!

Dieser beratungsresistente Mitfahrer ignorierte auch meine Empfehlung vom ersten Tag, im nächsten Radgeschäft eine leichtere Übersetzung montieren zu lassen. Ich versuchte, ihm zu vermitteln, dass er mit zu schweren Gängen nicht alle unsere Pässe bewältigen könne; in Barcelonnette ließ er sich endlich eine leichtere Übersetzung montieren - etwas spät: leider musste er bei unserem letzten Highlight *Alpe d'Huez* wegen Muskelverhärtung und Wadenproblemen passen.

In „meinem" Barcelonnette übernachteten wir in einem spartanischen Gîte der Pfadfinder. Als Vater von zwei Kindern und wegen unseres neu gebauten Hauses mussten meine Frau und ich knapp kalkulieren, um meine Fahrradexkursionen und unsere Familienurlaube unter einen Hut zu bringen.

Zwei schöne Hotels in Barcelonnette sind das <*Grand Hôtel*> - der Chef ist Radsportler - oder das <*Hôtel Le Cheval Blanc*>.

Eine zweitägige Extraschleife führte uns mal wieder über den *Col de la Bonette* und dann von 2800 m hinunter bis nach *Saint-Sauveur-sur-Tinée* auf 450 m. Hier ging es rechts hoch zum *Col de la Couillole*. Ich erinnerte mich an einen französischen Rennradfahrer, der mir einmal während einer Passfahrt eine Stunde lang ziemlich hartnäckig von diesem Pass vorschwärmte, den ich unbedingt in mein Repertoire aufnehmen müsste... und er hatte nicht übertrieben!

Nach über 3000 bewältigten Höhenmetern kamen wir im Hotel <*La Vallée Blanche*> in *Valberg* an. Auch diese Skistation für Nizza versprüht wie viele andere in Frankreich im Sommer Tristesse bis Depression, aber für uns Radfahrer herrschte während der Woche ohne Autos und mit nur wenigen Motorrädern eine entspannte, ruhige Atmosphäre, welche am nächsten Morgen schlagartig verflogen war. Es goss wie aus Eimern, und Petrus hatte kein Erbarmen mit uns.

1997 im Parc National du Mercantour (Foto: Autor)

Den Weg über die *Gorges du Cians* und *Gorges de Daluis* - das <*Colorado Niçois*>, welches ich meinen Freunden unbedingt zeigen wollte, musste ich schweren Herzens ausfallen lassen. Beide Schluchten glänzen mit *rötlich-braunem* Gestein. <*Le Circuit des Gorges Rouges*> wird der Rundkurs südlich von *Beuil* genannt (Route des Grandes Alpes, Guides Gallimard, S. 146, vgl. E 19, S. 348). Die rötlich schimmernden, zerfurchten Felswände in den Schluchten des kleinen, wilden Flüsschens Cians, das mich ein wenig an bordeauxrote Farbe erinnert, kontrastieren zum Grün der Sträucher und dem tiefblauen Himmel - bei Sonnenschein ist dieses Farbenspiel eine wahre Augenweide, einfach nur pittoresk, ein Geschenk der Natur!

Die Abfahrt nach *Guillaumes* bei strömendem Regen ließ sehr schnell die Nässe und Kälte von den Füßen in unsere Körper wandern. Unten im Ort tranken wir zum „Frühschoppen“ eine heiße

Schokolade, es wurden zwei oder drei, da wir mit Entsetzen an den sonst so schönen *Col de la Cayolle* dachten, weniger wegen des Aufstiegs, eher aufgrund der Abfahrt bei starkem, nicht enden wollendem Regen und geringer Sichtweite.

Trotz der wetterbedingten, erzwungenen Abkürzung hatten wir nach den beiden Tagen 192 km und 4620 Höhenmeter (für die drei Pässe *Bonette, Couillolle und Cayolle*) in den Beinen.

In Barcelonnette angekommen, vermissten wir bei beginnender Schockstarre den Wagen unseres Wanderfreundes und Marketenders. In unserem Gîte (ein riesiges Zimmer als gemeinsamer Schlafraum mit Küche/Bad) konnten wir uns duschen; wir regenerierten und lagen sehr attraktiv - wie die Natur uns geschaffen hat - auf unseren Betten, da wir die nassen Radklamotten zuerst trocknen mussten. Die Schlafkleidung hatten wir dabei, da wir ja schon zwei Tagen zuvor hier übernachtet hatten. Wir lagen bereit - für den Masseur, träumten aber von einer *Masseurin*, welche unsere Wartezeit optimal hätte überbrücken können. Von Eberhard und unseren Gepäcktaschen immer noch keine Spur..., er kam und kam nicht - hoffentlich war ihm nichts zugestoßen!

Hungrig gingen wir in getrockneter Radkleidung - aber mit Radhosen, die trotz des Regens durch den getrockneten Schweiß mit weißen Streifen durchzogen waren - kurz zu einem Pizzastand in der Nähe, um unsere Speicher wieder aufzufüllen. Es war schon später Nachmittag/früher Abend.

Durch den Temperatursturz froren wir zunächst in unserem Quartier, konnten aber durch den Kaminofen behagliche Wärme in unserer kleinen Hütte erzeugen. Da unser Fahrer immer noch nicht da war, erlöste uns ein Kompagnon mit einer beispiellos kameradschaftlichen Aktion: er ging zielstrebig Bier kaufen. Zeitzeugen behaupten noch heute, er sei sehr reizend gekleidet gewesen: im weißen Schlafanzug mit schwarzen Punkten. Mit viel Geschick schaffte es unser Radkumpel irgendwie, nicht in Untersuchungshaft oder Sicherheitsverwahrung genommen zu werden. Da das beschauliche Barcelonnette über keine Psychiatrie-Abteilung verfügt, brachte unser Einkäufer die begehrten Getränke sicher in unsere Bleibe.

Mein Versäumnis muss es wohl gewesen sein, Eberhard zu sagen, dass wir bei diesem Wetter nur eine Halbetappe fahren würden und deshalb früher ankämen. Gut gelaunt und mit Sonnenbrand (!) tauchte er am frühen Abend auf. Er erzählte uns von einer herrlichen Wanderung mit *Botanisieren* in einem sonnigen Nachbartal; er habe etliche *Pflanzen zu Studienzwecken sammeln* können.

Am nächsten Tag war - wie im Streckenplan beschrieben - Relaxen mit Boule-Turnier vor dem Abendessen angesagt. Ich fuhr mit einem Teil der Gruppe morgens 40 km zum *Col de Larche/Colle della Maddalena*, ein *Rollerpass* auf 1990 m Höhe und noch herunter auf 1700 m nach *Argentera*, um etwas italienische Bergluft zu schnuppern.

Nach der kurzen Wetterbesserung vom Vortag mussten wir am Donnerstag, dem 28. August auf meine so ins Herz geschlossene *Trilogie des Radsports* verzichten. *Cayolle*, *Champs* und *Allos* konnten wir unmöglich bei Nässe und Kälte fahren (vgl. E 4, S. 69, *La Marmotte*). 125 km, 3340 Höhenmeter - ich hätte Erkältungen riskiert, wir befanden uns auf einer wirklich anspruchsvollen Rundfahrt mit fest gebuchten Unterkünften. Maßlos enttäuscht war ich - hatte ich doch die Schallmauer über 20 000 Höhenmeter für diese acht Tage anvisiert.

Aber am Nachmittag erhellte sich meine Stimmung wieder: Ein Teil unserer verschworenen Gemeinschaft nutzte sofort die deutliche Wetterbesserung, um vor dem Abendessen noch über 20 km meinen allerersten Hochgebirgspass vom 2. Juli 1981 zu erklimmen, den *Col d'Allos*. Wir waren richtig heiß - auf die Pässe. Oben auf 2240 m war es allerdings noch sehr kalt. Im dortigen *Refuge* konnten wir nach 1100 Höhenmetern unsere Körper mit einem *chocolat chaud* aufwärmen, um die stark kühlende Abfahrt mit Windjacke gesund zu überstehen. Ich war mehr als zufrieden: die Moral der Truppe blieb ungebrochen, wir sollten bis Samstag statt auf ca. 20 000 auf immerhin noch 18 000 Höhenmeter kommen.

Meine Radfreunde hatten eine Riesenüberraschung für mich vorbereitet. Im dortigen *Magasin à vélo* fanden sie ein besonderes Geschenk für mich: den Kultsattel des *Piraten von Cesenàtico*:

Der Kultsattel des *Piraten*,
Mercatone-Uno-Wimpel von
Marco, 1997 (vgl. E 13.2)

Ich hatte mir angewöhnt, unterwegs Bergetappen der *Tour* auf französisch zu kommentieren und *Daniel Mangeas* - die Stimme der *Tour* - oder die Reporter auf den Begleit-Motorrädern zu imitieren; ich redete mich in einen *wahren Rausch*. Auf unserem Husarenritt durch das Hochgebirge folgte ein weiteres strammes Teilstück: über *Vars, Izoard,* an *Briançon* vorbei zum *Col du Lautaret*. Der letzte Aufstieg des Tages war nicht steil, aber der Gegenwind zermürbte uns ein wenig.

Eberhard hatte ich mit dem *Jardin d'Altitude* ein wirkliches *Leckerli* empfohlen. In dem *Höhengarten* auf 2100 m konnte er intensiv die Flora der Gebirgswelt erkunden.

Ich hatte, wie so oft, einen *Gîte d'Etape* mit Halbpension ausgewählt: in *Villar-d'Arêne* auf 1650 m, 7 km unterhalb des Lautaret, eine Unterkunft ideal für (Sport-) Gruppen, heute auch noch zusätzlich ein Hotel. Damals war es in <*Les Mélèzes*> noch möglich oder sogar erwünscht, dass die Gäste bei der Essensvorbereitung mithelfen sollten, um die Kommunikation zu fördern. Aber ich konnte den Betreibern vermitteln, dass wir uns duschen und pflegen müssten, um vor dem Abendessen noch etwas zu relaxen. Ich erzählte dem *Patron* von unserer gesamten *Dauphiné*-Rundfahrt, der aktuellen Etappe mit Start in Barcelonnette und unserer morgigen Schlussetappe. Er zollte mir höchstes Lob *à la française* mit dem Wort <*chapeau*> und konstatierte, dass er diese Runde nach dem Ende der Sommersaison auch mal fahren werde - allerdings mit seinem Motorrad.

Unser letzter Tag sollte unsere Psyche und Oberschenkel noch einmal herausfordern: zum Abschluss standen zweimal *Hors Catégorie* auf dem Programm.

Legende Alpe d'Huez

Von *Bourg-d'Oisans* (730 m) aus sind es 21 Kehren hinauf auf 14,5 km bei 1130 Höhenmetern.

Erstmals Fausto Coppi 1952, später Berg der Holländer, knapp eine Million (!) Zuschauer beim Bergzeitfahren 2004...

Joop Zootemelk, *Hennie Kuiper* und *Peter Winnen* hatten hier je zweimal gewonnen, *Steven Rooks* 1988 und *Gert-Jan Theunisse* 1989 waren die letzten niederländischen Sieger, *Marco Pantani* siegte 1995 und in unserem Jahr 1997 mit der Rekordzeit von 37 Minuten und 35 Sekunden.

Ich wollte, was ich sonst nie praktizierte, außer an der *Hourquette d'Ancizan* mit meinem Mercier-Freund Alfred (vgl. E 6, Die Pyrenäen rufen), auf die Zeit achten: nicht mehr als die doppelte Zeit Pantanis, also 1 h 15'. Wir fuhren ja noch danach einen zweiten ***HC***. Ich pedalierte gleichmäßig und stressfrei unter einer Stunde und 10 Minuten hoch - Serpentinen fahre ich ja am liebsten. Viele Tourgeschichten gehen mir durch den Kopf, wodurch die Aufstiege für mich auch niemals langweilig werden.

In jeder Serpentine ist in der Mauer der Name eines Siegers eingraviert worden. Vor der allerersten Kehre 1: Giuseppe Guerini (Sieger 1999, kurz vor dem Ziel noch von einem fotografierenden Fan umgestoßen), Kehren 2 und 3: Marco Pantani, bis Kehre 21: Fausto Coppi, 1952.

Seit 2001 werden ab Kehre 21 die neueren Sieger eingraviert, der Gewinner in jenem Jahr ist gestrichen: Lance Armstrong. In Kehre 20 ist zu lesen: Joop Zoetemelk 1976 / Iban Mayo 2003. Jan Ullrich hat die Spitzkehren in seinem eigenen Stil erklommen. Ich kenne seit den 80er Jahren keinen Fahrer - außer Miguel Induráin -, der den 14 km langen Aufstieg trotz der enormen Kraftanstrengung im Sitzen mit einer solchen Eleganz bewältigt hat wie der bis heute einzige deutsche Triumphator in der *Grande Boucle.*

Serpentinenfahren ist für mich eine *Passion* geworden. Ich kann mit *Michael Klonovsky* fühlen: für ihn wird es sogar zur personifizierten Leidenschaft: er untertitelt seine Einleitung (S. 10) zu seinem Werk *„Radfahren - Kleine Philosophie der Passionen"* (2006, mit vielen Neuauflagen) mit der Metapher *„Serpentinen-Libido"*. Hier gerät die Phantasie in Erregung. Die Sicht auf eine bergauf führende Serpentinenstraße löse bei ihm Gefühle von ähnlicher Intensität aus "wie der Anblick einer schönen Frau. Genauer: einer sich räkelnden und kurvig oder auch kurvenbetont dahingegossenen Frau. Sozusagen einer Frau mit zehnprozentiger Steigung..." (Angesichts der heutigen Sexismus-Debatte hätte der Autor wahrscheinlich nicht gewagt, diese Zeilen zu verfassen, ein Shitstorm wäre ihm nicht erspart geblieben; sein wunderbares, humorvolles, charmantes Werk, eine unterhaltsame Analyse der Passion auf zwei Rädern, ist noch im Handel erhältlich, also noch nicht auf den Index.)

Alpe d'Huez ist der vielleicht prestigeträchtigste, für viele Radsport-Interessierte bekannteste Aufstieg der Frankreich-Rundfahrt und ob seiner kurvenreichen Windungen wirklich spektakulär, aber Ventoux, Stèlvio, Galibier, Tourmalet, Bonette oder Grand Colombier waren für mich schwieriger zu erklimmen; sie haben auch, mit Ausnahme des Grand Colombier, mehr Höhenmeter. Das Klettern auf die Alpe d'Huez empfand ich als angenehme Steigung. Vielleicht war ich aber auch am Ende unserer anspruchsvollen

Dauphiné-Runde in Bourg-d'Oisans in allerbester Verfassung.

Wir machten auf 1860 m Pause in dem Café, dessen *Patron* die Wände mit unzähligen Fotos von Siegern und anderen Radstars dieses inzwischen legendär gewordenen Serpentinen-Konzerts sozusagen tapeziert hatte - eine Fundgrube für Radsport-Historiker!

Ich schickte eine Ansichtskarte an Marco Pantani.

Alpe d'Huez, mit Hans-Walter und Rolf

Wir fuhren wieder ab nach Bourg-d'Oisans, unser letzter Berg der Klassifizierung <*Hors catégorie*> wartete auf uns. Wir hatten trotz des unregelmäßigen Aufstiegs bald unsern Rhythmus gefunden und strebten unserer Abschlussprüfung entgegen, bis uns in der Nähe des Stausees *Lac de Grand' Maison* das Schild <*Gravillons*> in Angst und Schrecken versetzte. Die Straße war gerade erst geteert und mit noch nicht festgefahrenem *Rollsplitt* bedeckt worden. *Macadam* heißen in Frankreich diese Straßen mit grobem Belag, benannt nach dem schottischen Erfinder und Straßenbauer *McAdam* aus dem 19. Jahrhundert.

Wir mussten absteigen und zwei Kilometer (!) am Straßenrand auf der Wiese unsere Räder schieben, der Rhythmus war dahin. Doch auch diese Hürde meisterten wir. Und als wir an der Abzweigung zum *Col du Glandon* den *Col de la Croix de Fer* erblickten, erheiterte sich 2,5 Kilometer weiter oben am *Pass des Eisernen Kreuzes* (2067 m) unsere Stimmung. Unsere Rundfahrt *Dauphiné libéré/Alpes de Haute-Provence* näherte sich dem Ziel, dieser letzte Pass mit 1550 Höhenmetern war ein würdiger Abschluss.

Ich warnte dennoch vor der letzten Abfahrt. Zwei Monate zuvor führte *Abraham Olano* beim *Critérium du Dauphiné Libéré* auf der letzten Etappe in der Gesamtwertung mit 1 min 9 s vor *Udo Bölts*. Olano stürzte bei der Abfahrt, und Bölts holte sich mit 13 Sekunden Vorsprung den prestigeträchtigen Gesamtsieg vor dem spanischen Favoriten und Weltmeister von 1995.

Der kleine Gegenhang mit 50 zusätzlichen Höhenmetern bei der Abfahrt störte uns nicht mehr; wir befanden uns schon längst im Stadium fortgeschrittener Euphorie, als wir nach diesem wahrlich heißen Ritt durch die französischen Alpen in Saint-Jean-de-Maurienne wieder angekommen waren:

Insgesamt 15 Hochgebirgspässe in 8 Tagen, 680 km, 18100 Höhenmeter, im Schnitt 2260 Hm pro Tag.

Beim Begleichen der Rechnung am Sonntagmorgen im <*Hotel de l'Europe*> hörte ich im Radio, dass in jener Nacht eine englische Prinzessin ums Leben gekommen sei. *Lady Diana,* die erste Frau des britischen Thronfolgers *Charles*, war auf der Flucht vor den Paparazzi bei einem Autounfall im Alter von 36 Jahren tödlich verunglückt, mitten in Paris in der Tunneleinfahrt am *Pont de l'Alma.*

Es war der 31. August 1997.

Etappe 13 Cesenàtico

13.1 Familienzusammenführung

„So, jetzt sage ich Dir, wer mein leiblicher Vater ist!“ Mit diesem Satz eröffnete mir meine Frau neue Perspektiven für unsere Familie am zweiten Weihnachtsfeiertag des Jahres 1995.

Ein Italiener aus *Cesenàtico* - das gibt's ja nicht. Schon einige Male hatte ich überlegt, in den Osterferien ein Trainingslager in dieser Stadt an der Adria zu absolvieren. Ich wollte die Saisonvorbereitung in diesem ruhigen Städtchen beginnen. Das *Tour-Magazin* hatte mein Interesse für die romagnolische Küste geweckt. Und der Sieger von Alpe d'Huez im Jahre 1995 hieß *Marco Pantani*, der neue Kletterstar in der Radsport-Szene - wohnhaft in ... Cesenàtico!

Meine Schwiegermutter war in jungen Jahren im Sommer 1957 mit ihrer Schwester zum Strandurlaub ans Mittelmeer gefahren. Die Arbeitskammer des Saarlandes organisierte auch Busfahrten; der Tourismus der Deutschen ans Mittelmeer hatte begonnen, leicht ironisierend auch als *Teutonengrill* bezeichnet.

In der Karwoche Anfang April 1996 brach ich mit Dirk und Uwe auf zum Trainingslager in die *Emilia Romagna*. Jetzt wollte ich definitiv die Karwoche als Saisonvorbereitung im ruhigen Cesenàtico an der Adria verbringen, nicht im Hype Mallorca. Ich weihte meine Radfreunde in mein zweites Ziel neben dem Radtraining ein: An den Abenden war eventuell Kontaktaufnahme zur italienischen Verwandtschaft meiner Frau vorgesehen, d.h. unser tägliches Training sollte nicht darunter leiden.

Ich lernte neben meinem saarländischen jetzt noch tatsächlich den italienischen Schwiegervater in unserem Hotel kennen. Damals bezahlten wir in der Vorsaison 30 DM (!) für Halbpension, ab 2002 kostete es schon 30 €, Umrechnung also 1:1, was von vielen Politikern und Medien bestritten wurde.

Ich wählte ein Hotel aus, dessen Leitung auch deutsch sprach. Die Chefin hatte alles im Nebenraum arrangiert, schon am zweiten Abend, Montag, kam *Umberto* mit seiner Tochter *Cristina*, also der Halbschwester meiner Frau; es war eine Extremsituation. Schließlich zeigte ich meinem Schwiegervater und meiner Schwägerin Bilder von unseren Kindern: Julia am Klavier und Lucien. Umbertos Augen glänzten, als er seine beiden neuen deutschen Enkel erblickte, er rief: <*un maschio*>! Er freute sich über seinen ersten männlichen Enkel. Meine Familie wurde für den Sommer eingeladen. Ich ging aber davon aus, dass dies nur als Floskel dahergesagt wurde. Ich dachte, ich hätte mit dem Finden des leiblichen Vaters meiner Frau meinen Auftrag erledigt, als ich zurückfuhr. Aber unsere „neue" italienische Verwandtschaft insistierte tatsächlich auf ihrer Einladung.

In der *Caffetteria-Gelateria Nuovo Fiore* lernte meine Frau im Sommer '96 ihren italienischen Vater kennen. Die Leiterin der Touristeninformation dolmetschte an diesem Abend; sie war in jungen Jahren aus Deutschland emigriert und stammte aus derselben saarländischen Stadt - wie meine Schwiegermutter. Sie kannte Umberto sehr gut, also auch die Geschichte mit der schwangeren Deutschen! Es entwickelte sich eine deutsch-italienische Familiengeschichte, die abwechslungsreichen Stoff für einen 90-minütigen Spielfilm bietet.

Der jüngste Bruder der Familie, also Onkel meiner Frau, spricht französisch; *Gildo* ist nur drei Jahre älter als ich, und wir begannen zu dritt, die Familiengeschichte am Strand auf Französisch gemeinsam aufzuarbeiten. Der saarländische Pfarrer habe Kontakt zu seinem Seelsorger-Kollegen aus Cesenàtico aufgenommen. Alle hätten geweint, als der älteste Bruder mit dem Zug nach *Germania* aufgebrochen sei, um eine deutsche Frau zu heiraten; aber die Freude sei groß gewesen, als er wieder nach sechs Wochen - allerdings alleine - zurückgekommen sei.

Meine Schwiegermutter gründete im Saarland eine Familie.

Seit 1996 habe ich mit meiner Familie viele Sommerurlaube an der Adriaküste bei der italienischen Verwandtschaft genießen dürfen. Im September 2021 verbrachten wir wieder einmal erholsame Tage im ruhigen Ortsteil *Ponente*, unweit des *Porto Canale*. Das Hotel <*Gioiello*> (Zimmer mit Blick zum *Pool/Piscina*) ist unser bevorzugtes Refugium, mit einer kostenlosen Nutzung des *Bagno* <*Al Mare*>, 150 m zu Fuß zum Strand an der Adria!

Cesenàtico, 2014 mit Familie am *Porto Canale*, dem von *Leonardo da Vinci* entworfenen Wahrzeichen der Stadt
(Foto: Franziska)

Cesenàtico, Juli 2020 im *<Gallo Rosso>*, einem außergewöhnlichen *Agriturismo*-Restaurant, mit der italienischen Verwandtschaft v.l.n.r.: Achille mit Cristina, Julia mit Christian, Asia und Carla

13.2 Marco Pantani

„Franz, tu es grimpeur, viens, je vais te présenter Marco, un des meilleurs grimpeurs du monde...“

„Tu veux dire Pantani?“ Gildo bejahte meine Frage, ob er mit den besten Kletterern der Welt *Marco Pantani* meine.

Das Blut floss schneller durch meine Adern, mein Puls schoss sicherlich in die Höhe. Ich wusste ja, dass der Triumphator von 1995 auf der *Alpe d'Huez* und neue Kletterstar der Radsportwelt aus Cesenàtico stammt.

Ich erinnere mich genau, mein größtes Interesse galt ja seit Lucien van Impe den Kletterspezialisten: Bei der WM 1995 in *Duitama/Kolumbien* war Pantani Mitfavorit aufgrund des sehr bergigen Streckenprofils; er wurde Dritter hinter Olano und Induráin. Gegen die beiden Spanier war er machtlos. Diese attackierten abwechselnd, Pantani klebte beim vermeintlichen Sieganwärter Induráin, und Olano konnte so Weltmeister werden, obwohl er sich trotz eines Platten über fast zwei Kilometer auf der Felge ins Ziel rettete.

Gildo kannte Marco seit dessen Geburt 1970 als direkten Nachbarn, bis der Radstar im Winter 1998/'99 in seine neue Villa in *Sala di Cesenàtico* zog.

Wir fuhren an einen *Piadina*-Stand. Die Eltern Pantani verkauften hier die *romagnolische Variante der Pizza*. (Philippe Brunel, L'Équipe, der Marcos Karriere seit 1994 begleitete, war ebenfalls oft an diesem Ort.)

Marco saß dort im Juli 1996 mit zwei Freunden; er war zu Hause und in Reha, da er nicht die *Tour* fahren konnte; im Oktober '95 (Mailand-Turin) war er bei einer Abfahrt unverschuldet schwer gestürzt, als eine Autofahrerin mir ihrem Geländewagen aus dem Wald auf die Straße gefahren war.

Beatrices Onkel stellte mich Marco als begeisterten Hobby-Radsportler vor mit Vorliebe für die Berge, und als großen *Fan der reinen Kletterer*: *un tifoso degli scalatori puri.*

Marco lächelte freundlich. Ich fragte ihn, wie es ihm gehe und ob er die *Vuelta* fahren könne. *Non sono ancora sicuro,* er sei sich *noch nicht sicher*.

Dann erzählte ich ihm auf französisch - er verstand, aber Gildo dolmetschte *en détail* französisch/italienisch -, über welche großen Pässe ich schon gefahren wäre, und dass ich 1995 seine *Tour*-Etappensiege in *Guzet-Neige* und *Alpe d'Huez* und seine Bronzemedaille bei der WM in Kolumbien mit Begeisterung verfolgt hätte...

Juli 1996 mit Marco am Piadina-Stand seiner Eltern (Fotograf: Gildo)

Dieser Abend war für mich unfassbar und dermaßen aufregend gewesen, dass meine Frau mich am Abend mehrmals in den Arm kneifen musste, damit ich realisieren konnte, dass es kein Traum war.

Am Strand - wo wir ja unsere Familiengeschichte aufarbeiteten - brachte mir Gildo am nächsten Tag das blaue Trikot des Radsportclubs von Cesenàtico mit:

„Viele Grüße von Marco, das möchte er Dir schenken!“

Der Name des Radsportvereins *Gruppo Ciclistico* (*G.C.*) stand auf der Trikot-Rückseite:

G.C.

FAUSTO COPPI

CESENATICO

Provence 2004
Der Autor trägt dieses Trikot
von 1996 noch heute

Und hier schloss sich der Kreis. Coppi stammte nicht von der Küste der *Emilia Romagna* - er war aus *Castellania* in *Ligurien* an der italienischen Riviera (seit 2019 hat die Gemeinde den Namen *Castellania Coppi),* aber der *Campionissimo* als Namensgeber für den Club und das Trikot als Geschenk von Marco Pantani für mich als bekennenden *Coppi-Fan* - das war schon irgendwie ein seltsamer Zufall - oder doch nicht, also vorherbestimmt? (vgl. E 1)

Im Nachhinein, während ich meine Erlebnisse aufschreibe, konstatiere ich, dass ich in irgendeiner Weise immer wieder auf Fausto Coppi getroffen bin.

Nach diesem ersten gemeinsamen Italien-Urlaub fuhren wir nach Saarbrücken zurück, und eine Sache war jetzt klar: eines meiner Lebensziele war es schon lange gewesen, die Sprachen der drei großen Landesrundfahrten *Tour, Giro* und *Vuelta* zu sprechen; mir fehlte noch italienisch, das ich spätestens nach meiner Pensionierung lernen wollte. Jetzt zog ich es 20 Jahre vor, unsere Satellitenschüssel empfing neben dem spanischen auch das italienische Fernsehen; in jedem Mai schaute ich ab 1997 drei Wochen täglich italienisches Fernsehen: *Rai 3* vor dem Finale: *La storia del Giro, Rai 2: La tappa del Giro d'Italia* und danach die Analyse inklusive Diskussionsrunde: *Il processo alla tappa.*

Im Mai 2020 hatte ich den annullierten *Giro* sehr vermisst!

An der Volkshochschule Saarbrücken drückte ich ab 1998 abends wieder die Schulbank: Viel Disziplin war notwendig, mein Tagesablauf war ziemlich durchgetaktet, aber ich war fokussiert und legte nach intensiven Sprachstudien diese letzte Prüfung in meinem Leben relativ locker ab: das *Certificato italiano* (mit erfreulichen 92 von 100 Punkten, Note: sehr gut). Die *Abschlussprüfung italienisch* über drei Stunden an der VHS fiel mir nicht sonderlich schwer, ich hatte als Schüler neun Jahre Latein, neben fünf Jahren Alt-Griechisch, beide Sprachen bis zum Abitur. Nach Französisch und Spanisch lernte ich die dritte romanische Fremdsprache relativ schnell, zumal ich mich zusätzlich zum italienischen Fernsehen jedes Jahr im Urlaub und am Telefon durch praktische Sprachübungen mit der Verwandtschaft kontinuierlich verbessern konnte.

1997 wiederholte Marco seinen Sieg in *Alpe d'Huez* (vgl. S. 180 - 182), er wurde bei der *Tour* Gesamtdritter hinter dem Sieger *Jan Ullrich.* Wir erlebten in Cesenàtico eine Riesenfeier zu Ehren des romagnolischen Kletterstars.

Die saarländisch-italienische Familiengeschichte ging weiter. Im Frühjahr 1998 besuchten uns Beatrices Vater und Onkel mit ihren Frauen in Saarbrücken. Umberto war 1957 und 1958, also 40 Jahre zuvor, im Saarland gewesen.

Die italienische Verwandtschaft meiner Frau sollte natürlich den *Saar-Lor-Lux*-Raum kennenlernen. Sie dachten an *Strasbourg* und *Luxembourg;* aber sie waren von meiner Führung durch *Metz* mit der sehenswerten Kathedrale *Saint-Étienne* mit den blauen *Chagall*-Fenstern und vom benachbarten *Marché Couvert* sehr angetan. Und an Samstagen spielt der Organist regelmäßig zwischen 11 und 12 Uhr, ein Hochgenuss.

Metz ist in 45 Minuten zu erreichen; 65 km von Saarbrücken liegt eine authentisch französische Stadt jenseits der Sprachgrenze. Die Hauptstadt des *<Département Moselle>* zählt seit einigen Jahren zu den schönsten Städten Frankreichs. *Urbanisten* aus dem ganzen Land besuchen regelmäßig diese lothringische Stadt, die von den antiken Römern den schönen Namen *Divodurum (Götterburg)* bekam. Sie wird seit den 1980er Jahren als Vorbild für eine gelungene *Stadtplanung (<Urbanisme>)* angesehen. In meiner zweiten Examensarbeit hatte ich als Referendar eine Unterrichtsreihe für einen Leistungskurs Französisch erarbeitet:

„Die geschichtliche Entwicklung der Stadt Metz von 1870 - 1980".

Mit Schülern bin ich regelmäßig nach Metz gefahren; ich habe eine Stadtrallye - auf Französisch, jeweils für Mittel- und Oberstufe - erarbeitet und immer wieder aktualisiert. Die Schüler erkunden in Kleingruppen die Stadt. Selbstständiges Lernen und Teamarbeit sind angesagt.

In der Buchhandlung *FNAC* suchte ich im April 1998 mit Beratung durch Gildo ein Geschenk für Marco aus: einen französischen Bildband mit wenig Text und tollen Fotos zur Geschichte der *Tour,* signiert mit meinen Wünschen für viel Erfolg beim *Giro* und vielleicht auch bei der *Grande Boucle*. Marco schickte mir über meinen direkten Verbindungsmann viele unterschriebene Autogrammwünsche und auch Glückwünsche für runde Geburtstage von Freunden; ich bekam auch ein *Carrera*-Foto und *Mercatone-Uno-Trikot*, jeweils mit persönlicher Widmung:

Nach Marcos *Giro*-Sieg im Juni ließ ich ihm persönlich einen Brief zukommen mit den Streckenprofilen des *Galibier* und anderer *Tour*-Pässe; der Galibier sollte erstmals seit 1993 wieder zum Programm gehören - 1996 musste er wegen Schneetreibens kurzfristig ausfallen, Marco war diesen mythischen Pass noch nicht gefahren.

20/06/98

Caro Marco!

Prima di tutto vorrei mandarti i miei felicitazioni per la tua vittoria grandissima nel Giro. Ho avuto paura a Lugano, però hai vinto nel modo dei grandi campioni. Sei un corridore eccezionale. Sono molto contento che un scalatore abbia vinto.
Ti mando alcuni fotocopie dei passi del Tour de Francia '98, forse ti aiutano un poco. Gli Alpi in Francia sono il mio terrono preferito da 20 anni. Conosco tutti i passi grandi. × [dipende naturalmente dall'andamento della gara]
Penso che tu vorresti vincere anche la tappa Greenoble – Les 2 Alpes.× (e il Tour?)
Se ti senti in forma×, sarà indispensable di attacare nel col du Galibier. Il miglior luogo potrebbe ser per te il punto che ho marcato: dopo Plan Lachat c'è il tornante a destra e 4 km di 8–9,5% in media.
La salita in Deux Alpes potrebbe ser troppo facile e sarà difficile di staccare da i corridori come Ulrich, Zülle, Olano...
Per essere sicuro ti manderò altre fotocopie di passi del Tour nella speranza che ti aiutino un poco.

Ti auguro tante belle cose per te e la tua squadra Mercatone Uno per il Tour de France '98!

Ciao Franz

Lieber Marco! 20/06/98

Zuallererst möchte ich Dir zu Deinem großartigen Sieg beim Giro gratulieren.

Ich hatte Angst in Lugano, aber Du hast in der Art großer Champions gewonnen.

Du bist ein außergewöhnlicher Rennfahrer. Ich freue mich sehr, dass ein Kletterer gewonnen hat.

Ich schicke Dir Fotokopien einiger Pässe der Tour de France '98, vielleicht helfen sie Dir ein wenig. Die französischen Alpen sind mein bevorzugtes Terrain seit 20 Jahren. Ich kenne alle großen Pässe.

Ich denke, dass Du auch die Etappe Grenoble - Les Deux Alpes (und die Tour?) gewinnen möchtest.

Wenn Du Dich in Form fühlst - es hängt natürlich vom Rennverlauf ab -, musst Du unbedingt am Col du Galibier angreifen. Die beste Stelle für Dich könnte der Punkt sein, den ich Dir markiert habe: nach Plan Lachat folgen nach der scharfen Rechtskurve 4 km mit 8 - 9,5 % Steigung im Schnitt.

Der Schlussanstieg in Deux-Alpes könnte zu leicht sein, und es wird schwierig sein, dort Fahrer wie Ullrich, Zülle, Olano abzuhängen...

Um sicher zu sein, schicke ich dir noch andere Kopien von *Tour*-Pässen, in der Hoffnung, dass sie Dir ein wenig helfen.

Ich wünsche Dir und Deiner Mercatone Uno - Mannschaft alles Gute für die Tour de France '98!

Ciao Franz

Einige meiner Radfreunde kritisierten mich leicht ironisierend, im Innern aber auch ernsthaft, da ich mich ja *gegen Jan Ullrich* stellen würde! Ich bewunderte auch Jan Ullrich - aber die Kletterer waren mir wirklich *ans Herz gewachsen*.

Am 27. Juli des Jahres 1998 war ich schon morgens aufgeregt. Zur Beruhigung lief ich mit unserer Hündin *Aika* meine 10-14 km im Wald, die ich ansonsten nur im Winter absolviere. Ich gehe davon aus, dass mein Blutdruck erhöht war.

Ab dem Mittag schaute ich zunächst das italienische Fernsehen *Rai 3* mit Berichten über spannende Ereignisse aus der Geschichte der *Tour*; ab *Valloire* (1400 m) wechselte ich hin und her zwischen *Rai 3*, *Rai 2* und *SR/ARD.*

Um mich herum lagen neben *Michelin*-Karte und *Altigraph* die *Équipe* und auch die *Gazzetta dello Sport* vom 27. Juli. Damals gab es noch am Saarbrücker Hauptbahnhof morgens ab 8 Uhr (!) die Tagesausgabe der großen italienischen Sport-Tageszeitung.

Die Etappe verlief günstig für Marco, auch wenn das Wetter mit 4°C und Regen die Höchststrafe für die Fahrer bedeutete. L'Équipe berichtete von *grauenhaften, entsetzlichen* Wetterbedingungen: *<des conditions dantesques>*.

Einige Kletterer starteten Ausreißversuche.

Marco war ein angriffslustiger Rennfahrer, der seinem Instinkt folgte, ohne Wattmesser und Hightech am Lenker.

Er startete seine Attacke laut *Equipe* 5,5 km unterhalb des Gipfels, also 3,5 km nach Plan Lachat - ungefähr an dem Punkt, den ich ihm eingezeichnet hatte (4,5 km unterhalb des Gipfels steht seit 2011 das Pantani-Denkmal).

Ich gehe davon aus, dass auch seine Trainer ihm diese Stelle empfohlen hatten. Der *Tour*-Sieger von 1965, *Felice Gimondi,* gehörte zu seinem Berater-Team.

Ich war total aufgeregt. Auf dem Pass holte Marco sich das *Souvenir Henri Desgrange*, zog sich danach bei der Abfahrt in Ruhe ein Regencape an, wartete auf die Ausreißergruppe, und gemeinsam konnte die Gruppe den Vorsprung leicht ausbauen. Alleine im Wind hätte er die 33 km Abfahrt bis zur Staumauer *Barrage du Chambon* nie erfolgreich fahren können. Beim Schlussanstieg nach *Les Deux Alpes* (10 km von 1040 m auf 1660 m) setzte sich Marco ab und gewann wie so oft alleine. Jan Ullrich kam nach Defekt und Einbruch mit fast neun Minuten Rückstand im Ziel an, als *Udo Bölts* ihn hochschleppen musste, ihm dadurch schließlich aber noch den zweiten Platz in Paris sicherte.

Der Mann aus Cesenàtico eroberte sich sein erstes *Maillot Jaune* mit sechs Minuten Vorsprung vor dem Deutschen.

Das Zeitfahren vor Paris verfolgte ich mit meiner Familie im Urlaub am *Lac de Saint-Point* im *französischen Jura.* Marco verlor einkalkulierte drei Minuten und lag auf den *Champs Élysées* in der Gesamtwertung 3 min 21 s vor Ullrich.

Außergewöhnliche sportliche Leistungen würdigt *L'Équipe,* indem sie - äußerst selten - nur eine Nachricht auf die Titelseite bringt. Über einem riesigen Foto war am 28. Juli 1998 zu lesen: *C'EST UN GÉANT* - ein *GIGANT,* er sei in die *Legende der Tour eingetreten.*

L'ÉQUIPE

LE QUOTIDIEN DU SPORT ET DE L'AUTOMOBILE — 4,90 F

C'EST UN GÉANT

Marco Pantani est entré hier dans la légende du Tour en s'imposant aux Deux-Alpes au terme d'une étape disputée dans des conditions dantesques et en s'emparant du Maillot Jaune. L'Italien précède déso le second, Bobby Julich, de 3'53". Jan Ullrich, victime d'une défaillan dans la dernière ascension, est à 5'56". (Pages 2 à 7)

Attacke am Galibier, im Hintergrund: Jan Ullrich im gelben Trikot

HAUT DES CIEUX

LES DEUX-ALPES. — Cinq jours après son succès au plateau de Beille, Marco Pantani jette à nouveau ses bras au-dessus de son corps las. Cette fois, la portée de son geste va au-delà de la victoire. Le Maillot Jaune récompensait sa folle audace.

Il est phénoménal !

LE POINT

● Marco Pantani ...
situation aux Deux-Alpes ...

Les Deux Alpes:
„Himmelhoch"

Nach dem *Tour*-Sieg Lucien van Impes (1976) war Pantanis Triumph wieder der erste Sieg eines *grimpeur pur.* Für Jean-Paul Ollivier („das Gedächtnis der Tour de France") war Marco *der letzte wahre Kletterer, der die Tour gewonnen hat - „le dernier vrai grimpeur à avoir remporter le Tour."* (Vélo Magazine, Mars 2004, S. 7).

Marco war 1998 die letzte der sieben Radsportgrößen, die das Double Giro/Tour in einem Jahr gewinnen konnten: Fausto Coppi (1949, 1952), Jacques Anquetil (1964), Eddy Merckx (1970, 1972, 1974), Bernard Hinault (1982, 1985), Stephen Roche (1987) und Miguel Induráin (1992, 1993).

Zu Beginn des neuen Jahrtausends wurde schon „der Tod des Kletterers“ bedauert (Procycling, Januar 2007, S. 57). Die Radsportfans seien fasziniert gewesen von Gaul, van Impe und Pantani, „diesen Zauberern, die sich scheinbar der Schwerkraft entzogen“. Ich zähle noch *Federico Bahamontes* zu den vier größten Kletterern der *Tour*-Geschichte ab 1946 hinzu, allerdings nicht zu den besten Abfahrern. Weitere Ausnahme- Kletterer waren *José Manuel Fuente* und auch *Richard Virenque*.

Bahamontes, der *Adler von Toledo (el águila de Toledo)* gewann 1959 die *Tour*. 1954 wurde er von einem spanischen Konkurrenten als <*el loco*> bezeichnet. Auf der 17. Etappe von Lyon nach Grenoble (www.lagrandeboucle.com) kühlte *„der Verrückte“* als Etappenführender am *Col de Romeyère* im *Vercors* seine Füße im Bach und lutschte ein Eis; als die Verfolger ankamen, bespritzte er sie mit Wasser aus seiner Trinkflasche, scherzte mit ihnen und reihte sich ein - er hasste Abfahrten und wollte nicht als Erster, von der Meute verfolgt, sich hinunter stürzen. In Paris zeigte er im *Parc des Princes* stolz seinen Blumenstrauß für den besten Kletterer, eine Auszeichnung, die laut *Pierre Chany* in Spanien damals wichtiger als der Gesamtsieg gewesen sei *(La fabuleuse histoire du TOUR DE FRANCE, S. 427)*.

1998 kündigte die Juni-Ausgabe der französischen Monatszeitschrift *Vélo Magazine* - die ich viele Jahre abonniert hatte - *die Rückkehr der Kletterer* an: *Le Retour Des Grimpeurs,* auf dem Titelfoto führt Pantani vor Virenque und Ullrich.

Heute finde ich - obwohl ich die Berge liebe - die Streckenprofile der drei großen Rundfahrten allerdings zu berglastig, mit zu kurzen Einzelzeitfahren in der Ebene. Ein Pantani kassierte auf einem 50 km flachen Zeitfahren fünf Minuten und musste diesen Rückstand in den Bergen abarbeiten.

Citius, altius, fortius. Schneller, höher, stärker. Die Streckenplaner von *Giro* und *Vuelta* verfallen dem Hype nach immer extremeren Strecken, und die *Tour* plant immer häufiger nur kurze Zeitfahren. Ich bin der Ansicht, dass auch *komplette Fahrer* die Chance bekommen sollten, eine dreiwöchige Rundfahrt zu gewinnen.

Nach Marcos grandiosem *Tour*-Sieg lud ich in Saarbrücken meine Radfreunde zum *Schwenken* ein - wie man im Saarland das Grillen zu bezeichnen pflegt, weil Fleisch, Wurst, Fisch oder Gemüse auf einem höhenverstellbaren, drehbaren, also *schwenkbaren* Grill über Holzkohle oder - geschmacklich noch raffinierter - auf Buchenholzglut gegart werden.

Eines der ersten Erziehungsziele im Saarland: Kinder werden zum *„Schwenken"* angelernt

Im Oktober '98 holte ich meine Frau am Luxemburger Flughafen ab - sie war zwei Wochen beim italienischen Teil ihrer Familie gewesen, um ihr Italienisch zu verbessern. „Das soll ich dir von Marco Pantani geben", dabei überreichte sie mir 12 *türkisfarbene Bandanas*, alle mit Edding handsigniert. *Il Pirata* hatte das *Kopftuch* als sein Markenzeichen etabliert.

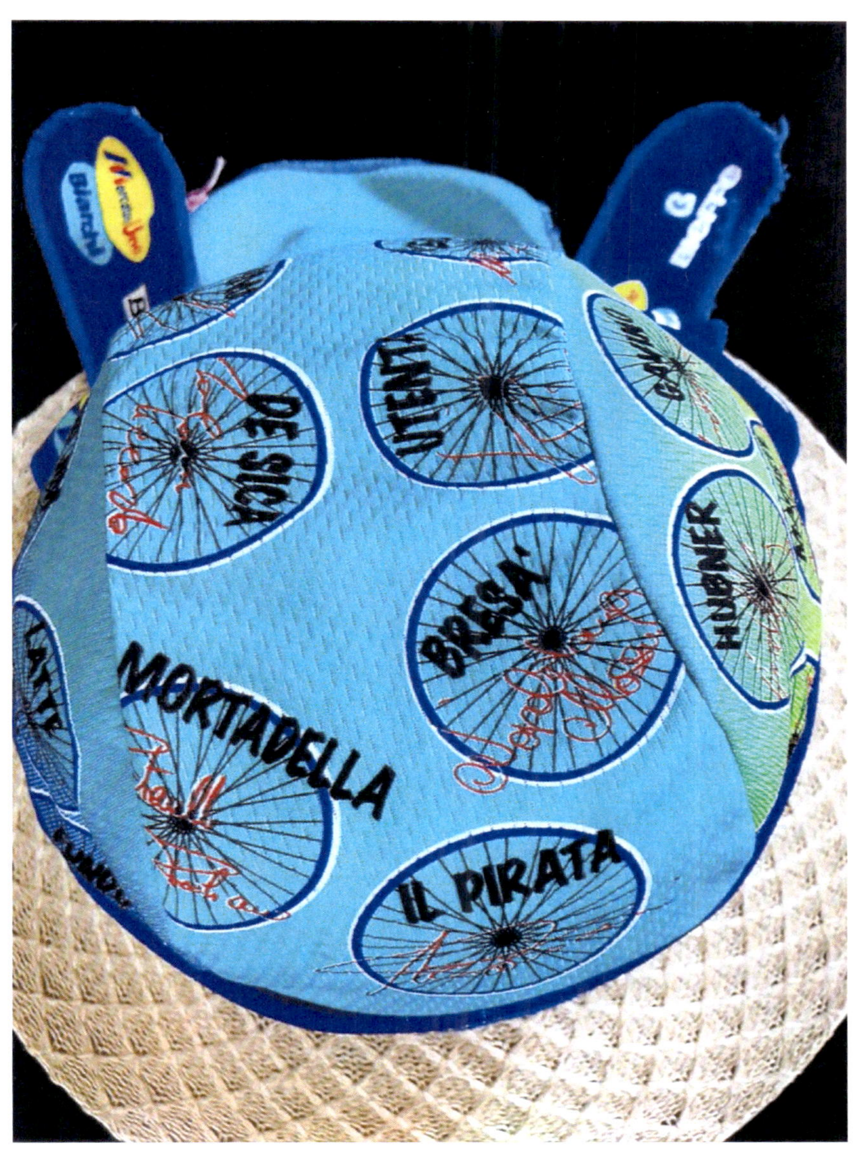

Kultobjekt des italienischen Radsports 1998

Grande ciclismo al Tour

Pantani vince la tappa di Gap, ma il tedesco Haßdenteufel resta in giallo

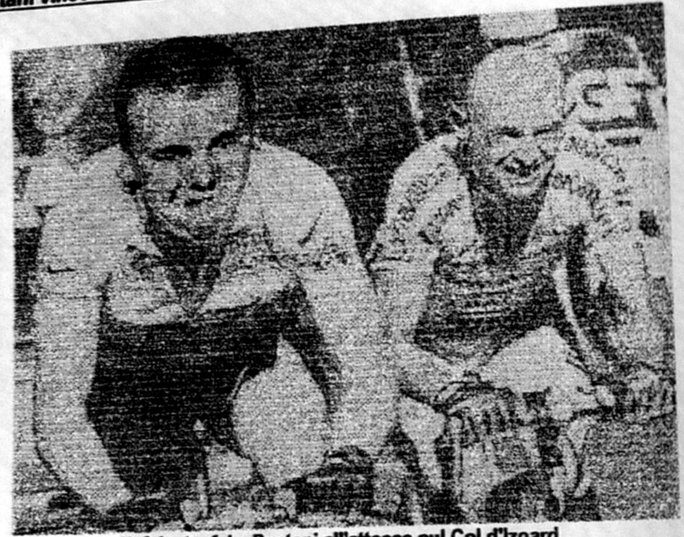

Haßdenteufel e Pantani all'attacco sul Col d'Izoard

DAL NOSTRO INVIATO

GAP – Una corsa entusiasmante questa decima tappa del Tour da Briancon a Gap. Vince il nostro Pantani. Il Pirata fa sognare i tifosi. Ma il tedesco Haßdenteufel resta il leader della prova, quando il americano Armstrong, dominatore del Tour l'anno scorso, a perso più di dieci minuti e si è ritirato.

In fuga a due nella decima tappa del Tour: Haßdenteufel attacca a 800 metri dalla fine, ma viene stoppato ed è secondo sulla linea. Vince un Pantani di classe.

Domani il Galibier

Domani si correrà il mitico Galibier, dove il magico Pantani a massacrato Ullrich al Tour '98

Fotomontage: Tim Leber

Im Dezember '98 lud ich mein Kollegium am Saarlouiser *Gymnasium Am Stadtgarten* zum Kaffee ein und legte die Monatsnummer des *Vélo Magazine* aus:

Marco hatte in Cesenàtico von Redakteuren der französischen Radsport-Zeitschrift das *Vélo d'Or* als erfolgreichster Fahrer der Saison überreicht bekommen. Seine Karriere war auf dem Höhepunkt angelangt.

Anfang 1999 wurde Marco der Ehrenpreis der Stadt Cesenàtico für den besten italienischen Sportler des vergangenen Jahres verliehen. Gildo und sein Bruder Antonio, ein Künstler und Maler, hatten das *Goldene Seepferdchen* (*Ippocampo d'Oro*) kreiert. *Alberto Zaccheroni* aus Cesenàtico, der italienische Fußballtrainer des Jahres 1999 überreichte den Preis an den Kletterstar aus der Emilia-Romagna.

Im Mai hatte Zaccheroni die Meisterschaft (*Lo Scudetto*) mit dem *AC Milan* gewonnen, mehr geht nicht in Italien. *La Gazzetta dello Sport* titelte in einem Artikel über Pantani und Zaccheroni: <Cesenàtico - La Capitale dello Sport>

Alberto Zaccheroni verleiht Marco Pantani das <Goldene Seepferdchen> der Stadt Cesenàtico, in der Mitte Zaccheronis Freund Gildo, der Onkel der Frau des Autors, sein Verbindungsmann zu Marco
(Quelle: © Foto Stignani, Corso Garibaldi 25, Cesenàtico, März 1999)

5. Juni 1999, *Madonna di Campiglio*: *<Una giornata veramente nera per il ciclismo>... Davide Cassani,* ehemaliger Radprofi, damaliger Radsport-Kommentator und danach Nationaltrainer (*CT, Commissario tecnico*) beklagte diesen *wirklich schwarzen Tag für den Radsport.*

Ich war wie paralysiert, für mich brach eine Radsportwelt zusammen. Ich wollte Marcos fast sicheren zweiten *Giro*-Sieg auf der vorletzten Etappe im italienischen Fernsehen genießen. Ein italienischer Cousin meiner Frau war mit dem Fanclub *<Magico Pantani>* am *Mortirolo-Pass*, um den Star seiner Heimatstadt zu ehren. Marco wurde im Rosa-Trikot wegen eines überhöhten Hämatokritwerts (52 %, die Grenze lag bei 50 %) aus dem Rennen genommen, zwei Wochen „Schutzsperre“, wie es damals hieß; zu jener Zeit gab es noch kein anerkanntes Verfahren, um *EPO* nachzuweisen

Marco war natürlich am Boden zerstört. Beim Verlassen des Giro betonte er noch einmal, dass er zweimal im *Maglia Rosa* mit 46 % Hämatokrit getestet worden sei. Am letzten Abend vor dem entscheidenden Test aß er sicherheitshalber nur weißen Reis ohne Sauce oder Fleisch (vgl. Philippe Brunel, Vie et Mort de Marco Pantani, S. 123, S. 112).

Marco zog sich zurück in seine Villa in *Sala di Cesenàtico,* er wählte den Weg der inneren Emigration, aber er war spätestens ab jetzt immer ein *Mann auf der Flucht*, wie seine Managerin und Vertrauensperson *Manuela Ronchi* in ihrer *wahren Geschichte über Marco* feststellt:

„*Un Uomo In Fuga - La vera storia di Marco Pantani*“

An der Frankreich-Rundfahrt 1999 nahm er als Titelverteidiger nicht teil - ein *Tour*-Traum war für mich zerplatzt wie eine Seifenblase: Wie meistens hatte ich Schul-Sommerferien während der *Grande Boucle* - als helfender Übersetzer mit genauen Streckenkenntnissen hätte ich durch Gildos Vermittlung Marco und dem Tross der Mercatone-Uno-Mannschaft zur Seite stehen sollen; damals wurde außer von Briten, Iren, US-Amerikanern und Australiern noch sehr wenig englisch im Fahrerfeld gesprochen, meistens wurde sich auf französisch, italienisch und spanisch artikuliert...

Marco versuchte im Millennium 2000 dennoch ein Comeback mit *Giro* und *Tour,* er gewann am *Ventoux* (gegen Armstrong) und in *Courchevel*, um sich dann nach der 16. Etappe zu verabschieden. Danach hatte Lance Armstrong in vielerlei Hinsicht die Messlatte hochgelegt, aber (sehr?) viele machten mit... Dem Amerikaner wurden sämliche sieben Tour-Siege von 1999 - 2005 aberkannt, eine wahre Tragödie, aber vielleicht auch Reinigung für den Radsport!

Nach 2001 und 2002 fuhr Marco 2003 wieder den *Giro*, weil er unbedingt zur *Tour* wollte. Aber vier Jahre vor Gerichten und die

Nicht-Einladung zur *Tour* 2003 brachten das Fass zum Überlaufen, brachen ihm das Genick. Andere Rennfahrer saßen eine Sperre ab und schafften wieder den Einstieg in den Radsport und ins Leben.

Am Mittwoch, dem 15. Mai 2002 sah ich ihn zum letzten Mal - in Saarbrücken. Der sogenannte "Euro-Giro" war im Jahr der Einführung der neuen Währung in den Niederlanden gestartet worden und führte durch die sechs Gründerstaaten der *Europäischen Gemeinschaft*. Auf der Etappe *Esch-sur-Alzette - Strasbourg* passierten die Fahrer gegen vor 14 Uhr die saarländische Landeshauptstadt. Ich kam gerade noch rechtzeitig vom Unterrichten am Otto-Hahn-Gymnasium zur Alten Brücke an die Franz-Josef-Röder-Straße; Marco konnte mein lautes *<Forza Marco>* wahrscheinlich nicht hören, als er im geschlossenen Peloton, geschützt von seiner Mercatone-Uno-Mannschaft, an den jubelnden Fans vorbeiraste.

Am 14. Februar 2004 wurde Marco mit einer Überdosis Kokain und anderen Medikamenten in Rimini tot aufgefunden, wo er fünf Tage alleine in einem Hotel verbracht hatte. Die genaueren Begleitumstände seines Ablebens sind noch 18 Jahre später nicht aufgeklärt. (Frankfurter Allgemeine Zeitung vom 01. Dezember 2021: „War es Totschlag?". In diesem Artikel wird auch erörtert, dass die am illegalen Wett-Geschäft beteiligte italienische *Camorra* durch vertauschte/manipulierte Proben Marcos Ausschluss aus dem Giro 1999 provoziert haben soll.)

In seinen Reisepass hatte er sein „Testament" geschrieben; er sei vier Jahre lang vor all den Gerichten für nichts und wieder nichts gedemütigt worden, er wolle, dass die Regeln für alle gleich seien.

Marcos Mutter brach bei der Beerdigung ihres Sohnes zusammen mit der Äußerung, die italienische Justiz habe ihren Sohn umgebracht.

Mein italienischer Schwiegervater sagte am 15. Februar am Telefon sofort, dass Marco noch leben würde, hättte man ihn 2003 zur *Tour* eingeladen. Und er verdächtigte schon damals die Wettmafia.

Emotional stark berührt verfasste ich einen Nachruf als Rundmail an meine Radfreunde mit folgendem Schluss:

<Che trovi finalmente la tua pace!

Ti auguro tutto bene sopra le montagne tanto amate da te - al cielo!

Ciao Marco!>

„Mögest Du endlich Deinen Frieden finden!

Ich wünsche dir alles Gute über den von dir so geliebten Bergen - im Himmel!

Ciao Marco!"

Marco war ein feiner Kerl, sensibel! Er hatte auch eine künstlerische Ader. Er malte und spielte Gitarre. Oft dachte er an die Schwächeren. Nach dem katastrophalen Erdbeben in Assisi 1997 sammelte er aufgrund seines Bekanntheitsgrades mit Gitarrespielen große Summen für die Hinterbliebenen der Opfer. Seine Eltern gründeten nach dem Tod ihres Sohnes 2004 die *Stiftung <Fondazione Marco Pantani>* für benachteiligte Menschen. Erst jetzt hatten sie erfahren, dass ihr Sohn regelmäßig große Summen spendete an Einrichtungen für Personen mit geistigen, körperlichen und wirtschaftlichen Problemen, vor allem für Kinder.

Die Städte Cesenàtico und *Cesena* organisieren seit 2006 jedes Jahr gemeinsam das in die Kategorie 1.1 eingestufte Radrennen der *UCI Europe Tour*: *<Memorial Marco Pantani>*, in der Regel führt die Strecke dreimal über Marcos Lieblingsberg *Montevecchio* bei *Borello* (vgl. S. 215/216).

Vélo Magazine (Mars 2004) widmete dem romagnolischen Kletterstar 30 Sonderseiten: *<ADIEU PANTANI>*

Der *Pirat* aus Cesenàtico bekommt in dieser kritischen Würdigung *den* Beinamen des Luxemburgers *Charly Gaul*: *L'Ange de la Montagne - Engel der Berge*. Der *Tour*-Sieger von 1958 (* 1932, + 2005) war mit Pantani befreundet, feierte seinen 65. Geburtstag 1997 in Cesenàtico und kam auch mit 71 Jahren noch zu Marcos Beerdigung.

Ich konnte nicht hinfahren, da diese während der Schulzeit stattfand. Das Grab des Piraten aus Cesenàtico ähnelt einem Mausoleum, der

Ort ist zur Pilgerstätte vieler Radsportfans aus Italien und anderen Ländern geworden. Immer wenn ich Marcos Grabstätte besuche, lege ich zwei Rosen mit den Farben rosa und gelb nieder. Im September 2021 legte ich eine rote Rose an die Grabstätte, da es keine anderen Farben gab. Nur an diesem einen Tag des 11. September waren im Beileidsbuch auf 30 Seiten ca. 150 Einträge für Marco festgehalten, 17 Jahre nach seinem Tod; hoffentlich kann er ruhen in Frieden. Vorher besuchte ich mit meinem Sohn das Museum *<Spazio Pantani>* neben dem *Bahnhof* (*La Stazione*), ein sehenswerter Ort für Radsport-Interessierte, mit Fotos, Filmen und mehreren Original-Rädern des Champions. Die Eintrittsgelder kommen unmittelbar der Pantani-Stiftung zugute.

John Wilcockson hat mit seiner *Geschichte eines tragischen Champions* über den *Wunderkletterer aus Cesenatico* - wie er ihn nennt - eine empfehlenswerte Aufarbeitung seines Lebens zu Papier gebracht. Nüchtern muss auch er auf Seite 162 feststellen:

„Der erhöhte Hämatokritwert am 5. Juni 1999 ... war zweifellos der Auslöser seines ultimativen Niedergangs."

Marco Pantanis langsames Sterben hat an jenem Tag in Madonna di Campiglio begonnen.

Giles Belbin und Daniel Seex haben 2016 in ihrem Werk *„Ein Jahr im Sattel - 365 Geschichten aus der Welt des Radsports"* auf Seite 47 eine kritische Würdigung Marcos verfasst - reich an Metaphern, die ich den interessierten Lesern nicht vorenthalten möchte:

14. Februar

Der Todestag von Marco Pantani (2004)

<Mehr Künstler als Athlet> - mit dieser Beschreibung von Marco Pantani war Lance Armstrong der Wahrheit einmal so nah wie vielleicht selten. Pantani war ein begnadeter Kletterer, der für seine viel zu kurze Periode die Berge des Radsports unter seine Räder nahm, als hätte er Flügel.

Dieses große und leider tragische Talent starb am Valentinstag 2004 in einem kleinen Hotel im winterlichen Rimini. Die ärztliche Untersuchung ergab eine akute Kokain-Vergiftung als Todesursache. Die Familie hat dies angefochten und 2014 die Neuaufnahme der Untersuchung erreicht. Zum Zeitpunkt dieser Recherche dauert sie noch an.

Was auch immer noch ans Licht kommen wird, Pantanis Geschichte wird eine von großem Erfolg und tiefem Fall bleiben. Armstrongs Beschreibung passte wirklich. Wer Pantani beim Erklettern eines mörderisch langen Alpenanstiegs zusah, sah einen Künstler bei der Arbeit. Das Rad war sein Meißel, die Beine der Schlegel - mit ihnen formte Pantani legendäre sportliche Kunstwerke in die Flanken der Gebirgsriesen bei der Tour und beim Giro. Das waren die Rennen, bei denen ihm Flügel wuchsen. Er konnte mit den Eintagesklassikern nicht viel anfangen. Auch die Weltmeisterschaften waren nichts für ihn, genauso wenig kurze Etappenrennen. Pantani war ein reines Klettergenie. Und er brauchte die wirklich hohen Berge, um sein Talent wirklich gut umzusetzen. Kurze, gemeine Anstiege taugten dafür nicht, aber Kilometer um Kilometer pausenlosen Anstiegs waren seine idealen Rampen, um sich zu erheben und den anderen Fahrern uneinholbar davonzutanzen.

Und dennoch sind seine Palmarès für ein solches Talent beeindruckend kurz: ein Gesamtsieg beim Giro, ein Gesamtsieg bei der Tour; beides 1998. Das war's. Finito. Er zog häufig das Pech an und verlor manche Saison aufgrund übler Crashs. Später kam dann der Dopingverdacht. Zwei Tage vor Mailand und mit dem Rosa Trikot am Leib wurde er aus dem Giro geworfen, weil er bei einer Dopingprobe mit mehr als 50 % Hämatokrit getestet wurde (ein erhöhter

Hämatokritspiegel gilt als Hinweis auf EPO-Doping, 50 % war der gültige Grenzwert).

In einer Zeit, in der der Radsport immer mehr von Zahlen, Leistungskurven und Blutwertanalysen bestimmt wurde, fuhr Pantani mit Gefühl. Er trug keine Pulsuhr und hatte keine Leistungsmessung am Rad. Wenn er sich gut fühlte und seiner Meinung nach der richtige Moment gekommen war, stiefelte er einfach los. Seine Siege waren immer purer Kampfgeist. Ob es die Etappen in den Dolomiten beim 1994er-Giro, der Tanz hinauf nach L'Alpe d'Huez 1997 oder der Anstieg zum Plan di Montecampione beim Giro 1998 war: Pantani, <der Pirat>, lieferte immer ein echtes Epos ab. Diesem Künstler zuzusehen war ein Genuss.

13.3 Nove Colli

Im Sommer ’96 waren in Cesenàtico die Schaufenster der Fotogeschäfte noch übersät mit Bildern des Radmarathons *Granfondo Nove Colli;* diese Strecke über *neun Hügel* entwickelte sich zu einer meiner Lieblingsfahrten. Das Rennen wird seit 1971 vom *Fausto-Coppi-Club* organisiert und findet in der Regel am vorletzten Sonntag im Mai statt. Als Lehrer konnte ich nur an den durch den Donnerstag-Feiertag verlängerten Wochenenden teilnehmen. Von 1997 bis 2013 fuhr ich siebenmal mit, präziser formuliert: sechseinhalb Mal.

Die Schönheit des hügeligen Hinterlandes der romagnolischen Küste ist einladend und überwältigend, die Strecke mit 3840 Höhenmetern bei 205 km anspruchsvoll, ein ständiges Auf und Ab. An einigen Pässen benötigt man wirklich *grinta,* den nötigen *Biss,* um die steilen Anstiege zu bewältigen. Meine Begeisterung erfuhr einen großen Schub. Unterwegs imitierte ich *Davide Cassani*, wenn er Bergetappen in *Rai 3* und *Rai 2* kommentierte. Im August 1997 schrieb ich einem Dutzend Radfreunden diese Ansichtskarte aus der *Bar/Ristorante Barbotto* oberhalb des gefürchteten, gleichnamigen Passes (5,5 km, 515 m s.l.m.). Marco hatte mir alle Grußkarten signiert.

Ansichtskarte *Barbotto* (mit Pantani - Autogramm)
„Barbotto - das grausame Mythos für den Radsportler, die faszinierendste Herausforderung in der Romagna"

Wir hatten uns immer in der Nähe von Start und Ziel im angenehmen Albergo <*Dolce Vita*> bei Daniela und Firenzo einquartiert (mit Biergarten für das Analysieren unserer Touren). Der anstrengendste Teil für mich war der frühe Morgen vor dem Start um 6:30 Uhr: Ab fünf Uhr beförderte ich eine große Menge Spaghetti mit Butter in meinen Magen. Ich dachte an die armen Gänse im *Médoc* und *Périgord:* Da ich damals kein großer Nudelfan war, kam mir die Prozedur um diese Uhrzeit schon fast wie Zwangsernährung vor.

Nove Colli erstmals 1997, 18 %-Rampe am *Barbotto*-Pass mit Dominique (Foto: © Studio5, Cesenàtico)

Autor am Barbotto 1999: 515 m s.l.m = sul livello del mare (über dem Meeresspiegel) Fahrer im Hintergrund fahren Zickzack oder müssen absteigen
(Foto: © studio5, Cesenàtco)

1998 hatte ich eine reine Fahrzeit von unter acht Stunden, was einem Schnitt von über 25 km/h entspricht; allerdings fuhr ich nicht auf Zeit, machte Pausen, plauderte mit einheimischen Fahrern, um mein Italienisch stetig zu verbessern.

Bei den Sommerurlauben mit meiner Familie hatte ich mein Rennrad dabei; alle zwei Tage stand ich um 6:00 Uhr auf, um meine Hausstrecke zu genießen; unterwegs gönnte ich mir einen *Cappuccino* in dem hübschen Bergdorf *Roncofreddo.* Danach verbrachte ich den Tag mit Frau und Kindern am Strand. Manchmal fuhr ich auch mit dem *Fausto-Coppi-Club,* der explizit Radtouristen einlädt, die Gegend gemeinsam auf kleinen Straßen zu erkunden: Treffpunkt *(<Ritrovo>)* am Stadion dienstags, donnerstags 7:00 Uhr, samstags und sonntags 7:30 Uhr (Der Sitz des Clubs ist seit Juni 2021 in Cesenàtico-Villamarina, Via del Lavoro 22). Es ist etwas Besonderes, das ruhige, anmutige *Val di Rubicone* ohne Autoverkehr morgens Richtung *Sogliano* zu genießen. In *Gatteo a Mare* direkt bei Cesenàtico mündet der *Rubikon*, den Caesar hier überschritten hatte mit den berühmt gewordenen Worten: *Alea iacta est!* Wörtlich: *Der Würfel ist gefallen!* Der Rubikon war Grenzfluss zwischen dem Römischen Reich und dem (vor der Eroberung durch Cäsar) keltischen *Gallia Cisalpina* in Norditalien; der spätere römische Diktator begann hier mit seiner während der Eroberung Galliens (58 - 51/50 v. Chr., vgl. Asterix) aufgebauten Armee den mehrjährigen Bürgerkrieg gegen Rom. Cäsars Worte wurden zu einem Synonym für die Aussage „Ich habe mich entschieden". Seine Diktatur wurde „an den Iden des März" (15. März) im Jahre 44 v. Chr. durch (angeblich) 23 Messerstiche während einer Senatssitzung im Senat jäh beendet.

Eine längere Tour musste ich unbedingt zurücklegen: 150 km hin und zurück zum *Monte Carpegna* mit 1415 m; Marco wurde mit dem Auto oft in die Nähe gefahren, um dort an seinem „Hausberg" in Ruhe trainieren zu können; der *Giro* führte auch schon dem Piraten zu Ehren über dieses Massiv, das man bei klarer Sicht vom Meer in Cesenàtico aus sehen kann. Auch fuhr ich regelmäßig zu seinem bevorzugten Berg in der Nähe seiner Heimatstadt: Über *Borello,* dann die *Via Montevecchio*: 4,5 stramme Kilometer zum gleichnamigen Pass (373 m, mit Pantani-Denkmal und Brunnen mit Trinkwasser), zurück über *Monteleone, Santa Paola,* dann über *Roncofreddo* (vgl. S. 221/222) bis Cesenàtico, ca. 80 km.

Eine denkwürdige *Nove Colli*-Runde erlebte ich 2004, dem Jahr, als Marco gerade im Februar verstorben war. Meine Freunde verbrachten immer eine ganze Woche an der Adriaküste. Ich flog Mittwochnachmittag nach, wenn ab Donnerstag schulfrei war. Donnerstags fuhren wir regelmäßig in das prächtig gelegene *San Leo* (590 m), bei der strammen Abfahrt auf der schmalen SP 137 nach *Secchiano* stürzte ich heftig, als ich einem auf der Straße ruhenden Hund in einer scharfen Kurve auszuweichen versuchte; ich landete auf der Rollsplitt-Einfahrt zu dem Haus der Hundebesitzer... Rad und Hund waren nicht zu Schaden gekommen, wir fuhren weiter, ich quälte mich, um beim Aufstieg nach *Sogliano* die 11. *Giro*-Etappe nach *Cesena* zu verfolgen. Und mir wurde eine große Ehre zuteil: Ein Ärztewagen des Giro fuhr eine halbe Stunde vor den Fahrern die Strecke ab - und ein *Giro*-Arzt versorgte meine nicht unerheblichen Schürfwunden! Mein Virus genoss diese Behandlung in vollen Zügen. Am nächsten Tag wurde ich ob meines Trikots *indirekt* in der *Gazzetta dello Sport* erwähnt: Viele Pantani-Fans hätten die Strecke gesäumt, sogar *spanische Tifosi* aus Salamanca! Ich trug an jenem Tag mein spanisches Trikot mit der Aufschrift auf dem Rücken: *Amigos de la Bici - Salamanca* (vgl. E 3, Vélo Mercier und Foto S. 329). Leider hatte ich nicht nur *„die Tapete ab“* von der linken Schulter über die Hüfte bis zur Wade, durch das Kettenblatt war auch die Innenseite des rechten Beins stark ramponiert, da ich in der Hektik den rechten Fuß noch ausgeklickt hatte. Ich konnte schlecht schlafen und nur unter Schmerzen einatmen. Gildos Frau, eine Krankenschwester, hatte mich noch am Donnerstag ins *Ospedale* vermittelt. Das *Krankenhaus* befindet sich in der Nähe unseres Hotels.

Tre costole partialmente rotte! Entsetzt starrte ich auf das Röntgenbild mit den *drei angebrochenen Rippen*; der Arzt hielt es für überflüssig, mir offiziell Fahrverbot für die *Nove Colli* am Sonntag zu erteilen. Ich hätte ihn auch niemals gefragt - aus Angst, dass er mich in die Psychiatrie einweise oder meine Viruserkrankung erkennen und mir sofortige Quarantäne verordnen könnte. Meiner Frau konnte ich später in Saarbrücken erzählen, dass der Arzt mir die Teilnahme am Rennen nicht untersagt hätte. Und am Sonntag gelang es mir tatsächlich, die kürzere Variante zu meistern (vier Steigungen, 130 km, 1870 Hm). Ich wollte nicht umsonst 1000 km geflogen sein! Außerdem war ich es Marco schuldig, der drei Monate zuvor unter tragischen Umständen verstorben war.

Nach den ersten 85 Kilometern mit drei Steigungen muss ich in *Mercato Saraceno* eine Pause einlegen: Ich habe sehr, sehr große Schmerzen im Brustkorbbereich, und als letzter Pass wartet noch der grausame Barbotto auf mich. Ich sitze fast eine geschlagene Stunde in einer *Caffetteria*, mit ruhigen Atemübungen, um den Thorax langsam zu dehnen, bevor ich mich zur *Tortur* aufmache. Der zweite Teil der Steigung hat es wahrlich in sich. Den letzten Kilometer mit 18 % maximaler und 14 % Durchschnittssteigung (!) kämpfe ich mich mit unsäglichen, stechenden Schmerzen beim Atmen hoch - ein *akuter Schub* zwingt mich dazu, auf keinen Fall abzusteigen. Die Zuschauer treiben mich hoch zur Passhöhe, wo das Fernsehen wartet. Im Wiegetritt (Übersetzung 39/26) füge ich mir mit jedem Einatmen gefühlt bohrende Nadelstiche in der Lunge zu. Die Tatsache, dass ich hierbei dennoch eine *große Genugtuung* empfinde, als ich oben ankomme, zeigt, dass sich meine Velomanie auf dem Höhepunkt befindet. Nach einer leichten Besserung in den Dolomiten im Jahr 2000 in Arabba (siehe nächste Etappe: E 14) hatte ich jetzt vier Jahre später einen schweren Rückfall erlitten. Dennoch ist diese meine Geschichte ambivalent: Das Virus hat sich nun zwar in meinem Gehirn immer tiefer festgesetzt, gleichzeitig ermöglichte es mir aber auch unvergessliche Erlebnisse mit dem Rennrad. Die verzweifelte Suche der Wissenschaftler nach einem Impfstoff war erfreulicherweise weiterhin ohne Erfolg geblieben.

Höhepunkt der Velomanie mit 51 Jahren *Nove Colli*, 23. Mai 2004, *Barbotto*, 18 % (Foto: © Studio5, Cesenàtico, Viale Carducci 166/c)

Wann hört die *Passion* auf, wann beginnt das Leiden? Sind die Übergänge fließend? Das deutsche zusammengesetzte Wort *Leidenschaft* impliziert mit seinem ersten Teil Schmerzen und Qualen, aber durch die Zusammensetzung entpuppt sich der Begriff als positiv! Heute kann ich nur feststellen, dass ich dabei war, *masochistische Züge* zu entwickeln, laut Definition *Lustempfinden durch Zufügung von Schmerzen*. Hatte ich die Grenzen der Passion weit hinter mir gelassen?

Drei Jahre später testete ich bei den Nove Colli 2007 mein neues Rennrad: Ich hatte mir im November 2006 ein *Simplon* zugelegt, wie immer als bekennender Campa-Fan mit der *Chorus*-Gruppe. (Dieses Modell *Lumen* wurde danach nicht mehr gebaut.) Bei *Fahhrradtechnik Schur* in Saarbrücken-Güdingen nimmt man sich Zeit für die Kunden, die kompetent, ruhig und souverän beraten werden, der Service ist ausgezeichnet.

Dieses Rad ist ein Juwel, nach meinen Rädern von Motobécane, Mercier, Villiger, Pinarello und Faggin ein außergewöhnlicher Rahmen, in Handarbeit angefertigt.

Die österreichische Edelschmiede in *Bregenz-Hard* am *Bodensee* erreicht mit allen Rädern außergewöhnlich gute Testergebnisse. Noch heute fahre ich diesen Rahmen nach ca. 75 000 km - Laufräder und Schaltung sind natürlich erneuert worden.

Die Tage in Cesenàtico waren drei Jahre nach Marcos Tod etwas Besonderes. Abends war ich zu einer großen Feier im <*Grand Hotel*> eingeladen, meine Radfreunde nahm ich mit. Vorher hatte der Gemeindepfarrer einen hochmodernen Ambulanzwagen für das *Croce Rossa* feierlich gesegnet. Gildo hatte als ehrenamtlicher Präsident des dortigen *Roten Kreuzes* Marco schon früher überzeugen können, ein Krankenauto zu spenden. Schon 1999 hatte Marco einen hochmodernen Sanitätswagen finanziert und durch seinen Fanclub <*MAGICO PANTANI*> aushändigen lassen.

Cesenàtico Mai 2007:
mit Marcos Eltern vor dem Ambulanzwagen (Autor links neben Marcos Mutter, Fotograf: Beatrices Onkel Gildo)

Und jetzt übergaben im Sinne Marcos seine Eltern Tonina und Paolo einen weiteren Wagen an den Präsidenten des Roten Kreuzes in Cesenàtico - eine emotionsgeladene Geschichte voller Pathos, mit Gildos Ansprache und dem Segen des Pfarrers.

Zum letzten Mal fuhr ich die *Nove Colli* 2013 - aus zwei Gründen: Ich wollte wissen, ob und wie ich mit 60 Jahren die Strecke meistere. Wie immer ließen wir uns am Vortag kräftig massieren; die große Runde meisterte ich mit der Souveränität des Alters, gepaart mit jahrzehntelangen Erfahrungen (siehe Fotos S. 352/353). Und ich sammelte schon eifrig Kilometer für ein neues Projekt im darauffolgenden Jahr (vgl. E 20).

In jenem Jahr hatte ich bei Firenzo im *Dolce Vita* ein Einzelzimmer mit großem Schreibtisch reserviert: Ich war wie meistens am Mittwoch mit dem Flugzeug nachgekommen, und konnte nur morgens meine kurze - allerdings äußerst attraktive - Hausrunde über Roncofreddo auf verkehrsarmen Straßen abspulen, welche ich seit 1996 fahre und niemandem vorenthalten möchte: 15 flache Kilometer zum Einrollen, 30 km/460 Hm durch die bildschöne Hügellandschaft, und zum Abschluss wieder 15 km flach, einfach eine perfekte Mischung!

Über die Via Fiorentina (an Pantanis Villa vorbei) - re Via Rigossa - li Via Fenili - re Via Rubicone (Sinistra) - *Fiumicino* - Via Rubicone (Sinistra) - Via Bastia - in *Gatteo* li: Via Provinciale Gatteo (1,5 km Hauptstraße, aber ab 2022 Radweg links) - Savignano sul Rubicone - rechts in das Rubikon-Tal - Via Scodella - Via Valle Rubicone - Via Bottega - *Santa Paola* (am Ortseingang rechts Parkplatz: Wasserstelle) - *Roncofreddo* (314 m s.l.m.): Cappuccino in der Bar/Ristorante *Venturi* dann Abfahrt über *Cento* - in *Longiano*: rechts *Montilgallo* - in der Ebene Vorsicht: die SS 9 (!) nur an der Fußgängerampel überqueren - Via Gatteo - Via Ranto Prima - li Via Ranto Seconda, *Gatteo*: re Via Savignano - Via Bastia (wie Hinweg, aber entgegengesetzte Richtung) - li Via Cappona Rurale - Via Rubicone (Sinistra) über *Fiumicino* - Rückweg Via Rubicone weiter geradeaus bis Via Antonio Vivaldi - Via Europa bis *Gatteo a Mare* - Via Trieste - links Viale Giulio Cesare („Alea iacta est") - Strandpromenade Viale Carducci über Villamarina - Valverde bis Cesenàtico (vom Hotel Dolce Vita: 58 km 460 Hm, vom Albergo Gioiello in *Cesenàtico-Ponente*: 64 km, 460 Hm).

Autor mit Christian in den Hügeln der Romagna: Roncofreddo, im Hintergrund Cesenàtico an der Adria, 11.09.2021)

Das Einzelzimmer belegte ich, da ich Mittwoch bis Sonnabendnachmittags und -abends Abitur vorkorrigieren musste! Die Geschichtsarbeiten - in der Regel 10-15 Seiten pro Schüler/in - hatte ich alle fotokopiert: die Originale konnte ich im Flugzeug nicht mitnehmen, bei einem Absturz hätten meine Schüler nicht um mich getrauert, sondern mich verflucht; sie hätten wohl beim Wiederholungstermin (für Kranke/Verhinderte) das Geschichts-Abitur noch einmal schreiben müssen!
Eine große Ehre wurde dem Cesenàtico-Klassiker im Jahr 2020 zuteil: Aus Anlass des fünfzigsten Geburtstages - seit 1971 - wurde die 12. Etappe des *Giro* für den 21. Mai auf der 205 km langen Original-

strecke der Nove Colli in den Hügeln der Romagna geplant, allerdings wegen des Coronavirus auf 15. Oktober verschoben. Wie sehr hatte ich mich auf diese *Giro*-Etappe im Mai gefreut! Aber bei Dauerregen war von der bezaubernden Berglandschaft leider nichts zu erkennen. (Die Jubiläumsetappe der 50. Ausgabe der Nove Colli fand ein Jahr später wie fast immer bei schönem Wetter am 18. September 2021 statt.)

Weitaus schwieriger zu ertragen war für mich die Italien-Rundfahrt im Mai 2021. Ich wurde zuhause Zeuge eines wahren Debakels im Giro d'Italia: Emanuel Buchmann lag in aussichtsreicher sechster Position, als er unmittelbar nach dem freigegebenen Start zur 15. Etappe in einen Massencrash geriet und zur Aufgabe gezwungen wurde. 2:36 hinter dem führenden *Egan Bernal*, 1:03 hinter dem Zweitplatzierten *Simon Yates.* Nach der mit harten Bergen gespickten dritten Woche hätte ich dem zurückhaltenden sympathischen deutschen Kletterspezialisten, der sich in hervorragender Form befand, einen Podiumsplatz zugetraut, einfach nur schade!

Durch unsere neuen familiären Bindungen zu Italien seit 1996 hatte ich eine äußerst attraktive neue Radsportregion kennenlernen dürfen und auch verschiedene Kontakte zum italienischen Radsport knüpfen können.

Das persönliche Kennenlernen Marco Pantanis war trotz seines bitteren Endes für mich etwas Besonderes.

Ein Freund von Gildo ist der Chef der Firma *Sidermec* in *Sant'Angelo* bei Cesenàtico, *un matto/pazzo di bici - ein Rad-Verrückter*: Sponsor von *VINI CALDIROLA-SIDERMEC* und dem Nachfolge-Team *ANDRONI GIOCATTOLI-SIDERMEC*.

Als ich im Sommer 2004 mit meinem Sohn Pinos Konservenfabrik besichtigte, sprang uns ein Riesenfoto von zwei Metern Breite und drei Metern Höhe ins Auge: *Romans Vainsteins* aus Lettland war im Jahr 2000 in der Bretagne Weltmeister geworden, der größte Erfolg für diese italienische Mannschaft. Und wie drei meiner Radfreunde (in jenem Mai) wurden Vater und Sohn mit den neuen Trikots eingekleidet.

Dieser Sponsor wiederum ist ein Freund von *Francesco Moser* (vgl. Etappe 5, Giro d'Italia 1984). Ich besorgte 2003 ein Glückwunschschreiben des ehemaligen italienischen Radstars zum 25-jährigen Jubiläum für Tims Radsportvereins *RSC Überherrn*. Ein siebenjähriges Mädchen bekam diese Grußworte noch nicht mit, da sie erst drei Jahre später in diesem Verein aktives Mitglied wurde. Der RSC schwebt spätestens seit 2021 auf Wolke sieben: *Lisa Klein* aus *Völklingen-Lauterbach* hat den Überherrner Radsportclub - neben vielen anderen Erfolgen - mit zwei großartigen Medaillen 2021 in der Radsportszene bundesweit bekannt gemacht: Olympische Goldmedaille in Tokio (Vierer-Verfolgung auf der Bahn mit Weltrekordzeit), Goldmedaille bei der Rad-WM im September in Belgien im Mixed-Team-Zeitfahren auf der Straße! Am 19. Dezember 2021 wurde sie im Kurhaus in Baden-Baden zur Mannschaftssportlerin des Jahres gewählt.

In Cesenàtico schenkte mir der Hochgeschwindigkeits-Abfahrer, der *Falke Paolo Savoldelli, Giro*-Sieger von 2002 und 2005, ein unterschriebenes *Saeco*-Trikot:

Zitat auf dem Trikot, (schwer zu lesen):
<A FRANZ CON SIMPATIA
Savoldelli Paolo>
Lucien, Cesenàtico 1997

Autor im Trikot von *Androni Giocattoli-Sidermec*
rechts: Edelstahl-Schwenker
Saarbrücken, September 2021

Ich werde meiner Schwiegermutter ewig dankbar sein:
Ich durfte diese bezaubernde Fahrradregion erradeln. Und mithilfe der italienischen Verwandtschaft meiner Frau gelang es mir, meine Fahrradsucht einerseits auszuleben, diese aber auch gleichzeitig besser in den Griff zu bekommen.

Etappe 14 Naturwunder Dolomiten

Nach unserer Kletterpartie *Dauphiné Libéré/Alpes de Haute-Provence* (1997, Etappe 12) ließ ich es wieder ruhiger angehen. Vogesen und Jura wurden regelmäßig zwischen die Hochgebirgstouren geschaltet. 1999 sehnte ich mich wieder nach dem französischen Jura. Danach plante ich für das *Millennium 2000* eine ruhigere Runde in den hohen Bergen: durch die Dolomiten.

In die Saison war ich wieder mit guter Vorbereitung gestartet. Anfang März (Fasching) konnte ich trotz Urlaub mit befreundeten Familien in vier Tagen im Schwarzwald wie so oft insgesamt 200 km auf meinen Langlaufskiern zurücklegen (vgl. Etappe 8). In der Karwoche absolvierte ich mit Tim und dem RSC Überherrn ein Trainingslager in Cesenàtico:

Ich hatte für sechs ausgesuchte Vereinsmitglieder, Tim und mich ein spannendes Treffen mit Marco Pantani am Piadina-Stand seiner Eltern geplant. Die Überherrner waren enttäuscht! Vater Paolo richtete uns nur Marcos Grüße aus. Sein Sohn schien sich aber nach der desaströsen Saison 1999 wieder gefangen zu haben, er war erfreulicherweise wieder am Trainieren: an seinem Hausberg *Monte Carpegna,* um sich auf *Giro* und *Tour* vorzubereiten. Wir wurden eingeladen zu Marcos Lieblingsgericht: Piadina mit Nutella.

Im Mai begleitete mich mein *Faggin* beim Schüleraustausch *Saarlouis - Saint-Nazaire* (Partnerstadt von Saarlouis, an der Mündung der *Loire* in den Atlantik); eine Woche ohne mein Rennrad war für mich natürlich wegen meiner heftigen, permanenten Velomanie-Infektion unvorstellbar. An meinem freien Sonntag erkundete ich die *Bretagne* - auf 230 hügeligen Kilometern ging es im Uhrzeigersinn durch den *Parc Régional de Brière,* am Fluss *Vilaine* entlang, über *Bain-de-Bretagne* und *Châteaubriant* zum Fluss *Erdre* bis *Sucé-sur-Erdre* nördlich von *Nantes.* Die Loire-Stadt 40 km vor Saint-Nazaire besiegelte 1965 mit Saarbrücken die erste *deutsch-französische Städtepartnerschaft*, saarländische Städte und Gemeinden folgten und gründeten ein *Jumelage franco-allemand* mit bretonischen Orten in der Umgebung von Nantes.

Das Hochgebirge in Südtirol war mir, wie schon erzählt, seit meiner

Kindheit durch Luis Trenkers Fernsehsendungen ein Begriff. Und der Südtiroler Extrem-Bergsteiger *Reinhold Messner* hatte mich bei einer Veranstaltung 1978 in Saarbrücken mit den Achttausendern im Himalaya, aber auch mit den Bergen seiner Heimat in großartigen Bildern fasziniert. Messner und der französische Star-Architekt *Le Corbusier* bezeichneten unisono die Dolomiten als das *schönste Bauwerk der Welt.* Als regelmäßiger Leser des *Tour*-Magazins bin ich schnell auf dieses *UNESCO-Weltnaturerbe* wieder aufmerksam geworden.

Mit dem Rad wollte ich spätestens seit 1997 hinfahren, als ich in jedem Mai den *Giro* in unserem italienischen Fernsehen drei Wochen lang verfolgte - die Dolomiten waren fast jedes Jahr entscheidend für den Ausgang der Italien-Rundfahrt.

Wir bezogen im Juni 2000 Quartier im *Albergo <Al Sole>* im schön gelegenen *Arco*, fünf Kilometer nördlich von *Riva del Garda* am gleichnamigen See, 730 km von Saarbrücken. Unsere erste Etappe belief sich auf 150 km mit 1700 Höhenmetern. Auf verkehrsarmen Straßen ging es über *Àndalo* und *Mezzocorona* auf die stärker befahrene *Strada del Vino* zum *Kalterer See*, dem wärmsten See Südtirols. Anstelle der *Südtiroler Weinstraße* ist auch eine Teilstrecke auf dem *Etschtal-Radweg* (Von Landeck über den Reschenpass ca. 300 km bis nach *Verona*) zu empfehlen.

Bozen/Bolzano gehört zu den reichsten, aber auch schönsten Städten Italiens. Sie gilt als gelungene Symbiose des italienisch- und deutschsprachigen Raums. Die Zeit der Bomben-Attentate in den 50er und 60er Jahren ist vorbei, als die Unabhängigkeit Südtirols erzwungen werden sollte. *Alto Adige - „Oberetschtal"* - genießt seit 1992 Autonomiestatus, die Wogen haben sich geglättet. Wir hatten weder Zeit noch Muße, uns die Mumie des 5300 Jahre alten *Ötzi* anzuschauen, zumal die Besucher vor dem Museum meistens Schlange stehen müssen - und wohin dann mit unseren edlen Rennern?

Nach Bozen arbeiteten wir uns zügig mehrere Etagen höher, allerdings durch 24 kurze Tunnel. Wir kamen nicht zu spät im ruhigen *Sarntal* an, wo wir in der *„Pension Wiesenhof"* bestens versorgt wurden. Durch meine vielen Radtouren habe ich unzählige, mit viel Sorgfalt ausgewählte, gut gelegene und preiswerte Adressen gesammelt - oft spiele ich bis heute ein wenig den Reiseleiter, wenn ich nach attraktiven Adressen gefragt werde. So auch mit dem Ort *Sarentino*: Meine Frau und Kinder schickte ich damals mit drei weiteren Familien über die Silvesterwoche in den „Wiesenhof" nach *Sarntheim* zum Skifahren in *Reinswald*.

2018 verbrachte ich mit Frau und Rad auf dem Rückweg von Cesenàtico noch erholsame Tage am Kalterer See.

Passo della Mendola, 2018, oberhalb des *Kalterer Sees*

Besonderheiten der italienischen Post sollten der Vollständigkeit halber erwähnt werden: Die Anzahlung in Form eines Euroschecks war damals nie in Sarntheim/Sarentino angekommen, erfreulicherweise aber auch nicht eingelöst worden; ich hatte den Scheck natürlich auf die Pension Wiesenhof ausgestellt.

2016 hatten wir 12 Ansichtskarten aus Rom geschrieben, von denen 10 ihre Adressaten nicht erreichten... Nur zwei im Vatikan abgestempelte Grußkarten (*Poste Vaticane*) kamen nach einigen Tagen korrekt an!

Für Silvester 2000 hatte ich übrigens alles organisiert, nur ich musste zu Hause bleiben: als Hebamme für unsere trächtige Hündin *Aika*!

Der nächste Tag im Juni hatte es in sich: unsere Königsetappe mit 140 km, drei Pässen und 3600 Höhenmetern war angesagt. Früh am Morgen machten wir uns auf den Weg.

Wir rollten entspannt im Tal der *Talfer* der Passhöhe entgegen. Nach *Pens* kletterten wir noch 860 Höhenmeter auf 11 Kilometern, davon am Ende drei fordernde, gnadenlose Kilometer mit 12 % im Schnitt: *Penser Joch/Passo di Pennes*: 2211 m sul livello del mare - mit herrlichem Blick auf die *Ötztaler Alpen* als Belohnung.

Ab *Brixen/Bressanone* (540 m) führt die Straße auf 2000 m zum *Passo delle Erbe*. Das *Würzjoch* ist ein Nebenpass, wo auch heute noch wenig Autos oder Motorräder verkehren, Ende Juni 2000 waren wir in der Vorsaison wie erhofft fast allein.

Zweimal mussten wir auf kleineren Abfahrten Höhenmeter abgeben, aber diese Streckenführung machte Dominique - wie immer in Topform - überhaupt nichts aus: Ich erinnere mich noch genau, dass während des langen Aufstiegs sein Handy klingelte, er beim Weiterfahren ohne abzusteigen abnahm und den Arbeitern für den Umbau seines Hauses/Wintergartens Anweisungen gab - chapeau!

Nach *St. Martin* fuhren wir das Tal hoch bis *Stern/La Villa*. Da die beiden Zweitausender Rolf genügten, warteten wir in einem Lokal vor dem *Campolongo*, und Dominique vollendete alleine unsere Königsetappe, um uns danach mit dem Auto abzuholen.

Im *<Hotel Olympia>* in *Arabba* auf 1600 m - in der Werbung „das Juwel der Dolomiten im Winter“ - ließen wir uns drei Tage verwöhnen.

Mit der Chefin hatte ich einen Superpreis ausgemacht: Ich wollte im Zentrum der Dolomiten nicht am Wochenende verweilen. Die Motorradfahrer aus Bayern hatten ihr Bike-Wochenende gerade abgeschlossen, als wir am frühen Sonntagabend ankamen.

Statt umgerechnet 120 DM im Winter - der Euro kam zwei Jahre später - hatte ich eine dreitägige Halbpension für die Vorsaison Ende Juni und während der Woche mit 60 DM pro Tag ausgehandelt, mit einem reichhaltigen, viergängigen Menü am Abend, welches zu bewältigen uns wie immer nicht schwer fiel.

Als besonderes Bonbon hatte ich nach einem *massagiatore* angefragt, und wir konnten uns von einem *Masseur* unsere Muskeln kneten lassen.

Er wohnte um die Ecke in Arabba und hatte seine Hauptsaison von November bis April.

Mit Kopfhautmassage begann er, mit meinen Zehen beendete er sein Kunstwerk. Es entwickelte sich eine interessante Unterhaltung - er sprach kein deutsch, Arabba liegt jenseits des deutschsprachigen Gebiets. Zunächst schilderte er mir den Stress im Winterhalbjahr. Immer mehr Skifahrer kämen ohne körperliche Vorbereitung und sehnten sich schon am zweiten Tag nach Massage, da ihnen alle Muskeln wehtäten.

Nach dem Motto „Des Einen Elend ist des Anderen Geschäft" konnte er so in einem halben Jahr einen Dreiviertel-Jahresverdienst erarbeiten.

Wir unterhielten uns über die Themen Dolomiten, Südtirol, die Tragödie um Marco Pantani, der gerade sein Comeback gestartet hatte, meine Touren in Hoch- und Mittelgebirgen und vieles mehr. Aus der ursprünglich zwanzigminütigen Massage wurde eine Stunde Verwöhnen!

In den nächsten beiden Tagen ließen wir es ruhig angehen mit jeweils zwei Halbetappen.

Die *Sella-Runde* ist das Herz der Dolomiten; sie ist bekannt als Skizirkus-Rundfahrt über annähernd 50 Kilometer. Wir radelten 55 km mit 1650 Höhenmetern über *Pordoi, Sellajoch, Grödnerjoch* und *Campolongo* - die Landschaft um diesen kleinen Rundkurs ist ein absolutes Highlight.

Und beinahe wäre ich wieder an mein Idol *Fausto Coppi* erinnert worden: Die kleine, verdeckte Gedenktafel an der Abzweigung zum Sellajoch hoch hatte ich aber übersehen. Eine Woche später, am 3. Juli 2000, wurde ein großes Denkmal zur Erinnerung an den *Campionissimo* auf dem Gipfel des Sellajochs eingeweiht.

An einem Pass in Italien hatten wir einmal eine lustige Begegnung: Wir überholten einen älteren Italiener, Marke Retro, der am Rande der Erschöpfung stöhnte: <*Dura, dura*>; Dominique, der die Worte verstand, fragte mich ironisierend, ober dieser etwa die japanischen Komponenten von *Dura Ace* fahre. Der Italiener wollte, fast Schlangenlinie fahrend, natürlich nur die Härte des Passes kommentieren (*una salita dura* - ein *harter* Aufstieg). Ein alter Haudegen, ohne Helm, nur Mütze, und trotz seines schon fortgeschrittenen Alters ganz klassisch mit 52/42 Kettenblättern, selbstredend mit *Campagnolo* aus *Vicenza,* wie es sich für Italiener gehört! Ich gehe davon aus, dass dieser Velophile sich bis zu seinem Lebensende unter keinen Umständen zu einer leichteren Übersetzung oder sogar Shimano herabgelassen hat.

Am Dienstag fuhren wir ab Arabba eine weitere kleine Etappe über *Campolongo* und *Falzàrego*; die ursprüngliche Fahrt über *Cortina d'Ampezzo* und den strammen *Passo Giau* ließen wir ausfallen, um im Garten des Hotels zu *chillen*, wie die jüngere Generation heute den Müßiggang auszudrücken pflegt. Das Leben besteht nicht nur aus Hochgebirgspässen, ich wurde vorübergehend gelassener.

Am Nachmittag suchte ich mir eine schöne Ansichtskarte mit dem *Pordoi-Pass* aus und sendete sie über Beatrices Onkel Gildo, meinen Verbindungsmann, persönlich an Marco Pantani; ich freute mich über sein gelungenes Comeback beim *Giro* und wünschte ihm alles Gute für die *Tour* 2000.

Die vorletzte Etappe führte uns vorbei an der mit 3340 m höchsten Erhebung der Dolomiten, dem *Marmolada-Gletscher,* über den *Fedaia-Pass* (2050 m). Aus dem traumhaften Gebirge ging es Richtung Süden. Das ansehnliche Städtchen *Bassano del Grappa* war unsere nächste Station.

Der *Monte Grappa* ragt mit 1775 m wie der *Ventoux* aus der Ebene hervor. Er ist die höchste Erhebung des *Grappastocks,* dem südlichsten Teil der Dolomiten und hat nichts mit dem italienischen *Digestivo* zu tun. Der Berg erreichte traurige Berühmtheit, als im Ersten Weltkrieg während des Winters mehrere zehntausend Soldaten in einem sinnlosen Stellungskrieg zwischen Italien und Österreich-Ungarn zu Tode kamen.

In Bassano hatte ich das wunderschön in der Altstadt gelegene, verwinkelte B&B-Hotel <*Al Castello*> ausgewählt.

Zum Abendessen hatte ich mich mit Antonio, einem weiteren Onkel meiner Frau verabredet, einem Lehrer und Maler, der in der Nähe von Bassano wohnt. Wir sprachen erstmals über die Idee einer Ausstellung seiner Gemälde in Saarbrücken. Und im März 2006 war es soweit. In der Sparkasse Saarbrücken hatte ich eine *Vernissage* mit vierwöchiger Ausstellung organisiert - ein weiterer schöner Mosaikstein in unserer saarländisch-italienischen Familiengeschichte.

Für die letzte Etappe, 150 km zurück zum Gardasee, hatte ich einen Parcours über die *Hochebene der sieben Gemeinden* ausgesucht. Hauptort der Region *Altopiano dei sette communi* ist *Asiago* auf 1000 m.

Süddeutsche Bauern und Holzschnitzer siedelten sich hier vor 1000 Jahren an; deutsche Wörter gelangten auf diesem Weg in die italienische Sprache:

Il würstel, una insalata di würstel für Fleisch-, Wurstsalat oder *il brezel* haben sich im Italienischen integriert. Auch der Nachname des *Giro*-Siegers von 2004, *Damiano Cunego,* erinnert direkt an das Wort *König.*

Die Auffahrt zum *Passo di Vezzena* auf 1400 m über dem Meeresspiegel gleicht eher einem *Faux plat*: 500 Höhenmeter auf 21 km, pures Genussradeln für uns bergerprobte Matadore. Bei *Folgària* bogen wir links ab Richtung *Mezzaselva*; was dann folgte, ist einfach nur unbeschreiblich:

Nach *Serrada schlängelt* sich die kleine, ruhige ***S****trada* ***P****rovinciale* (*SP*) herunter bis *Rovereto.* Sie scheint wie in den Hang gemeißelt und bietet bei traumhafter Kulisse unvergleichliche Aussichten in die Ebene. Vier Jahre später erlebte ich viele ebenso kunstvoll in den Berg integrierte Straßen im französischen *Vercors* (E 15).

An unserem letzten Abend in Arco hatten wir einen schönen Abschluss; aber wir wechselten die Sportart. Wir erlebten gemeinsam mit den Einheimischen hautnah die Extreme zwischen „zu Tode betrübt“ und „himmelhoch jauchzend“, erfreulicherweise in zitierter Reihenfolge.

Es war Fußball-EM, Donnerstag, der 29. Juni 2000, die *Tifosi* zitterten mit ihrer *Squadra Azzurra* gegen die Niederlande. Italien spielte früh nur noch mit 10 Mann, die Niederländer setzten einen Elfmeter an den Innenpfosten; ein torloses Unentschieden wurde bis zum Elfmeterschießen gerettet, welches mit 3:1 ein glückliches Ende für die *Azzurri* fand. Die Deutschen waren schon ausgeschieden, und wir feierten doppelt: die italienisch-deutsche Völkerfreundschaft mit *Viva Italia-Germania* - und unseren rundum gelungenen *Giro delle Dolomiti*.

Meine Woche war perfekt terminiert; am Freitag fuhren wir rechtzeitig zurück ins Saarland - wir mussten die Italiener nicht trösten, nachdem sie am Sonntag das EM-Endspiel gegen die Franzosen verloren hatten.

Etappe 15 <Tour de Franz>: Vom Vercors zum Mons Ventosus

Bis Ende 2003 hatte ich einige Kilometer verschlungen: Seit 1979 hatte ich die Jahreskilometer notiert; nach 25 Jahren hatte ich fünfmal die Erde am Äquator umrundet: 200 000 km.

Ich bin kein Technik-Freak, eher das Gegenteil, wurde aber moderner: In Homburg hatte mir *Radsport Walzer* einen edlen Rahmen verkauft und mit der *Campa-Chorus-Gruppe* bestückt. Der Vater des erfolgreichsten saarländischen Radprofis *Andreas Walzer* (im Bahnvierer Weltmeister in Stuttgart 1991 und Olympiasieger in Barcelona 1992) bot mir ein *Faggin* günstig an, mit den Schalthebeln noch am Rahmen. Doch kurz danach wollte ich nachrüsten: Fasziniert hatte mich der Bericht über einen Techniker von *Shimano.* Ende der 80er Jahre besuchte dieser die *Tour* in den Alpen und sah, dass die Fahrer bei Attacken im Wiegetritt am Berg sich zuerst wieder setzen mussten, um die Schalthebel am Rahmen zu betätigen. Dieses komplizierte Prozedere ließ ihm keine Ruhe, bis er - zurück in Japan - nach schlaflosen Nächten auf die Idee kam, die Schalthebel in die Bremsgriffe zu integrieren - einfach nur genial! (Der Japaner wusste wohl nicht, dass der deutsche Fahrradkonstrukteur *Christian Smolik* diese Bremsschalthebel schon 1981 als Patent bei der Firma *Sachs* ohne Erfolg zur Vermarktung angeboten, dies dann aber aus Kostengründen wieder fallengelassen hatte.)

Für die erste Augustwoche 2004 hatte ich eine Rundreise geplant, in welcher ich *Ventoux* und *Vercors* vereinigen konnte.

Dieses Naturjuwel ist ein Gebirgszug im äußersten Westen der französischen Alpen, auch als Voralpen bezeichnet, ein Zentrum des französischen Biathlonsports, zwischen *Grenoble* und *Valence.* (Der weltbekannte Ex-Biathlet *Martin Fourcade* lebt in *Lans-en-Vercors.)* Die Berge erreichen fast 2400 m über Meeresniveau, die Pass-Straßen entsprechen eher dem hohen Mittelgebirge. Das Alpen-Randgebirge steigt von der westlichen Seite schroff an, weshalb diese wilde Natur auch erst im 20. Jahrhundert für den Straßenverkehr zugänglich gemacht werden konnte. In den Fels gesprengte

Galerien erinnern auch an Straßen und Tunnel in der Provence, diese hier sind allerdings ungleich spektakulärer. Kenntnisse über diese einfach nur wunderbare Region hatte ich während meines Romanistik- und Geschichtsstudiums erlangt; ich hatte einiges an Literatur aus der Zeit des Zweiten Weltkrieges gelesen. Diese ungezähmt wirkende Gebirgslandschaft ist ein Geheimtipp für Radsportler oder auch Wanderer; die meisten Deutschen lassen den Vercors bei der Fahrt in den Süden links liegen.

Unser Start und Ziel war die einfache, aber authentische Auberge *<La Fontaine qui chante>,* heute heißt sie *<La Calèche>.*

Die jäh in den Himmel strebenden Felsen erinnerten unsere Köpfe und Beine sofort an die zu bewältigenden Aufstiege. Eine außergewöhnliche Straße im Vercors wollte ich natürlich kennenlernen: Wir passierten *Saint-Jean-en-Royans*: hier beginnt der legendäre und vielleicht aufregendste Aufstieg in diesem Gebirgszug. Die Straße oberhalb der *Combe Laval* wurde ab 1890 in den Fels gehauen, durch Sprengungen wurden viele Tunnel kunstvoll in den Berg geflochten, einfach nur grandios! Über den *Col de la Machine* katapultierten wir uns schnell auf über 1000 m, via *Col de Carri* fuhren wir zum Hauptort *La Chapelle-en-Vercors*, um uns mit Kuchen zu stärken.

Den geschichtsträchtigen, wiederaufgebauten Ort *Vassieux-en-Vercors* ließen wir zu unserer Rechten liegen. Das Gebirge war Zentrum der *französischen Widerstandsbewegung <Résistance>* gegen die Deutschen im Zweiten Weltkrieg und blieb lange Zeit unentdeckt. In dieser abgeschiedenen Region planten die Alliierten zeitgleich zum *D-Day* (6. Juni 1944: Landung in der Normandie) einen zweiten Stützpunkt mithilfe von Fallschirmspringern; das Vorhaben wurde kurzfristig eingestellt, die Résistance-Kämpfer fühlten sich verraten, sie riefen aber dennoch hier schon 1944 eine *Französische Republik* aus (gegen das *Vichy-Regime*). Da die Hilfe durch die Luftwaffe der Alliierten fehlschlug, wurde *Vassieux-en-Vercors* 1944 von den Deutschen dem Erdboden gleichgemacht, verbunden mit einem Massaker an der Bevölkerung. Viele Gedenktafeln legen Zeugnis ab von den Aktionen der französischen Widerstandskämpfer.

Radfahr-Paradies im einsamen *Département Drôme*
Col Lescou (819 m) bei St. Nazaire-le-Désert
(Autor rechts mit gelbem *Faggin*-Renner)

Über den damals ruhigen *Col de Rousset,* auf dem heute immer häufiger Motorradfahrer ihre Kreise ziehen, genossen wir die endlosen, schönen Serpentinen zwanzig Kilometer hinab ins Tal der Drôme.

Provenzalisches Flair hauchte uns in einen leichten Rausch: Die ersten Lavendelfelder betäubten unsere Augen und Nasen. Wir waren angekommen im radfahrfreundlichen *Département Drôme*. In dem pulsierenden Städtchen *Die* hatte ich im Hotel-Restaurant *<Saint Domingue>* im Zentrum des Städtchens reserviert, wo wir unsere Muskeln in einem kleinen Schwimmbad über der obersten Etage entspannen konnten. Das Ambiente erinnerte mich an den Hitchcock-Krimi mit *Grace Kelly* und *Gary Grant*: *Über den Dächern von Nizza*.

Den überregional bekannten *Clairette de Die* hatten wir nicht zu uns genommen, da wir statt *Sekt* eher *Panaché* oder am Abend auch reines Bier bevorzugten.

Die Etappe am Sonntag führte uns bei enormer Hitze in Richtung zu unserem lange ersehnten Mythos.

Durch das verkehrsarme *Département Drôme* zu radeln ist einfach nur Genuss pur - Zeit zum Entschleunigen ist angesagt.

Am *Col Lescou* angekommen, sammelten wir uns wieder - wie nach jedem Aufstieg. Ein Radfreund, der noch geschwächt war, weil er am Vortag zu schnell den Col de la Machine angegangen war, musste sich bei über 40° C in der Sonne den einfachen *Col de la Sausse* hochkämpfen - mir schwante Unheil. Nach 100 km mussten wir ihn mit Krämpfen auf eine Bank am Ortseingang von *Villedieu* legen, einem schönen Ort mit provenzalischem Flair im Zentrum. Es war Sonntagnachmittag, Zeit der *Siesta*. Ich klingelte bei Nachbarn, die sofort den Notarzt riefen, welcher eine Infusion anhängte - und unser Sportsfreund verbrachte drei Tage in einem Krankenhaus. Zeitlich hatte es gerade noch gepasst, da wir drei Nächte in der Nähe logierten, um den *Ventoux* zu bezwingen. Ansonsten hätte sich unsere Woche wegen der vorreservierten Quartiere mehr als kompliziert gestaltet.

Das Landgut *<Mas de la Fontaine>* - ausgesprochen <mass> - war mit Pool eine Oase der Erholung, bietet heute aber keine Übernachtungen mehr an. Aber empfehlenswert mit Pool und ähnlich gelegen bei *Sarrians* ist *<Le Mas Terre des Anges>.*

Ich halte mich gerne in diesen *Landgütern* auf, weil sie einen besonderen Charme versprühen; man lebt inmitten der Provence, begleitet vom am Abend immer heftiger werdenden Surren der *Cigales* (*Zikaden),* das fast an eine Kettensäge erinnert. Die *Grillen* stellen ihre provenzalischen Gesänge bei der Dämmerung ein, wie auf das Kommando eines Dirigenten.

Staatlich reglementiert dürfen diese Unterkünfte nicht mehr als fünf Zimmer anbieten, den Hoteliers sind sie als Konkurrenten ein Dorn im Auge.

Es gab ein gemeinsames Menü am Abend, ich kam ins Gespräch mit den Besitzern, die uns natürlich viel von der Region erzählten und auch kleinere Radstraßen nannten, die ich sonst niemals kennengelernt hätte.

Eine Alternative ist das Logis de France <Hôtel de charme> in *Monteux: <Hostellerie Le Blason de Provence>* mit *piscine*. Einen *Pool* empfehle ich unbedingt, vor allem, wenn man drei Tage zu bleiben gedenkt.

Am Montag, dem 2. August, starteten wir zu unserem sportlichen Höhepunkt.

Rennräder-Ästhetik

20 km einradeln, dann ging es ab *Bédoin* zur Sache, für einige war die Strecke Neuland. Mir fiel *Eros Poli* ein, über 1,90 m groß: dem Italiener war 1994 ein wahres Husarenstück gelungen. Auf der Etappe *Montpellier - Carpentras* hatte er nach 170 km Solofahrt fast 25 Minuten am Fuße des Ventoux herausgearbeitet; die jagende Meute kam zwei Minuten zu spät im Ziel an. „Es war der größte Tag in meinem Leben. Es war ein Traum, und ich konnte ihn mir erfüllen.“ Hoffentlich war der 30jährige noch nicht verheiratet oder hatte schon Sohn oder Tochter!

Die vielen Begleitautos nervten mich total. Am *Chalet Reynard* auf 1400 m klinkte ich mich aus, trank Espresso und Wasser, um dann die letzten sechs Kilometer alleine hochzufahren. Ich dachte an Marco, der bei seinem Comeback 2000 am Ventoux seinen vorletzten großen Sieg errungen hatte.

Ich war emotional sehr aufgewühlt, da er erst vor fünf Monaten im

Februar zu Tode gekommen war.

Als ich oben ankam, ging es mir wieder besser.

Tiefe Glückseligkeit auf dem *Ventoux* 2004 (Autor links)

Wir fuhren vorsichtig ab. Nach zwei Kilometern legte ich am *Tom Simpson-Denkmal* ein paar ältere Fahrradhandschuhe ab. Durch Simpsons dramatischen Tod am 13. Juli 1967 hatte der Berg traurige Berühmtheit erlangt. Amphetamine, Alkohol und extreme Hitze hatten zum Zusammenbruch des englischen Weltmeisters von 1965 geführt, die Reanimation blieb erfolglos.

Für die Rückfahrt hatte ich die lange Abfahrt über *Sault* vorgesehen. Der Höhepunkt meiner Velomanie im Mai desselben Jahres zeigte Folgen: Ich dachte an den *<Club des Cinglés du Ventoux>* - an den *Club der Ventoux-Verrückten*: hier würde ich meine innere Ruhe finden! Soll ich mir (51 Jahre alt) zu meinem 55. oder 60. Geburtstag ein besonderes Geschenk machen? Eine Mitgliedschaft in diesem Verein wird ermöglicht, wenn man den Berg an einem Tag von drei Seiten erklimmt, von Bédoin, Malaucène und von Sault: die beiden schwierigen Auffahrten von Bédoin und Malaucène hatte ich ja schon an einem Tag gemeistert - allerdings 16 Jahre zuvor, aber die leichte Steigung von Sault beträgt auf 20 km nur 2 % - 4 % bis zum Chalet Reynard, ehe dann die letzten sechs Kilometer mit 500 Höhenmetern durch die Steinwüste auf dem klassischen Aufstieg von Bédoin folgen.

Heute interpretiere ich es mit vorsichtigem Optimismus als durchaus positiv, dass dieses Vorhaben von mir nicht realisiert wurde. Hatte das *Virus* etwa den Höhepunkt überschritten und seine Ausbreitung in meinem Körper zumindest leicht verlangsamt, nachdem ich keine drei Monate zuvor im Mai desselben Jahres meinem Körper doch bedenkliche Qualen bei allerdings gleichzeitigem Lustempfinden zugefügt hatte? (E 13.3, Nove Colli 2004, Foto S. 218)

Über *Sault* und die *Gorges de la Nesque* ging es vom Gipfel insgesamt 50 Kilometer entspannt bergab bis nach *Carpentras*, wo Marion, die zum ersten Mal den Ventoux bezwungen hatte, eine Runde *Panaché* ausgab. Und es passierte uns danach ein typischer Anfängerfehler: An einem *Rond-Point* fuhr der Führende, ohne abzuwarten, in den *Kreisverkehr*, für die nachfolgenden Fahrer im Schlepptau eine ganz schwierige Situation, aber die Aktion ging glimpflich aus, weil die Autofahrer besonnen reagierten und unsere Gruppe fahren ließen.

Am Abend dinierten wir fürstlich mit den Eigentümern und erzählten aufgeregt von unserer *Etape reine/Etape roayle*, aber eine Aktion brachte mich in Wallung:

Als der Chef am späten Abend noch kurz mit seinem Traktor arbeiten musste, weil es am Nachmittag zu heiß war, beschwerte sich, von einem anderen Radfreund animiert, einer meiner Mitfahrer, worauf der Eigentümer den Motor abstellte - peinlicher ging es nicht!

Der nächste Tag war zur freien Verfügung, ich wollte alleine sein und fuhr in der Ebene durch die Weinlandschaft, um danach am Nachmittag im und am Pool zu relaxen.

Die nächste Etappe mit 165 km sollte - euphemistisch formuliert - sehr viel Abwechslung bringen.

Wir fuhren früh am Morgen zurück in den *Vercors, da* die Wettervorhersage ab dem Nachmittag/frühen Abend Gewitter vorhergesagt hatte; ich hoffte, rechtzeitig unser Etappenziel zu erreichen. Wir starteten am Morgen bei blauem Himmel, fuhren zügig über *Valréas, La Bégude-de-Mazenc,* später über die D 70 in das Tal der *Drôme.* In *Mirabel-et-Blacons* begann der Anstieg zum *Col de Bacchus.*

Dunkle Wolken legten sich wie ein Schleier über die Gebirgskette, aufkommende Windböen erschwerten unseren Aufstieg. Am *Col de la Bataille* (1313 m) begann das infernalische Unwetter. Der martialisch klingende Name dieses Passes (la bataille - die Schlacht) klang für mich jetzt wie blanker Zynismus. Hier oben konnten wir nicht warten, trotz Steinschlags waren wir gezwungen, ja *genötigt*, vorsichtig bei geringer Sichtweite abzufahren. Kein Ort, kein Haus, nichts!

Irgendwo in der Nähe der Abzweigung *Carrefour des Trois Routes* sahen wir plötzlich ein einsames Gehöft mit Licht und einem teilweise überdachten Innenhof. Wir stellten uns unter, da das Gewitter mit Blitzen, Sturm und Starkregen Weiterfahrt und Aufenthalt im Freien unmöglich machte.

Mir schwirrte der Film *Apokalypse Now* durchs Hirn. Was sollen wir machen? Wie geht es weiter? Noch 20 km bis zu unserem Tagesquartier. Zwei aus unserer Gruppe waren schon beim Aufstieg zum *Col de Bacchus* fortgefahren; ich machte mir große Sorgen.

Die ganze Zeit beobachteten wir vom Innenhof aus eine große Familie bei ihrem gemeinsamen Abendessen. Sie hatten uns nicht sehen können - warum sollten sie auch bei diesem Horrorwetter hinausschauen!

An ein Fortsetzen unserer Etappe war auch nach einiger Zeit im Traum noch nicht zu denken, aber hier in dieser gottverlassenen Gegend gab es auch keine Übernachtungsmöglichkeit. Als ich im Hof neben einigen Autos einen Lieferwagen erblickte, klingelte ich sofort und fragte nach einem Fahrer, der uns vielleicht <*quelques kilomètres*> (*„ein paar Kilometer“*) nach *La Chapelle-en-Vercors* bringen könnte. Ich habe immer einen Plan B bei meinen Touren, in diesem Fall war ich zum Improvisieren verdammt. Unsere offensichtliche Notlage und ein 50 €-Schein genügten, dass sich schließlich ein Mann aus der großen Familie bereit erklärte, meinem hartnäckigen, aber freundlichen Bitten nachzugeben. Wir hätten bei ihnen im Haus auf dem Boden die Nacht verbringen müssen, ansonsten wäre es unterlassene Hilfeleistung gewesen. Aber in total durchnässter Radkleidung schlafen... Der Fahrer war nicht mehr nüchtern, er konnte ja nicht wissen, dass er zwei von uns und fünf Rennräder transportieren sollte.

Das Unwetter war katastrophal, die Straße übersät mit Steinen. Ich war froh, dass unsere beiden *Ausreißer* unversehrt angekommen waren. Bei unseren von mir geplanten Touren fühle ich mich verantwortlich und deshalb immer ein wenig wie ein Lehrer auf Klassenfahrt.

Mit Eberhard fuhr ich zurück, um die restlichen drei Kämpfer abzuholen; wir blieben zwei Nächte.

Das Wiedersehen ohne Verluste feierten wir beim Abendessen im <*Hotel des Sports*> in *La Chapelle-en-Vercors*. Leider hatte ich hier trotz rechtzeitiger Anfrage keine Übernachtung buchen können; das Hotel ist empfehlenswert, aber oft von Radsportgruppen, darunter auch Profi-Teams ausgebucht. Ich hatte aber einen schönen, geräumigen *Gîte* daneben und Frühstück/Abendessen im Sport-Hotel für zwei Tage reserviert.

Eine sehr schöne Alternative ist das <*Hôtel Bellier*> mit Naturschwimmbad.

Am nächsten Morgen erstrahlte der *Vercors* wieder in seinem unvergleichlichen Gewand mit den schroffen Felslandschaften - fast als ob nichts passiert gewesen wäre; der heftige Steinschlag erinnerte allerdings noch deutlich an das infernalische Unwetter vom Vorabend.

Ich hatte noch eine Etappe mit anspruchsvollem Streckenprofil auf abgelegenen Straßen geplant - dort, wo die *Tour* zweieinhalb Wochen zuvor vorbeigefahren war (20. Juli: Valréas - Villard-de-Lans).

Es wurden 95 km mit 2000 Höhenmetern (Tour-Magazin 5/1999, S. 181, Route 3: „Die Einsame").

Nach *Les Barraques* führte uns der Weg nach *Saint-Martin-en-Vercors* über eine Panoramastraße (D 215 C) mit dem *Col de Chalimont* nach *Villard-de-Lans.* Vorher passierten wir ein weiteres *Mémorial de la Résistance*: das von den Deutschen 1944 zerstörte und bis heute mit Absicht nicht wiederaufgebaute Ruinendorf und Freilichtmuseum *Valchevrières.*

Nach einem Imbiss in Villard-de-Lans fuhren wir über den *Col de Romeyère*. Hier soll also 1954 der *Adler von Toledo* sein Eis genossen haben, während er auf seine Verfolger wartete (vgl. E 13.2, S. 199).

Scharf links nahmen wir die *Route du Mont Noir*. Zwei Radfreunde kamen nicht in den Genuss des Tageshöhepunkts, da sie an der Abzweigung nicht gewartet hatten: eine Forststraße führt durch den Wald zum *Schwarzen Berg* auf 1421 m. Über *Presles*, *Pont-en-Royans* und *Sainte-Eulalie-en-Royans* ging es hoch durch die engen Schluchten <*Grands Goulets*> zurück nach *La Chapelle-en-Vercors*. Die D 518 war autofrei - durch die Aufräumarbeiten wegen Steinschlags war die Straße nach dem Unwetter vom Vortag für den Verkehr gesperrt, wir konnten uns dadurch total frei entfalten beim letzten Aufstieg des Tages. Seit 2012 ist die Straße aber wegen Felssturzgefahr gesperrt und durch einen parallel verlaufenden Tunnel ersetzt worden.

Am letzten Tag wollte ich mich würdevoll von der wilden Schönheit des Vercors verabschieden. Am *Col de Lachau* hielten wir inne am *Mémorial de la Résistance*. Zwei Tage nach dem Unwetter mit Weltuntergangsstimmung waren die Aufräumarbeiten am *Col de la Bataille* noch nicht beendet. Wir fuhren zurück nach *Léoncel* zur D 70, die uns aus dem Vercors hinunterführte nach *Saint-Jean-en-Royans*. In *Pont-en-Royans* nahmen wir Abschied von dem ungestümen Gebirge, es ging nach *Saint-Marcellin.* Diese französische Gemeinde ist durch ihren gleichnamigen Käse in ganz Frankreich bekannt.

Zurück in Dionay rundete das traditionelle Boule-Turnier unsere erlebnisreiche Woche ab, und ich war mir sicher, irgendwann einmal in den Vercors zurückzukehren.

Meine Radfreunde schenkten mir eine Foto-CD, Tims Titelvorschlag erfüllte mich mit Stolz: <*Tour de Franz 2004*>

Etappe 16 Vivent les Vosges!

Vater Rhein hat sich in jahrtausendelanger Schwerstarbeit eine lebenswerte Ebene geschaffen, hierbei zu seiner Rechten den *Schwarzwald* (im heutigen Baden-Württemberg) und zu seiner Linken die französischen *Vogesen* entstehen lassen. Diese sind von Saarbrücken aus das nächstgelegene Mittelgebirge mit dem *Grand Ballon* als höchster Erhebung: 1424 Meter über dem Meeresspiegel. Benannt nach *Vosegus*, dem keltischen Gott des Waldes, bieten <*les Vosges*> ein unerschöpfliches Terrain für Wanderer, Skilangläufer und Radsportler.

Zum ersten Mal lernte ich mein Lieblingsgebirge im Jahr der Ölkrise kennen: im Dezember 1973 an einem der Wochenenden mit autofreiem Sonntag in Deutschland. Wir (acht *Frankophil*e der Fachrichtung Romanistik) verbrachten abenteuerliche Tage (Freitag - Sonntag) in den Hochvogesen. Von *Munster-Stosswihr* (410 m) wanderten wir mit Rucksäcken (Schlafsack, Lebensmittel, Tee, Rum, Rotwein) auf eine im Winter unbewirtschaftete Berghütte (*Auberge du Frankenthal*), welche uns der Besitzer, ein Franzose, kostenlos zur Verfügung gestellt hatte. In der zweiten Hälfte des langen Aufstiegs kämpften wir uns durch den hüfthohen (!) Neuschnee - Schritt für Schritt folgten wir dem Vordermann, um kurz vor der einbrechenden Dunkelheit in unserer spartanischen Bleibe anzukommen. Weder Dusche noch warmes Wasser standen uns zur Verfügung, die Morgentoilette im Freien mit eiskaltem Wasser war gewöhnungsbedürftig, für die Frauen eine Herausforderung. Im Vergleich zu der in unseren Breiten heute doch sehr verwöhnten Wohlstandsgesellschaft erinnerte unser Abenteuer-Wochenende eher an ein *Survival light.* Aber die Wanderungen im Schnee, die beiden Abende mit Tee, Rum, Glühwein und Rotwein vor dem heimeligen Kamin entschädigten uns sehr für unsere Mühen. Von Mai bis Oktober wohnt hier der Bauer mit seinen Vogesenrindern. Die Auberge du Frankenthal lädt im Sommer die Wanderer zur Rast ein. Sie liegt auf 1030 m, unterhalb eines riesigen *Kletterfelsens*, der *Martinswand* am *Hohneck*. Der *Sentier des Roches* passiert diese Berghütte. Der *Felsenpfad* ist eine 16 km lange nicht einfache, aber unbeschreiblich schöne Rundwanderung über den *Hohneck* mit Start und Ziel am *Col* *de la Schlucht,* begehbar von April bis Oktober.

Auch mit zwei Kollegen und Schülerinnen und Schülern der Klassenstufe 7 (Otto-Hahn-Gymnasium) hatte ich diesen Abenteuerweg schon mit viel Begeisterung für alle Beteiligten gemeistert; *Helikoptereltern* hätten uns Lehrer wohl angezeigt, wenn sie den Weg gekannt hätten! Es gab dort schon vereinzelt tödliche Abstürze, allerdings dem Leichtsinn geschuldet. Unsere Schüler haben noch Jahre danach von diesem ihrem Abenteuer-Wandertag stolz erzählt.

1973 hatte die verschneite Bergwelt der Hochvogesen bei mir einen bleibenden Eindruck hinterlassen.

Mit meiner damaligen Freundin und heutigen Frau unternahm ich im September 1985 auch schon eine zünftige einwöchige Panorama-Hüttenwanderung mit Rucksack über die *Hochweiden* der Vogesenkämme, die *Hautes Chaumes.*

Von 1979 bis 2019 war ich alle ein bis zwei Jahre auf vielen kleinen Straßen dieser anmutigen bis wilden Gebirgslandschaft zu Hause, in manchen Jahren zweimal - wenn ich auch noch im Winter auf meinen schmalen Brettern durch diese verschneiten Gegenden lief (vgl. E 8).

Dieses Gebiet ist wie das Saarland geprägt durch eine wechselvolle Geschichte. Nach dem deutsch-französischen Krieg von 1870/71 wurde Nordost-Lothringen und das Elsass vom Deutschen Kaiserreich als „*Reichsland Elsaß-Lothringen*" bis 1918 annektiert; beide Regionen wurden im Versailler Vertrag im Januar 1920 wieder Frankreich zugesprochen. Die Nationalsozialisten annektierten 1940 - 1945 das Elsass, das dem „*Gau Baden*" angeschlossen wurde, und das lothringische *Département Moselle*, welches sie in den „*Gau Westmark*" integrierten (mit Saarland und Pfalz mit der Hauptstadt Neustadt an der Weinstraße).

1941 errichteten sie 50 km von *Strasbourg* entfernt auf dem *Champ du Feu* das einzige deutsche Konzentrationslager auf französischem Boden: *Natzweiler-Struthof.* Über 30 Jahre organisierte ich mit Schülerinnen und Schülern historische Exkursionen an diesen Ort des Grauens auf 800 m, oberhalb der französischen Gemeinde

Natzwiller.

Das schmerzliche Hin und Her einer elsässischen Familie wird anschaulich geschildert in den *„Linden von Lautenbach"/<Les tilleuls de Lautenbach>* von *Jean Egen.* Der stark autobiografisch gefärbte Roman spielt in der Zeit von 1870 bis 1946 und ist sowohl in in französischer als auch in deutscher Sprache erschienen; diese deutsch-französische Lebensgeschichte ist mit Weltstar *Mario Adorf* in der Hauptrolle verfilmt worden.

Von Metz aus - eine dreiviertel Autostunde von Saarbrücken entfernt - zieht sich in Lothringen die romanisch-deutsche Sprachgrenze über die Vogesenkämme bis nach Mulhouse im Süd-Elsass; diese Linie hatte sich im neunten Jahrhundert manifestiert. Auf der östlichen Seite wird neben französisch auch elsässisch gesprochen, ein alemannischer und fränkischer Dialekt, viele Bewohner sind zweisprachig, während auf der Westseite des Gebirges französisch dominiert. Die Dörfer auf *-viller (*deutsch: *-weiler), endbetonte Aussprache <will**är**>,* schreiben sich im Elsass mit ***w*** wie *Ing**w**iller,* in Lothringen werden sie mit ***v*** geschrieben, wie z. Bsp. *Abresch**v**iller*, am Ende mit **e** ausgesprochen; zwei Ausnahmen im Elsass: Ribbeauvillé und **V**illé, die beiden Städtchen werden aber am Ende auch anders geschrieben und endbetont ausgesprochen: *<will**e**>.*

Auch die Lothringer an der saarländischen Grenze sind größtenteils zweisprachig, viele sprechen neben französisch den fränkischen Dialekt. Das Elsass ist eine wunderschöne Touristenregion, verkehrsmäßig allerdings, im Gegensatz zum ruhigen Nord-Elsass, weitaus stärker frequentiert, während auf der „französischen" Seite, *<côté français>,* wie manche Elsässer sich auszudrücken pflegen, also auf den westlichen Hängen, viele ruhige Straßen zum entspannteren Radfahren einladen.

Die Berge fallen zur Ostseite steil in den *Oberrheingraben* ab, auf der Westseite sind die Steigungen von der Tendenz her angenehmer zu erradeln.

Die Vogesen kenne ich in- und auswendig, ich habe immer - wie für alle französischen Regionen laminierte Kartenausschnitte im Radtrikot dabei - von den *gelben Cartes Michelin.* Mein *Revier* vor der

Haustür Saarbrückens erlaubt mir, ohne Benutzung eines Autos interessante Kilometer zu sammeln, um mich in Form zu bringen.

So fuhr ich oft von der Hauptstadt des Saarlandes über den *Saar-Kohle-Kanal* über *Abreschviller* zum *Donon* (Gipfel auf 1009 m), zunächst auf der privaten, steilen Forststraße (*Route TDF*) zum Sendeturm auf fast 1000 m, um nach einer Pause auf der Passhöhe (727 m) die Rückfahrt anzutreten; schnell hatte ich an einem Tag 230 abwechslungsreiche Kilometer in den Beinen. Im Jahr 2000 war ich etwas geschockt: Der stark bewaldete heilige Berg der Kelten war plötzlich nackt! Der über West- und Mitteleuropa wütende Orkan „Lothar" hatte an Weihnachten 1999 tausende Fichten wie Bartstoppel abrasiert.

Mit meinem *Mercier*-Freund Alfred strampelte ich einmal eine knackige Runde von 480 km in drei Tagen ab. Wir fuhren über *Donon* und *Champ du Feu* und übernachteten zunächst nach 180 km in *Villé* im Fachwerkhotel <*La Bonne Franquette*>; am zweiten Tag visierten wir die *Route des Crêtes* mit den Hochvogesen an. Wir fuhren nach *Xonrupt-Longemer* über abgelegene kleine Straßen westlich von *Saint-Dié-des-Vosges* via *Corcieux*, *Les Rouges Eaux,* den *Col de Mon Repos,* den *Col du Haut du Bois* und den *Col de la Chipote* bis nach *Raon-l'Étape,* 140 sehr anspruchsvolle, aber berauschende Kilometer. Am dritten Tag ließen wir die *Mini-Tour des Vosges* mit 160 km bis Saarbrücken ausklingen, mit einem kleinen Schreck bei der rasenden Abfahrt vom Col du Donon: Ein ohrenbetäubender Knall, ich vermutete einen Jäger in unserer Nähe im Wald Richtung *Abreschviller*. Aber Alfreds hinterer Schlauchreifen war geplatzt, wir hatten diese immer mit 9-10 bar aufgepumpt!

An einem Wochenende besuchte ich 1992 meine Frau in den Vogesen, als sie dort mit unseren beiden Kindern im Vorschulalter und zwei befreundeten Müttern eine Woche verbrachte. Heike hatte Zimmer in der sehr schön gelegenen *Pirmasenser Hütte* in *Schnepfenried* auf 1100 m reserviert. Ich konnte an einem Freitag um 11 Uhr 30 an der Schule freimachen und fuhr in siebeneinhalb Stunden 225 km, über *Sarre-Union - Sarrebourg - Baccarat - Saint-Dié-des-Vosges - Fraize - Le Valtin und den Col de la Schlucht* Richtung *Markstein*, aber 3 km vorher links über den *Breitfirst* (1280 m) nach

Schnepfenried - für Sonntag hatte ich mir die Rückfahrt im Auto verdient. Mit Frau, Kindern und meinem *Mercier* verbrachte ich auch eine ganze Woche im <*Chalet des Amis de la Nature Schnepfenried*>. Abwechselnd kochten wir abends in der großzügigen Küche oder gingen zu Fuß 15 Minuten in die heimelige <*Ferme-Auberge*> der Familie Deybach. Ein angenehmes Domizil für Übernachten und Abendessen ist ebenfalls die <*Ferme du Grand Hêtre*>. Wie alle Unterkünfte mit *Table d'hôtes* bieten sie leckere regionale Gerichte nach vorheriger Reservierung an.

Jeden Morgen fuhr ich vor dem Frühstück in die *Bäckerei,* natürlich mit meinem Rennrad! Die 16 Kilometer bedeuteten allerdings auch für mich Frühsport: Auf dem Rückweg überwand ich von *Sondernach* (550 m) aus 700 Höhenmeter auf acht Kilometern: zum Col auf 1183 m, 1,5 km zurück auf 1000 m Meereshöhe und links wieder hoch nach Schnepfenried auf 1070 m. Mit fast 9% im Schnitt zählt der *Col du Platzerwasel* zu den härtesten Vogesenpässen. Wir hätten das frische Baguette und die Croissants übrigens auch im Naturfreundehaus bestellen können...

In den 90er Jahren leitete ich den Schüleraustausch der Gesamtschule Bellevue mit dem *Collège Charlemagne* in *Cornimont.* Zur Vorbereitung traf ich mich an einem Samstag mit meinem französischen Kollegen zum Mittagessen auf halber Strecke in *Raon-l'Étape*; die 140 km (über den Donon) legte ich mit meinem Rennrad zurück, ich konnte meine berufliche Arbeit mit einer ordentlichen Trainingseinheit von insgesamt 260 km verbinden (Rückweg über *Dieuze* 120 km).

Meine Radfreunde Lutwin, Kajo und Raimund vom LC Rehlingen und Uwe hatten die Gelegenheit, *meine Königsetappe* in den Vogesen kennenzulernen: *Naturfreundehaus Schnepfenried - Markstein - Grand Ballon - Col du Hundsruck - Giromagny - Ballon d'Alsace - Bussang*: links - *Col du Page* - *Col d'Oderen* - am Lac de *Kruth-Wildenstein*: re D 27 zum *Markstein* - li Route des Crêtes - nach 3 km re D 27 Schnepfenried.

Die am nächsten Tag als <*Tour d'Honneur*> konzipierte Schleife war aufgrund zusätzlicher Höhenmeter nicht für jeden von uns eine

Ehrenrunde. Ich hatte einen schweren strategischen Fehler begangen. Wir fuhren ins *Münstertal*, ich hatte den einfachsten Aufstieg zur Route des Crêtes vorgesehen, den *Col du Wettstein ab Soultzeren* mit 400 Hm auf fast acht Kilometern, also 5 % gleichmäßige, angenehme Steigung im Schnitt.

Im *Vallée de Munster* fand ein Bergzeitfahren für Hobbyfahrer zum *Collet du Linge* (987 m, von Munster 570 Hm) statt, und Uwe wollte gerne diese Strecke hinauffahren, 170 Hm mehr als die ursprünglich geplante Strecke. Ohne zu überlegen, willigte ich spontan ein. Wir wurden von vielen Fahrern überholt - diese hatten aber auch nicht über 3000 Höhenmeter wie wir vom Vortag in den Beinen, und wir fuhren nicht auf Zeit hoch, es war doch unsere Tour d'honneur! Als wir uns alle oben am Pass gesammelt hatten, verschaffte sich ein Sportsfreund aus unserer Gruppe mir gegenüber mit einem Ausdruck Luft, der nicht zur deutschen Hochsprache gehört. Er hatte recht.

Sofort praktizierte ich meine *Deeskalations-Strategie*, schuf Distanz, verschwand einige Meter weiter in den Wald, um etwas Zeit vergehen zu lassen. Danach saßen wir wieder „zusammen“ beim Picknick - aber ich wurde etwas gemieden. Lutwin und Uwe saßen auf der Bank, ich saß etwas abseits, Raimund mit der Banane in der Hand redete aus Entfernung auf uns ein, Kajo fotografierte und war noch mehr in Sicherheit vor mir. Befürchteten meine vier Radfreunde, dass ich sie anstecken könnte? Schon 22 Jahre vor Beginn der Corona-Pandemie wurde mir gegenüber *Social distancing* praktiziert.

Unsere Ehrenrunde fand allerdings auf der Panoramastraße der Vogesen mit gemeinsamen Fotos einen versöhnlichen Abschluss.

Social distancing schon 1998 - der Autor (2. v.r. entspannt im blauen Trikot) wird am *Collet du Linge* auf Abstand gehalten

Meine ausgewählte eintägige Fünf-Pässe-Fahrt <*Tour des cinq cols*> hat von Schnepfenried aus 145 km bei 3300 Höhenmetern. (Übernachten im Naturfreundehaus/Abendessen in der unverfälschten *Ferme-Auberge Deybach*, 10 Minuten zu Fuß oder Wohnen und Essen auf Vorbestellung in der schon erwähnten tadellosen <*Ferme du Grand Hêtre*> neben dem <*Refuge des Amis de la Nature*>).

Man muss nicht ins Hochgebirge fahren, um dem Rausch der Berge zu erliegen.

Die „kürzere“ Variante vom „*Naturfreundehaus Treh*“, oder vom <*Chalet-Hôtel du Grand Ballon*> aus hat 125 km und 2900 Höhenmeter, von der <*Ferme-Auberge du Steinlebach*> sind 130 km und 3000 Hm zu bewältigen. Wie wäre es mit einer <*Cyclosportive*>

(*Jedermannrennen*, auch E-Bikes zugelassen) von *Cernay* aus (bei *Mulhouse*)? Die Strecken vom Juni 2021: Schnuppertour 42 km, 730 Hm, sportlich: 95 km 2450 Hm, äußerst sportlich: 140 km, 4050 Hm! (www.alsacienne.org)

Eine Übernachtung am *Grand Ballon* eröffnet einen grandiosen Blick auf Jura und Alpen. An einigen wenigen Tagen im Jahr erlaubt die Fernsicht sogar einen Blick auf den *Mont Blanc*.

Ich nutzte jede Gelegenheit, um Zeit in den Vogesen zu verbringen. Hier tobte ich mich im August 1987 vor der Geburt unserer Tochter eine Woche lang aus - mit sehr vielen Kilometern und unzähligen Höhenmetern. (vgl. E 6, S. 102).

2008 verbrachten wir eine Woche im Naturfreundehaus Treh: Anlass war meine 25-jährige Freundschaft mit Valerio. Wir fuhren morgens los, jeden Tag auf ruhigen, teilweise auto- und motorradfreien Wegen und kamen am frühen Abend wieder zurück; meine Freunde waren überrascht, dass ich sie über dermaßen viele fahrradfreundliche Wege leitete.

Der zunehmende Verkehr durch Autos und Motorräder wird inzwischen auch von Paris und Strasbourg als Problem erkannt. Der neue Lärmblitzer <*Méduse*> ist im Mai 2021 in *Soultzeren* an der Auffahrt zum Col de la Schlucht, in *Orbey* und auf der Panoramastraße installiert worden, um die Lärmbelästigung zu messen. Die Höchstgeschwindigkeit wurde für Wochenenden und Feiertage auf Tempo 60 begrenzt. <*Alsace Natur*e> fordert, den Verkehr an Wochenenden zu beschränken. Der Verein <*SOS Massif des Vosges*> empfiehlt, die *Route des Crêtes zu einer* <*Route de respect*> umzugestalten und für bestimmte Zeiten des Jahres für den motorisierten Verkehr zu sperren.

Am *Donon*-Pass, wo die beiden Quellflüsse der Saar entspringen, erlebte ich eine radfahrerische Glanzleistung meiner Frau, als diese mich - entgegen ihrer vorherigen Beteuerungen - zu einem Col begleitete (vgl. E 5, Beziehungspflege).

Manchmal fuhr ich auch mit dem Auto 70 km bis *Lutzelbourg*, um eine Tagesetappe mit 1500 Höhenmetern in Angriff zu nehmen.

Um uns auf die Ventoux-Woche 2018 vorzubereiten, absolvierte ich im Mai mit Erwin, Rainer, Schorsch und Valerio ein dreitägiges autofreies Trainingslager, direkt von Saarbrücken aus mit unseren Rädern und Mini-Rucksack. Vom Hotel *<Aux Deux Clefs>* in *Petersbach* aus erkundeten wir viele geteerte Waldwege im *Donon-Massiv* und dem *Wald* von *Saverne;* wir waren 75 km auf Radwegen, 50 km auf sehr wenig frequentierten Straßen und 25 km auf Straßen mit etwas Autoverkehr unterwegs.

Zunächst über den Radweg von Saverne bis *Romanswiller*, dann die D 224 nach *Wangenbourg-Engenthal*. Einzigartig sind die 30 einsamen Kilometer im Wald von *Engenthal* über *Windsbourg,* das *Maison Forestière du Hengst* (891 m), durch das *Vallée de la Zorn Jaune* bis zum *Schaeferhof,* dann rechts die etwas stärker befahrene D 45 hoch nach *Dabo* und *La Hoube*. Im *<Restaurant Zollstock>* kann man preiswert und gut essen wie vor 50 Jahren - ehrliche, schnörkellose Küche, *la France profonde* lässt grüßen!

Nach einer kurzen Rast mit Salatteller fuhren wir weiter über La Hoube die D 98 D, nach vier Kilometern rechts den Waldweg vorbei am *Maison Forestière* (*Forsthaus*) *Kempel*, nach einer Abfahrt in *Baerenbach* rechts wieder hoch nach *Haberacker* und über den *Schaeferplatz* herunter nach Saverne, nur durch den Wald - ein Gedicht! Die schöne zentrale *Place Charles de Gaulle* neben dem Schloss lädt zum Relaxen ein. Auch das grandiose *Maison Katz*, das vermutlich älteste Fachwerkhaus im Elsass aus dem 17. Jahrhundert, ist eine kurze Besichtigung wert (Grand' Rue 80, mit typisch elsässischer *Winstub*). Danach folgten wir dem Rhein-Marne-Kanal und passierten das fahrradfreundliche *HR Écluse 34* (direkt am Kanal, mit großem Hallenbad), das sich hervorragend als Quartier anbietet. Kurz danach verließen wir den Kanal, folgten über *Steinbourg* der Radwegebeschilderung nach *Hattmatt* und nahmen in *Dossenheim-sur-Zinsel* den Radweg bis *Neuwiller-lès-Saverne.* Zum Abschluss kletterten wir die einsame D 134 durch den Wald nach *La Petite Pierre* und zurück nach *Petersbach*. Da die *Patronne* unsere kulinarischen Vorlieben seit über 20 Jahren kennt, verwöhnte sie uns nach 150 km und 2100 Höhenmetern am Abend mit Lammfleisch als Überraschungsmenü. Meine traumhafte Runde über Saverne in die

Elsässische Schweiz hat von *Graufthal* (*HR Au Vieux Moulin*) aus 130 km bei 1800 Hm, für Einsteiger sind es vom *HR Écluse 34* - zwischen Saverne und *Steinbourg* gelegen - 80 km mit ca. 1500 Hm.

Ein wahres Kleinod und Tipp für einen 3-4 Tage-Aufenthalt (vielleicht mit E-Bike?) ist das 12 km südlich von Saverne gelegene Verwöhnhotel *<Au Chasseur - Hôtel de charme & SPA>* in *Birkenwald*, drei Kilometer von *Salenthal* entfernt, wo meine Traumrunde durch die Elsässische Schweiz vorbeiführt. (*Forêt de Saverne, Massif du Donon*, Touren 21.2).

Ein weiteres ideales Ausgangsquartier ist das an einer *Route Forestière* gelegene *<Hôtel Neuhauser>* in *Les Quelles* bei *Schirmeck-La Broque*, 140 km von Saarbrücken entfernt - eine Augenweide inmitten der Natur! Eine definitiv schöne Einsteigerrunde von ca. 50 km bietet sich an: Über die *Route des Quelles* und *Route de Salm* bis *Plaine - Saint-Blaise* - re D 424 - oder bis *Champenay:* li Rue de Saulxures - re Rue de la Besse direkt auf die D 424 - Col du Hantz (640 m) - *Le Saulcy - Moussey* - RF du Prayé zum gleichnamigen Col (785 m) - Col du Donon (727 m) - re D 392 - nach *Grandfontaine/Framont*: re in die Rue du Haut Fourneau/Route de Salm - Les Quelles: HR Neuhauser.

Unsere Etappe vom 8. Juli 2012 (125 km) kann variiert und um sechs lohnenswerte Kilometer verlängert werden: Statt der Hauptstraße D 1420 geht es ab Schirmeck-La Broque über Les Quelles, Plaine, Champenay, Saulxures wieder auf die D 1420 zum *Col de Saales* (vgl. Tour 7, Vogesen 2012)

Von Hotel Neuhauser aus lassen sich aber auch nach Süden Touren mit allen Schwierigkeitsgraden in das Massiv des *Champ du Feu* bis in die *Hautes Vosges* realisieren.

Resümierend bleibt festzuhalten, dass es unzählige Möglichkeiten zu verschiedenen Touren in das von mir so geliebte Mittelgebirge gibt. Als Basislager benutzte ich auch schon das äußerst stilvolle *<Hôtel-Restaurant Au Vieux Moulin>* in *Graufthal* mit zwei Trümpfen: idyllisch an einem Weiher gelegen, hervorragende Küche!

Nicht vorenthalten möchte ich dem interessierten Leser *Tour*- Besuche, die ich im Rahmen von Vater-Sohn-Ausflügen unternahm. Lucien sah zum ersten Mal 1997 im Alter von sieben Jahren die *Grande Boucle,* als *Jan Ullrich* gewann. Auf der letzten Bergetappe drei Tage vor Paris ging es von Colmar durch das nordostfranzösische Mittelgebirge nach Montbéliard. Wir verfolgten den Aufstieg zum *Grand Ballon* (Passhöhe 1340 m). Auch wollten wir *Marco Pantani* sehen, den wir ein Jahr zuvor kennengelernt hatten (E 13.2).

In der ersten Gruppe waren Pantani und *Richard Virenque*, der Jan Ullrich noch aus dem *Maillot Jaune* herausfahren wollte. Der französische Kletterstar hatte zur Attacke geblasen und war mit mehreren *Festina*-Kollegen vorne vertreten.

Jan Ullrich kämpfte sich einige Zeit hinter den Ausreißern an uns vorbei; er sah wirklich schlecht aus im Gesicht, das ich als ziemlich *<crevé>* in Erinnerung habe - *„erschöpft", „kaputt".*

Am Grand Ballon betrug der Rückstand 23 Sekunden, Ullrichs noch einziger verbliebener Helfer *Udo Bölts* konnte den Abstand bei der Abfahrt ein wenig reduzieren, am *Col du Hundsruck* fiel das Gelbe Trikot erneut zurück - auf 31 Sekunden (www.lagrandeboucle.com).

Hier dürfte Udo Bölts beim Aufstieg die berühmt gewordenen Worte *„Quäl dich, du Sau!"* gerufen haben. Bölts erwähnt in seiner Autobiografie, dass sie nach der Passhöhe *„durch eine kleine Ortschaft mit einer Kopfsteinpflasterpassage (...) mit vollem Risiko bretterten...*" (Bölts, Quäl Dich, du Sau, S. 154). Bei diesem Ort handelt es sich um *Bourbach-le-Haut.*

„Die Bölts ist so stark, die geht niemals kapütt". Telekom-Teamchef *Walter Goodefroot* hat die unermüdliche Kämpfernatur des Pfälzers treffend zusammengefasst.

Jan Ullrich wurde 1997 der erste und bis heute einzige deutsche *Toursieger*. Der Heltersberger Bölts hat an diesem Erfolg einen nicht zu unterschätzenden Anteil.

2001 hatten wir die spannende Etappe *Strasbourg - Colmar* am *Col du Calvaire* verfolgen können. Eine fünfköpfige Ausreißergruppe mit *Jens Voigt* konnten wir im Tal nicht sehen, aber indirekt erahnen: sie waren unterwegs auf der D 415 von *Kaysersberg* zum *Col du Bonhomme,* der Fernseh-Hubschrauber flog über ihnen. Plötzlich sahen wir die fünf Fahrer live an uns vorbeifahren - spannender konnte die Dramaturgie nicht sein. Und zu unserer großen Freude schlüpfte an jenem Tag der kämpferische Fahrer Jens Voigt sogar ins *Maillot Jaune!*

2019 verfolgte ich mit Lucien die *Grande Boucle* an zwei aufeinanderfolgenden Tagen; bei Colmar und dann die stramme Etappe mit Bergankunft in *La Planche des Belles Filles,* schon zum vierten Mal im Programm. Beim fünften Rendezvous 2020 wurde der Berg in den Vogesen am Samstag vor Paris mit einem *Contre-la-montre individuel en montagne* entscheidend für den Ausgang des dreiwöchigen Rennens: *Tadej Pogacar* wurde mit noch 21 Jahren der jüngste *Tour*-Sieger seit 1907, als er am 19. September in einem denkwürdigen Kampf seinem slowenischen Landsmann *Primoz Roglic* das Gelbe Trikot noch entreißen konnte.

<C'est *notre* Alpe d'Huez!> - sagte mir ein Franzose voller Stolz schon 2017.

Die Vogesen erfreuen sich bei den *Tour*-Organisatoren immer größerer Beliebtheit. Eine spektakuläre Etappe ist in Vorbereitung - zum Grand Ballon über den *Col du Haag*, mit einer von der lokalen Presse erhofften erneuten Bergankunft auf dem *Brett der hübschen Mädchen*. Die *<Montée du Haag>* ab *Saint-Amarin* über *Geishouse* wurde im Juni 2020 neu geteert; die *Tour*-Organisatoren hatten die Strecke danach schon besichtigt. Mit seinen 13 Kilometern und zweistelligen Steigungsprozenten dürfte der Aufstieg mit *<Hors Catégorie>* klassifiziert werden. Diese Strecke könnte in nächster Zeit Teil einer Vogesenetappe werden. In der Region spekulierte man schon auf eine Vogesenetappe über diese anspruchsvolle Strecke für 2021 (Dernières Nouvelles d'Alsace, 9 juin 2020); aber nachdem Anfang August der *<Grand Départ>* von Kopenhagen nach Brest verlegt wurde, wurde das Mittelgebirge für 2021 nicht mehr berücksichtigt.

Für 2022 hatte *Épinal* eine meiner Einschätzung nach aussichtsreiche Bewerbung eingereicht: als Etappenankunft mit folgendem Start im benachbarten *Gérardmer*. Die *Tour* gastierte letztmals 1990 in

Épinal, der Hauptstadt des <*Département Vosges*>.

14. Oktober 2021: Ich bin aufgeregt wie in jungen Jahren. Die Sehnsucht der Stadt Épinal wurde nicht erfüllt; der *Tour*-Tross startet in *Tomblaine* bei *Nancy*, er rast nur durch Épinal. Meinen Wunsch aber haben die *Tour*-Organisatoren erfüllt: 2012, 2014, 2017, 2019, 2020, 2022 - wieder eine schöne Etappe in das *Vogesen-Alpe d'Huez: La Planche des Belles Filles* am 8. Juli! Wie 2019 heißt das Ziel <*Super* Planche des Belles Filles>: auf 1140 m statt 1035 m. Als Sahnehäubchen wird ein Kilometer hinzugefügt: geschotterte Piste mit maximaler Steigung von 24 Prozent! Noch am Abend des 14. Oktober hatte ich wie 2019 eine weitere Vater-Sohn-Tour im Naturfreundehaus Treh reserviert: zwei Nächte vom 7. - 9. Juli 2022. Eventuell wird unser Ausflug personell erweitert, da natürlich einige Radfreunde von meinem Sohn und mir gerne mitfahren möchten.

Da es bei der Zielankunft (Sackgasse) zu eng wird, wollten wir uns 2019 die Fahrer am fast ebenso steilen *Col des Chevrères* nur 20 km vor dem Ziel ansehen. Schon am Vortag hatten wir *Peter Sagans* Sieg verfolgen können. An der vorletzten Steigung hinauf nach *Hohrodberg* hatte der bergfeste slowakische Allrounder mithilfe seines deutschen Teams *Bora-hansgrohe* die reinen Sprinter clever abhängen können, um dann in Colmar einen souveränen Sprintsieg feiern zu können.

Das Etappenziel liegt in der Nähe einer malerischen *Tausend-Seen-Landschaft*: *Pays des Mille Etangs.*

Von unserem Übernachtungsquartier im Naturfreundehaus Treh am Markstein fuhren wir mit dem Auto am Vormittag auf kleinen Straßen bis kurz vor *Servance,* wo alle Straßen schon früh am Morgen abgesperrt waren. Darauf war ich vorbereitet. Auf unseren Rädern fuhren wir die restlichen sieben Kilometer bis zu unserem Ziel, indem wir auf ein Katz- und Maus-Spiel mit der *Gendarmerie* angewiesen waren: wir befanden uns auf der Originalstrecke, kurz bevor die *Caravane publicitaire* vorbeifahren sollte.

In *Miellin* (580 m) am Fuße des *Col des Chevrères* (916 m) war die Stimmung 20 km vor der Bergankunft ausgelassen. Zunächst sahen wir die Fahrer im Zelt auf einer Groß-Leinwand. Als das Dröhnen der ersten Hubschrauber draußen zu hören war und die Matadore der Landstraße kurz darauf am Horizont auftauchten, bekam ich wie immer *Gänsehaut*. Wir konnten die Rennfahrer in Ruhe einzeln an der 15-prozentigen Anfangssteigung des strammen Passes beobachten. Die Führenden sahen wie so oft am wenigsten erschöpft aus; *Emanuel Buchmann* machte am Berg wieder einen sehr guten Eindruck. „*Emu*" (* 1992 in Ravensburg) wurde nach einer bravourösen Leistung in Paris Gesamtvierter mit einem Rückstand von nur 1 min 56 s auf den Sieger, den neuen kolumbianischen Radstar *Egan Bernal*, Buchmann verfehlte das Podium um ... 15 Sekunden!

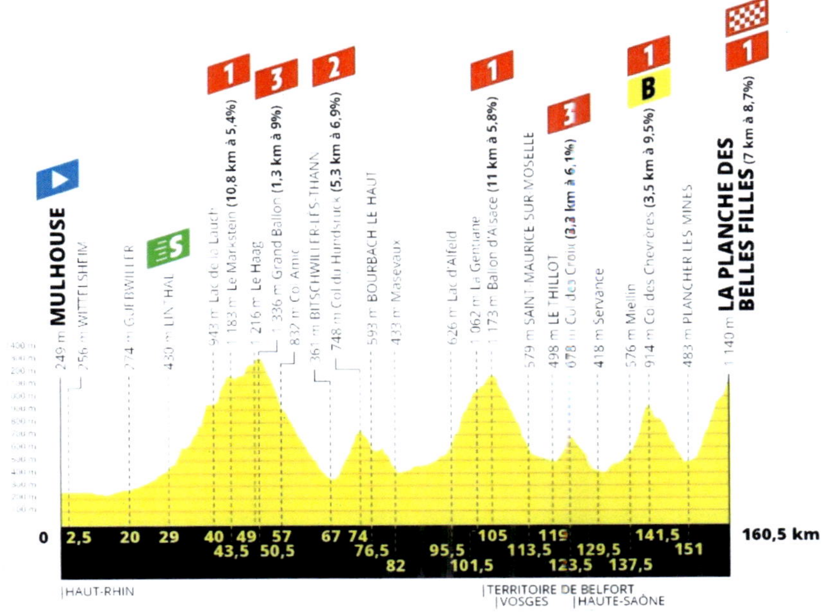

(Quelle: www.ledicodutour.com)

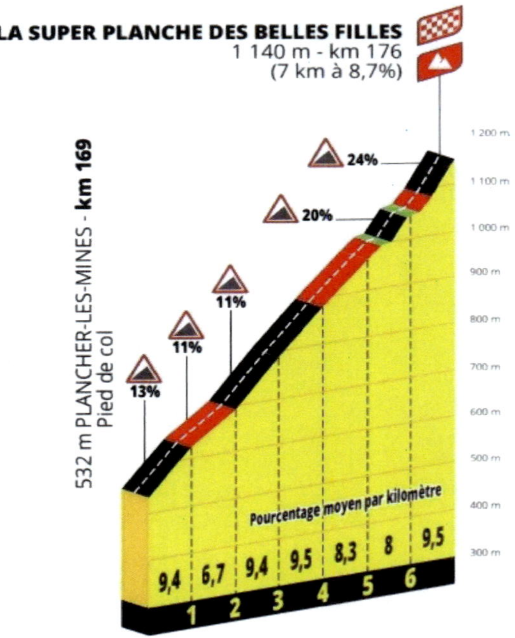

(Quelle: www.ledicodutour.com)

Wir wurden an jenem 11. Juli 2019 Augenzeugen eines strammen Ritts (ab Mulhouse 160 km) über sieben Pässe mit insgesamt 3500 Höhenmetern. Natürlich gab es kein *peloton groupé* mehr. Je später die Rennfahrer vorbeikamen, desto ausgelaugter war ihr Gesichtsausdruck. Als uns alle Fahrer passiert hatten, verfolgten wir das große Finale im 300 m entfernten Bierzelt.

Ich war rundum zufrieden mit meinem Timing, das nicht besser hätte passen können. Unseren dreitägigen *Tour*-Besuch in den Vogesen ließen wir dann auf der Bergterrasse der traumhaften *Ferme-Auberge du Treh* bei Sonnenuntergang relaxt ausklingen.

In die Vogesen fahre ich, solange meine Beine und mein Körper dies zulassen werden. Als Beispiel möchte ich unsere letzte *Tour des Vosges* von 2019 schildern.

Unter dem Motto *„Back to the Roots" - 40 Jahre Vogesen* hatte ich mir 2019 eine Lieblingsstrecke von Saarbrücken aus in die Hochvogesen und zurück zusammengebastelt (Tour 17, vgl. auch Tour 7). Dabei wollte und sollte ich es aber nicht übertreiben. Seit 2015 hatte ich nicht mehr den relativ niedrigen Ruhepuls früherer Jahre.

Die gesamte Strecke kann ich auswendig ohne Karte fahren; jeder Mitfahrer war in Besitz einer Kopie der Strecke; Valerio hatte die Wege wie immer in sein Navi eingegeben, Tim hatte schon lange vorher das Streckenprofil mit Höhenmeterangaben detailliert ausgearbeitet.

Der heutige Straßenverkehr hat in bedrohlicher Art und Weise zugenommen; im Vergleich zu den 70er Jahren bewegen sich nicht nur gefühlt fünfmal so viele Autos auf den Straßen, auch sind immer mehr Motorrad-Fans unterwegs. Ich bevorzuge und suche seit vielen Jahren immer asphaltierte *Routes Forestières (Forstwege), Pistes cyclables (Radwege) oder Voies Vertes* (*Grüne Wege*, oft stillgelegte Bahnstrecken).

Auf unserer ersten Halbetappe à 85 km fuhren wir nur 17 km auf kleinen öffentlichen Straßen, 68 km also auf Radwegen. In *Graufthal* besichtigten wir die *Felsenwohnungen,* wo *Catherine Ottermann* - die *Felsen-Käth* - als letzte Bewohnerin noch bis 1958 gelebt hatte. Damit war für jenen Tag der kulturelle Teil schon abgehakt. Und schon am *ersten* Abend im HR *<Aux Deux Clefs>* in *Petersbach* gab es unser Verwöhnessen *Gigot d'agneau* - im Alter wird man milde und nachlässig.

Am zweiten Tag arbeiteten wir uns in die Vogesen vor. Für 144 km mit 1700 Höhenmetern verbrauchte ich 4000 Kilocalorien. Ich war nicht topfit. Am Rhein-Marne-Kanal passierten wir das idyllische *Schleusenwärter-Tal.* Im *<Vallée des Éclusiers>* mussten die Schiffe auf wenigen Kilometern 17 Schleusen überwinden, um von der elsässichen Rheinebene auf das lothringische Plateau zu gelangen. Heute lädt eine malerische *Voie Verte* zum Radfahren ein, nachdem die Schleusen 1969 durch das sehenswerte *Schiffshebewerk* bei *Arzviller* ersetzt worden waren. In dem *Schrägaufzug <Plan Incliné>* überwinden die Schiffe in einer Badewanne 44 Höhenmeter. Durch tonnenschwere Gegengewichte werden nur zwei Motoren à 120 PS benötigt.

Nach dem *Col du Donon* weckte ich im *Vallée de la Plaine* schon Vorfreuden auf unsere Woche in den Bergen: Ich hatte sehr früh in der Sensibilisierungsphase den berühmten *Heidelbeerkuchen* aus den Hochvogesen bestellt: *La tarte aux myrtilles*. Die *Patronne* im *<Hôtel-Restaurant de la Poste>* in *Raon-sur-Plaine* war einfach nur clever: Der charmante Schorsch, der mich an *Hugo Koblet* - den *Pédaleur de charme* - erinnert, konnte mit einer gerissenen Felge nicht mehr weit fahren. Im Nu hatten wir von dem Radsport treibenden Koch die Adresse eines *Magasin à vélo* in *Raon-l'Étape*.

Bei solchen Rundfahrten mit Reservierungen plane ich natürlich immer ein Zeitfenster für mögliche Verzögerungen mit ein.

(Ein Col hin und zurück als Zwischeneinlage? Vier Kilometer nach Raon-sur-Plaine führt in *Vexaincourt* ein schöner asphaltierter Forstweg zum idyllisch gelegenen *Lac de la Maix auf 685 m; 5,5 km, 320 Hm, die letzten 2 km über 8 % im Schnitt.*)

Für meine Radlerfreunde hatte ich eine kleine Überraschung ausgesucht: Wie immer an jedem Dienstag im Juli/August findet im *<Hôtel-Restaurant Diette>* in *Fouchy* eine *Soirée Barbecue* statt: Es gab Schinken am Spieß gegrillt mit Beilagen - *à volonté,* d.h. man kann von allem Angebotenen soviel essen, wie man möchte. Untermalt wurde der Abend mit französischer *Musette*-Musik durch einen *Akkordeonspieler* - mit der Möglichkeit zu tanzen. Gefühlt der halbe Ort und Bewohner der umliegenden Dörfer waren zugegen. Authentisches französisches Genussleben auf dem Land - mehr *France profonde* geht nicht. Der Chef Jean-Louis hat seinen Laden im Griff - wie ich gerne salopp zu formulieren pflege. Er hatte mir bei der Reservierung 52 € für *demi-pension* vorgeschlagen, unabhängig ob Einzel- oder Doppelzimmer.

Der Mittwoch führt uns mit 2300 Höhenmetern in die Hochvogesen zum *Markstein* auf 1200 m. Vorher hatte ich unseren Weg durch eines meiner Lieblingstäler gelegt: das verlassene *Défilé de Straiture* glänzt je nach Sonneneinstrahlung wie ein Diamant. Auf dem 12 km langen Weg durch das Tal der *Petite Meurthe* trifft man nur ab und zu auf ein Auto.

Schorsch und Albert, der auch über Zweirad-Mechaniker-Künste verfügt, kümmern sich wie zwei Hirtenhunde um unsere Gruppe.

Schorsch und Tim ziehen uns als Schrittmacher mit gleichmäßigem Rhythmus durch die Täler. Schorsch schaut immer nach mir; er nennt mich *<mein Capitano>*. Albert kontrolliert in den Bergen als Letzter, ob wir alle die Steigungen gut bewältigen, perfekte Teamarbeit!

Am *Lac de Longemer* folgt das nächste Highlight: Die *<Route Forestière des 17 km>* lässt uns die Vogesen von ihrer schönsten und ruhigsten Seite erleben.

Am *Col de Grosse Pierre* müssen wir die Strecke ändern, da wir nicht im ursprünglichen Zeitplan liegen, aber ich habe mit einem Plan B immer genügend Streckenvarianten. Die ursprünglich vorgesehene Strecke über *Croix des Moinats, Col de Lauvy, Cornimont, Xoulces*, den herrlichen Aufstieg auf der 12 km langen Forststraße zum *Col de la Vierge, Col de Bramont* und die D 27 zum *Markstein* ist vom Feinsten.

Nach einer Pause am *Col de Grosse Pierre* im *<Le Montgnard>*, mit schönem Talblick, setzen wir unsere geänderte Reise fort und pedalieren durch das ruhige *Vallée de Chajoux* über den *Col des Feignes.* Hier kann man rechts über die D 34 D abfahren und 1,5 Kilometer unterhalb der Skistation von La Bresse links den vielleicht schönsten, fast autofreien Aufstieg zur *Route des Crêtes* genießen, mit einem erfrischenden Bad in einem kleinen Bergsee und einer Pause in der Panorama-*Auberge de Schmargult auf 1200 m*: *La Route du Lac de Blanchemer* (5,6 km, 410 Hm).

Wir entscheiden uns links für die Weiterfahrt zum bekanntesten Vogesenpass, dem *Col de la Schlucht* auf 1135 m. Hier verläuft die Grenze zwischen Elsass, von 1871 - 1918 wie erwähnt dem Deutschen Reich zugehörig, und Lothringen. Wir treffen auf die Nahtstelle zwischen alemannischem und romanischem Sprachraum. Die Franzosen hatten 1903 von Westen eine Bahnlinie zum Pass eröffnet, die bis 1939 befahren wurde, 1907 wurde auf der elsässischen, also damals reichsdeutschen Seite die Strecke *Munster - la Schlucht* eingeweiht, aber zu Beginn des Ersten Weltkrieges 1914 schon wiedereingestellt.

Durch unsere Streckenänderung kommen wir einen Tag früher in den Genuss der *Route des Crêtes*. Im Juli/August fahre ich sie nicht tagsüber, sondern - wenn ich in der Höhe übernachte - morgens vor 10 Uhr und nachmittags ab 16 Uhr, wenn Autos, Busse und Motorräder wieder verschwunden sind. Dann ist diese Panoramastraße aber ein Hochgenuss mit dem Rennrad - ebenso wie im Winter in der Loipe.

Die *Vogesenkammstraße* erstreckt sich über 77 km von *Sainte-Marie-aux-Mines* bis nach *Cernay*. Sie wurde von den Franzosen während des Ersten Weltkriegs nach 1914 aus militärstrategischen Gründen angelegt, um die Soldaten im Kampf gegen die deutschen Truppen zu versorgen. Hier tobten unbeschreibliche Schlachten, da sich auf dem Kamm seit dem deutsch-französisischen Krieg von 1870/71 die Grenze der beiden Länder befand.

Beim Wandern kann man heute noch die alten Grenzsteine mit ***D*** und ***F*** erkennen.

Hier oben gibt es keine Ortschaften, aber gerade dieser Umstand übt einen großen Reiz auf jeden Naturliebhaber aus. Wegen der dadurch schwachen touristischen Infrastruktur sind die Übernachtungsmöglichkeiten begrenzt, aber es lohnt sich, Sonnenauf- und Sonnenuntergang in den Bergen zu bewundern und die Radtour am Morgen zu beginnen, bevor die motorisierten Touristen anrücken.

Während die nördlichen und mittleren Vogesen (*Donon*-Massiv, *Champ du Feu)* anschmiegsam wirken, offenbaren die Ausblicke zwischen *Col de la Schlucht* und *Grand Ballon* die Wildheit des Gebirges. *Lac de Longemer* und *Lac de Kruth-Wildenstein* erscheinen von der Höhe aus 600 m tiefer winzig wie kleine Weiher innerhalb der kolossalen Bergwelt mit teilweise alpinem Charakter.

Wenn ich im Naturfreundehaus <*Chalet du Treh*> übernachte, freue ich mich schon auf Frühstück und Abendessen bei Jean-Paul in seinem Bergbauernhof *Auberge du Treh.*

Vorher hatte ich im Chalet aber noch eine kleine Überraschung parat: nach unserer Königsetappe lud ich meine Freunde zu einem typisch saarländischen Aperitiv ein: Eberhard hatte ein Fünf-Liter-Fässchen einer bekannten saarländischen Brauerei im Auto transportiert und rechtzeitig gekühlt. Wir ließen uns das Bier munden und beobachteten die friedliche Welt der *Paraglider*, die oberhalb am Markstein starten und wie Adler lautlos ihre Kreise am Himmel ziehen.

Ich hatte das Abendessen für den 16. Juli 2019 rechtzeitig auf der sonnigen Terrasse reserviert, um vom großartigen Ausblick gegen Westen zu profitieren.

Bevor wir aber zum wohlverdienten *Dîner* schritten, *mussten*, ich hoffe: *wollten* meine Radfreunde sich noch etwas über die Berge der Vogesen anhören. In fast jeder Ferme-Auberge kann man den berühmtesten Vogesenkäse auch kaufen: *Le Munster*, benannt nach dem schönen elsässischen Städtchen mit den unzähligen Storchennestern im gleichnamigen Tal. Hier verläuft natürlich auch die *Route du Fromage*. Neben der *Käsestraße* gibt es auch die Wein- und Burgenstraße: *Route du Vin, Chemin des Châteaux Forts en Alsace.* Im *Sundgau* zwischen Vogesen und Jura gehören *frittierte Karpfen* zu den Spezialitäten in der Region, also soll mit der *Route des Carpes frites* das Interesse der Touristen auf diese Gegend mit der besonderen Fischzubereitung gelenkt werden.

Zunächst ließen wir unsere Blicke schweifen Richtung *Ballon de Servance,* 1988 auf dem Speiseplan der *Tour*. Dahinter - 100 Höhenmeter tiefer, daher nicht zu erkennen - waren gerade eine Woche vor unserer Tour die Profis der *Grande Boucle* angekommen: *La Planche des Belles Filles* ist seit 2012 zur berühmtesten Bergwertung in den Vogesen geworden, 2020 ursprünglich am 18. Juli geplant mit dem Einzelzeitfahren von 36 Kilometern von *Lure* aus, einen Tag vor Paris der Scharfrichter der gesamten Tour 2020: am Ende 7 km, 600 Hm, 8,7 %, im Schnitt, erste Kategorie; der letzte fordernde, nicht geteerte Kilometer war am 19. September ausgelassen worden, als der Slowene Tadej Pogacar das dreiwöchige Rennen für sich entscheiden konnte (vgl. S. 259 und S.262).

Unter der Abendsonne lenkte ich den Blick meiner Gruppe auf den *Ballon d'Alsace.*

Was für eine Sportgeschichte hat dieser Berg geschrieben! Seit 1947 war er zehnmal im *Tour*-Programm, davon viermal als Etappenziel mit Bergankunft. 1967 verlor *Raymond Poulidor* am *<Ballon>* die *Tour* aufgrund einer *fringale.* 1969 gewann *Eddy Merckx* mit einem souveränen Sieg sein erstes Gelbes Trikot: *Le Cannibale* begann hier oben, *seine Legende zu schreiben - écrire sa légende* (Le Républicain Lorrain, Dimanche, 19 juillet 2020).

1905 war der Schicksalsberg im dritten *Tour*-Jahr der erste Gebirgspass, den die Fahrer zu bezwingen hatten. Ich habe keine historischen Untersuchungen darüber gefunden: Aber ich gehe davon aus, dass die Franzosen mit Absicht die Strecke in die Nähe der damaligen deutschen Reichsgrenze gelegt hatten, um zu demonstrieren, dass die seit 1871 annektierten Regionen Elsass und Nordost-Lothringen zu Frankreich gehören - und um zu zeigen: Schaut her, welch großartige Radrundfahrt wir zu organisieren in der Lage sind!

Erklärtes außenpolitisches Hauptziel Frankreichs war verständlicherweise die Rückeroberung dieser verlorenen Gebiete. Die deutsche Regierung reagierte überraschend und akzeptierte den Vorschlag der Franzosen, 1907 die *Tour* über die „deutsche" Stadt Metz laufen zu lassen. Die bedeutende lothringische Stadt war aus deutscher Perspektive eigentlich die Bastion gegen den westlichen Nachbarn - Frankreich galt immerhin als der „Erbfeind". Nach einer Phase der deutsch-französischen Annäherung in der Weimarer Republik (1919 - 1933) hatte Hitler diesen nicht gerade völkerverbindenden Kampfbegriff aus der Kaiserzeit im 19. Jahrhundert wieder zum Leben erweckt, um seinen Überfall 1940 auf Frankreich zu legitimieren. Die *Tour* 1907 in Metz - vielleicht ein erster, bescheidener Ansatz zur Völkerverständigung durch den Sport?

Damals siegte der Nationalismus.

Eines ist mir in den letzten 40 Jahren aufgefallen: Die Radsportfans sind von internationaler Gesinnung. Lange vorbei sind die Zeiten, als italienische Fahrer in den Pyrenäen noch von französischen Zuschauern attackiert worden waren. Nachdem *Gino Bartali - Tour-Sieger 1938 und 1948* - 1950 am *Col d'Aspin* in den Pyrenäen von französischen Zuschauern zu Fall gebracht und weiter in aggressiver Weise belästigt worden war, gaben die beiden einzigen italienischen Mannschaften das Rennen auf, obwohl Bartali die Etappe noch gewann und *Fiorenzo Magni* im Gelben Trikot war.

Heute wird sich natürlich auch gefreut, wenn ein Fahrer der eigenen Nation stark fährt; aber jeder andere wird genauso frenetisch angefeuert, wenn er in den Bergen alles gibt.

Manche „Fans" in Fußballstadien sollten sich mehr an Radsportfans orientieren. Allerdings hat ein Pyro-Feuerwerk - wie es in den letzten Jahren in den Bergen immer wieder vorkommt - bei einem Radrennen überhaupt nichts zu suchen.

Einen Rassismus, wie er seit einiger Zeit gegen dunkelhäutige Fußballer praktiziert wird, kann ich mir bei Zuschauern im Radsport nicht vorstellen.

Nach meinen doch ausführlichen Erläuterungen waren wir alle leicht unterzuckert und genossen das wohlverdiente Abendessen *auf Treh*; unsere Blicke schweiften bei Sonnenuntergang über die *Belchen,* wie die *Ballons* im Elsass oder auch im Schwarzwald genannt werden - einfach nur traumhaft!

Am Donnerstag fuhren wir aus den Hochvogesen heraus. Zunächst ging es über die Panoramastraße zurück; aber in umgekehrter Richtung fühlt es sich aufgrund neuer Blickwinkel an wie eine neue Strecke. Tim - Motto: ein bisschen Spaß muss sein - hatte eine lustige Idee.

Wir fuhren auf den noch vor dem <*Chalet du Grand Ballon*> (1350 m) höchsten asphaltierten Punkt der Vogesen, auf den *Hohneck* mit 1363 m. Um mich zu *ehren* (*„eschdamieren"),* titulierte er auf dem Streckenplan diesen zweithöchsten Vogesengipfel in Anlehnung an das *Souvenir Henri Desgrange* mit dem Namen des Verfassers dieser Zeilen. Ich war gerührt.

Der *Hohneck* gehört zu meinem Pflichtprogramm, zu Fuß, in der Loipe oder mit dem Rad. Der atemberaubende 360°-Rundblick geht über die Lothringer Seenplatte, die Vogesen im Norden, Westen und Süden, im Osten den Schwarzwald und über die Viertausender des Berner Oberlands in den Schweizer Alpen mit *Eiger, Mönch, Jungfrau* und *Finsteraarhorn.*

2019 Gipfelfoto am *Hohneck:*
<Souvenir Franz Haßdenteufel>
(Autor im *Maillot à pois rouges*)

Nach dem Col de la Schlucht fuhren wir über den ruhigeren Teil der Route des Crêtes zum *Col du Calvaire*, wo ich - wie geschildert - 2001 mit meinem Sohn Augenzeuge der extrem spannenden Etappe mit Jens Voigt sein durfte (vgl. S. 258/259).

Am *Col de Bonhomme* verzichtete ich auf eine Schleife, mein Puls war seit meinem Schlaganfall 2015 immer noch zu hoch bei Steigungen. Ich hatte im Streckenplan den lohnenswerten Aufstieg ab *Fraize* zum *Col de Mandray,* dann dort rechts über einen 9 km langen Forstweg zur *Route des Crêtes* vorgesehen. Erwin blieb bei mir, wir tranken am *Col du Bonhomme* zwei Panachés, man soll den Radsport nicht so verbissen sehen, eine völlig neue Situation; mein Zustand einige Jahre zuvor hätte es mir niemals erlaubt, diese Pause zu machen und den Aufstieg zu einem ***Col*** auszulassen! Rückblickend konstatiere ich mit innerer Zufriedenheit, dass meine Leidenskurve am *Col du Bonhomme* ihren Höhepunkt längst überschritten hatte! Schon ein Jahr zuvor 2018 am *Ventoux* (vgl. letzte Etappe 21) hatte sich die Wende angedeutet. Die Hoffnung auf Besserung meines seelischen Zustands wurde weiter genährt.

Wir trafen uns alle wieder am *Col du Pré de Raves,* immer noch auf 1005 m über Meeresniveau.

Les Vosges 2002: rechts der Fahrer vom *LC Rehlingen* mit der höchsten, mir bekannten Trittfrequenz: Jonny, Beiname: „die Nähmaschine"

In der <*Ferme-Auberge La Graine Johé*> am *Col des Bagenelles* war der Heidelbeerkuchen ausverkauft, ein feines Eis plus Apfelkuchen mit dünnem Boden - die klassische französische *Tarte aux pommes* - entschädigte uns aber reichlich.

Früher hatte hier der Großvater noch die <*sabots*> in Handarbeit hergestellt; dieses Handwerk hat eine große Tradition in den Vogesen. Die *Holzschuhe* werden noch in den *Saboteries* in *Gérardmer* und *La Bresse* hergestellt, in *Soucht* bei *Bitche* öffnet das *Musée du Sabotier* an Wochenenden seine Tore.

Von dem französischen Wort ist unser Fremdwort *Sabotage* abgeleitet. Als sich die schlesischen Weber im 19. Jahrhundert gegen den Arbeitsdruck wehrten und die Maschinen zerstörten, taten es ihnen die Holzschuh-Arbeiter gleich.

So entstand das Wort *Sabotage* als Synonym für Zerstörung von Sachen und hat sich seit dieser Zeit als eine Form des Widerstands etabliert, wie zwei bekannte Beispiele aus dem 20. Jahrhundert zeigen:

Die *Résistance* versteckte sich im Paris der 1940er Jahre tagsüber in den *Katakomben*, nachts verübte sie gezielt *Sabotageakte* gegen die deutschen Besatzer.

Die *Südtiroler Autonomie-Bewegung* verübte in den 60er Jahren ebenfalls *Sabotage* in Form von Bombenanschlägen an Sachobjekten, um gegen die Bevormundung durch die italienische Regierung zu kämpfen (vgl. E 14).

Wieder zurück in *Fouchy* im *Hôtel-Restaurant Diette* wurden wir von Jean-Louis mit einem Klassiker der elsässischen Küche überrascht: *Baeckeoffe.*

Früher brachten die Frauen, wenn sie montags gemeinsam im Trog des Dorfes die Wäsche reinigten, ihre Reste vom Sonntagsessen zum Bäcker, auch um Energie zu sparen. Nach getaner Arbeit nahmen sie die in der Backstube gewärmte Mahlzeit mit nach Hause. Heute ist das Traditionsgericht aus dem Elsass verfeinert; Lamm-, Rind- und Schweinefleisch werden über Nacht in *Riesling* mariniert. Ich hatte meine Vogesenfreunde im Januar 2020 zu einem *Baeckeoffe-Abend* eingeladen. Wir hielten Resümee und planten die für den Sommer 2020 vorgesehene Fahrt ins *Département Drôme* und die *Montagne de Lure* (E 21, Tour de Lavande im Garten Eden), die wir leider wegen Covid-19 auf unbestimmte Zeit verschieben mussten.

Unsere vorletzte, abgeänderte Etappe führte über das *Champ du Feu*, ab dem *Col du Kreuzweg* auch wieder über eine schöne, einsame Forststraße, wo keine Motorräder fahren; nur ein Kilometer aufsteigend ist schlechter asphaltiert. Nach der der *<Ferme-Auberge La Rothlach>* erwischten wir auf der langen Abfahrt nach *Grendelbruch* leider eine längere Passage mit Rollsplit, die Straße war gerade klassisch mit *Macadam* erneuert worden. Tims Defekt war der zweite in einer Woche, nach Schorschs gerissener Felge.

Bei *Oberhaslach* genehmigten sich zwei von uns *Bière pression* statt Wasser. Ich gehörte dazu, ich war noch glücklicher als sonst bei anderen Touren, dass sich unsere erfolgreiche Vogesenwoche dem Ende näherte. Noch einmal über einen kleinen Pass, den *Col des Pandours*, 662 m. In *Wangenbourg-Engenthal* verzichtete ich auf den Schlenker über die D 224 links hoch zur *<Auberge du Windsbourg>*, da er zeitlich nicht gepasst hätte. Aber diese Adresse am Ende der Welt mitten im Wald ist eine besondere, am besten, wenn man vom *Maison Forestière* du *Hengst* aus der anderen Richtung herunterkommt, so wie unsere Etappe ursprünglich geplant war. *Tarte flambée* oder die *Holzfällerplatte <Planche du bûcheron>*, die auch für zwei Personen reicht, sind besser zu verdauen, wenn man danach bergab über Saverne zum Rhein-Marne Kanal fährt (sicherheitshalber vorher anfragen/reservieren!).

Wir folgten der einsamen D 218 und bogen vor *Reinhardsmunster* links ab über die *Route Forestière de Stambach à Reinhardsmunster und* auf der Kuppe am *Carrefour du Billebaum* rechts über die *RF de Saverne au Billebaum* durch den Wald in das schöne Saverne am Rhein-Marne-Kanal.

Am Abschlussabend 80 km vor Saarbrücken wartete auf uns der *Adler* in *Wimmenau*: das *<Hôtel-Restaurant à l'Aigle>* mit der Juniorchefin Céline, das Hotel meines Vertrauens im *Krummen Elsass* mit einem unschlagbaren Preis-Leistungsverhältnis.

Mit unserer Verwandtschaft verbrachten meine Frau und ich auch schon ein Wanderwochenende in dieser unverfälschten Herberge mit hervorragender Küche.

In „mein“ Hotel kommen seit 2012 auch vermehrt Gäste von weither. Das inzwischen renommierte Glasmuseum *<Musée Lalique>* im drei Kilometer entfernten *Wingen-sur-Moder* ist äußerst sehenswert; es zeigt die Entwicklung des berühmten Kunstschaffenden *René Lalique* (1860-1945) vom Schmuckdesigner zum Glaskünstler; er zählt zu den Großen des *Jugendstils* in der *<Belle Époque>*. Viele ältere und neuere Objekte, auch aus berühmten Ausstellungen in Paris, lassen Kunstgeschichte Revue passieren. Meisterwerke dieses Kunstschöpfers sind in Wingen-sur-Moder im Original zu bewundern.

Ich hatte *Truite aux amandes* ausgehandelt, *Forelle mit Mandeln,* nicht nur für Schorsch, den bekennenden Fischliebhaber ein bevorzugtes Essen. Unser Feinschmecker Dirk, der nicht mit in die Vogesen fahren konnte, war mit seinem Rad von Saarbrücken gekommen. Wir alle erfreuten uns an den fangfrischen Leckereien, die noch am Morgen sechs Kilometer weiter in den Weihern der extensiven Forellenzucht in *Wildenguth* geschwommen waren.

(Im idyllisch an einer Waldlichtung gelegenen *Chalet* des *<Club Vosgien>* im benachbarten *Reipertswiller* hatten wir ebenfalls schon übernachtet oder bei der Zwischenstation am Nachmittag den hausgemachten - vorbestellten - Kuchen kosten dürfen. Auch das *HR Au Soleil* in *Lichtenberg,* vgl. E 18.1, ist einen Aufenthalt wert.)

An diesem letzten Abend im Juli 2019 war Druck von mir abgefallen. Erwin und Tim fragten mich bei unserer Rückkehr am Samstagmittag am Paulaner Biergarten, wann wir uns wieder zu einer sportlichen Ausfahrt treffen sollten - ich musste passen, der Krebsverdacht, der während der ganzen Woche wie ein Damokles-Schwert über mir hing, sollte sich bestätigen. Aber ich habe großes Glück gehabt. Dank der Früherkennung gelte ich nach einer achtwöchigen Bestrahlung, ohne Operation, ohne Chemotherapie, vorerst als geheilt.

Vor Beginn der folgenden Reha in Badenweiler im Schwarzwald

hatte ich mich gesammelt und an die langjährigen Wünsche meiner Radfreunde gedacht, meine/unsere Abenteuer mit dem Rennrad zu Papier zu bringen. Vielleicht wollte ich aber auch nur für mich ein Lebensresümee ziehen. Mit viel Fahrradliteratur und unzähligen Michelin-Karten brachte meine Frau mich Mitte November 2019 zur vierwöchigen Reha, wo ich anfing, diese meine Geschichte aufzuschreiben.

Ich profitiere von einem neuen Lebensgefühl, jeden Tag empfinde ich als Zugabe, ich halte es mit dem römischen Dichter *Horaz*: *Carpe diem*!

Während unserer *Tour des Vosges* hatte ich natürlich niemanden eingeweiht; ich hatte registrieren müssen, dass meine ansonsten mentale Stärke vor allem beim Klettern erheblich geschwächt war. Dennoch war ich einfach nur zufrieden, die 650 km und 8840 Höhenmeter mit meinen Radfreunden ohne Zwischenfälle bewältigt zu haben.

Etappe 17 Vive le Jura!

Das Juragebirge liegt wie eine halbmondförmige Sichel zwischen Frankreich und der Schweiz. Diesen Gebirgszug hatte ich zuerst durch Skilanglauf kennengelernt (vgl. E 8). Auf meinem Weg von Saarbrücken nach Nizza hatte ich mit Alfredo das Jura 1990 mit dem Rad durchquert (vgl. E 9). *Lamoura* auf 1200 m im Hoch-Jura war Start und Ziel bei unserer Tour durch die Savoyer Alpen 1995 (vgl. E 11) und bei der Überquerung der französischen Alpen 2009 vom Genfer See zum Mittelmeer (vgl. E 19).

Naturfreundehaus
<Les Adrets>
Lamoura 1995

Das Gebirge mit vielen sanften Anstiegen ist für meine Radsportgruppe auch geradezu ein Synonym für kulinarische Köstlichkeiten: Einige Rundfahrten wurden zum Abschluss mit Valerios portugiesischer Lammkeule in Lamoura würdevoll gefeiert.

Ende der 80er Jahre besuchte ich mit Frau und Tochter regelmäßig meine Schwester Conny, die mit ihrer Familie einige Jahre in Rapperswil bei Bern in der Schweiz lebte. Ich hatte das Rennrad dabei und fuhr morgens meine Hausstrecke: 30 km ins *Schweizer Jura* und wieder zurück. Der *Weissensteinpass* war mein auserkorenes Ziel, um in Form zu bleiben. Erst beim Schreiben dieser Zeilen habe ich mich nach 30 Jahren wieder über das Streckenprofil informiert. Der nicht allzu lange Hausberg von *Solothurn* gehört zu den steilsten Pässen in der Schweiz; auf den fünf Kilometern ab *Oberdorf* müssen 624 Höhenmeter überwunden werden, also 12,5 % *im Schnitt*! Ich hatte damals weder Triplette noch Compact, sondern als kleinste Übersetzung 42/26 gekettet und ... bin einfach hochgefahren - absteigen war keine Option, nach einer kurzen Pause ging es direkt wieder zurück, um den Tag mit Familie und Verwandtschaft zu verbringen.

Laut *quaeldich.de* gibt es Rampen von bis zu 22 %, woran ich mich nicht mehr erinnern kann. Ein wohl sehr beeindruckter Leser kommentiert diese Südrampe mit den Worten: „... Wer hier nicht absteigt, ist Profi ...“

Während einer Hinfahrt in dieses Mittelgebirge erlebten wir zunächst einen kleinen Albtraum: Rolfs Rennrad im hinteren unserer beiden Pkw's machte sich vom Autodach aus selbstständig - wegen eines defekten Schnellspanners. Die Autobahn hatten wir aber gerade verlassen, hinter dem Unglückswagen war kein Fahrzeug unterwegs. Nur die Gabel des *Dancelli*-Renners war gebrochen, allerdings war Rolfs psychischer Zustand auch in einem ähnlichen Zustand. Auf Vorschlag des Teamchefs demonstrierten wir Solidarität und sozialisierten die Unkosten, um unseren angeschlagenen Kumpel aus dem Tal der Tränen herauszuholen. In *Prémanon* hofften wir, ein Radgeschäft und irgendeine Ersatzgabel zu finden. Der Inhaber suchte in seinem Ersatzteillager und fand die berühmte Stecknadel im Heuhaufen: eine Original *Dancelli*-Gabel! Mit einem solchen Glücksgriff konnten wir in dieser kleinen Jura-Gemeinde wahrlich nicht rechnen.

Aus meinen vielen Jura-Touren habe ich eine einwöchige Runde für *sportliche Naturliebhaber* zusammengestellt (siehe Tour 5: *Tour du*

Jura).

In dreieinhalb Stunden erreicht man von Saarbrücken aus nach 290 km das Tor zum französischen Jura: *Saint-Hippolyte.* Nach Vogesen und *Sundgau* beginnt hier der nördliche Teil des Gebirges. Das <*Hôtel Bellevue*> ist zu empfehlen als Start und Ziel einer *Tour du Jura.* Die Hotelkette *Logis de France zeichnet* sich aus durch stilvolle Landhotels mit guter, *regionaler* Küche, was konkret bedeutet: kurze Wege = frische Produkte.

Diese <*Cuisine du terroir*> wird je nach Niveau klassifiziert mit 1, 2 oder 3 *Kochtöpfen (<marmites>).*

Bei Reservierung von Doppelzimmern sollte man immer *Chambres Twin (zwei Einzelbetten)* oder *Lits jumeaux* (*Zwillingsbetten* direkt nebeneinander) angeben; ansonsten gibt es in Frankreich immer noch häufig ein Doppelbett mit nur 1,40 m Breite, einer Matratze und einer Decke (In Italien: <*letto francese*>, „französisches Bett"). Eine weitere Empfehlung bei rechtzeitiger Reservierung: <*Une chambre qui donne sur la cour ou sur le jardin*> - *Zimmer* zum *Hof* oder *Garten* garantieren einen besseren Schlaf!

Die Michelin-Karte 321 hat die D 39 mit einem grünen Streifen bedacht: *Parcours pittoresque,* die *landschaflich reizvolle Strecke* durch das Tal des Flüsschen *Dessoubre* lässt schon am ersten Tag Vorfreude auf die Woche entstehen, die beeindruckende Schönheit und Ruhe übertragen sich auf das gleichmäßige Pedalieren, wir hören nur das Rauschen des Wassers und das leise Surren der Ritzel, wenn wir das Rad ab und zu frei laufen lassen.

Mit dem *Col du Tounet* werden schon fast 1000 m Höhe erreicht: 958 m über Meeresniveau. Die Steigungen im französischen Jura sind von der Tendenz eher *human* - im Gegensatz zur Schweizer Seite, wo das Gebirge steil abfällt.

Ab *Gilley* folgen wir dem Radweg - *Piste cyclable/Voie Verte -* bis *Pontarlier.* Nach 105 km haben wir *Malbuisson* am *Lac de Saint-Point* erreicht. Am See direkt befindet sich das bekannteste, sehr schön gelegene Hotel <*Le Lac*>, preiswerter und ebenfalls zu empfehlen ist das <*Beau Site*>. Auf unserer Rundreise werden wir auf dem Rückweg zu einer zweiten und dritten Übernachtung vorbeikommen.

Am nächsten Tag arbeiten wir uns über die D 46 auf 1025 m vor. Hier ist sie eine wahre Panoramastraße mit Blick auf den *Mont d'Or* (1463 m) und den *Mont Tendre* (1679 m, Schweiz). Diese Aussicht konnte ich auch schon an einem sonnigen Wintertag auf Langlaufskiern genießen. Über *Chaux Neuve* folgen wir der D 46 weiter bis *La Chapelle des Bois* (sehr schönes *Logis de France: <Hôtel Les Bruyères>*). Es wird immer einsamer. Zwei Kilometer nach *Les Mortes* zweigt links eine *Route Forestière* ab, auf der ich auch schon im Winter auf Skiern unterwegs war. Der Forstweg steigt auf 1200 m und überquert den bewaldeten Bergrücken *Mont Risoux,* fernab jeglicher Zivilisation, aber Radfahrerherz, was willst Du mehr!

In *Bois d'Amont* an der Schweizer Grenze führt uns die Route rechts über die D 415 an *Les Rousses* vorbei zur Grenzstation *La Cure*. Über die D 25 erreichen wir nach 80 Tageskilometern die Gemeinde *Lamoura,* wo ich also mit meinen Freunden schon viele Nächte im Naturfreundehaus *Les Adrets* verbracht hatte, in Vierer- und Sechserzimmern, mit geselligem Kochen am Abend.

Das *<Hôtel La Spatule>*, wo wir uns für zwei Nächte einquartieren, bietet herrliche Aussichten gegen Süden und Westen; bei schönem Wetter sind die Sonnenuntergänge ein Genuss.

Eine Alternative ist das Logis Hôtel *<Les Arobiers>*

Das Jura ist ein niederschlagsreiches Gebiet, weshalb die Wiesen auch in saftigem Grün geradezu glänzen. Ich hatte allerdings schon einmal mit meiner Familie 1998 einen Urlaub mit zwei Wochen Sonne pur am *Lac de Saint-Point* verbringen dürfen. In jenem Jahr wanderte ich im Rahmen einer Volkswanderung (*Marche Populaire*) zu dritt um diesen See: 23 Kilometer mit dem achtjährigen Sohn und Aika, unserer Hündin!

Jede Rundfahrt braucht eine *Dominante*, einen Höhepunkt, um Motivation und Konzentration hochzuhalten. Ein besonderes Highlight für Radsportler und Naturliebhaber ist die nächste Etappe - die Königsetappe - mit Start und Ziel in Lamoura unter dem Motto: 100 km auf kleinsten Straßen durch den *Parc Naturel Régional du Haut-Jura.* Nach *Lajoux, La Pesse, Champfromier, Giron, Belleydoux* geht es über *Choux* und die D 63 / D 291 herunter in die Stadt der Tabakpfeifenherstellung nach *Saint-Claude* auf 400 m. Zum Abschluss folgt ein absolut *entschleunigender* Aufstieg zum Genießen mit insgesamt 18 km bei 800 Höhenmetern über *Haut-Crêt* nach Lamoura. Wir fuhren diese Strecke allerdings einmal bei großer Hitze, so dass die Reifen auf der neu und glatt geteerten Straße klebten. Bei den älteren *Macadam*-Straßen wäre das nicht passiert... Aber bei der traditionellen Lammkeule waren damals alle Anstrengungen in der Hitze schnell vergessen.

Wir verlassen am nächsten Morgen das Hoch-Jura über *Lajoux*. Am Ende des Ortes biegt zur Linken eine *Route Forestière* ab in ein riesiges Waldgebiet - mit schönen Macadam-geteerten Forstwegen für das Rennrad. Der Name kann Angst einflößen: *La Forêt du Massacre.* Diese Bezeichnung ist historisch belegt: Der französische König *François 1er* schickte im 16. Jahrhundert 600 - 1000 italienische Söldner der Stadt Genf zu Hilfe, die vom *Duc de Savoie* belagert wurde. Dem *Herzog von Savoyen* gelang es, im zitierten Wald ein Massaker zu veranstalten, indem er die eingekesselten Söldner abschlachten ließ. Wir passieren das *Chalet de la Frasse* - eine willkommene Einkehrmöglichkeit mitten im Wald. Es folgt ein Ausflug in das Schweizer Jura über *Saint-Cergue* und *Arzier* zum *Col du Marchairuz* auf 1447 m. Nach dem *Lac de Joux* und *Le Lieu* geht es zurück nach *Mouthe* in Frankreich. Nach 105 Tageskilometern erreichen wir wieder *Malbuisson*, wo man es auch gut zwei Tage aushalten an.

Blick auf den *Lac de Saint-Point* mit *Malbuisson*

Für den nächsten Tag bietet sich ein kurzes, aber knackiges Vormittagstraining an, mit Belohnung am Nachmittag: Der stramme Aufstieg - 5 km, 500 Höhemeter - zum *Mont d'Or* mit einer 19 % - Steigung zum Finale auf 1430 m, oder etwas gemäßigter 7 km mit 500 Höhenmetern, wird belohnt mit einer grandiosen Aussicht, bei entsprechendem Wetter bis zum *Mont Blanc* (4810 m). Die dritte Möglichkeit ist eine Auffahrt nach *La Petite Echelle:* Nach einer Einkehr in der urigen Gaststätte auf 1220 m geht es zurück ins Hotel, um am Strand in Malbuisson den Tag gemütlich ausklingen zu lassen. (Von Paris aus gelangt man übrigens mit dem Hochgeschwindigkeitszug *TGV* in 2 ¾ Stunden in diese Region. Nach dem Haltepunkt *Frasne* geht es im Tunnel unter dem Mont d'Or nach Genf.)

Eine überregional bekannte Käsespezialität ist der *Vacherin Mont d'Or,* nach dem *Comté* bei uns der zweitbekannteste Käse aus dem französischen Jura.

Die Schlussetappe führt uns über *Les Fourgs* in die Schweiz zum *Lac des Taillères* und auf einsamen Straßen wieder auf französischen Boden. Nach der Panoramastraße D 447 nehmen wir die D 48 nach *Morteau,* über *La Motte* und *Luisans* gelangen wir nach *Fuans,* wo wir über die D 39 bei *Gigot* wieder das Tal des *Dessoubre* erreichen und nach 115 km am Ausgangspunkt Saint-Hippolyte ankommen. Nach einem genussvollen Abend im Hôtel Bellevue fahren wir am Sonntag nach Saarbrücken zurück.

Etappe 18 Warum denn in die Ferne schweifen

18.1 An-, Abradeln - Radfahr-Paradies vor der Haustür

Das berühmte Goethe-Zitat ist leicht abgewandelt entnommen aus seinem Vierzeiler „Erinnerung“:

„Willst Du immer weiter schweifen?
Sieh, das Gute liegt so nah.
Lerne nur das Glück ergreifen.
Denn das Glück ist immer da.“

Und ich habe die Möglichkeit, dieses Glück in einem Radfahr-Paradies vor den Toren Saarbrückens ergreifen zu dürfen. Im Süden Frankreichs sind meine Paradiese *Vercors, Drôme* und *Montagne de Lure*, aber sie sind 700 km weit entfernt (vgl. E 7, E 15, E 21).

Bei uns gibt es auch viele Regionen, die zu erkunden es wirklich wert sind.

Paradies ist nach christlicher, jüdischer und islamischer Sicht ein Ort der Harmonie, wo die Menschen zu Anfang ihrer Existenz in Frieden gelebt haben, bis sie wegen ihres Sündenfalls aus selbigem verjagt wurden. Letzteres kann mir nicht widerfahren.

Nach vorne gedeutet ist es das Himmelreich, in welches die Gläubigen bei guter, gottgefälliger Lebensführung gelangen. Im Altgriechischen bezieht sich *Paradeisos* auf persische Königsgärten und bezeichnet, wie in der hebräischen Sprache, den *Garten Eden*. Hier, in unserer Radsport-Heimat vor den Toren Saarbrückens, bin ich mit meinen Radfreunden schon *zu Lebzeiten* in diesem vielgepriesenen Garten. Wir müssen nicht auf das Himmelreich warten.

Um Kilometer zu akkumulieren und meine Sucht in den Griff zu bekommen oder etwas einzudämmen, hatte ich früher jahrelang zwei Hauptstrecken an Wochenenden und Feiertagen.

Eine 100 km - Tour durch das Saartal bis *Sarre-Union,* allerdings mit dem Saarbrücker Hausberg - dem drei Kilometer langen *Fechinger Berg* mit knapp 6 % durchschnittlicher Steigung, 170 Höhenmetern, sozusagen als *Hors d'oeuvre*; hierbei gelang mir manchmal ab Juni bei frühem Start (sieben Uhr) ein Schnitt von 33,5 km/h für die gesamte Strecke, wenn alles optimal verlief; die Schallmauer von unter drei Stunden war mein anspruchsvolles Ziel. Es war mein *contre-la-montre individuel*, sonntags oder an Feiertagen früh am Morgen, wenig Wind, ohne Autos, keine Ampeln.

Die zweite Strecke führte mich über 153 km hoch und runter ins *Pays de Bitche* und zurück durch den *Bliesgau*, mit insgesamt acht Steigungen. Ich fuhr die Strecke alleine mit einer kurzen Pause hinter *Bitsch*, französisch *Bitche* - Getränkeaufnahme, Espresso - in fünfeinhalb Stunden, als Nahrung hatte ich Bananen und Pumpernickel-Brot dabei. Mit Alfred fuhr ich manchmal 200 km, davon die Hälfte zum x-ten Mal ... Nach einigen Jahren wurde es uns zu langweilig, da wir immer insgesamt 100 km dieselbe Strecke hin- und zurückfahren mussten, um in die wirklich schönen Landschaften zu gelangen.

Bei uns reifte die Idee, mit einer Übernachtung ein Wochenende zu kreieren; im *Bitcherland* und im benachbarten *Krummen Elsass*.

Der entsprechende französische Ausdruck *Alsace Bossue* entstand, weil der nordwestliche Teil des hier überwiegend protestantischen Elsass' (*Département Bas-Rhin)* wie ein Keil, ein „*Buckel*" (*bossu*) in das katholisch geprägte lothringische *Département Moselle* hineinragt. Neben diesem „krummen" Grenzverlauf ist eine volkstümliche, nicht belegbare Interpretation das wellige („bucklige") Streckenprofil in dieser Region - im Gegensatz zur elsässischen Ebene. Nur 80 km entfernt von Saarbrücken kann man hier durch verträumte elsässiche Dörfer radeln wie z. Bsp. *Oberbronn, Weinbourg* oder *Ingwiller* mit ihren schönen Fachwerkhäusern.

Es entstand konkret der Plan, in dieser attraktiven Landschaft im März/Oktober, später im April/September an- und abzuradeln.

Ich suchte in der Umgebung von Bitche, wo es unzählige kleine Straßen und *Routes Forestières* gibt, also *geteerte Forstwege*, auch für Rennräder geeignet - und fand ein Hotel, dessen Übernachtungspreise *unterirdisch* waren: Ich kündigte dem *Patron* unsere Gruppe mit 6-10 Personen an und fragte wie immer nach einem Gruppenpreis, verbunden mit dem Wunsch nach einer Lammkeule. 1989 verlangte er umgerechnet nur unglaubliche 17 DM für Übernachtung und Frühstück mit Marmelade, Wurst, Käse, Eiern. Die extrem preiswerten Zimmer waren sehr bescheiden, ein Umstand, der uns nach 150 km mit sehr vielen Höhenmetern nicht im Geringsten störte. Der Inhaber, ein ehemaliger Arbeiter in der benachbarten Kristallmanufaktur, führte nach einem Arbeitsunfall seine Auberge, ohne zu investieren, bis zur Rente weiter.

Bei einem Abradeln war das Zimmer, in welchem ich mit meinem Radkumpel Rolf regelmäßig übernachtete, völlig unerwartet renoviert worden - mit neuer Tapete. Was war passiert? Der Chef des Hotels klärte mich auf: Das Team des Saarländischen Rundfunks habe einige Tage in seinem Hotel gewohnt, um hier mehrere Szenen eines „*Tatorts*" - der ARD-Kultserie - zu drehen. Unsere *Kammer, la chambre numéro 17*, sollte für die Fernsehzuschauer etwas modernisiert werden, da das Drehbuch hier - in unseren Betten - einen Mord vorgeschrieben hätte. Das große Finale des Krimis wurde in der hoch über dem Ort thronenden Kirche gedreht. Es handelt sich um den SR-*Tatort „Zielscheibe*" aus dem Jahre 2001, wie ich dank freundlicher Unterstützung und Recherchen durch den für den Tatort verantwortlichen SR-Redakteur in Erfahrung bringen konnte.

Im Hotel *<A la Croix de Lorraine>* in *Saint-Louis-lès-Bitche (lès=bei,* Ortsname in Erinnerung an *Louis IX)* wurden wir heimisch. Die Kristallmanufaktur Saint-Louis, eine der ältesten und früher bedeutendsten in Europa und ein interessantes Museum zeugen von der Wiege der französischen Glasindustrie. Wir erfreuten uns 15 Jahre lang - von 1989 bis zur Schließung 2003 - unseres heutigen Traditionsessens: Die aus Südfrankreich stammende Frau des Patron zelebrierte für uns zweimal im Jahr den *Gigot d'agneau*, mit Knoblauch gespickt, rosé am Knochen - Feinschmeckerherz, was willst du mehr. Zum großen Finale bekamen wir den Knochen zum Abzausen serviert - *Obelix* ließ grüßen. Wir bemühten uns natürlich als dankbare Kunden, unseren Gastgebern zu einem Gewinn zu verhelfen, den diese sich redlich verdient hatten. Wir opferten uns auf, den Abend mit Wein und Bier ausklingen zu lassen.

Dieses Genießen hatte die von mir erwünschte Folge, dass unsere Touren in das Land des Glases und des Kristalls bei jedem Wetter stattfanden; keiner traute sich abzusagen, außer bei Krankheit mit Vorlage eines *lupenreinen* Attests, ohne Vitamin B: der Teamchef bestimmte einen neutralen Arzt. Die *Lammkeule* wartete auf uns, sie wurde Motivation, sich bei jedem Wetter aufs Rad zu schwingen.

Karibik-Flair im Kulturbiergarten <Am Paulaner> mit Tim und Erwin (Saarbrücken, September 2021)

Aber das Essen musste verdient werden. Unser *Kult-Treffpunkt* war und ist seit Jahrzehnten der *Kulturbiergarten* in *Saarbrücken-St. Arnual* an der Saar, kurz genannt *<Am Paulaner>*. Zwei noch nicht riesige, aber opulent gewachsene Palmen zieren den Eingangsbereich vor dem Ausschank unserer Wohlfühloase.

Wir fuhren samstags ab 10:30 Uhr 140-160 km mit vielen Steigungen. Was gibt es schöneres als durch das *Baerenthal* zu radeln und die schottischen *Highland Cattle* zu betrachten! Die robusten, zotteligen, Ruhe ausstrahlenden Rinder leben das ganze Jahr ohne Schutz draußen, sie stehen am liebsten in sumpfigen Gebieten. Hier durch Dörfer und Täler zu radeln bedeutet Abschalten vom Alltag, Entschleunigen in einer anderen Welt. Wenn an trotz Sonnenscheins kühleren März- oder Oktobertagen üppiger Rauch aus den Schornsteinen in den blauen Himmel steigt, verdeutlicht das großartige Farbenspiel, dass in dieser waldreichen Region von vielen Einwohnern noch mit Holz geheizt wird. Als Verpflegung hatten wir Bananen und Wasser dabei, für den Nachmittag hatte ich immer in einem Café-Restaurant Kuchen vorbestellt. Auf dem französischen Land über Mittag zu radeln ist eine andere Welt als bei uns. Von 12 bis 14 Uhr stehen alle Räder still - mit Ausnahme unserer Laufräder; die Hektik des Alltags macht *Mittagspause.*

Die beiden höchsten Erhebungen im *Pays de Bitche* bei *Niederbronn-les-Bains* wurden regelmäßig in meine Strecke eingeflochten: die 10 km lange Forststraße vom *Baerenthal* über das *Wasenkoepfel* (450 m) nach *Oberbronn* oder die 10 km auf der *Route Forestière* zum *Grand Wintersberg* (580 m, die Forststraße bei 512 m) wurden legendär. Bei entsprechendem Wetter schickte die Nachmittagssonne ihre Strahlen durch die riesigen Buchenwälder - ein Traum!

Sieben Kilometer vor unserem Ziel hatte ich eine stramme *Côte* sozusagen als Scharfrichter auserwählt. Eine *Côte* ist im Unterschied zu einem *Col* eine kürzere Steigung.

Einer unserer Radfreunde wurde bei seinem ersten Anradeln mit uns von dieser *Côte de Goetzenbruck* in die Knie gezwungen. Er titulierte den 1,5 km kurzen, aber heftigen Anstieg als <*Côte* de *Kotzenbruck*>, da er nach 140 km kurz davorstand, seinen Magen über die Speiseröhre entleeren zu müssen. Souverän meisterte Ulli die Steigung schon beim nächsten Mal; als Karateka, also Schnellkraftsportler, hatte er sich mit Bravour zügig an diese doch strammen Ausdauer-Touren herangearbeitet.

Saint-Louis-lès-Bitche,
seit 1989, April 2002,
ein Jahr vor der
Schließung „unserer"
Auberge, Autor 2.v.l.

Im *Républicain Lorrain* war vor vielen Jahren die Gegend um den *Lac de Donnenbach* (bei dem Ort *Frohmuhl)* mit der Landschaft um den *Ontariosee* in Kanada/USA verglichen worden. Seit Oktober 2021 gibt es eine Liebeserklärung von dem *Youtuber Tolt* an diese Region mit dem ironisierenden Titel, nicht dorthin zu fahren: <N'allez pas dans le Pays de Bitche!>

Auch im Winter sammelte ich Kilometer in dieser mit Radwegen gespickten Landschaft. Ich erinnere mich an eine 110 km - Tour, allerdings auf der Hauptstraße, bei Sonne pur an den Hasselfurther Weiher (*Étang de Hasselfurth*), als auf der Digital-Anzeige einer Apotheke in *Rohrbach-lès-Bitche minus 5°C* zu lesen war. Die Gäste in der *Auberge du Lac* waren etwas irritiert, als ich maskiert am Tisch Platz nahm. Ich zog meine Sturmhaube aus (für härtere Skilanglauf-Touren bei eisigem Wind), trank zum vorreservierten Tagesessen Kakao und Tee.

Jede Gelegenheit nahm ich wahr, Radkilometer auf längeren Strecken zu sammeln, um der Monotonie der kleineren Runden mit vielen Streckenwiederholungen zu entgehen. Ich benötigte die Kilometer für meine Ausflüge ins Hochgebirge. Einige saarländische Radsportvereine boten auch Marathons an, also Distanzen jenseits der 200 Kilometer. Dadurch lernte ich bei diesen *RTF*-Wochenenden viele kleine Straßen und Radwege kennen, von denen ich danach in der Badewanne träumte. Und zur weiteren Belohnung kam ich manchmal in den Genuss einer physiotherapeutischen Behandlung. Nachdem ich einmal nach einer längeren Ausfahrt à 200 km nur kurz geduscht und im Kino danach unter Oberschenkelkrämpfen gelitten hatte, achtete ich mehr auf Erholung mit Bad und gelegentlich anschließender Beinmassage - durch meine Frau.

Als mein Nachbar Günter die Schallmauer von 200 km knacken, aber nicht so viele Berge fahren wollte, nutzte ich die Gelegenheit und bastelte eine Runde mit nur fünf *humanen* Anstiegen über 230 km zusammen (Tour 20, „Mein“ Marathon). Ich organisierte sechs Fahrer sozusagen als Windschattenspender.

Früh am Morgen fuhren wir durch Eschringen, fünf Kilometer nach Saarbrücken. Ich musste auf meine Erläuterungen verzichten: Hier war von 1815 (*„Wiener Kongress“*) bis zum Ende des Ersten Weltkrieges bayrisches Terrain - zu erkennen an der Kirche mit Zwiebelturm. Als am 10. Januar 1920 der Versailler Vertrag in Kraft trat, entstand aus dem damals pfälzisch-bayrischen Bliesgau und dem heutigen restlichen Saarland, damals preußisch, das *Saargebiet* (vgl. E 18.3, Saar-Lor-Lux).

Ich wollte unseren 200 km - Kandidaten nicht von seinem Vorhaben ablenken; historische Erklärungen wären an diesem Tag deplatziert gewesen. Günter schaffte es, sich mit viel Willenskraft seinen Herzenswunsch erfüllen.

Wer die Schönheit von Bitcherland, *Hanauer Weiher (Étang de Hanau)* und Nord-Elsass intensiver erleben möchte, kann die Runde auf zwei Tage strecken, nach 110 km im einfachen *<Hôtel-Restaurant du Windstein>* einkehren und sich u.a. mit köstlichen Forellen aus dem *Frischwasserbecken* (*vivier)* belohnen. (Gutes Preis-Leistungsverhältnis!)

Oder nach 90 km mit Übernachtung im Naturfreundehaus Sturzelbronn, kombiniert mit Abendessen im nahen Restaurant *<Au Relais des Bois>* mit guter französischer Küche. (Am zweiten Tag dann 140 km oder die 90 km zurück wie am Vortag; in entgegengesetzter Richtung erscheint die identische Strecke wie ein neuer Weg!)

Ich besuchte auch meine Tochter und meinen Sohn, als diese eine Sommerfreizeit der *katholischen Jugend St. Jakob* in *Mazerulles* bei *Nancy* leiteten: Die für mich teilweise neue Strecke hatte es in sich: Bei 240 km kam ich auf über 2000 Höhenmeter - ohne einen einzigen *Col*; das wellige Lothringer Hügelland kann bei Wind auch anstrengend sein! Aber Dominique leistete mir ab dem Hirbacher Weiher über 160 km Gesellschaft und spendete viel Windschatten.

Saar-Moselle, das saarländisch-lothringische Kooperationsmodell organisierte am 10. September 1994 eine Fahrt von *Merzig/Saar* ins französische *Sarrebourg.* Frühmorgens nahm ich den Zug nach Merzig und startete mit meinen Freunden vom *LC Rehlingen*. Bevor sie mit dem Bus von Sarrebourg nach Merzig zurückfuhren, fragten sie mich, wie ich denn wieder nach Saarbrücken käme. Bei *Panaché* und *Merguez* erklärte ich zum Entsetzen einiger Mitfahrer, dass ich mich auf die Rückfahrt mit meinem Vélo freuen würde; es sei eine gute Gelegenheit, mal wieder abwechslungsreiche Radkilometer zu sammeln. Nach 160 km kamen noch 85 km von Sarrebourg bis Saarbrücken hinzu.

Für den Rehlinger Leichtathletik-Club organisierte ich eine Wochenendfahrt nach *Lichtenberg* im *Krummen Elsass*. Die Frauen kamen mit dem Auto ins *<Hôtel Au Soleil>*. Das Haus befindet sich im Ortszentrum unterhalb der Burg Lichtenberg am Ende einer Sackgassen-Straße in einzigartiger Lage auf 400 m.

Mit Beatrice hatte ich schon in den 80er Jahren, noch ohne Nachwuchs, drei schöne Tage mit unseren Rädern in Lichtenberg verbringen dürfen. Nach der Mittagspause blieb meine Radl-Partnerin im Café zum Relaxen, ich kam einigermaßen auf mein Kilometerpensum, pedalierte, um das Auto am Hotel abzuholen, und wir beide kamen entspannt am Nachmittag zu unserer Bleibe zurück.

Für gehobenere Ansprüche bietet das *<Cheval Blanc>* in *Niedersteinbach* (exzellente Küche, Pool) schon ab drei Tagen eine günstige Halbpension an, mit der Möglichkeit, Kultur und Radfahren zu verbinden. Auf einem 25 km langen Radweg kann vom 17 km entfernten *Niederbronn-les-Bains* aus das schöne elsässische Städtchen *Haguenau* erkundet werden. Aber auch von *Lembach* aus (8 km von Niedersteinbach) führt ein Radweg nach Haguenau, oder über 26 km nach *Betschdorf,* neben *Soufflenheim d e r* Ort mit großer Töpfer-Tradition. Sein durch die vielen original mittelalterlichen Fachwerkhäuser malerisches Flair sollte man gesehen haben, wenn man in dieser Gegend verweilt.

Zurück zum Ausflug mit dem LC Rehlingen: Für die meisten wurde es in Lichtenberg ein schöner Abend, aber leider nicht alle konnten das feine Menü genießen. Ein Mitfahrer war unterwegs verloren gegangen und nicht mit uns im Hotel angekommen.

Also machte ich mich mit Kajo vor dem Abendessen auf die Suche; ohne Ergebnis meldeten wir uns bei einsetzender Dämmerung in großer Sorge bei der Polizeistation in *Lemberg*. Gerade als die *Gendarmes* mit Scheinwerfern ausrücken wollten, erfuhren wir vom Hotel, dass unser verschwundener Mitfahrer eingetroffen sei - er habe Krämpfe bekommen und am Wegesrand kurz geruht/geschlafen; er hatte es versäumt, jemanden zu informieren - Kajo und ich kamen an, als das wohlverdiente *Dîner* schon lange zu Ende war...

Eine größenwahnsinnige Aktion musste ich im September 2002 teuer bezahlen. Als guter und eigentlich sicherer *Abfahrer* hatte ich mich, im Rausch der Sinne, erdreistet, meinen Freund Tim - einen sehr sicheren, schnellen *Descendeur* - auf der Abfahrt vom Wasenkoepfel auf dem neu geteerten, aber schmalen Forstweg zu überholen! Diagnose: Bruch der *Clavicula* - ein gebrochenes *Schlüsselbein* erleiden sehr viele Profis im Verlauf ihrer Karriere. Einige Freunde frotzelten, dass zu einem guten Radsportler diese Verletzung einfach dazugehöre. In meinem Innersten empfand ich auch tatsächlich einen gewissen *Stolz*, offensichtlich ein *weiterer Schub* meines Krankheitsbildes. Der Herbsturlaub mit befreundeten Familien war abenteuerlich: Im Oktober wanderte ich, auf meinen Vorschlag hin, mit diesem Handicap durch die *Verdonschlucht* (vgl. E 2); und im Meer praktizierte ich Aquajogging/Unterwasser-training, aber aus Gründen des Selbsterhaltungstriebs nur solange ich noch Boden unter meinen Füßen hatte.

Eine weitere Alternative mit neuen Strecken habe ich mit Ausflügen in den *Pfälzerwald*, das größte zusammenhängende Waldgebiet in Deutschland. Prächtige Mischwälder, die Mittelgebirgslage mit mildem Reizklima und die sauerstoffreiche Luft garantieren eine aktive Erholung mit dem Rad. Die Region bietet zusammen mit dem *Naturpark Nordvogesen* als Einheit ein unerschöpfliches Reservoir an attraktiven kleinen Straßen und Radwegen. Beide Waldgebiete sind nur durch die Grenze künstlich getrennt, sie haben sich 1998 zum *grenzüberschreitenden Unesco-Biosphärenreservat* zusammengeschlossen und gehören zu den größten Waldregionen West-Europas. Über 150 Burgen oder Burgruinen erheben sich in einer vielfältigen Tier- und Pflanzenwelt, wo auch der weite Strecken zurücklegende Wanderfalke zu Hause ist. Östlich des Gebirgsrandes in der Pfalz glänzen in der Rheinebene Weindörfer im Sonnenlicht, Obst- und Mandelbäume gedeihen in einem inzwischen fast mediterranen Klima, wo auch Feigen, Kiwis und sogar Zitronen reifen. Der bayrische König Ludwig I., Vater des „Märchenkönigs", hatte hier seinen Sommersitz ab 1852, auch nach seiner Abdankung. Der italienverliebte Herrscher ließ das *„Schloss Villa Ludwigshöhe"* bei *Edenkoben* erbauen; die Architekten hatten von Ludwig I. den Auftrag erhalten, eine „Villa italienischer Art" zu schaffen. Hier sind die sehenswerten Bilder des aus der Pfalz stammenden Impressionisten *Max Slevogt* zu besichtigen.

Viele asphaltierte Radwege, gespickt mit stilvollen Weingütern, die zum Verbleiben einladen, haben die *„Toskana Deutschlands"* zu einer attraktiven Urlaubsregion wachsen lassen.

Die Pfalz-Touristik E.V. (www.pfalz.de, www.radwanderland.de) versendet gratis die sehr ausführliche *Radkarte Pfalz*. Mit „Genuss- und Tourentipps (geht es) energiegeladen durch die Pfalz"; neben dem *Mountainbikepark Pfälzerwald* werden 32 Radwege von der *Nahe* und vom *Glan* bis zum *Rhein* beschrieben. schöne Einkehrmöglichkeiten und E-Bike-Ladestationen werden angezeigt. Einzigartig ist der *Glan-Blies-Radweg* über 130 km vom lothringischen *Sarreguemines* bis *Staudernheim*, wo der Glan in die Nahe mündet. Beim Abradeln 2020 führte uns Dieter über eine abwechslungsreiche Strecke, welche diesen Radweg mit dem Nordpfälzer Bergland kombinierte, von Saarbrücken bis nach *Schloßböckelheim* in das *Landhotel Niederthäler Hof*, unmittelbar am *Nahe-Radweg* gelegen.

Wie wäre es mit zwei gemütlichen Etappen von *Ulmet* mit Übernachtung im Niederthälerhof und am nächsten Tag wieder die knapp 50 km zurück? Oder eine Tagesfahrt bis *Meisenheim* und zurück zum Auto (54 km)? Eine Pause lohnt sich in dem mittelalterlichen Städtchen. Das Restaurant *Bierengel* verbreitet in seinem Biergarten echtes Brauhaus-Ambiente. Wer übernachten möchte, wird dem Charme einer eleganten Bleibe erliegen: Das Hotel-Restaurant *Weingut Barth* belohnt für Anstregungen auf dem Veloziped!

Mit meiner Frau verbrachte ich im Corona-Sommer 2020 fünf Tage in der im Wald gelegenen *Knittelsheimer Mühle* (bei *Landau*, edler ist in der Nähe das Verwöhn-Hotel *Zeiskamer Mühle)*. Mit der Kombination Mountainbike/E-Bike erradelten wir diese liebliche Ebene zwischen Pfälzerwald und Rheinauen bis *Speyer* oder auch bis ins romantische nordelsässische *Wissembourg*. Auch mit der Kombination Zug/Rad (Saarland-Rheinland-Pfalz-Ticket) eröffnen sich viele Streckenvariationen. Wir nahmen die Bahnstrecke bis *Türkismühle*, erradelten den wunderschönen *Fritz-Wunderlich-Radweg* (nicht für Rennräder) von *Freisen* bis *Altenglan*, nach einer Pause in der Bahnhofsgaststätte *Gleis 3* erfreuten wir uns am Radwegenetz in der Pfalz bis zum Bahnhof *Landstuhl* und fuhren mit dem Zug nach Saarbrücken (Radstrecke: 80 km).

Ab dem Jahr 2004 fuhr ich mit meinen Vélo-Freunden regelmäßig zum An- oder Abradelwochenende im Frühjahr und Herbst 150 km zum neuen Ziel, dem Naturfreundehaus in *Heltersberg* (2020 noch keine Kartenzahlung möglich, 2022 Pächter gesucht), früher auch von Udo Bölts' Eltern bewirtschaftet (Touren 21.8). Vielseitige Mountainbike- und Rennrad-Touren empfiehlt der ehemalige erfolgreiche Heltersberger Radprofi über die *Pfälzerwald-Touristik.* In einem Flyer mit „Rennrad-Tourentipps" werden vier spannende Runden beschrieben, die Königsetappe durch den Pfälzerwald und die Rheinebene beinhaltet sieben Anstiege über 134 km mit knapp 2300 Höhenmetern.

„Willst du immer weiter schweifen? Sieh, das Gute liegt so nah!" Auch eine Woche im Sommer hatten wir schon in dieser Oase des Friedens mitten im Wald genießen dürfen - mit Ausflügen in die Rheinebene oder bis über die französische Grenze zwischen Pfälzerwald und Krummem Elsass in der Gegend um Niedersteinbach. Unterwegs hielten wir bevorzugt auf dem Campigplatz mit Restaurant *<La Bremedell>,* wo wir kleine Stärkungen zu äußerst moderaten Preisen einnahmen (Tour 9 Pfälzerwald/Regionalpark Nordvogesen). Gute, preiswerte französische Küche - das *Menu du jour* 2021 für 12,50 € - bietet auch die *<Auberge du Lac>* am idyllischen *Hasselfurther Weiher* bei Bitche an - mit einer Besonderheit, dem *Hors d'oeuvre à volonté:* vom riesigen Vorspeisen-Buffet kann beliebig oft gekostet werden; ich hatte mich dort auch schon ausnahmslos von mehreren Vorspeisen ernährt und auf den Hauptgang verzichtet.

Oder eine Pause etwas später: Was gibt es Schöneres als nach dem kurzen, aber knackigen *Col du Goetzenberg* im einsamen *Wengelsbach* sich an einer wohlverdienten Mittagsrast zu erfreuen: Das *<Restaurant Wasigenstein>,* noch auf der französischen, nordelsässischen Seite gelegen (montags, dienstags Ruhetag), zählt durch seine abgeschiedene Lage zu den außergewöhnlichen Gaststätten, welche ich durch meine vielfältigen Raderlebnis-Touren kennenlernen konnte. Kalorien können auch später am Nachmittag schnell wieder verbrannt werden, zwei Kilometer nach *Wilgartswiesen*: Der sieben Kilometer lange, am Anfang heftige Aufstieg zum höchstgelegenen Weiler in der Pfalz - *Hermersbergerhof,* 550 m - sollte im

Landgasthof Luitpoldsturm mit einer Pause belohnt werden (Tour 9.3: Pfälzerwald/Regionalpark Nordvogesen, 155 km, 1500 Hm).

Bei einem Überraschungs-Anradeln 2015 wusste niemand außer mir und unserem „Marketender“ Eberhard, wo wir landen würden: Die Spannung, gekoppelt mit Neugierde, löste sich erst kurz vor unserem Ziel, als wir essensmäßig wahrlich verwöhnt wurden im schön gelegenen <*Hotel Kupper*> in *Eppenbrunn.*

Ein besonderes Abradeln fand im <*Naturfreundehaus Sturzelbronn*> statt, nachdem ein neuer, hochmoderner Backofen angeschafft worden war. Ich konnte meistens das ganze Haus (für 29 Personen in drei- bis sechs-Bett-Zimmern) für uns alleine (ca. 12 Personen) mieten, wenn wir für 15 Personen zahlten. Rolf vom *Club der kochenden Männer* kreierte mit seinem Assistenten Dirk eine Lammkeule auf allerhöchstem Niveau, zur Vorspeise erfreuten wir uns an Gambas mit Aioli. Es war einfach nur phantastisch, sportliches Radfahren mit kulinarischen Hochgenüssen verbinden zu können! Wer abends keine Lust zum Kochen hat, kann sich im nahegelegenen Restaurant <*Au Relais des Bois*> kulinarisch verwöhnen lassen, wie z. Bsp. mit einem <Menu aux mirabelles> an einem Septemberwochenende im Mirabellenland Lothringen. Wir genossen unser Kultessen auch schon in der 3 km entfernten Bremendell, vorbestellt mit einer meiner Lieblingsvorspeisen *Salade de pissenlit aux lardons* (*Löwenzahnsalat* - in Anlehnung an die französische Bezeichnung auf saarländisch *Bettsäächa* genannt - mit gebratenen *Speckwürfeln*).

Ein Teil meines Traumreviers südöstlich von Saarbrücken wird *Wasgau* genannt; das Wort erinnert an *Vogesen* oder an den auch schon zitierten *Vosegus*, den Waldgott der *Kelten*, die von den Römern *Gallier* genannt wurden. Die sanfte Mittelgebirgslandschaft zwischen 300 und knapp 600 m über Meeresniveau erstreckt sich vom südlichen Pfälzer Wald bis nördlich von Saverne am Rhein-Marne-Kanal; sie bildet den südlichen Teil des grenzübergreifenden *Biosphären-Reservats Pfälzerwald - Vosges du Nord.* Kennzeichnend sind die vielen Burgruinen und typischen Kegelberge. Mit meinem Freund seit gemeinsamen Schulzeiten, Rainer, erstrampelte ich im August 2015 dieses Terrain für Naturliebhaber.

Zunächst hatte ich aber Anfang Januar eine sehr schwierige Phase zu überstehen. In Paris hatten Terroristen des sogenannten „Islamischen Staates“ am 7. Januar 2015 einen Polizisten (Personenschützer) und zehn Redakteure des islamkritischen, nicht rechtsgerichteten Satire-Magazins <*Charlie Hebdo*> ermordet, darunter den 80-jährigen in Frankreich bekannten Karikaturisten *Georges W.*, der mir aus meiner Pariser Zeit in den Jahren 1974/75 noch bekannt war. Ich war vollkommen konsterniert. Meine Frau hatte Mittagsdienst im Krankenhaus. Stundenlanges Verfolgen der Meldungen, Interviews und Kommentare im französischen Fernsehen, ohne etwas zu trinken, große Aufregung bei gleichzeitiger Magen-Darm-Infektion hatten bei mir eine Dehydrierung verstärkt und dadurch einen Schlaganfall provoziert, der mich aber nicht außer Gefecht zu setzen vermochte. Ich konnte gerade noch telefonieren, lag dann aber wie ein Maikäfer hilflos auf dem Rücken, als Beatrice vom Krankenhaus aus sofort eine Nachbarin in unser Haus geschickt hatte. Dank schneller ärztlicher Intervention konnten gravierende Folgeschäden vermieden werden; allerdings bin ich seit dieser Attacke schwindelanfällig und habe einen erhöhten Puls. Auf meine geliebten Waldläufe im Winter muss ich verzichten - wegen der Erschütterungen für meinen Kopf; Nordic Walking oder zügige Spaziergänge sind angesagt. Aber Radfahren und Skilanglauf bereiten überhaupt keine Probleme. Ich kann mich über mein Schicksal nicht beschweren! Zusätzliche Unterstützung erfuhr ich durch mein Virus, das ein Leben ohne Fahrrad niemals hätte akzeptieren können.

In der Reha Ende Januar bis Anfang März in St. Wendel hatte ich prophylaktisch schon mein Mountainbike dabei. Der Schlaganfall bewirkte bei mir einen Schub, ohne Rad erschien mir eine Reha undurchführbar. Im Jahr vorher (2014) hatte ich im 61. Lebensjahr durch die intensive Vorbereitung (Januar - Juni) für die Radtour von Bern nach Saarbrücken (vgl. Etappe 20) immerhin noch ca. 9000 km von Januar bis November in den Beinen; ich hatte einen Ruhepuls von 50 Herzschlägen pro Minute.

Und jetzt hatte ich im Januar 2015 plötzlich halb regungslos im Saarbrücker Winterberg-Krankenhaus gelegen; ich war ruhiggestellt worden!

Danach folgte eine äußerst erfolgreiche Rehabilitation. Teamchef Albert vom *Zick Zack Wassersack* betreute mich fürsorglich. Bei der wöchentlichen Visite auf meinem Zimmer legte ich mein Rad flach auf den Balkon. Ich musste befürchten, dass die Ärzte meine velomanen Aussetzer sofort diagnostizierten, mich für nicht zurechnungsfähig erklärten, mein MTB beschlagnahmten oder mich sofort aus der Reha-Klinik entließen, da sie jede Verantwortung für mich ablehnten. Schon ab der zweiten Woche praktizierte ich samstags aktive Erholung: Gemeinsam mit den Mountainbikern des Sankt Wendeler MTB-Hobbyclubs war ich in verschneiter Winterlandschaft in meiner ersten Heimat unterwegs.

Gelungene Reha auch aufgrund der MTB-Touren im Schnee mit dem *Zick Zack Wassersack, Rheinstraße, Marpingen,* Februar 2015
(© Zick Zack Wassersack)

Die Radkameraden irritierte ich etwas mit meinen freien Waden. Relativ schnell brachte ich mich durch meine Reha wieder in eine ansprechende Form.

Mit Mini-Rucksack machte ich mich also in jenem Sommer 2015 mit Rainer auf die fünftägige Wasgau-Runde (Tour 10, Pfälzerwald/Nord-Elsass). Am zweiten Tag fuhren wir von *Bergzabern* aus zunächst gen Süden durch den nicht enden wollenden *Bienwald* auf die nordelsässiche Seite, dann nach Westen durch das *Lautertal*. Das malerische und verträumte *Wissembourg* oder auch der legendäre *Gimbelhof* bei der gut erhaltenen und restaurierten *Burg Fleckenstein* waren nur zwei von unzähligen Belohnungen für unsere Runde. Von *Heltersberg* aus fuhren wir unseren Klassiker zur Weinstraße und zurück über die Kalmit: 135 km mit 1570 Höhenmetern. Wir wollten diese Strecke endlich wieder bei wärmerem Wetter erleben als zwei Jahre zuvor: Eine abenteuerliche Aktion wurde nämlich die als *Mandelblütenfahrt* deklarierte dreitägige Rundreise nach Heltersberg vom 22. - 24. März 2013. Sie ist zur *Legende* geworden und geht in unsere Geschichte ein. Trotz kalendarischen Frühlingsanfangs herrschte ein Winterhoch mit kontinentalem Klima wie in Osteuropa, es war bitterkalt. Nach sonniger Anreise mit Gegenwind über 85 km am Freitagnachmittag begann auch der Samstagmorgen unter blauem Himmel, allerdings bei *minus 3°C* und Ostwind. Dem Leser mag es etwas sonderbar vorkommen, dass ich - wie immer im Winter - nur mit einer dreiviertel Hose unterwegs war; dadurch spüre ich intensiver die Freiheit in der Natur. Die freien Waden hatte ich mir wieder eingeölt, mein Körper und meine Psyche sind hitze- und kältebeständig.

Für den Nachmittag/frühen Abend war Schneefall angekündigt. Am Vormittag stärkten und wärmten wir uns in einer Bäckerei an der Weinstrasse in *Deidesheim*. Später trotzten wir der Kälte auf der *Kalmit*, erholten und verpflegten uns im gut beheizten „höchst gelegenen Restaurant des Pfälzerwaldes“; mit diesen Worten wirbt das *Kalmithaus*, die *Ludwigshafener Hütte* des *Pfälzerwald-Vereins (673 m)*.

Plötzlich setzte leichter Schneefall ein, der bei dem gefrorenen Boden sofort liegen blieb. Unverzüglich gab ich das Kommando zum Aufbruch, wir arbeiteten uns vorsichtig zu Fuß auf die etwas tiefer gelegene Kalmitstraße. Weiter unten im Tal lag kein Schnee und wir schafften es zurück bis Heltersberg - 135 km auch tagsüber bei Minus-Temperaturen! Am Morgen hatte ich allerdings prophylaktisch mit unserem Gastwirt vereinbart, dass er im Notfall drei Großraumtaxis schicken müsse - für 12 Personen plus Räder. In meiner Gruppe hatte ich davon natürlich nichts erzählt, sonst hätte womöglich einer auf der Kalmit sofort nach dem Taxi geschrien. Mein Motto: Wecke keine schlafenden Hunde!

Unsere „Mandelblütenfahrt“ war zu einem Wintertraining mit erfolgreich abgeschlossenem Härtetest mutiert, aber nicht auf Langlaufskiern. Die Moral der Gruppe war ungebrochen, und ich rang mich gerne dazu durch, allen mit wohldosiertem Lob ein *Zeugnis* auszustellen:

Zertifikat

Die im Folgenden genannten 12 Fahrer der Radsportgruppe um Franz Haßdenteufel, Saarbrücken, haben von Freitag, 22. März 2013 von 14 Uhr bis Sonntag, 24. März, 13 Uhr ein Trainingslager mit dem Rennrad über 300 km auf Straßen und Radwegen des Pfälzerwaldes absolviert. Dieses bei der Planung als „Mandelblütenfahrt“ deklarierte Anradeln mutierte aufgrund winterlicher Wetterbedingungen zu einem Härtetest für Physis und Psyche, den alle Teilnehmer mit Bravour bestanden haben.

Der Teamchef war schon am Freitagmittag hochzufrieden mit seiner Gruppe, vor allem weil trotz der Wetterprognosen fast niemand auch nur einen Gedanken an eine Verschiebung im Kopf hatte. Einem Mitfahrer, der vorsichtig angefragt hatte, ob es noch keine Absagen gegeben hätte, entgegnete der Teamchef, dass die „Mandelblütenfahrt“ auf jeden Fall stattfinden werde - mit Hinweis auf die Tour de France: diese sei in 110 Jahren nur elfmal ausgefallen: 1915 - 1918 und 1940 - 1946, also nur während der beiden Weltkriege!

Die Königsetappe - Samstag, 23. März 2013 - wird in die Geschichte dieser Radsportgruppe eingehen: 135 km, 1570 Höhenmeter durch den Pfälzerwald, zunächst bei Sonnenschein, aber bei 0 bis minus 3°C (!). Bei der verdienten Pause in der Ludwigshafener Hütte auf der Kalmit (673 m) mussten die Radsportler überstürzt aufbrechen, da sie von Schneefall **(!)** überrascht worden waren. Mit gewohnt souveräner Ruhe wurde die Etappe zu Ende gefahren.

Zur Stärke der Gruppe gehört es u.a. auch, dass sie trotz sportlicher Leistungsheterogenität beim gesellschaftlichen Après-Vélo ein homogenes Auftreten mit interessanten Gesprächen geradezu zelebriert.
Dieses **Zertifikat** verleiht den Titel **„Ironman“**,
in den Sprachen des Radsports:

„Homme de fer“ (französisch)

„Uomo di ferro“ (italienisch)

„Hombre de hierro“ (spanisch)

Die Preisträger im Einzelnen: Dieter - Dirk - Dominique - Jürgen - Rainer - Reinhold - Rolf - Uwe - Valerio - Werner - Willi - Teamchef: Franz

Einen **Sonderpreis** erhält der Wanderer und für die Logistik zuständige Eberhard, der Marketender der Radsport-Gruppe

Für die Jury:

Internationales Komitee für gesunden, sauberen und kommunikativen Radsport

UCI (Union Cycliste Internationale)

Aigle, Schweiz, 30. März 2013

Die Iron-Männer ein Jahr später, 6. April 2014 vor dem *Naturfreundehaus* in *Heltersberg* (rechts: Marketender Eberhard, nicht auf dem Bild: Ironman Werner)

Bei unseren Aufenthalten „In der Lettenkaut“ mit sommerlichen Abenden im Biergarten entdeckten wir unerwartet in der Gaststätte „Zum Kuckucksnest“ hervorragende italienische Küche mitten im Pfälzerwald!

Eine weitere Möglichkeit, neue Radstrecken von Saarbrücken aus kennenzulernen, hatte ich, als unsere Tochter von 2007 - 2013 in *Karlsruhe* Pädagogik (für das Lehramt an Grundschulen/ Sekundarstufe I) studierte und dort ihr Referendariat absolvierte. Julia spielte während ihrer Kindheit und Jugend Tischtennis beim *ATSV Saarbrücken,* bis heute spielt sie Klavier, sie konnte ihre Berufung zum Beruf machen: als engagierte Konrektorin arbeitet sie erfolgreich an einer Saarbrücker Grundschule.

2013 fuhr ich wieder einmal dorthin, aber schon im März, weil ich 3000 Kilometer bis Mai benötigte: Ich wollte die *Nove Colli* in *Cesenàtico* mit über 60 Jahren noch einmal fahren.

Ich hatte mir seit 2008 eine schöne Strecke - größtenteils auf Radwegen - zusammengestellt (Touren 21.3, Traumrunden für einen Tag). Ab *Hinterweidenthal* geht es auf dem deutsch-französischen Lautertal-Radweg in das nordelsässische *Wissembourg*, dann durch verträumte Dörfer nach *Lauterbourg,* wo ich mit der Rheinfähre übersetze, um von Süden nach Karlsruhe hereinzufahren.

Am Sonntagmorgen war ich bei nasskaltem, regnerischem Wetter schon früh wieder an der Rheinfähre. Der junge Fährmann vom Samstag hatte wieder Dienst und war etwas perplex, als ich ihm von meinen Strecken erzählte - und wieder einmal bekam ich zu hören: „Das fahre ich auch, aber mit meinem Motorrad, und im Sommer ...“
Auf dem Rückweg verurteilte mich der Wettergott zur Höchststrafe: 4-6 Grad Celsius, Dauerregen. Bei kurzen Pausen musste ich gehen, da meine Füße und Zehen dringend Bewegung brauchten. Beim meinem Eintritt in eine Bäckerei in *Dahn* waren Kunden und Verkäuferin entsetzt, aber ich konnte - bei Cappuccino und meiner Lieblingstorte Schwarzwälder Kirsch - am Bistrot-Tisch Windjacke, Überschuhe, Schuhe und Radsocken auf den Heizkörpern trocknen. Ab Hinterweidenthal fuhr ich parallel zur Bahnstrecke, wo ich bei Defekt sofort in den stündlich verkehrenden Zug hätte einsteigen

dürfen; aber der Wunsch nach einem Platten ging nicht in Erfüllung. Zu Hause war ich nach der Dusche sofort wieder sehr zufrieden: Von Samstag bis Sonntagnachmittag hatte ich 350 km zurückgelegt und gleichzeitig meine Tochter in Karlsruhe besucht.

Zu meinen bevorzugten Trainingsrunden zählt auch die 115 km-Tour durch das *UNESCO-Biosphärenrenreservat Bliesgau* - wo der Rote Milan zu Hause ist und die wilden Orchideen bei *Gersheim* wundervoll blühen - und ins lothringische Grenzland. Über *Fechingen, Biesingen, Langes Tal, Blieskastel, Breitfurt* führt die Strecke über den *Neukahlenberger Hof* nach *Altheim.*

In radsportlicher Hinsicht hat sich der Bliesgau einen sehr guten Ruf erarbeitet: Seit 1988 zählt die *Trofeo Karlsberg,* ab 2017 *Saarland-Trofeo,* zu den bedeutendsten internationalen Junioren-Weltcup-Rennen; das Organisationsteam um *Andreas Walzer* arbeitet in Gersheim für jeden Juni fünf anspruchsvolle Etappen aus.
In Richtung *Peppenkum* wird es immer ruhiger. Nach *Guiderkirch,* dem Beginn des *<Parc Régional des Vosges du Nord>* geht es wieder zurück auf deutschen Boden, allerdings mit einer 17 %-Rampe. Nach *Utweiler* und *Riesweiler* fahren wir über die grüne Grenze nach *Ormersviller.* Wie wäre es mit einem *<Menu du Jour>* auf halber Strecke in *Volmunster-Weiskirch? <La Table Paysanne>* ist immer noch mein Geheimtipp in dieser strukturschwachen, daher aber fahrradfreundlichen Region; 2021 gab es diese dreigängige Mahlzeit dienstags bis freitags am Mittag für sagenhafte 13,50 €; als Alternative bietet sich in der Nähe auf der D 85 die *Eschweiler Mühle* an (s.u.). Die Runde geht nach Weiskirch auf der D 85 weiter, danach rechts über die D 85 B nach *Urbach, Bettviller,* Radweg bis *Rimling, Obergailbach* und *Reinheim* auf die Bahntrasse nach *Sarreguemines* und am Kanal entlang nach Saarbrücken (Touren 21.5).

Eine empfehlenswerte Runde möchte ich den Lesern, die weniger fahren wollen, nicht vorenthalten: Ab *Zweibrücken* gilt es, den *Europäischen Mühlenradweg* zu erkunden, 55 Kilometer durch deutsch-französische Täler mit Äckern, Wiesen und Wäldern, vorbei an vielen ehemaligen Mühlenstandorten. (Rennräder können einem nicht asphaltierten Streckenabschnitt auf die parallel verlaufende

Straße ausweichen.)

Gegen den Uhrzeigersinn zu fahren ist der Mittagsrast wegen attraktiver. Zur wohlverdienten Pause lädt nach 32 km <*La Table Paysanne*> in Weiskirch ein (s.o.), oder drei Kilometer weiter <Le *Moulin d'Eschviller*>. Nach einer Besichtung der *Eschweiler Mühle* hat man mittwochs bis freitags die Möglichkeit, ein köstliches, dreigängiges Essen für 17 € zu probieren (zwei Gänge 14 €, nur Hauptgang 11 €, Preise für 2021). Oder man kehrt zu Kaffee und Kuchen im *Kloster Hornbach* ein - welch stilvolles Ambiente 10 km vor dem Ende der abwechlungsreichen Mühlenrunde!

In Lothringen und im Krummen Elsass lassen sich eintägige Ausflüge wunderbar mit einer kulinarischen Mittagspause verbinden. In Frankreich bieten auch anspruchsvolle Restaurants traditionell während der Woche einen preiswerten Mittagstisch an. (*Plat du jour/Menu du jour* in der Regel für 10 - 20 €) Die Gäste sollen für ein abendliches Essen sensibilisiert werden. Im Sommer 2021 fuhr ich meine erste Tour mit meinem neuen, alten Mercier (vgl. Etappe 3 Vélo Mercier) und mit meiner Frau ins lothringische *Herbitzheim*, im Restaurant *Juving* ließen wir uns verwöhnen, bevor wir uns auf den Rückweg am Saar-Kohle-Kanal machten (auf dem Radweg von Saarbrücken 80 km, von Sarreguemines 40 km hin und zurück). Die Kombination von sportlichem Radfahren mit kulinarischen Genuss bedeutet für mich die perfekte Symbiose.

Eine kleine, aber feine Saarbrücker Runde (55 km) fahre ich ganzjährig - außer im Oktober/November (Laub) und im März, wenn die Bauern durch die Feldarbeit die Radwege verschmutzen. Meine Hausrunde beginnt in St. Arnual am <Paulaner> an der Saar, bis nach *Welferding*, dann über die *Rue de Tenteling* auf die Römerstraße (*Voie romaine*) bei *Cadenbronn* mit Vogesenblick, in *Tenteling* über *Bousbach* nach *Grosbliederstroff* (Essen *wie Gott in Frankreich* im *Café de la Paix* (!!) in der *Rue de la Liberté*), an die Saar bis zur *Wilden Ente* in *Güdingen-Unner*, im französischen *Simbach* in die *Rue Robert Schuman*, durch das anmutige *Spicherer Tal* hoch nach Spicheren (traditionsreiches *Gasthaus Woll*, Biergarten mit Panoramablick), nach der Abfahrt in einer linken Haarnadelkurve rechts zum Campingplatz *Am Spicherer Berg* (ein ruhiger Ort zum Ent-

spannen mit Einkehrmöglichkeit, direkt *auf* der deutsch-französischen Grenze) und über die *Verlängerte Julius-Kiefer-Straße* zurück zum Ausgangspunkt an die Saar. Vorher kann diese kleine Tour auch am *Tabaksweiher* einen würdigen Abschluss in der *Tabaksmühle* finden.
Bis heute fahre ich regelmäßig in „meinem“ Paradies vor der Haustür. Saarbrücken, die Stadt mit deutsch-französischem Grenzland-Flair und einem großen Angebot an ausgezeichneten Restaurants, eignet sich ideal als Basislager für einen erlebnisreichen Radurlaub. Bei Anfragen empfehle ich regelmäßig drei Hotels:

- *Motel One* am St. Johanner Markt „das günstige Design-Hotel“
  (www.motel-one/saarbruecken.com)
- *Victor's Residenz-Hotel* am Deutsch-Französischen Garten, idyllisch gelegen, Zimmer mit Blick auf den Deutschmühlenweiher reservieren!
  (www.victors/saarbruecken.de)
- Hotel am Triller (Zimmer mit Blick auf Saarbrücken)
  (www.hotel-am-triller-saarbruecken.de)

Am erwähnten Saarbrücker Campingplatz an der französischen Grenze machen Engländer und Holländer regelmäßig eine Zwischenübernachtung auf dem Weg zum Mittelmeer; 2021 sind laut Auskunft der Camping-Betreiber Holländer aber auch schon eine Woche geblieben, um die Region im Saarland und Lothringen mit dem Fahrrad zu erkunden: Neben dem Bliesgau oder dem Saar-Kohle-Kanal nach Lothringen auch das imposante, spektakuläre *Weltkulturerbe Völklinger Hütte* oder die *Saarschleife* und in *Mettlach* die *Keravision*, das sehenswerte Keramikmuseum der Weltfirma *Villeroy & Boch.*

Regionalpark Nordvogesen mit Nord-Elsass, Nordost-Lothringen bis zum Donon-Massiv, Pfälzerwald, Bliesgau, Nordpfälzer Bergland, Sankt Wendeler Land und Regionalpark Saar-Hunsrück mit dem Nationalpark Hunsrück-Hochwald („Willkommen im Urwald von morgen!“) sind gesegnet mit kleinen, verkehrsarmen Landstraßen und vielen Radwegen. Im Laufe der Jahre haben sich im Pfälzerwald das *Naturfreundehaus Heltersberg* (mit Einzel-/Doppelzimmern, sehr preiswerte Küche) und im *Parc Regional des Vosges du Nord* einige von mir bevorzugte preiswerte Hotels herauskristallisiert: Die *<Auberge de la Tour> in Althorn*, das Hotel-Restaurant *<Aux Deux Clefs> in Petersbach*, *<Au Vieux Moulin>* in *Graufthal*, das Hotel-Restaurant *<Au Soleil>* in exponierter Lage (400m) in *Lichtenberg* unterhalb der Burganlage und in letzter Zeit immer häufiger das unschlagbare Logis-de-France-Hotel-Restaurant *<A l'Aigle>* in Wimmenau (Tour 14, Abradeln 2017).

18.2 Radfahren mit Schülerinnen und Schülern

Als ich nach meinem Zweiten Staatsexamen zunächst beim Diakonischen Werk arbeitete, gelang es mir, einige Jugendliche zu Radtouren mit dem Rennrad zu bewegen. Wir hatten ein Segelboot am lothringischen *Stockweiher*, wo wir mit unserer achtköpfigen Wohngruppe auch regelmäßig zelteten.

Mit drei Jugendlichen fuhr ich die 110 km von Elversberg bis zum *Étang du Stock,* davon ab Saarbrücken 80 km auf dem Radweg entlang des Saar-Kohle-Kanals - und nach einer Woche wieder zurück; ein Bad im Kanal erfrischte uns für die Weiterfahrt. Mit einem sehr sportlichen, aber nicht einfachen Jugendlichen fuhr ich eine Mittelgebirgsetappe à 120 km vom *Stockweiher* über den Donon-Pass. Für diesen Heranwachsenden - impulsiv und leicht reizbar - war das Rennradfahren beste Therapie; Ausdauersport ist in diesem Fall ideal.

An der Saarbrücker *Gesamtschule Bellevue* wollte ich Neuland im Bereich Arbeitsgemeinschaften betreten. Zunächst bot ich eine Fahrrad-AG an. Für die Schüler/-innen ist es von großer Bedeutung, ihren Lehrer für Französisch, Geschichte oder Spanisch auch von einer anderen Seite kennenzulernen.

Mit dem Schul-Sozialarbeiter Markus hatte ich einen technisch kompetenten, vielseitigen Mann kennengelernt. Wir erweiterten diesen Plan zu unserem *Projekt Fahrradwerkstatt.* Gemeinsam schrieben wir 1987 ein Konzept, das auch überregional viel Beachtung fand. Mit einem gewissen Pionierstolz, gekoppelt mit gesunder Selbstironie, kokettierten wir beide - im engeren Umfeld, nicht öffentlich - mit Markus' Slogan: „Unsere Fahrradwerkstatt - oft kopiert, nie erreicht."

Die Idee basierte auf zwei Pfeilern: Von Schuljahresbeginn bis in den Herbst trainierten wir mit dem Rad, im Winter reparierten wir die Drahtesel oder bauten aus alten Zweirädern ein fahrtaugliches „neues" Rad zusammen. Ab dem Frühjahr fuhren wir wieder, auf Radwegen, aber auch bewusst auf öffentlichen Straßen, um die Jugendlichen durch praktische Verkehrserziehung für Probleme im

Straßenverkehr zu sensibilisieren. Auch Verkehrspolizisten wurden eingeladen.

Höhepunkt war die einwöchige Abschlussfahrt 1988 in das *Pays de Bitche,* in das Naturfreundehaus in *Sturzelbronn* - als Belohnung nur für die Schüler, welche regelmäßig das ganze Schuljahr an der AG teilgenommen hatten. Zu Beginn des Schuljahres hatten diese sich per Vertrag zu der Teilnahme verpflichtet.

Die Abschlusswoche, bei der uns auch meine Kollegin Ruth, eine engagierte Lehrerin und begeisterte Radfahrerin, unterstützte, rundete unsere erfolgreiche Schuljahresarbeit ab: Radfahren, Schwimmen im Hanauer Weiher, Geschichte vor Ort, etwas Französisch für den Urlaub, täglich frische Luft und gesunde Ernährung waren Belohnung für uns alle.

Hier konnte ich meine erfolgreiche Devise „Fördern durch Fordern" - das Gegenteil zur „Kuschelpädagogik" - nach meinen Vorstellugen umsetzen.

Zu den täglichen „Unterrichtsfächern" kam von morgens bis abends noch das soziale Lernen hinzu. Alle machten zum Beispiel die Erfahrung, dass sich die ganze Gruppe durch gegenseitige Unterstützung und Rücksichtnahme besser fortbewegen kann. Auch die gemeinsamen Spielabende förderten die sozialen Kompetenzen in hohem Maße.

Wir sahen Originalreste der *Maginot-Linie.* Der Kriegsminister *André Maginot* warnte immer vehementer ab 1928 - als der Aufstieg der NSDAP begann - vor einem erneuten Angriff der Deutschen auf Frankreich und ließ diesen riesigen *Verteidigungswall* entlang der deutsch-französischen Grenze ab 1930 anlegen.

Die Schüler/-innen lernen durch den ergänzenden außerschulischen Unterricht oft sinnvoller, weil sie durch die direkte Konfrontation mit der Vergangenheit stärkeres Interesse zeigen. Höhere Motivation fördert Behalten und erhöht dadurch das Erinnerungsvermögen. Wer die Vergangenheit kennt, kann das Verhalten der Menschen in der Gegenwart besser verstehen und einordnen und im günstigsten Fall Ideen für die Zukunft entwickeln.

Natürlich machte ich meine Schüler nicht mit diesem bitteren Resümee vertraut:

„Die Geschichte lehrt die Menschen, dass die Geschichte die Menschen nichts lehrt."

Mahatma Ghandi kommt zu diesem ernüchternden Fazit, welches ich jungen Menschen jedoch nicht mit auf ihren Lebensweg geben wollte. Als Lehrer und Erzieher fühle ich mich dazu verpflichtet, den Heranwachsenden positive Inhalte zu vermitteln und lebensbejahende Signale zu setzen.

Bei meinem Lieblingsprojekt „Radfahren - kombiniert mit Geschichte vor Ort" habe ich beste Erfahrungen und Rückmeldungen während meines Berufslebens bis 2018 und noch 2019 gesammelt; ich schlage zwei Fliegen mit einer Klappe: Bewegung durch Sport in der Gemeinschaft und sinnvolles historisches Lernen.

Wir waren damals in der Gegend um Sturzelbronn die ganze Woche in Bewegung; aber die Anstrengungen in der blühenden Natur wurden nicht negativ wahrgenommen, da es immer wieder etwas Neues zu sehen gab. Zum Abschlussabend hatte ich als Überraschung und Belohnung in *Dambach-Neunhoffen* in einem Restaurant mit der *Patronne* ein typisch französisches Menü zu einem günstigen Gruppenpreis ausgehandelt. Auf Forstwegen und kleinen Straßen erradelten wir uns zunächst unser Essen, welches sich alle in dieser Woche redlich verdient hatten; danach fuhren wir geordnet auf der Straße acht Kilometer zurück. Es war bis 22 Uhr hell, und das gemeinsame Fahren auf der Straße hatten wir oft in der Fahrrad-AG geübt.

Am Saarlouiser *Gymnasium Am Stadtgarten* hatte ich Tim kennengelernt, dies konnte kein Zufall sein; endlich hatte ich jemanden gefunden, mit dem ich mich *en détail* austauschen konnte. Tim fuhr früher als Amateur Rennen, er kennt sich aber auch genauestens in der Geschichte des Radsports aus.

In der gemeinsamen Moutainbike-AG lernte ich durch meinen jungen Kollegen Tim, mich auf dem MTB fortzubewegen. Es ist nicht einfach, Jugendliche zum Rennradfahren zu motivieren. Das

Mountainbiken bringt mehr *Fun*; es ist weniger langweilig, gleichzeitig spannender und abwechslungsreicher, sich im Wald und abseits der öffentlichen Straßen auszutoben. Dies gilt es zu nutzen. Außerdem lernt man das geschickte Umgehen mit dem Rad. An den Projekttagen der Schule packten wir die Gelegenheit beim Schopf und fuhren mit unserer Gruppe auf die Höhen des traumhaften *Saargaus* in das saarländisch-lothringische Grenzgebiet bei *Merzig* und *Waldwisse*, bei *Launstroff* und *Scheuerwald.*

Am Saarbrücker *Otto-Hahn-Gymnasium* bereitete ich mit meinem Sport-Kollegen Thomas interessierte Schülerinnen und Schüler auf die saarländischen MTB-Schulmeisterschaften vor. Tim leitete diese schulübergreifende, saarlandweite Veranstaltung, und für 2006 holte ich das Meeting an unsere Schule. Ich konnte mit Hilfe der damaligen Oberbürgermeisterin Frau Charlotte Britz das altehrwürdige Saarbrücker Ludwigspark-Stadion als Start- und Zielort organisieren - ein würdiger Rahmen anlässlich der 150-Jahr-Feier unseres Gymnasiums. Mit Peter Schwöbels engagierter Unterstützung vom *RV Edelweiß Bliesransbach* gelang uns eine perfekte Durchführung dieser aufwändigen Veranstaltung.

Wir feierten unseren Schul-Geburtstag von 1856 auch mit einer Projektwoche vor den Sommerferien. Unserem damaligen Sport-Referendar Chris gelang es, 20 Schülerinnen und Schülern innerhalb einer Woche das Biken im Gelände beizubringen. Um die Bombentrichter aus dem Zweiten Weltkrieg zu meistern, benötigten die jungen Mountainbiker - und auch ich - viel Mut und Schwung, um nach dem tiefsten Punkt auch wieder aus dem Krater hochzufahren, ohne absteigen zu müssen. Diese Art Abschlussprüfung war ein hervorragender Test für die Kombination von Biss und Beherrschung des Rads.

Wir eroberten die Saabrücker Wälder auf breiten Wegen, aber auch auf Single-Trails. Auf dem abschließenden Schulfest wurde ein nicht einfacher Hindernis-Parcours vor den Augen vieler Zuschauer bewältigt.

Friedliche Nutzung der Bombentrichter vom Oktober 1944 im Saarbücker Stadtwald *Am Homburg*

An Projekttagen realisierte ich mein Konzept „Radfahren und Geschichte vor Ort“: Der saarländisch-lothringische Grenzraum ist eine wahre historische Fundgrube.

Thomas und ich begleiteten 12 - 15 Schülerinnen und Schüler der Klassenstufen 10 und 11, die allerdings eine gewisse Fitness vorzuweisen hatten. Wir streiften auf den *Spicherer Höhen* den deutsch-französischen Krieg von 1870/71 und die beiden Weltkriege. Ein Panzer aus dem Zweiten Weltkrieg steht am Waldrand. US-Veteranen haben ihn 1994 (50 Jahre *D-Day* = Landung der Alliierten in der Normandie) der französischen Gemeinde Spicheren vor den Toren Saarbrückens geschenkt.

Ich erzählte regelmäßig vom Leben der Mme Woll. Die Inhaberin des gleichnamigen Traditionslokals (seit 1897) unweit des Panzers kannte ich gut. Sie wurde am 02. 09. 1906 in Spicheren geboren, wo sie im gesegneten Alter von 90 Jahren starb (08.09. 1996). Die abschließende Aufgabe bestand in der einzigen Frage, wie oft diese Frau ihre Nationalität gewechselt habe. Aufmerksame Schüler/-innen fanden die korrekte Antwort: dreimaliger Wechsel der Staatsangehörigkeit: 1906 im Deutschen Kaiserreich geboren, 1918 zu Frankreich, 1940 - 1945 zu Hitler-Deutschland, ab 1945 wieder zu Frankreich.

Sportlicher Höhepunkt der Projekttage war die 70 km lange Fahrt zum größten *amerikanischen Soldaten-Friedhof* des Zweiten Weltkrieges in Europa: Auf dem *Cimetière militaire américain* in *Saint-Avold* haben über 10 000 US-Soldaten ihre letzte Ruhestätte gefunden.

2019 engagierte Tim mich - den Pensionär - für die Projekttage an „seinem“ *Gymnasium Am Rotenbühl*, der „*Eliteschule des Sports*“ in Saarbrücken.

Mit den gut trainierten 15-jährigen Schülerinnen und Schülern seiner Sportklasse (Klassenstufe 9) führten wir mein Lieblingsprojekt durch; alle waren topfit unterwegs und erfuhren viel über unsere geschichtsträchtige, saarländisch-französische Grenzregion; die Schüler mussten u.a. auch Straßennamen erklären:

„Straße des 13. Januar“: an jenem denkwürdigen Tag des Jahres 1935 stimmte eine erdrückende Mehrheit der wahlberechtigten Einwohner des *Saargebiets* für die Rückkehr nach (Hitler-) Deutschland (vgl. E 18.3, Saar-Lor-Lux).

„Sophie Scholl Straße“, ***„Willi Graf Ufer“*** - der Saarbrücker Medizinstudent gehörte wie die Geschwister Scholl ebenfalls zur studentischen Widerstandsbewegung *„Weiße Rose“*.

Die drei verletzten Schüler/-innen bekamen als Vorbereitung themenbezogene Aufträge, die sie am nächsten Tag vortrugen.

Wir fuhren auch über meine Lieblingskurzstrecke à 50 km (vgl. S. 305/306): den Saar-Radweg bis *Sarreguemines-Welferding,* rechts 500 m Richtung Ippling, rechts in die Rue de Tenteling zurück, über *Bousbach* und *Grosbliederstroff* an die Saar nach Saarbrücken. Vom höchsten Punkt auf dieser *<Voie romaine>*, den ich *<Vue des Vosges>* (“Vogesenblick“, 350 m) nenne, sieht man den *Donon* und das *Champ du Feu,* wo das ehemalige deutsche „*KZ Natzweiler-Struthof*“ heute als Freilicht-Museum und Mahnstätte von vielen Besuchern, darunter unzähligen Schulklassen, besichtigt wird. Die verletzten Klassenkameraden berichteten in einem Kurzvortrag von diesem ehemaligen KZ und vom Schicksal der dort inhaftierten Gegner des NS-Regimes.

Zwei Besichtigungsorte standen auf dem Rückweg noch in Saarbrücken an, die ich auch regelmäßig mit den Schülern des Otto-Hahn-Gymnasiums besuchte:

- Das Gestapo-Gefängnis *„Neue Bremm*“; hier wurden 1943/44 Widerstandskämpfer gefoltert, bevor ein Teil von ihnen in Konzentrationslager deportiert wurde.

- Eine Gedenktafel im Saarbrücker Stadtteil *Bellevue* (hinter der ATSV-Sporthalle) erinnert an den tragischen Tod von 16 Schülern zwischen 15 und 17 Jahren am 11. Mai 1944. Als Flakhelfer hatten sie die Stadt gegen Bombenangriffe der Alliierten zu verteidigen. Acht dieser Kinder-/Jugendsoldaten des *Volkssturms* besuchten vor ihrem traurigen Lebensende das heutige Otto-Hahn-Gymnasium, damals mit dem Namen „Horst-Wessel-Schule“. Ich ließ eine Kopie der Namensliste vom Schuljahr 1943/44 (Klassenbuch aus dem Schul-Archiv des OHG) vorlesen: Die Namen der gefallenen Schüler waren ohne Vermerk einfach nur durchgestrichen, eine Berichterstattung in der Presse erfolgte nicht. Viele Schüler erkannten, warum über den Tod der Jugendlichen der Mantel des Schweigens gelegt worden war: Eine schlechte Nachricht unterminiert die Kampfmoral und das Durchaltevermögen der Soldaten und der Bevölkerung!

2020 legten - wie jedes Jahr im Mai - noch lebende ehemalige Klassenkameraden (Jahrgänge 1927 - 1929) an dieser Gedenkstätte abermals einen Kranz nieder.

Zum Abschluss der Projekttage 2019 fuhren wir in das *Deutsche Zeitungsmuseum* in *Wadgassen* bei *Saarlouis* - es wurde gerade eine sehr interessante Ausstellung über die Geschichte der Fußball-WM gezeigt.

Meine Idee „Radfahren und Geschichte vor Ort“ erfüllte mich mit größter Zufriedenheit, da die Jugendlichen sich natürlich alle freiwillig, also *intrinsisch motiviert*, für mein Projekt entschieden hatten.

Heute wird es leider immer schwieriger, Jugendliche für sportliche Bewegung zu motivieren. Als Sportminister würde ich gezielt Laufen, Schwimmen und Radfahren auch bei Kindern durch geschicktes Sponsoring attraktiv gestalten. Schon für 10-jährige könnte der/die Bildungsminister/in sinnvolle Preise verleihen: Die ersten drei Gewinner erhielten z. Bsp. ein kostenloses Wochenende in einer Jugendherberge. Es wird viel zu wenig unternommen, um der verhängnisvollen Entwicklung in unserer *bewegungsarmen* - lies: in dieser Hinsicht *kranken* - Gesellschaft entgegenzusteuern. Eine Symbiose von ausreichender Bewegung (gefördert durch Anreize!) und bewusster Ernährung könnte hier einiges bewegen.

18.3 Saar-Lor-Lux, Hunsrück, Eifel/Ardennen

Naturpark Saar-Hunsrück, Sankt Wendeler Land, Nordpfälzer Bergland, Pfälzerwald/Regionalpark Nordvogesen, Saar-Lor-Lux und Eifel/Ardennen bilden neben den Vogesen das Epizentrum der schönen Wälder und Wiesen in Mittel-Europa.

Saar-Lor-Lux, Hunsrück

Im Dreiländereck wird das *Europa der Regionen* gelebt. Das Gebiet im grünen Herzen Europas besteht aus dem zu Deutschland gehörenden Saarland, dem französischen Lothringen *(La Lorraine - <Lor>)* und dem Großherzogtum Luxembourg. Diese Gemeinschaft wurde erweitert zur *Großregion* durch Rheinland-Pfalz und *Süd-Belgien*: die *frankophone Wallonie* und der deutschsprachige Teil in Belgien um die Städte *Eupen, Malmedy* und *Sankt Vith*.

Ursprung war die *Europäische Gemeinschaft für Kohle und Stahl - EGKS,* oft auch *Montanunion* genannt - geschaffen 1950 durch *Robert Schuman (* 1886* in *Luxembourg als* „Reichsdeutscher“, + *1963* in *Scy-Chazelles* bei *Metz* - natürlich nicht zu verwechseln mit dem deutschen Komponisten der Romantik: *Robert Schuman**n,*** * 1810, + 1856).

Dieser *französische Außenminister* aus Metz hatte am 9. Mai 1950 den nach ihm benannten Plan verkündet. Der eigentliche *Vater Europas/Père de l'Europe* ist allerdings *Jean Monnet*. Der politische und Wirtschaftsberater schlug die Zusammenlegung der deutschen und französischen Schwerindustrie vor. Die ehemaligen Kriegsgegner Deutschland und Frankreich beschlossen die gemeinsame gegenseitige Kontrolle der Stahlproduktion ohne Zoll - ein erneutes kriegerisches Aufeinandertreffen wurde unmöglich gemacht. Nach drei verlustreichen Kriegen in nur 75 Jahren zwischen Deutschland und Frankreich (von 1870 - 1945) hat Jean Monnet mit seiner bahnbrechenden Idee die Grundlagen für *EWG, EG* und heutige *EU* geschaffen.

Weitere Mitgliedstaaten wurden *Italien* und die *Benelux-Länder*. Die ***E**uropäische **W**irtschafts-**G**emeinschaft* wurde 1957 durch die *Römi-*

schen Verträge in der Hauptstadt Italiens gegründet.

Das heutige Saarland erblickte am 10. Januar 1920 am grünen Tisch das Licht der Welt: Im *Versailler Vertrag* wurde das *Saargebiet* mit drei Bestimmungen geboren:

- Wirtschaftlich an Frankreich - die Franzosen bekamen das Recht zum Kohleabbau als Wiedergutmachung (Reparation) für die von Deutschland im Krieg zerstörten nordfranzösischen Kohlegruben.
- Politisch unter dem neu geschaffenen *Völkerbund*
- Nach 15 Jahren sollte die Saar-Bevölkerung abstimmen, zu welchem Land sie gehören wollte.

Am 13. Januar 1935 votierten 90,8 % der saarländischen Bevölkerung für das prodeutsche Wahlbündnis *Deutsche Front,* sie wählten nicht unbedingt Hitler.

Die NSDAP erreichte bei der Landesratswahl 1932 nur 6,7 Prozent, sie löste sich 1934 auf, um in der ***Deutschen Front*** aufzugehen - ein geschickter Schachzug. Die Saarländer/-innen, die kein Französisch sprachen, fühlten sich verständlicherweise immer als Deutsche und votierten deshalb für die von *Hermann Röchling* entscheidend gesponserte ***DF***. Der Völklinger Hüttenchef trat 1935 in die NSDAP ein, er stand als Wehrwirtschafsführer im „Dritten Reich" in einem engen Vertrauensverhältnis zu Hitler - kamen doch die Expansionspläne des Diktators Röchlings Wunsch nach Steigerung der Rüstungsproduktion mehr als entgegen. In den „Rastatter Prozessen" von 1949 wurde der *Stahlbaron* aus Völklingen als Kriegsverbrecher zu zehn Jahren Haft verurteilt; seine „Ehrenhaft" saß er relativ frei im Freiburger Diakonissenheim ab, aus dem er 1951 aus gesundheitlichen Gründen entlassen wurde. Da er auf Druck der Franzosen das Saarland nie mehr betreten durfte, starb Hermann Röchling 1955 friedlich im Alter von 82 Jahren am Rhein; seine Familie hatte das Saarland direkt nach dem Krieg Richtung Mannheim verlassen.

Die von vielen deutschen und internationalen Intellektuellen unterstützte *antifaschistische Einheitsfront <Status quo>* aus Kommunisten, Sozialdemokraten und kritischen Christen hatte 1935 keine

Chance. Diese *Anti-Hitler-Koalition* plädierte für den Verbleib des Saargebietes unter dem Völkerbund, bis Hitler abgewirtschaftet habe, und erreichte ... 8,8 %. Bei den Landesratswahlen 1932 waren KPD (23,3 %) und SPD (9,9 %) immerhin zusammen auf 33,2 % der Wählerstimmen gekommen.

1947 wurde das Saarland offiziell ein eigenständiges Land, stand aber unter französischem Einfluss. Die *Saarmark* wurde Anfang 1948 vom *Französischen Franc* abgelöst, die *französisch-saarländische Wirtschaftunion* war geboren, kritische Stimmen sprachen von einem *Wirtschaftsanschluss.* Am 23. Oktober 1955 („zweite Saarabstimmung" nach 1935) lehnten in einem *Referendum* 67,7 Prozent der Bevölkerung das zwischen Frankreich und der BRD vereinbarte *Europäische Statut* ab. Sie stimmten gegen die weitere Existenz dieses „autonomen", de facto eher teilautonomen Landes, weil sie zur BRD wollten. Sie befürchteten aufgrund der wirtschaftlichen Verflechtungen eine zu starke Abhängigkeit von Frankreich - und wollten am westdeutschen *Wirtschaftswunder* partizipieren. Frankreich akzeptierte das Wahlergebnis sofort, und am 1. Januar 1957 trat das Land an der Saar der Bundesrepublik Deutschland bei. Der wirtschaftliche Anschluss erfolgte am *Tag X*: An diesem 6. Juli 1959 kam die D-Mark in unser kleines Land. Das nach dem Ruhrgebiet und Schlesien (ab 1945 polnisch) drittgrößte deutsche Industriegebiet war kein *Zankapfel* mehr zwischen Frankreich und Deutschland.

An der Saar hat sich eine starke saarländische Identität mit gesundem Selbstbewusstsein entwickelt - gepaart mit einem Gefühl für Europa. Ich kenne die Länder Frankreich, Spanien und Italien gut und auch einige deutsche Landschaften - aber in keinem dieser Länder/Regionen wird so europäisch gedacht und gelebt wie im Saarland. Wir Saarländer/-innen als Grenzgänger sind weltoffen, verstehen zu leben und auch kulinarisch zu genießen. Der französische Begriff *savoir-vivre* („verstehen zu leben, Lebenskunst") wurde umgewandelt in *Saarvoir-vivre.*

Gutes Essen haben sich Radsportler/-innen natürlich im Besonderen verdient, aber nicht nur am Ende einer schönen Runde am Abend. Es gibt in der Region auch viele Möglichkeiten, Radsport mit einem ansprechenden Essen unterwegs zu verbinden.

Die Radwege-Infrastruktur hat sich in den letzten Jahren in der *Großregion* enorm verbessert. Auch wenn der *ADFC* in Saarbrücken wirklich attraktive Touren auf Radwegen und verkehrsarmen Straßen anbietet, hinkt das Saarland beim Thema Radwegeausbau hinterher. Diplomatisch formuliert bescheiden waren die Gelder, welche für den Ausbau der Radwege veranschlagt wurden. Die Verkehrsministerin des jüngsten Bundeslandes der „alten" BRD (vor 1990) hatte allerdings laut Saarbrücker Zeitung (30. Juni 2020) für das Jahr 2020 2,3 Mio € für Instandhaltung und Ausbau des saarländischen Radwegenetzes bereitgestellt, eine Trendwende scheint in Sichtweite. Dennoch hält sich an der Saar im Vergleich zu *Département Moselle, Rheinland-Pfalz, Luxembourg* und *Ostbelgien* mit den *Ardennen* der Ausbau der Infrastruktur mit guten Radwegen immer noch in Grenzen. Manche geteerten saarländischen Wege enden abrupt auf nicht asphaltierten ungleichmäßigen Schotterwegen. Auch E-Biker und Familien mit Kindern bevorzugen asphaltierte Wege anstelle holpriger, steiniger Strecken. Am touristischen Aushängeschild *„Niederwürzbacher Weiher"* sehnt sich das 1,1 km lange Teilstück auf der Höhe der Bushaltestelle Rittershof bis zum Bahnhof Würzbach seit Jahren danach, asphaltiert zu werden. Aber auch Lichtblicke am Ende des Tunnels gibt es im Saarland zu verzeichnen. Der alte Römerweg im Bliesgau ist seit März 2021 von Biesingen über Seelbach bis Heckendahlheim neu asphaltiert (Touren 21.6, „Drei-Täler-Tour"). Eine Asphaltierung des letzten Teilstücks im Wogbachtal (1,8 km nicht geteert, mit Rennrädern einigermaßen befahrbar) ist zurzeit leider nicht vorgesehen, eine Versiegelung würde dieses Biotop zu sehr erhitzen.

Viele Fachleute sind anderer Ansicht.

Eine interessante Studie der Mecklenburg-Vorpommerschen Landesregierung kommt zu diesem Ergebnis:

„Radwege mit asphaltierter (gebundener) Deckschicht stellen keine Versiegelung der Landschaft dar" („Asphaltierte Radwege - alles versiegelt?", in: www.adfc-bw.de, 30.10. 2020).

Die Stadt Dortmund hatte schon 2018 beschlossen, Radwege zu

asphaltieren, um eine ganzjährige Befahrung zu ermöglichen, insbesondere vor dem Hintergrund der weiter zunehmenden E-Bike-Nutzung.

- Eine höhere Haltbarkeit ermögliche eine kostengünstigere Pflege; geteerte Wege seien ganzjährig befahrbar.

- Aus ökologischer Sicht bestünden keine Bedenken gegen eine Asphaltierung, da der Niederschlag seitlich von den Radwegen abfließe und vor Ort verbleibe. Der Wasserabfluss bei einer Asphaltdecke sei nicht schlechter als bei einer wassergebunden Wegedecke.

- In Wäldern und Naturschutzgebieten solle farblich hellerer Asphalt verwendet werden; dadurch werde im Sommer weniger aufgeheizt und eine Querung von kleinen Tieren, wie z.B. Insekten, über diesen Radweg möglich (www.velocityruhr.net, 14. 09. 2018).

Den Römer-Höhenweg zwischen Biesingen und Heckendahlheim beleben Menschen auf Fahrrädern oder Inlinern, Wanderer und auch Rollstuhlfahrer/innen. Die fröhliche, ausgelassene Stimmung erinnert mich jedesmal an das System der RAVeL-Radwege in der belgischen Wallonie (vgl. S. 338- 340).

Von Saarbrücken aus fahre ich allerdings häufiger nach Lothringen. Dort kann ich mit dem Rennrad zunehmend auf auto- und motorradfreie, gut asphaltierte Wege ausweichen, die auch von Radfahrern mit anderen Rädern bevorzugt werden.

Aber auch Hunsrück und Sankt Wendeler Land sind empfehlenswert. Meine *Hunsrück*-Traumrunde mit Fischessen beginnt am Saarbrücker Hauptbahnhof. Mit dem Saarland-Rheinland-Pfalz-Ticket (Mo-Fr gültig ab neun Uhr, Sa/So ab null Uhr Mitternacht) geht es nach Trier; 6 km weiter beginnt in *Ruwer* der *Hochwald-Radweg*: Über die 48 km lange asphaltierte Bahntrasse gelangen wir ohne größere Anstrengung auf die Höhen des Hunsrücks. Schöne Einkehrmöglichkeiten wie z. Bsp. die *Spießbratenhalle* am idyllischen *Waldsee* bei *Schillingen* laden zum Verweilen ein - wenn denn schon nach 30 km eine Pause eingelegt werden soll...

Wer als Einsteiger nur diese Bahntrasse genießen möchte, kann mit dem *RadBus Ruwer-Hochwald* (Linie 222) von Hermeskeil bzw nach Trier/Ruwer zurückfahren: von April bis Oktober siebenmal täglich an Wochenenden und Feiertagen, während der Sommerferien in Rheinland-Pfalz zusätzlich noch montags, mittwochs und freitags.

In Hermeskeil nehmen wir die L 165: Nach einer 300 m langen Rampe von 15 % hinter Hermeskeil geht es über *Züsch, Neuhütten* und *Muhl* nach *Börfink*; wir befinden uns im *Nationalpark Hunsrück-Hochwald*. Diese Naturlandschaft wurde vom saarländischen Umweltminister als das „Sahnehäubchen“ der Großschutzgebiete im Nord-Saarland/Hunsrück bezeichnet (Saarbrücker Zeitung, 05. August 2020, Seite B 2).

Für Kletterfans als *Hors* d'oeuvre zu empfehlen: der neun Kilometer lange Aufstieg - bei 250 Höhenmetern - ab Börfink, auf einem Forstweg zum *Erbeskopf* und wieder zurück.

Schon den ganzen Vormittag freue ich mich auf den *Forellenhof Trauntal* (von Freitag bis Sonntag und an Feiertagen geöffnet, 2021 noch keine Kartenzahlung möglich). Dieses *Traumtal* mitten in der Natur ist einen Besuch mit dem Veloziped wert. Die fangfrischen Forellen oder Saiblinge in den intakten Gewässern mit extensiver Fischzucht sind mit der Qualität freier Gewässer vergleichbar. Da der Fisch nicht schwer im Magen liegt, können wir gemütlich durch den *Naturpark Saar-Hunsrück* Richtung Süden fahren. Seit 30 Jahren besuche ich mit meinem Vélo die glücklichen Forellen/Saiblinge im Hunsrück.

Über *Abentheuer, Obersötern* - dann auf asphaltierten Radwegen bis St. Wendel - führt meine Strecke über den *Bostalsee, Steinberg-Deckenhardt, Güdesweiler,* die *Straße der Skulpturen* und in *Bliesen* auf die Bahntrasse nach *St. Wendel*; nach 110 km (128 km inklusive Erbeskopf) geht es mit dem Zug zurück nach *Saarbrücken* (Touren 21.1, „Forellen-Tour“).

Dieser Streckenabschnitt zeugt im zweiten Teil der Rundfahrt nach dem Forellengenuss von der Schönheit des sanft-welligen *Sankt Wendeler Landes*, wo ich seit meinem fünfzehnten Lebensjahr mit dem Tornado-Rennrad meine Kreise zog, allerdings meistens auf Straßen, seltener auf asphaltierten Feldwegen - und alleine - König Fußball war die dominierende Sportart.

Die fahrradaffine Stadt St. Wendel wirbt mit 300 km an ausgeschilderten Mountainbikestrecken für „Fahrradspaß pur", die *Dom-Stadt* ist überregional bekannt geworden durch die *Tour*-Etappe Luxembourg - St. Wendel - Saarbrücken (2002), durch einige MTB- oder Cyclocross-Welt- und Europacups. Dadurch hatte ich auch einen großen Radsportstar vergangener Zeiten getroffen: *Felice Gimondi,* der 2019 verstorbene Sieger aller drei großen Rundfahrten gewann die *Tour* 1965, den *Giro* 1967, 1969 und 1976, die *Vuelta* 1968. Er betreute in St. Wendel die Fahrer seines *Bianchi-Teams.*

MTB-Europacup 2001 in St. Wendel- mit einem der ganz Großen aus der Welt des Radsports: *Felice Gimondi*

Naturpark Saar-Hunsrück mit *Nationalpark Hunsrück-Hochwald, Sankt Wendeler Land, Nordpfälzer Bergland, Bliesgau, Warndt* und *Saargau* sind Landstriche, wo man durch die Fortbewegung mit dem unmotorisierten Bicycle, aber natürlich auch mit dem E-Bike, garantiert auf seine Kosten kommt.

Früher nutzte ich jede Gelegenheit - auch im Winter, um auf meine Rad-Kilometer zu kommen.

Meine Mutter besuchte ich in St. Wendel regelmäßig mit meinem *Vélo Mercier*.

Bei den regelmäßigen Besuchen der Schwiegereltern fuhr meine Frau mit den Kindern im Auto, ich radelte während des ganzen Jahres, auch an Weihnachten, durch ein herrliches Waldgebiet, den *Warndt*, passierte das deutsch-französische Grenzdorf *Leidingen/Leiding* (vgl. S. 332/333) und erreichte über den Saargau nach insgesamt 100 km den Ort *Ballern* bei *Merzig*. Im Winterhalbjahr musste ich nur bei schlechteren meteorologischen Bedingungen mit Niederschlag schweren Herzens die kürzere Strecke wählen: knapp 50 km an der Saar entlang. Unsere vierköpfige Familie fuhr gemeinsam im Auto zurück, das Rad auf dem Dachgepäckträger.

Wenn ich im Winter zur Familie meines Bruders Peter nach *Tholey* fuhr, musste ich mich vor 30 Jahren manchmal die letzten acht Kilometer oberhalb von *Dirmingen* durch den Schnee kämpfen.

Bei Kollegiumsausflügen fuhr ich mit dem Rennrad zurück. Bei einem Ausflug des Otto-Hahn-Gymnasiums hatte ich im September 2002 mein Rennrad im Zug mitgenommen. In *Bad Sobernheim an der Nahe* angekommen, schob ich mein Rad Richtung Freilichtmuseum. Ein Kollege fragte mich, wann ich denn endlich dort im Ort etwas herumfahren würde - ich fuhr nach dem kulturellen Vormittag und Mittagessen gegen 14 Uhr zurück nach Saarbrücken: 130 km über den *Nahe-Radweg*, den *Bostalsee* und das *Fischbachtal*.

Als ich am Saarlouiser *Gymnasium Am Stadtgarten* unterrichtete, wollte ein durchtrainierter Sportlehrer mit mir eine Tour fahren. Ich holte ihn bei Saarlouis ab, wir fuhren bis *Sierck-les-Bains* an die Mosel; mein Kollege quälte sich auf dem Rückweg mit für ihn starken 130 km, ich konnte mich, in Saarbrücken angekommen, über eine ganz ordentliche Trainingseinheit mit abwechslungsreichen 188 km freuen.

In *Saarlouis* hatte also eine Fügung des Schicksals Tim und mich zusammengebracht. Er ist Sprecher des Straßenrennnens seines

RSC-Überherrn. Ende April 2001 übten wir uns im Teamwork: Ich versuchte mich als Co-Kommentator auf französisch, da auch Fahrer und Zuschauer aus Lothringen zu dieser Veranstaltung des RSC Überherrn kommen. Tim kommentierte auch im Mai 2002 die Etappenankunft des französischen *Circuit des Mines,* 2005 umbenannt in *Circuit de Lorraine*, im saarländischen Rehlingen - sehr lebendig und spannend auf deutsch und mit seinem französisch sprechenden Kollegen; dieser war kein geringerer als *<la voix du Tour>*: *Daniel Mangeas*, bis 2014 *d i e Stimme der Tour* seit 1976!

Danach unterhielt ich mich ich mit Werner Zimmer vom SR; als dieser anerkennende Worte für meinen Freund fand, fragte ich sofort, ob sie noch einen Sprecher für die Etappenankunft de *Tour* in Saarbrücken suchten.

Natürlich war es leider schon zu spät, da ein Kommentator schon im Herbst verpflichtet worden sei.

Die *Deutschland-Tour* machte Station in Saarbrücken. Anlässlich des 50-jährigen Jubiläums des Beitritts des Saarlandes zur Bundesrepublik war Saarbrücken 2007 Startort. Am Ludwigsplatz konnte man sich mit den Fahrern unterhalten. Zwei Mädchen mit Rennrad und ihrem Vereinstrikot waren fokussiert auf *Damiano Cunego.* Ich sprach mit dem *Giro*-Sieger von 2004 und lichtete die beiden Nachwuchsfahrerinnen mit ihrem Idol in der Mitte ab, eine Riesenfreude für die beiden!

2013 fragten mich Ben und Peter, zwei Freunde meines Sohnes, um Rat: Sie wollten in vier Tagen 700 km bis an die *Ardèche* in Südfrankreich fahren, das mutige Unterfangen bedeutete für sie Neuland. Wir besprachen meine Streckenvorschläge ohne *Hauptstraße*n (*Route Nationale*) und mit ausgewählten Übernachtungsmöglichkeiten. Noch wichtiger allerdings war das vorbereitende Training. Die beiden waren nicht an Distanzen von 200 km gewöhnt, sprühten aber vor Ehrgeiz. Von April bis Juli steigerten wir schrittweise die Dosis. Nach einer Runde über den Saargau mit 140 km meisterten sie Anfang Juni ohne mich erstmals 220 km, mit der bestandenen Prüfung waren sie gut vorbereitet für ihr Abenteuer. Ben und Peter legten im Juli mit Bravour ihre *Gesellenprüfung* ab, ich war natürlich sehr stolz auf die beiden und auch zufrieden mit mir.

Saarbrücken eröffnet durch den direkten Anschluss an das unerschöpfliche französische Radwegenetz dem (Renn-) Radfahren entlang der Flüsse und Kanäle vielfältige Perspektiven. Über *Saar-Kohle-* und *Rhein-Marne-Kanal* gelangt man entspannt auf nicht einmal 150 km in die europäische Metropole *Strasbourg*.

Eine Fahrt auf autofreien, asphaltierten Wegen bis zum Mittelmeer ist ebenfalls *möglich: Saar-Kohle-Kanal, Rhein-Marne-Kanal, Canal de l'Est* von *Toul* bis *Epinal, Canal des Vosges* bis zur *Saône*, ab Lyon die Via Rhona bis in die *Camargue* nach *Saintes-Maries-de-la-Mer* oder bis *Sète*.

Die Radwanderkarte *<Velo visavis>* wird von der Europäischen Union kofinanziert und kostenlos herausgegeben vom *Regionalverband Saarbrücken* (Projektträger), und den Partnern *Eurodistrict Saar-Moselle*, dem *Saarpfalz-Kreis Homburg* (*Bliesgau),* und den lothringischen Städten *Sarreguemines*, *Forbach, Freyming-Merlebach* und *Sarralbe*. Die sehr präzise Karte im Maßstab 1:75000 verspricht *„grenzenloses Radvergnügen (<Le vélo sans frontières>) im Saarland und in Lothringen" (<Saar-Moselle>*). Unzählige Kilometer können auf asphaltierten Radwegen bewältigt werden, (Renn-)Radgenuss ohne Ende, noch nicht geteerte Wege sind als solche gekennzeichnet.

Wer am Saar-Kohle-Kanal bei Sarralbe noch wie Gott in Frankreich speisen möchte, sollte unbedingt im lothringischen *Herbitzheim* eine Pause einlegen im schon erwähnten Restaurant *<Juving>* und das dreigängige Mittagsmenü zu 14 € (2021) kosten.

Etwas weiter südlich Richtung *Sarrebourg* kann der Charme der *Lothringischen Seenplatte* das Herz der Radfahrer erfreuen. Das Gut *<Les Bachats>* in *Rhodes* ist ein Juwel: Direkter Zugang zum *Stockweiher (Étang du Stock),* riesiger Park auf einer Halbinsel an diesem See (*www.domainelesbachats.fr).*

Meine Lieblingstrainingsstrecke (Touren 21.4, „Traumrunden") führt mich seit vielen Jahren ins lothringische *Puttelange-aux-Lacs* mit Pause im *Café Ferschneider*. Das Restaurant *<Le Villageois>* in

Grundviller bietet gehobene französische Küche zu moderaten Preisen an (64 km auf Radweg hin und zurück von Saarbrücken aus). Ebenfalls ein Innehalten mit hohem Genussfaktor ist die *Hostellerie Saint-Hubert* in *Hambach.* Die edle Küche bietet wochentags *ein Plat du jour* für 11,90 € an, das dreigängige *Menu du jour* kostete 2021 19 €; wir sitzen hier aber auch einfach mit Wasser oder Kaffee und Kuchen am idyllischen *Hambacher Weiher*, ein Ort, wo man Urlaubsgefühle entwickelt - 25 km von Saarbrücken entfernt ... sieh, das Gute liegt so nah!

Seit 2020 fahre ich die Strecke auch mit meiner Frau. Von den 80 km mit knapp 600 Höhenmetern sind wir mit unseren beiden Simplon-Rädern 70 km auf Radwegen unterwegs; ich gebe bergauf alles, muss beißen, der Genussfaktor liegt bei meiner Frau höher - sie begleitet mich mit ihrem E-Bike.

Für Mai 2019 hatte ich mit Tim zusammen eine dreitägige *Tour de Saar-Lor-Lux* ausgearbeitet, die Radkarte *<Luxembourg By Cycle>* hat die inzwischen 23 nationalen Radwege (PC 1 - PC 23) auf autofreier Strecke übersichtlich zu Papier gebracht (Tour 16).

Mein Radkompagnon hatte keine Höhenprofile vorgezeichnet wie bei den einwöchigen Touren Eifel/Ardennen, Pyrenäen, Vercors-Ventoux, Vogesen, Signal de Lure (11B, 13, 15, 17 und 18). Allerdings ging es in den drei Tagen ständig bergauf und bergab.

Als Start- und Zielort eignet sich das schöne Design-Hotel *<Le Chapeau Noir>* in *Überherrn*: www.hotel-chapeau-noir.de

Am Freitag trafen wir uns bei Schorsch, unserem *<Pédaleur de charme>,* in Überherrn bei *Saarlouis* und fuhren auf kleinsten Straßen, die fast schon Radwegen gleichkamen, mit welligem Terrain bis nach *Perl* an das saarländische Moselufer. Tim kennt diese an das Saarland grenzende Region durch frühere unzählige Tainingsfahrten *wie seine Westentasche.* Diese strukturschwachen Gebiete in Lothringen eignen sich natürlich ideal zum Radfahren, erfordern aber eine genaue Planung, vor allem, weil das Wetter Anfang Mai 2019 noch instabil und kühl war. Auf der 104 km langen Strecke konnte ich nach einigen Telefonaten nur in *Vigy* eine Möglichkeit zur Pause ausfindig machen. Das *Café de la Place* liegt günstig nach 55 km.

Die *Patronne* ließ ihr Gasthaus wegen uns noch bis 15 Uhr auf, servierte uns die von mir bestellte französische *Tarte* und erfreute sich an einer unverhofften Umsatzsteigerung.

In *Perl* angekommen, wurden wir am Abend im <*Hotel Hammes*> (nach kleiner Bergankunft) mit einem Viergang-Menü beköstigt, als ob wir eine Rundfahrt schon beendet hätten. Früher hätte ich für den ersten Abend einer dreitägigen Tour ein einfacheres Essen bestellt. Ich fand es in Ordnung, im Alter werde ich entspannter.

Ich wollte schon seit Jahren ins Hotel Hammes, quasi um mich zu bedanken. Diese feine Herberge hatte uns 16 Jahre zuvor in einer sehr schwierigen Situation uneigennützig geholfen.

Wir kamen am 21. Juni 2003 zurück aus den *Ardennen* (vgl. S. 335/336). Vor Perl hatten wir noch ein besonderes Erlebnis. Wir fuhren Windschatten auf dem *Sauer-Radweg*; ein älterer Herr, den wir überholten, rief mir - auf der letzten Position fahrend - laut zu und fragte, ob wir ihn mitnehmen könnten - wir waren flott unterwegs, er hielt gut mit, ich blieb mit ihm hinten an fünfter und sechster Position, wir konnten entspannt im Sog meiner Radfreunde mitfahren und uns ein wenig unterhalten. Als fast alle uns entgegenkommenden Radler unserem Begleiter ständig winkten, bekam ich die Erklärung: Er war kein geringerer als der Vizeweltmeister *Jean-Pierre Schmitz,* zweiter hinter dem Belgier *Stan Ockers* bei der Rad-WM 1955 in *Frascati*, Italien. Er hatte fünfmal an der *Tour* teilgenommen, gewann 1956 bei seiner ersten Teilnahme die prestigeträchtige Etappe *Pau - Bagnères de Luchon*. Ich konnte ihm erzählen, dass ich diesen *Tour*-Klassiker in den Pyrenäen schon als Hobby-Radsportler gemeistert hätte (vgl. E 6, Die Pyrenäen rufen). Er berichtete mir von *Charly Gaul* und *Jacques Anquetil*. Und ich war mächtig stolz, diesen ehemaligen erfolgreichen luxemburgischen Profi viele Kilometer über den Radweg an der Sauer gezogen zu haben. Er starb 2017 im Alter von 85 Jahren; ihm zu Ehren veranstaltet seine Heimatstadt *Huldange* seit vielen Jahren das Jedermannrennen <*Randonnée Jempy Schmitz*>.

Nach dieser spritzigen Ardennentour hatte ich auf dem Rückweg ins Saarland eine stilvolle Bleibe sozusagen als Belohnung für die anstrengenden Tage ausgewählt: ein Perler Traditionshotel seit 1883 in bester Lage am Moselradweg.

Allerdings hatte ich bei der Reservierung nicht registriert, dass die Besitzer wohl aus Altersgründen aufgehört hatten. Unser Fahrer Eberhard kam am Nachmittag mit unserem Gepäck an - er fand niemanden vor Ort, obwohl ich sehr früh reserviert hatte. Da wir trotz der strammen 180 km aus den Ardennen zu früh dran waren, machten wir bei hohen Temperaturen 10 km vor dem vermeintlichen Quartier an der Mosel eine Pause - ich bestellte bei der überraschten Bedienung ein Eis ... und gleichzeitig ein Bier! Am Hotel trafen wir gegen 17 Uhr nur unseren Marketender an.

Als der Pächter endlich auftauchte - zurück vom Einkaufen und einem wohl ausgedehnten Frühschoppen - halfen wir ihm noch beim Ausräumen der Lebensmittel, damit nichts und niemand zu Fall kam. Wir wünschten uns ein spritziges Fassbier nach der recht sportlichen Fahrt durch das belgische Mittelgebirge. Er hatte weder Fassbier noch kühles Flaschenbier, für mich war der *Worst Case* eingetreten. Und plötzlich roch ich auch noch Gas in der Küche; sofort gab ich das Zeichen zum Aufbruch ins nächste Hotel, Plan B bedeutete jetzt: improvisieren!

In kluger Voraussicht hatte ich keine Anzahlung geleistet. Im vollbesetzten Hotel Hammes in Perl telefonierten die Inhaber eine gefühlte Stunde, bis sie in *Perl-Borg* ein Gasthaus für uns gefunden hatten. Nur weil eine tschechische Mannschaft die ADAC Rallye Deutschland wegen Motordefekts aufgeben musste und abgereist war, konnte man uns beherbergen.

Das Hotel-Restaurant in Perl am Ufer der Mosel war nur 2003 in einer führungslosen Übergangszeit; es ist schon lange wieder eine Top-Adresse, auch kulinarisch, wie in früheren Zeiten.

2003 *Saarschleife* - das Wahrzeichen des Saarlandes, die sog. *Cloef,* seit 2016 um den Aussichtsturm „*Baumwipfelpfad*" erweitert

2.v.l.: Der Autor hier mit dem blauen spanischen Trikot der <*Amigos de la Bici Salamanca*> (vgl. E 3), rechts Valerio, der amtierende Weltmeister

Am Samstag, dem 4. Mai 2019, nahmen wir unsere geplante Hauptetappe in Angriff - im Zentrum der neueren europäischen Geschichte. Bei regnerischem Wetter mussten wir den Start auf Mittag verschieben und auf die Radwege bis in die Stadt Luxembourg hinein und dann nach Echternach verzichten.

Da wir unterwegs in *Schengen* keine Pause einlegen wollten, gab ich am Hotel kurz einige Informationen über die Gemeinde Schengen, die auf der luxemburgischen Seite der Mosel gegenüber von Perl liegt. Die insgesamt drei *Schengener Abkommen* ab 1985 trieben die

Schaffung eines europäischen Binnenmarktes ohne Grenzkontrollen voran. Mit dem *Vertrag von Maastricht* wurde 1992 die *Europäische Union* gegründet. Im März 1995 trat *Schengen III* in Kraft, welches die Abschaffung der Grenzkontrollen in damals sieben, heute 27 Ländern des *Schengen-Raums* vorsah. Im Jahr 2002 wurde der *Euro* als Bargeld der *EU* eingeführt.

Unsere verkürzte Runde führte uns durch das *Dreiländereck*: vom Saarland durch Lothringen, Luxembourg und wieder zurück ins Saarland.

Im französischen *Rodemack* machten wir eine Pause. Dieses Dorf gehört zur Vereinigung der *schönsten Dörfer Frankreichs (<Les plus beaux villages de France>)* und schmückt sich mit dem Beinamen *<La Petite Carcassonne Lorraine>*. Die Stadt *Carcassonne*, 70 km nördlich von *Perpignan* in der Nähe der französisch-spanischen Grenze und des Mittelmeers hat eine mittelalterliche Festungsanlage, welche in Europa ihresgleichen sucht. Die Altstadt wird von einer doppelten, komplett erhaltenen Stadtmauer umschlossen.

Als *Klein-Carcassonne* in Lothringen im Frühjahr 1945 befreit wurde, passten die amerikanischen Panzer nicht durch das Stadttor aus dem Mittelalter. Die neuen Eroberer/Befreier bauten, um in den Ort zu gelangen, einen Teil der Stadtmauer an einer Seite ab, setzten diese aber nach ihrem Abzug wieder Stück für Stück zusammen, eine ungewöhnliche und erfreuliche Geste der Siegermacht.

Rodemack: Stadttor, für welches die US-Panzer 1945 zunächst zu breit waren, rechte Seite rekonstruiert (Autor Dritter von links, mit Dreiviertel-Hose)

Anschließend überquerten wir die französisch-luxemburgische Grenze, ohne es zu merken - bei uns im Herzen Europas eine Selbstverständlichkeit.

Das kleine Luxembourg ist ein Radsportland. 23 fast überwiegend aphaltierte Radwege durchziehen das Großherzogtum: PC 1 - PC 23. Wir benutzten die *Piste cyclable 11: „Charly Gaul" - L'Ange de la Montagne.* Der *Engel der Berge* - 1958 *Tour-* und 1956, 1959 *Giro-*Sieger ist der bekannteste und erfolgreichste Radprofi Luxembourgs (vgl. E 13.2, S.207).

Aufgrund des unsicheren Wetters hatte ich als Plan B ein Café in *Dalheim* in Reserve: Unser Freund Valerio konnte sich im *Bom Petisco („Feines Häppchen")* angeregt mit seinen portugiesischen Landsleuten unterhalten und lud uns zu einer sehr pikant gewürzten *Chorizo-Wurst* ein, vom Wirt am Tisch mit uns gemeinsam gegrillt und als kleine Vorspeisehäppchen direkt serviert, einfach nur köstlich!

Am dritten und letzten Tag unserer sportlichen Saar-Lor-Lux - Geschichtsexkursion kletterten wir die 20 %-Rampe hoch zum *Château de Malbrouck*. Bernard Hinault hatte vor Jahren diesen Schlussanstieg für die *Société du Tour* besichtigt, aber als Etappenziel für die *Tour* war oben nicht ausreichend Platz vorhanden.

An diesem Sonntagmorgen wechselten wir auf 60 km neunmal unbemerkt die Grenze. Ein Dorf auf den Höhen des Saargaus symbolisiert den Unsinn und die Willkür dieser Grenzziehungen. In der *Rue de la Frontière* las ich meinen Sportskameraden diese Zeilen vor:

Die Grenze

Von wegen Europa!
Das ist dünnes Eis!
Der erste der
Fest drauftritt
Der bricht ein!
Und doch doch doch!
Einen Anfang muss es
geben!
Sonst findet die Dummheit
Kein Ende mehr! Am Ende
Gewinnt sie noch!
(Wie immer...)
Am helllichten Tag
Mitten auf der Straße
Habe ich die Grenze
Gefunden.
Was hatte die da
Verloren?

Leidingen/Leiding wurde auf dem *Wiener Kongress 1814/15* zum Spielball der europäischen Großmächte und ist seit 1827 ein wahrer Grenzfall, in der Nähe von Saarlouis. Mitten durch das Dorf geht die Grenze. Der saarländische Schriftsteller *Alfred Gulden* hat mit seinem anklagenden Gedicht - 1982 in deutsch, französisch und moselfränkischem Dialekt verfasst - auf die Absurdität vieler Grenzen grundsätzlich hinweisen wollen.

Unsere Sonntagsetappe begann mit einer ersten Pause im charmanten *Bistrot Bagatelle* in *Niedaltdorf*, dann führte uns der Weg zum Abschluss noch zu zwei Treffen in *Berus:* Am *Europadenkmal* skizzierte Peter die europäische Geschichte seit den Visionen eines Robert Schuman (vgl. S. 316). Und zum Abschluss unserer dreitägigen Tour mit Geschichte vor Ort gab es sehr feinen Kuchen von Tims Mutter Christel.
Wir bekamen beeindruckende Fotos von der *Tour de France* im Saarland zu sehen. Nach der Ankunft in *Felsberg* wurde die neunte Etappe am Sonntag, dem 5. Juli 1970 in *Saarlouis* gestartet. Echte Porträts von der *Radsport-Ikone* schlechthin (*Eddy Merckx* feierte 2020 seinen 75. Geburtstag), von *Raymond Poulidor* und von anderen Stars der Szene vor dem Start zeigte uns Tims Vater Manfred, ein professioneller Fotograf.

Kannibale Eddy

Poupou, Liebling der Franzosen
(1970 in *Saarlouis,* Fotograf: Manfred Leber)

Die dreitägige Saar-Lor-Lux - Rundfahrt mit intensiver europäischer Geschichte fand in Berus einen verdienten kulinarischen und radsportgeschichtlichen Abschluss.

Eifel/Ardennen

1995 fuhr ich im Sommer in die *Savoyer Alpen* (E 11). Ich benötigte wie jedes Jahr schon früh im Jahr gute Kilometer, ließ keine Gelegenheit aus, neue Strecken kennenzulernen. *Variatio delectat - Abwechslung erfreut.*

In der Karwoche Anfang April fuhr ich mit dem Zug nach Düsseldorf, mit meiner kleinen Tochter und meinem *Pinarello*. Julia verbrachte einige Tage in der Nähe von Jülich: bei Winni, dem Bruder meiner Frau und meiner Schwägerin Doro.

Ich besuchte meinen Freund Valerio in der Hauptstadt Nordrhein-Westfalens und fuhr mit dem Rennrad zurück in das Saarland.

Der frühe Morgen begann ungünstig, als ich in einer Straßenbahnschiene hängenblieb, aber auf den Straßen war noch fast kein Verkehr; der leichte Fall ohne Folgen war erfreulicherweise kein schlechtes Omen, im Gegenteil! Bei kühlem Wetter und Sonne pur verliebte ich mich in ... die *Eifel.*

Ich kannte diese Landschaft mit den Kraterseen nur als Kind; in jungen Jahren hatte ich Ferien bei meiner Verwandtschaft mütterlicherseits in Hürth-Hermühlheim bei Köln und in Zülpich bei meiner Cousine Ulla verbracht.

Eine recht anspruchsvolle Strecke auf kleinen Straßen hatte ich mir zusammengebastelt, nicht nur durch die Täler: 380 km in zwei Tagen mit Übernachtung in der Jugendherberge in *Daun* in der pittoresken *Vulkaneifel*, über die Mosel, via *Neumagen-Dhron* nach *Thalfang,* durch den *Naturpark Saar-Hunsrück* zum *Erbeskopf* (816 m), über *Thranenweier*, den *Forellenhof Trauntal* zwischen *Börfink* und *Abentheuer*, den *Bostalsee* und das Fischbachtal nach Saarbrücken.

Die Eifel zwischen Aachen, Trier und Koblenz bildet mit den belgischen und luxemburgischen Ardennen ein Mittelgebirge bis 750 m. Die beiden geographisch zusammengehörenden Regionen glänzen durch faszinierende Landschaften mit vulkanischen Kegelbergen in der Eifel, mit aussichtsreichen Hochebenen, sanft welligen Hügeln und grünen, tief eingeschnittenen Flusstälern und Schluchten in Belgien und Luxembourg.

Im Juni 2003 starteten wir zu einer anspruchsvollen Runde durch die belgischen Ardennen.

Am Fronleichnamsfeiertag, Donnerstag, dem 19. Juni, ging es vom Bahnhof in *Konz* bei Trier nach *Chiny* an der *Semois* in den *<Gîte La Semois>*. Eine Kajaktour abseits von Straßen auf diesem Gewässer, das von Kennern zu einem der schönsten Flüsse Europas gezählt wird, bleibt ein unvergessliches Erlebnis. Wir folgten diesem Gewässer bis *Bouillon,* bekannt durch den Kreuzritter *Gottfried von Bouillon.* Aus dem mittelalterlichen Städtchen mit der gewaltigen Burganlage - dem angeblichen Wohnsitz des Kreuzritters *Godefroy de Bouillon* - schickte ich eine Ansichtskarte an *Klaus Bouillon,* den radsportbegeisterten, langjährigen Bürgermeister meiner Heimatstadt und späteren Innenminister des Saarlandes. Er hat viele hochkarätige Radsportveranstaltungen in „seine" Stadt geholt und St. Wendel zur unumstrittenen Radsport-Hochburg im Saarland gemacht. Höhepunkt war die 2. Etappe der *Tour de France* am 8. Juli 2002 von *Luxembourg* durch das Nord-Saarland über St. Wendel nach Saarbrücken.

Die *Semois,* dieser wirklich wunderbare, einzigartige Fluss abseits der Straßen, mündet in *Monthermé,* der Partnerstadt des Eifelstädtchens *Prüm,* in den französischen Ardennen in die *Maas,* deren prachtvolle Flusschleife wir hier bewundern konnten. Seit 2016 führt ein sehr schöner Radweg von *Les Hautes Rivières* 18 km entlang der *Semoy* (französische Schreibweise) nach Monthermé.

Von *Chiny* aus führte uns 2003 meine Strecke am Samstag über 180 km wieder durch Luxembourg ins saarländische *Perl* an der Mosel, präziser formuliert: aufgrund von erheblichen Schwierigkeiten mit dem geplanten Quartier nach *Perl-Borg* (vgl. S. 328).

Am Sonntagmittag, dem 22. Juni 2003, hatten wir in *Saarbrücken* nach drei Übernachtungen 580 nicht flache Kilometer in den Beinen.

2016 verbrachten wir eine Woche in *Lissendorf* in der Eifel im „*Landgasthaus Möschelberg*", mit Sauna, Kneippkur und Wiese zum Relaxen, ein angenehmes Quartier, um Eifel und Ardennen in alle vier Himmelsrichtungen zu erkunden (Tour 11 A). Die damaligen Besitzer verwöhnten uns täglich mit einem nicht zu toppenden Preis-/Leistungsverhältnis.

Ein empfehlenswerter, zentraler Ausgangspunkt für Radtouren ist auch das lebendige Städtchen *Prüm* mit asphaltierten Radwegen gen Norden, Süden, Osten und nach Westen in die Ardennen.

Die Eifel ist insgesamt eine überdurchschnittlich preisgünstige Ferienregion mit guter Infrastruktur.

Auch die „*Machtemes-Mühle*" liegt attraktiv in der Süd-Eifel bei *Preischeid* unweit der deutsch-luxemburgischen Grenze (Tour 12).

Das grenzüberschreitende Radwegenetz ist außergewöhnlich; die meisten Strecken sind geteert.

Ständige Begleiter des längsten Flusses der Eifel sind der *Kylltal-Radweg* (125 km vom Ort *Losheimergraben* bis *Trier*) und die Bahnlinie Trier - Köln mit 22 Bahnhöfen, die flexible Touren ermöglichen. Wir verbrachten im Sommer 2007 unvergessene Tage im Hotel <*Haus Kylltal*> in *Zendscheid*, wo wir drei Wohnungen mit Halbpension gemietet hatten. Was gibt es Schöneres als während einer Eifeletappe im *Schalkenmehrener Maar* einfach mit der Radhose schwimmen zu gehen!

Das Bahntrassenradeln ist ein nicht enden wollender Hochgenuss. Der *Maare-Mosel-Radweg* verläuft größtenteils über die ehemalige Bahnstrecke *Bernkastel-Kues - Daun*, 58 abwechslungsreiche Kilometer mit zwei Viadukten und vier Tunnel.

Beliebig viele Rundtouren lassen sich zusammenstellen, wie z. Bsp. eine Fünf-Täler-Tour entlang der Kyll, Nims, Prüm, Sauer und Mosel à 110 km; oder von *Minden* bis *Prüm* den gleichnamigen Radweg entlang, zurück über den Enz-Radweg durch den deutsch-luxemburgischen Nationalpark, knapp 120 km.

(für Rheinland-Pfalz: www.radwanderland.de, für Nordrhein-Westfalen: www.radtourenplaner.nrw.de)

Viele Streckenvariationen sind in der Eifel möglich. Eine effektive Bus-Infrastruktur im Zwei-Stunden-Takt lässt das Auto vergessen: von 7-20 Uhr können 22 Fahrräder mitgenommen werden. (vorher reservieren: www.radbusse.de)

Das stilvolle *Landgasthaus Krebs* (Sternenblickzimmer!) in *Mehren* am zauberhaften Maare-Mosel-Radweg eignet sich als Ausgangsquartier. Dieser Bahntrassenweg zählt laut ADFC zu den bekanntesten und beliebtesten Radstrecken in Deutschland. Das schön gelegene Eifeldorf *Neroth* zwischen dem Maare-Mosel-Radweg und dem Kylltal-Radweg (7 km westlich von Daun, 9 km südöstlich von Gerolstein) eignet sich ideal für Radtouren in alle vier Himmelsrichtungen. Im preiswerten Bed & Bike-Hotel <Zur Neroburg> bietet sich eine interessante Radwoche als Basislager an, ebenso in dem Wellness-Hotel <Am Eifelsteig> mit der „Salzgrotte Vulkaneifel“.

Ein zweitägiger Ausflug in die Ardennen kann zum Höhepunkt der Woche werden. Zwei Übernachtungen im wunderschönen *<Hotel Am Steineweiher>* im belgischen, deutschsprachigen *Sankt Vith* ermöglichen eine 130 km-Runde, um etwas Luft von *Lüttich-Bastogne-Lüttich* zu schnuppern. Der Ardennenklassiker mit 4500 Hm gehört zu den fünf Monumenten des Radsports - neben Milano-San Remo, Paris-Roubaix, Flandern-Rundfahrt („Ronde van Vlaanderen") und Lombardei-Rundfahrt („Giro di Lombardia"). Es geht über die *Côte de Lorcé,* die legendäre *Côte de la Redoute,* ab *Trois-Ponts* über RAVeL 47, in Stavelot zur *Côte de Stockeu* mit Foto am Eddy Merckx-Denkmal, zurück auf den Radweg bis Waimes und über die Vennbahn RAVeL 48 bis nach Sankt Vith (Tour 11 B: Ardennen-Klassiker).

Für unsere geplante Eifel-/Ardennenwoche Ende Juli 2021 hatte ich, meiner Altersmilde geschuldet, relativ wenige Höhenmeter vorgesehen (800 - 1000 Hm pro Etappe). Wir mussten diese Woche kurzfristig absagen, nicht wegen Covid-19, sondern aufgrund der verheerenden Flutkatastrophe von Mitte Juli.

Auch ein deutsch-belgisch-luxemburgischer Grenzfluss hatte schon vor vielen Jahren mein Interesse geweckt: Radfahren im Tal der *Our* an der deutsch-luxemburgischen Grenze erinnert mich an die Liebe zur Natur während der kulturgeschichtlichen Epoche der *Romantik* im 19. Jahrhundert.

Um diese Region näher kennenzulernen, empfiehlt die Tourismusagentur Ostbelgien („Willkommen in Europas kraftvollem Garten!") mit der ab Sankt Vith ausgeschilderten *Ourtal-Route* für *Rennräder* (*Vélos de course*) eine Klassiker-Tour über 110 km mit 1420 Höhenmetern. Für ambitionierte Rennradfahrer eignet sich die anspruchsvollere, 135 km lange „Tour der legendären Steigungen". Über 2010 Höhenmeter darf Atmosphäre des Ardennen-Klassikers zwischen Lüttich/Liège und Bastogne geschnuppert werden. Eine Sensibilisierungsrunde für Einsteiger lädt ein über 75 km mit 800 Höhenmetern: Sankt Vith, *Rodt* im Uhrzeigersinn über *Vielsalm*; ab *Trois-Ponts* aber - wie unsere 130 km-Runde (s.o.) die empfehlenswertere Strecke über Fahrradwege: RAVeL L 45 über *Stavelot* bis *Malmedy*, *Waimes*, *Vennbahn* (=RAVeL 48) bis Sankt Vith (ca. 85

km, aber weniger Höhenmeter).

Seit 2021 ermöglicht eine verbesserte, grenzüberschreitende Radbusverbindung flexiblere Radtouren: Die neue Buslinie L 465 zwischen Sankt Vith - Bleialf - Prüm und Gerolstein verkehrt täglich alle zwei, sonntags alle vier Stunden; von April bis Oktober können bis zu fünf Räder mitgenommen werden, 2021 laut Deutscher Bundesbahn noch keine E-Bikes.

Königsstrecke der flachen Kilometer ist die seit 2019 durchgängig asphaltierte Bahntrasse von *Aachen* bis *Troisvierges* (bis 1918 deutsch: *Ulflingen*) im Norden Luxembourgs. Die *Vennbahn* verläuft heute durch drei Länder und gehört mit 125 km zu den längsten Bahntrassen in Europa. 1889 wurde die bis 1918 zum Deutschen Reich gehörende Bahnstrecke eröffnet; sie diente zum Transport von Kohle Richtung Luxembourg und Eisenerz nach Aachen und war die Schlagader zwischen den Kohleabbaugebieten um Aachen und den Verhüttungs- und Industriegebieten in Lothringen und Luxembourg. Die zweisprachige Region (französisch, deutsch) um *Eupen*, *Malmedy* und *Sankt Vith* in Ost-Belgien wurde nach dem Ersten Weltkrieg von Deutschland abgetrennt. Für mich ist die Vennbahn der *Kronjuwel* unter den zu Radwegen umfunktionierten Bahntrassen. Ständig wird die Grenze gewechselt, daher der Beiname die *„verrückteste Grenze Europas"*. Im Jahr 2014 wurde sie in den Niederlanden zur *„Fahrradstrecke des Jahres"* auserwählt. Natur, Grenzlandflair und Vennbahngeschichten begleiten die Fahrt.

Das *Hohe Venn* - ein mythisch anmutendes Hochmoor - stellt mit dem *Signal de Botrange* die höchste Erhebung Belgiens: 694 m. Keine geeignetere Möglichkeit als ein Fahrrad kann ich mir vorstellen, um diese einzigartige Moorlandschaft in angenehmen Reisetempo zu erleben. Die Vennbahn gehört zum *RAVeL*-Programm der wallonischen Region im Süden Belgiens.

Unterwegs auf der *Vennbahn*,
dem Kronjuwel der Bahntrassen-Radwege
Viadukt bei Born, Belgien 2016 (Autor links)

<***R**éseau **A**utonome des **V**oies **L**entes*>, *„das autonome Netz für langsam fließenden Verkehr"* steht auf über 1400 Kilometern in ganz Wallonien, davon 220 km in Ostbelgien, ausschließlich unmotorisierten Teilnehmern, und natürlich auch E-Bikern, zur Verfügung: Radfahrer, Inline-Skater, Fußgänger, Rollstuhlfahrer und laut Beschilderung auch Reiter mit Ihren Pferden genießen die überwiegend flachen Strecken mit meist nur geringen Steigungen.

Die *Philosophie der grünen Wege* - stillgelegte Bahntrassen, Treidelwege und andere autofreie Wege - hat seit 1995 in Süd- und Ostbelgien eine beeindruckende Infrastruktur entwickelt.
(www.ravel.wallonie.be,
www.ostbelgien.eu/de/fahrrad/radtourenplaner)

Es gibt viele Querverbindungen zwischen der deutschen Eifel und den Ardennen in Belgien und Luxembourg; das Großherzogtum punktet mit den asphaltierten Radwegen (vgl. *PC* 1 - 23, S. 326).

Die Touristeninformation Eifel bietet viele mehrtägige, attraktive Fahrten mit Gepäcktransport für Genussradeln an, mit E-Bike, für die etwas Sportlicheren mit MTB, Gravelbike oder Rennrad - eine gelungene Kombination für leistungsheterogene Paare oder Gruppen auf asphaltierten Radwegen und ehemaligen Bahntrassen. Ich empfehle die *Venn-Eifel-Mosel- Runde* über 330 km mit Start und Ziel in der Römerstadt Trier, gemütlich in sechs Tagen durch die Eifel und über die Vennbahn in den belgischen Ardennen: entlang der Flusstäler von Kyll, Sauer, Prüm, Nims, Enz und Mosel sowie die Höhen der Eifel und des Hohen Venns in Ostbelgien (www.eifel-direkt.de, www.eifel.info).

Radfahrerherz, was willst du mehr!

Mein Streckenvorschlag inklusive Übernachtungen für eine einwöchige Tour durch Flusstäler und über *Voies Vertes/Pistes cyclables* in Ardennen und Eifel beginnt und endet in Saarbrücken. Es geht zunächst durch Lothringen (*Lorraine*) und *Champagne-Ardenne*; diese beiden Regionen wurden 2016 mit dem Elsass (*Alsace*) zum *<Grand Est>* zusammengelegt.

Via Saar-Kohle- und Rhein-Marne-Kanal führt die Rundtour im Uhrzeigersinn zum *Maas-Radweg*. Auf den Spuren der deutsch-französischen Kriegsgeschichte von 1870 - 1945 geht es auf dem *EuroVelo 19* auch über *Sédan* an der Maas; hier wurde der Krieg 70/71 schon am 2. September 1870 zugunsten der Preußen und Bayern entschieden, als Folge gründeten die Deutschen im Januar ’71 das Zweite Kaiserreich im Schloss des Sonnenkönigs: im *Spiegelsaal* von *Versailles* bei Paris (!) - eine Provokation für die Franzosen.

Durch die französischen, belgischen und luxemburgischen Ardennen, über Eifel und Saarland geht es zurück nach Saarbrücken, es können natürlich auch, kombiniert mit dem Auto, Teilstrecken abgefahren werden. Hier habe ich mit den Wegen durch Saar-Lor-Lux, Ardennen und Eifel ein besonderes Raderlebnis zusammengestellt: Meine „*EWG-Tour*“ führt durch vier von sechs *Ländern der 1957 in Rom* gegründeten ***E**uropäischen* ***W**irtschafts-Gemeinschaft* (Tour 19).

Etappe 19 Dem Himmel so nah - La Route des Grandes Alpes

Während die Alpen in Österreich und in der Schweiz in Ost-West-Richtung verlaufen und eine klimatische und kulturelle Trennungslinie zwischen Nord- und Südeuropa bilden, nehmen die Berge im Westen einen Nord-Süd-Verlauf und schotten Frankreich auf natürlichem Weg von Italien ab.

Die *französische Hochalpenstraße* ist ein *klassisches Konzert* für Kletterfans; natürlich war sie nach vielen Jahren im Hochgebirge ein weiterer Höhepunkt meiner Vita als ambitionierter Hobbyfahrer. Von den 15 Pässen auf diesem Tanz durch das Hochgebirge fehlten mir in meiner Sammlung nur noch der *Col de l'Iseran* und die drei letzten Berge vor der Mittelmeerküste. Der nördliche Teil dieses *Recitals* großartiger Pässe in den französischen Alpen ist verkehrsmäßig stärker frequentiert, aber dennoch gut zu fahren; dies war mir seit meiner Tour durch die Savoyer Alpen bewusst. Im Süden wird es immer ruhiger und einsamer. Diese Panoramastraße verläuft vom Genfer See aus gen Süden zum Mittelmeer bis nach *Menton*, in das *Département* mit der Hauptstadt Nizza: *Alpes-Maritimes* - die *See-Alpen.*

Als Startort hatte ich wieder „mein" Naturfreundehaus <*Les Adrets*> in *Lamoura* im Hochjura auserkoren. Sofort nach unserer Ankunft am Samstagnachmittag, dem 11. Juli 2009, hatte ich eine erste wichtige Aufgabe zu erledigen. Ich suchte mit Valerio die uns seit vielen Jahren bekannte *Metzgerei* des Ortes auf; wir bestellten in der *Boucherie* eine schöne Lammkeule, um den übernächsten Dienstag kulinarisch abzusichern.

Wir starteten mit sieben Fahrern - und kamen natürlich auch alle an, eine auserlesene Truppe: kampferprobte *Nove-Colli-Matadore*!

Dominique, Ekke, Uwe, Valerio und Werner sind *Finisher* der *Tour-Transalp* von Bayern durch Österreich nach Italien. Werner hat nicht nur die Statur eines <*grimpeur pur*>, er klettert auch entsprechend gut. Mit Dieter als praktizierendem Arzt war unsere medizinische Betreuung abgesichert. Unsere Alpenüberquerung wollte ich auf eine stilvolle Art beginnen. Nach 50 km durch das Jura schipperten wir vom schweizerischen *Nyon* nach *Yvoire* an das französische

Südufer des *Genfer Sees,* der in Frankreich <*Lac Léman*> genannt wird. In *Thonon-les-Bains* ist der offizielle Beginn der ***G**rande* ***T**raversée des* ***A**lpes - der GTA*, wie die *große Überquerung* des französischen Teils der Alpen abgekürzt bezeichnet wird.

Am ersten Tag ließ die Motivationsphase auf dem Schiff unsere Anspannung steigen, die erste Etappe stellte schon gleich erhöhte Anforderungen an uns: drei Cols, 165 km, 2850 Höhenmeter.

Beim *Col de la Colombière* bekam ich unwiderstehlich das für mich typische *Tour-Feeling*, denn dieser Klassiker der jüngeren französischen Radsportgeschichte stand 23 Mal bis 2021 auf dem Speisezettel für die *Tour*-Fahrer.

Einem meiner Radfreunde war der Aufstieg gar nicht bekommen. Er musste sich übergeben; wir hatten vorher am *Col des Gets* eine von mir nicht vorgesehene Pause eingelegt, für einige mit zuviel Essen zur unrechten Zeit.

Als wir nach 165 km etwas spät im Hotel in Saint-Nicolas-la-Chapelle angekommen waren, hatte man uns nur noch ein einziges Essen anbieten können, aber wir waren erschöpft und gleichzeitig zufrieden mit den vielen Eindrücken von der ersten Etappe. Für mich ist es immer wieder unbeschreiblich, wie viele Bilder sich bei einer ganztägigen Radtour einprägen. (Tour 6 aktualisiert: Ziel von Etappe 6.1 neu: Le Grand-Bornand nach 140 km statt 165 km; Etappe 6.2 statt 95 km jetzt 120 km)

Am nächsten Morgen waren alle wieder fit und voller Tatendrang; als *Zuckerbrot* standen „nur“ 95 km auf dem Programm, die *Peitsche* ließ erwartungsgemäß nicht lange auf sich warten: 2900 Höhenmeter galt es zu bewältigen. Der Aufstieg zum *Cormet de Roselend* ist vom Feinsten! Mit der Fertigstellung und Eröffnung dieses Passes im Jahr 1970 erhielt die *Route des Grandes Alpes* den heutigen Streckenverlauf, wobei es einige Varianten gibt.

Ein seltsames Erlebnis musste ich über mich ergehen lassen. Eine Familie mit Auto überholte mich beim Klettern, und die beiden Kinder auf der Rückbank lachten über mich! Aufgrund zunehmender Nackenbeschwerden musste ich den Kopf nach links drehen und die

Felswand anstarren, während rechts eine wunderbare Aussicht auf den Stausee *Barrage de Roselend* zu genießen gewesen wäre.

Am Pass gab es links Richtung Norden einen imposanten *Gletscher* zu bewundern: Die *<Aiguilles des Glaciers>,* 3816 m ü. NN im südlichen Teil des *Mont Blanc-Massivs.*

Unten im Tal in *Bourg-Saint-Maurice* hatte ein Mitfahrer einen Defekt, den wir alleine nicht reparieren konnten. Ekke gelang es, die Abfahrt mit viel Steuergefühl gerade noch zu bewältigen - er hatte einen heftigen Seitenschlag im Laufrad.

Jetzt war ich gefordert. Die anderen fuhren weiter in unser reserviertes Quartier, ohne Ekke und mich. Ich verhandelte freundlich, aber hartnäckig und zielorientiert mit dem Fahrradhändler, nachdem dieser um 14 Uhr noch gesagt hatte, er könne das Rad am nächsten Morgen sofort reparieren - um 15:30 Uhr desselben Nachmittags war das Laufrad zentriert; der Fahrradmechaniker hatte sich ein großzügiges Trinkgeld wirklich verdient.

Den Abend verbrachten wir in dem herrlich gelegenen Gîte d'Étape in *Chenal* (1700 *m*) mit überwältigender Aussicht auf den gegenüber liegenden Gletscher *Mont Pourri* auf 3779 m über dem Meeresspiegel.

Ich hatte für die ganze Woche Übernachtungen auf 1100 m bis 1700 m, eine Übernachtung auf 950 m ausgesucht, um einer möglichen Hitze in den Tälern zu entgehen.

Dieser Gîte in Chenal bietet leider keine Übernachtungen mehr an. Zwei schöne Alternativen drängen sich auf:

Das *<Chalet des Anges>* (Dreier- und Viererzimmer) in *La Savinaz* mit grandioser Aussicht, beheiztem Pool und Sauna auf 1530 m, oder das seit mehreren Generationen familiär geführte Logis-de-France-Hotel *<Le Monal>* in *Sainte-Foy-Tarentaise* auf 1050 m.

Am nächsten Morgen machen wir uns auf den Weg zu unserem *Souvenir Henri Desgrange*. Wir fahren entlang des smaragdgrünen Stausees *Lac du Chevril*. Nach dem Ski-Abfahrtsmekka *Val-d'Isère* wiegen wir uns in den Serpentinen zum höchsten bzw. zweithöchsten Alpenpass. Der *Col de l'Iseran* wurde 1937 als höchster Pass mit 2770 m eröffnet und rutschte 1961 auf den zweiten Rang hinter den *Col de la Bonette* (2802 m, vgl. E 2).

Uwe hat sich trotz seiner Erkältung mit unermüdlichem Kampfgeist hochgearbeitet, am Kulminationspunkt unserer Rundfahrt fühlen wir uns *„völlig losgelöst von der Erde"*, meine Blicke schweifen unaufhörlich in die hochalpine Landschaft weit über der Baumgrenze, ich habe wieder Gänsehaut.

Dem Himmel so nah
<*Souvenir Henri Desgrange*>
2009

Im Tal des Flusses *Arc* fahren wir in der Mittagszeit auf der RN 6 neben der Autobahn fast ganz alleine; die letzten 40 km bis zum Aufstieg zum *Télégraphe* legen wir mit Windschattenfahren entspannt, aber hochkonzentriert in einer Stunde zurück.

Nach einer angenehmen, ruhigen Nacht in *Valloire* auf 1400 m Höhe geht es mal wieder über den Giganten *Galibier*. Vier Kilometer nach *Plan Lachat* denke ich wehmütig an Marco Pantani, der an dieser Stelle seinen Siegeszug in der Tour 1998 begann, bei 4°C und Regen, 13 Jahre später, sieben Jahre nach seinem Tod 2004, war an dieser Stelle das *Pantani-Denkmal* errichtet worden (vgl. E 13.2).

Wir hatten besseres Wetter als die Fahrer am 27. Juli 1998: Während der ganzen Woche keinen Regen, sondern ausnahmslos heiteres Wetter mit einigen Cumulus-Wolken.

Der mit schön zu fahrenden Serpentinen gesegnete *Col d'Izoard* hat ein hübsches, kleines Radsportmuseum mit einem originalen *Maillot Jaune* von Fausto Coppi. Die Gelben Trikots aus Stoff hatten früher immer noch ein kleines *H.D.* eingenäht, zu Ehren des *Tour*-Gründers *Henri Desgrange*. Das Museum ist allerdings oft geschlossen, im Juli 2009 hatten wir Glück; ich konnte es meinen Freunden zeigen, die es noch nicht alle kannten. Als Pensionär und Kenner des Passes seit über 30 Jahren könnte ich im Juli/August den *Museumswärter* in 2360 m über dem Meer spielen; mein Arbeitsplatz wäre verbunden mit einem der legendärsten Cols der Geschichte der *Grande Boucle:*

- Die Statistik meldet 26 Passagen von 1947 - 2019
- Auch der *Giro* erwies diesem Alpenriesen seine Ehre
- Die Stele in der *Casse Déserte* erinnert an die beiden großen Champions *Coppi* und *Bobet* (vgl. E 9, Foto S.133)

Ich könnte Führungen für interessierte Touristen anbieten.

Im *Chalet Viso* fanden wir 10 km weiter in *Arvieux-la-Chalp* auf 1700 m Höhe eine bezaubernde Bleibe mit Blick auf den majestätisch wirkenden *Monte Viso (3841 m)* in den italienischen *Cottischen Alpen*.

Nach der Halbetappe über den *Col de Vars* mit Boule-Turnier in Barcelonnette verlief die 6. Etappe wieder ereignisreicher. Für mich gibt es nichts Schöneres im Radsport als den Morgen mit dem sanften Aufstieg zum *Cayolle* zu beginnen - *meinem Col*, dem ich in inniger Zuneigung für immer verbunden sein werde.

Dieser Pass war eine der wichtigsten Baustellen der französischen

Hochalpenstraße. Die Verbindung von den mediterranen Städten Nizza und Menton in die nördlichen Savoyer Alpen wurde schon 1909 vom *Touring Club de France* als Projekt begonnen, 1911 wurde eine erste Marketing-Reise für Presse und Prominenz organisiert, die Idee einer *Route des Grandes Alpes* war endgültig etabliert. Eine damals noch nicht asphaltierte Piste konnte ab 1913 von Automobilen benutzt werden (La Route des Grandes Alpes, Guides Gallimard S. 142).

Nach der Abfahrt wurde ich ab *Guillaumes* ungemütlich: ich war über die schönere Nebenstraße durch *Péone* mit nachfolgenden Serpentinen alleine nach *Valberg* vorgefahren, um ab 15:30 Uhr die *Tour*-Etappe über den strammen *Col du Platzerwasel* in den Vogesen, den ich so oft bezwungen hatte, zu verfolgen - die Anstrengung war umsonst: Stromausfall im ganzen Ort. Schwerer wog der Ausfall unseres Begleitwagens, den Eberhard vom *Cayolle* aus telefonisch meldete. Der Vermieter unseres *<Gîte la Fripounière>* am *Col de la Couillole* reagierte souverän. Er beorderte sofort einen Helfer auf den Pass.

Unser Marketender war am Morgen dabei, unter Klängen klassischer Musik seine gefundenen Pflanzen im Auto aufzulisten; dabei hatte er die Autobatterie geleert! Mithilfe eines Fremdstartkabels konnte er weiterfahren und uns das Gepäck am frühen Abend rechtzeitig bringen. Nach dem an sich soliden Abendessen, allerdings mit einem permanenten zusätzlichen Gang unzähliger Fliegen als Begleiter auf dem Teller (!), waren Stromausfall in Valberg und leere Batterie am Cayolle schnell wieder vergessen, wir freuten uns auf die Schlussetappe mit den mir noch unbekannten letzten drei Pässen.

Der Gîte des von uns als „Herr der Fliegen" getauften Patron am Col de la Couillole bot 2020 keine Übernachtungsmöglichkeiten mehr an. 8 km vorher und 7 km nach Valberg lädt im schön gelegenen *Beuil* auf 1450 m das charmante Hotel *<Le Génépi>* zum Verweilen ein, benannt nach dem wohlschmeckenden *alpinen Kräuterlikör*, der im *Mercantour-Nationalpark* und im benachbarten italienischen, französischsprachigen *Aosta-Tal* aus der *Ährigen Edelraute* hergestellt wird. Nach einem *Apéro* - als Radsportler bevorzuge ich ein *Panaché* - auf der Terrasse mit blendender Aussicht auf die Bergwelt lässt sich - für Nicht-Vegetarier/Veganer - die *<Côte de boeuf>*, wofür das Hotel-Restaurant bekannt ist, noch genüsslicher einverleiben. Eine Alternative im gleichen Ort ist das *<Hôtel L'Escapade>*.

Ich empfehle zwei Übernachtungen in Beuil: Von hier aus kann man den *<Circuit des Gorges Rouges du Cians et de Daluis>* fahren: Die Runde durch die *roten Schluchten* dieser beiden Flüsse ist einfach nur *<splendide>* - *„prächtig"*! Es lohnt sich definitiv, einen Tag länger in Beuil zu verweilen, um die 84 km mit 1450 Hm zu genießen. Dankbarer als auf der D 28 ist nach den Gorges de Daluis ab Guillaumes der ein Kilometer längere Aufstieg nach Valberg auf der ruhigen und faszinierenden D 29 über *Péone* und die nachfolgenden eleganten Schleifen zum Tanz mit dem Vélo - so wie wir 2009 vom *Col de la Cayolle* kommend gefahren waren.

Am nächsten Tag meisterten wir zunächst den *Col de Saint-Martin* (1500 m). Am *Col de Turini* (1600 m) schossen mir spektakuläre Bilder von der *Rallye Monte Carlo* durch den Kopf; manchmal mussten sich die Rennfahrer in der berühmt-berüchtigten „Nacht der langen Messer" im Frühjahr über noch schneebedeckte Straßen kämpfen.

Seit *Izoard* und *Col de Vars* wurde unsere Panoramastraße immer ruhiger, Fahrradgenuss in Reinkultur.

Vor dem letzten, leichten *Col de Castillon* (710 m) trafen wir in *Sospel* auf ein Schild *<Route barrée>*, wie vor dem *Col de la Bonette* 1983, diesmal aber kurz vor dem Mittelmeer und nicht mit der Gefahr, im Schnee zu erfrieren.

Ich erinnerte mich aber sofort an eine frühere brenzlige Situation, als ich im Gebirge eine *gesperrte Straße* sieben Kilometer dennoch hinuntergefahren bin, da in der Nähe der anderen Seite des Tals unser Quartier lag. Die Umleitung hätte über 30 km betragen, wir waren alle ziemlich platt. Ich wagte den Ritt auf der Rasierklinge, ging volles Risiko, kannte aber ähnliche Situationen, wo man zu Fuß noch die Brücke in Reparatur passieren konnte. Und so war es auch damals. Unten am Fluss war der Übergang wegen Erneuerung gesperrt, mit dem Rad konnte man aber sogar fahren. Mit einem - bewaffneten - Polizisten, der an der Brücke als Wache abgestellt war, verhandelte ich hartnäckig. Es war im französischen oder Schweizer Jura (also in der *Romandie*) oder in den französischen Alpen - wir unterhielten uns auf französisch.

Ich machte dem Wachmann klar, dass wir alle zu *kaputt* (*<crevé>)* seien und nicht mehr den Berg hoch zurückfahren könnten. Wir würden jetzt in einer absoluten Notsituation die Brücke überqueren, er solle wegschauen - und wir gingen zu Fuß über die begehbare Brücke langsam auf die andere Seite des Flusses. Mit *Chuzpe* - was frei übertragen „Dreistigkeit“ oder auch „charmante Hartnäckigkeit“ bedeuten kann - und gesundem Selbstbewusstsein hatte ich uns die lange Steigung zurück und den langen Umweg am Ende einer anstrengeden Etappe erspart.

Ich erkundigte mich 2009 also beim Bistrot-Wirt in *Sospel* an der Abzweigung, da ich am letzten Tag kein Risiko eingehen und nicht überreizen wollte. Der Patron machte mir unmissverständlich klar, dass weiter unterhalb ein Stück Straße abgebrochen sei. *No risc, no fun* war an dieser Stelle nicht angesagt. Also nahmen wir die neue Strecke mit einem Handicap: Zwei von uns waren vorausgefahren - wieder die beiden aus dem Jahr 2004 im *Vercors*, beim *apokalyptischen Unwetter* (E 15).

Wir fuhren eine sehr schöne Alternativroute, allerdings noch einmal von 340 m auf den *Col de Braus* (1002 m). Nachdem ich in *L'Escarène* die kleine Straße über den *Col des Banquettes* verpasst hatte, lud ich meine Mitstreiter zum Panaché ein. Die zunächst geplante, abgeänderte Strecke, die ich fahren wollte, war allerdings nicht geteert - wie ich später recherchiert hatte. Mein Unterbewusstsein hatte wohl dieses Manko erkannt und mich zielstrebig zu unserem letzten Anstieg der Woche geführt: Von *La Grave de Peille* (200 m) lotste uns die kleine, *pittoreske* D 53 die letzten angenehmen 8,5 Kilometer Steigung über *Peille* zum *Col de Saint-Pancrace* (672 m), wir befanden uns auf unserer Schlussetappe mit über 3500 Höhenmetern auf der Zielgeraden.

Der lange ersehnte Blick auf das Mittelmeer versetzte uns in *Trance*. Über *La Turbie* mit Blick auf das *Fürstentum Monaco* fuhren wir hinab auf Meereshöhe.

Am Abend erzählten unsere beiden Ausreißer, dass sie auf mehreren schwierigen Passagen ihr Fahrrad wie *Crossbiker* hätten schultern müssen - aber erfreulicherweise hatte niemand am letzten Tag Schaden genommen.

Wir kamen nach einer achttägigen Fahrt mit Start im Jura bei heiterem bis leicht bewölktem Himmel - dem wir eine Woche lang so nah waren - am *Mare mediterraneum* an, nach 775 Kilometern und 17 400 Höhenmetern, im Schnitt knapp 2200 Hm pro Tag. Mit der in Tour 6 empfohlenen Zusatzetappe *Beuil - Beuil* (Etappe 6.7 durch die malerischen roten Schluchten der Flüsse *Cians* und *Daluis*) sind es neun Tage, 18800 Hm, 2100 Hm pro Tag.

Die Hitze in den Tälern hatte uns nur selten tangiert. Wir hatten keinen (!) Reifendefekt, nur ein Laufrad musste in *Bourg-Saint-Maurice* zentriert werden.

In *Menton,* der Stadt der Zitronen, herrscht ein besonderes Mikroklima. Die Araber brachten den Zitronenbaum hierher nach Europa, geerntet wird die Frucht mehrmals im Jahr, seit 1895 findet jährlich im Februar/März das *Zitronenfest* statt - *<la fête du citron>.*

An unserem freien Sonntag genossen wir den Charme der Côte d'Azur. An der Grenze zu Italien vermischt sich französischer mit italienischem Lebensstil.

<Ciao, sono io, Franz; ieri siamo arrivati a Menton; tutto è a posto, adesso mi trovo a Ventimiglia alla spiaggia, con la mia bici, alla frontiera francese.>

Ich war 15 km ins italienische *Ventimiglia* geradelt, hatte der italienischen Verwandtschaft meiner Frau telefonisch mitgeteilt, dass wir gut in Menton angekommen seien, dass alles in Ordnung sei.

Den halben Tag *chillte* ich am Strand - mit *Gazzetta dello Sport, Équipe* und *Nice-Matin*. Ich spürte wieder dieses überwältigende Gefühl von Zufriedenheit nach dieser Woche, in der mal wieder alles gepasst hatte.

Für den Rückweg hatte ich einen zweiten, größeren Mietwagen reserviert. In Lamoura angekommen, fuhr ich das Auto am nächsten Morgen an den Flughafen in Genf, und mit meinem absolut zuverlässigen *Simplon* kletterte ich über den *Col de la Faucille* (1323 m, 11 km, 720 Hm) ins französische Jura zurück, 50 km angenehme Bewegung nach dem Vortag im Auto!

Valerio hatte die Lammkeule beim Metzger in der *Boucherie* abgeholt und sie über Nacht in Rotwein mit Kräutern mariniert.

Zu unserem Festessen am Dienstag, dem 21. Juli lud ich zum Aperitiv ein: *Crémant* mit Häppchen von *Comté*-Käse und *Pur Porc - luftgetrocknete Salami*.

Das wie immer butterzarte Lamm hatten wir uns redlich verdient, wir blieben etwas länger auf und feierten in den Geburtstag unseres Kochs hinein.

Etappe 20 Bern - Saarbrücken

Dass ich einmal mit dem Rad von *Bern* nach Saarbrücken fahren würde, hätte ich bis 2013 nie für möglich gehalten. Die Berge waren mein Jagdrevier. Dominiques großer Wunsch aber war es, einmal die Strecke von seinem Arbeitsplatz und Zweitwohnsitz in der Schweiz nach Saarbrücken mit dem Rad zu bewältigen, allerdings nicht als Etappenfahrt.

Wir planten unsere für vier Fahrer vorgesehene Expedition rechtzeitig für das Jahr 2014. Und ich wollte in meinem neuen Lebensjahrzehnt sehen, was fahrradmäßig noch geht, das Virus war erfreulicherweise immer noch in Körper und Geist aktiv, es gab keine Anzeichen für eine drohende Immunisierung.

Im Jahr 2013, also ein Jahr vor Bern - Saarbrücken, war ich schon früh in die Saison eingestiegen, um mich auch für das nächste Jahr frühzeitig in Form zu bringen: Skilanglauf-Training im Februar, Karwoche mit dem LC Rehlingen in Sainte-Maxime an der Côte d'Azur, Besuch meiner Tochter in Karlsruhe (hin und zurück 350 km in 1 ½ Tagen, vgl. E 18, S. 303/304), Nove Colli im Mai in Cesenàtico, viele Touren in der Saar-Lor-Lux-Region und im Pfälzerwald...

Nove Colli 2013 mit 60 Jahren: 18 %-Rampe des <*Barbotto*>
(© Studio5, Cesenàtico)

Ganz relaxt am Ziel nach 205 km mit 3840 Hm
(© Studio5, Cesenàtico)

Dominique plante den ersten Abschnitt von Bern bis Basel, den Rest übernahm ich.

Im Frühjahr 2014 nahm er mich an einem Montagmorgen auf seinem Weg zur Arbeit mit und ließ mich vor Basel mit meinem Rad von der Leine. Die Streckenführung hatten wir geklärt; oft hatte ich - etwas übertrieben im Scherz - damit kokettiert, dass ich jede asphaltierte Strecke zwischen Saarbrücken und *Mulhouse/Basel* kennen würde. Es ging darum, drei günstig gelegene Verpflegungspunkte auszuwählen und den zügigsten Weg durch *Strasbourg* zu finden. Ich fuhr am Rhein entlang. Die vielen Lkw's zum Entladen der Schiffe würden an den Wochenenden auch samstags nicht fahren, versicherte mir ein Bistrot-Betreiber.

Durch Strasbourg fand ich schnell den günstigsten Weg, und nach 180 km wollte ich entspannen. Ich übernachtete - zum erstenmal alleine - in einem meiner Lieblingshotels in *Althorn* im Hotel *<Tour Saint-Pierre>* im Bitcherland.

Auf dem Balkon genoss ich den Sonnenuntergang. Ich hatte meinen Auftrag erledigt, die Mammutstrecke mit den drei geplanten Verpflegungsstellen stand!

Der 7. Juni rückte näher. In den Wochen zuvor war ich regelmäßig bei Peter zu Besuch. Dieser endlos eifrige Masseur meines Vertrauens knetete Beine, Rücken und verstärkt auch meine Problemzone: den bei längeren Strecken anfälligen Nackenbereich. Am Freitag nahmen Benjamin, Luca und Jo aus Dominiques Familie Uwe und mich im Auto mit nach Bern, wo unsere Räder uns schon sehnsüchtig erwarteten.

Bei einem kleinen Abendessen besprachen wir mit unseren Begleitfahrern die drei Stellen, an denen sie uns verpflegen sollten.

Wir fuhren früh am Samstagmorgen kurz vor sechs Uhr los, ich warf mir wegen meines Nackens Ibuprofen ein, wir hatten prophylaktisch Lampen montiert, wollten aber bis 22 Uhr im Hellen ankommen, aber man weiß ja nie...

Wir waren nur zu dritt, der Schweizer Radfreund hatte aber frühzeitig abgesagt - und ich hatte sofort meinen Plan B.

Eine berauschende Strecke hatte Dominique im ersten Teil ausgesucht, sie hätte nicht attraktiver sein können als Einstimmung auf unseren langen Arbeitstag. Auf kleinen Straßen bewegten wir uns in den nördlichen Ausläufern des Schweizer Jura. Auf einem schmalen Steg mit Geländer überquerten wir die *Aare*, aus welchem der Nebel wie Watte zum Himmel strebte. Die Kühe auf den Weiden blickten noch verschlafen in den beginnenden Morgen. Auch Pferde und Schafe auf ihren Wiesen in einer fast unberührten Natur wirken auf mich beruhigend, sie strahlen Frieden aus in dieser immer hektischer und hysterischer werdenden Welt.

Wir fuhren in nordöstlicher Richtung, als die Sonne hinter den Bergen des Jura-Massivs aufging. Wir sprachen nicht miteinander - das grandiose Naturschauspiel verschlug uns die Sprache, jedes Wort hätte die Stille zerstört.

Wir konnten die 300 Höhenmeter mit gleichmäßigen 4-5 % Steigung zum *Unteren Hauenstein* genießen. Die langgezogene Abfahrt war noch auto- und motorradfrei.

In Basel erwachte das Leben, und es dauerte natürlich eine Weile, bis wir mit einigen Unterbrechungen an den Ampeln von *Weil am Rhein* über die grandiose *Dreiländerbrücke* (für Radfahrer und Fußgänger) in die französische Partnergemeinde *Huningue* fuhren - ein *Dreiländereck* (Schweiz, Deutschland, Frankreich) wie Saar-Lor-Lux. Uwes Wunsch nach einer Kaffeepause auf der deutschen Seite kam zu früh. Auf dem vereinbarten Parkplatz bei *Kembs* mussten wir auf unseren Begleitwagen warten, da unsere Helfer im Stau vor Basel aufgehalten worden waren. Es hätte also doch für einen feinen Cappuccino in dem Weiler Café gereicht!

Nach dem ersten Verpflegungsstopp warteten genau 100 km in der Rheinebene auf uns. Der Wirt hatte recht behalten: D 52 und D 20 waren wirklich total Lkw-frei an diesem Samstagmorgen des Pfingstwochenendes; und fast kein Pkw war unterwegs. Gleichmäßig pedalierend legten wir den mittleren Streckenabschnitt wie vorgesehen zügig zurück. Durch jahrelang erprobtes Windschattenfahren benötigten wir keine drei Stunden, wir fuhren den *belgischen Kreisel*, allerdings verlangsamt, nicht wie in einem Velodrom, mit permanenten Führungswechseln nach 50 m; alle ca. 30 - 40 Sekunden wechselten wir uns ab. Wir sprachen sehr wenig, fast nichts miteinander, der Führende zuckte wie bei einem Profirennen mit dem Ellenbogen, um sich dann an das Ende der Dreiergruppe zu verabschieden. Zwei Stunden, 50 Minuten für die 100 Kilometer, 35er Schnitt. Für die Vogesengipfel zur Linken hatte ich keine Muße, zu konzentriert mussten wir zu Werke gehen. An den sehr alten Kernkraftwerken Marckolsheim und Fessenheim, das im Juni 2020 vom Netz gegangen war, wollten wir schnell vorbei.

Die zweite Pause gegen 13 Uhr in *Plobsheim* vor *Strasbourg* klappte perfekt. Ich hatte im Frühjahr den Parkplatz eines *Supermarché* mit Schatten, Toiletten und Kaffeebar ausgewählt.

Luca versorgte uns bestens mit vegetarischen Ravioli. Diese hätten wir auch ohne Campingkocher schon leicht erwärmt essen können.

Ich zog meine Radschuhe aus, die Carbonsohlen waren heiß geworden, das hatte ich in dieser Form noch nie erlebt. Später las ich, dass der 7. Juni 2014 in der Rheinebene mit 37°C im Schatten zu den heißesten Tagen jenes Sommers zählte.

Es ging auf den Radweg am *Rhein-Rhône-Kanal*: *Canal du Rhône au Rhin*. Wir passierten Strasbourg sehr zügig - wie zuvor von mir getestet - an den Kanälen entlang und mit nur drei Fußgänger-/Fahrradampeln.

Am europäischen Parlamentsgebäude ging es vorbei, ich belästigte meine beiden Mitfahrer nicht mit Historie, wir mussten an einem Linksknick vor dem Stadtteil *Robertsau* die Abzweigung zum *Rhein-Marne-Kanal* Richtung *Bischheim* finden: *Canal de la Marne au Rhin*. In *Vendenheim* wechselten wir auf die Straße nach *Brumath*, und auf der D 419 griff mein Plan B:

Tim hatte ich als Windschattenspender für die letzten 110 Kilometer verpflichten können.

Er hatte den Zug bis *Obermodern* genommen, bei *Huttendorf* kam er uns entgegen; mein Timing hätte nicht besser sein können. Zu viert konnten wir nun den letzten, schwierigen Teil in Angriff nehmen. Ich hatte Gegenwind einkalkuliert, da wir jetzt gen Westen unterwegs waren; aber diese Sommerhitze produzierte wenig Wind. Wir waren relativ entspannt unterwegs und erfreuten uns an Störchen, die in einer Wiese nach Nahrung suchten.

Ich wusste, dass die D 919 an einem Samstagnachmittag in der Gegend von *Ingwiller* stark befahren ist, äußerste Konzentration war angesagt, aber danach wurde es ruhiger. Die Lokomotive Tim leistete verstärkt Führungsarbeit und leitete uns zielstrebig durch mein Trainingsrevier, das wellige *Krumme Elsass - Alsace Bossue*. In *Wimmenau* passierten wir mein Lieblingshotel, das Logis de France *<A l'Aigle>*. Hier jetzt ein feines Essen mit kleiner Feier und Übernachtung - dies war natürlich keine Option!

Die Aussicht, Saarbrücken vor Einbruch der Dunkelheit zu erreichen, hatte uns *euphorisiert*.

Beide Trinkflaschen hatte ich schon geleert, wollte aber unseren guten Rhythmus nicht unterbrechen und dachte, die nächsten 20 km bis zur letzten Verpflegungsstelle auch so zurücklegen zu können; bei kleineren Touren war dies kein Problem.

Tim reagierte unverzüglich, als ich ihm in *Wingen-sur-Moder* zu verstehen gab, dass ich Arme und Beine wie Pudding hätte. Sofort Pause im Schatten am Parkplatz eines Supermarkts, und das koffeinhaltige Getränk aus Übersee half mir, meinen leichten Schwächeanfall zu überwinden. Zur Sicherheit zog Tim mich die fünf Kilometer lange, aber leichte und gleichmäßige Steigung zum *Col de Puberg* (350 m) hoch; der Fahrradcomputer zeigte an: 295 km seit Bern.

Die letzte Pause mit einer Verpflegung war vereinbart in der *Boulangerie/Pâtisserie Hirtz* in *Diemeringen*. Der *Patron* - ich kenne ihn seit vielen Jahren - hatte mir zugesichert, dass er bis 19 Uhr warten würde, wenn wir es bis zu seinem Ladenschluss eine Stunde zuvor nicht schaffen sollten.

Vor 18 Uhr fuhren wir schon wieder weiter, unser Teamwagen hatte beste Unterstützung geleistet und konnte direkt nach Saarbrücken aufbrechen, wohin ich unsere drei Begleiter zur Abschlussfeier eingeladen hatte.

Wir waren total auf das Ziel fokussiert. Uwe und ich als Führende nebeneinander sahen gerade noch ein Schlagloch in der Mitte des Weges nach *Hutting* (seit 2018 neu geteert), wir konnten aber unsere beiden Mitstreiter direkt hinter uns nicht mehr warnen - eine große Nachlässigkeit, der Euphorie geschuldet. Dominique hatte neben einem Platten noch einen 10 cm langen Riss im Reifen!

Der Stolz untersagte uns, den Begleitwagen 35 km vor Saarbrücken zurückzurufen, die drei hatten von uns das Zeichen zu ihrer wohlverdienten freien Fahrt bekommen.

Als Tim anmerkte, dass wir irgendein *Band* benötigten, hatte ich einen Geistesblitz, der mich bis heute immer wieder überrascht und von dem ich gerne erzähle.

Als tendenziell eher intellektuell gepolter Typus unterliegen meine technischen Fähigkeiten in der Regel großen Beschränkungen, sie sind wirklich limitiert, aber hier glänzte ich durch meinen Pragmatismus:

Wegen meiner Nackenbeschwerden bei längeren Strecken hatte mich der Saarbrücker „Doc“ - der beliebte und auch überregional bei vielen Profisportlern erfolgreich praktizierende Sportmediziner Dr. med. Frank Krämer - am Freitagvormittag intensivst getapt. Ich riss 1 ¼ Stunde vor dem Ziel die Tapebänder ab, wir konnten den lädierten Fahrradmantel von innen stabilisieren und den neuen Schlauch ausreichend aufpumpen.

Die letzten Kilometer an der Saar glichen einer Triumphfahrt - mir ging das Lied von *Queen* durch den Kopf: *We Are The Champions*!

Zwei Kilometer vor dem Ziel traf ich kurz nach dem *Tabaksweiher* einen Nachbarn auf seinem Rad. Charly befand sich gerade in der Phase, sich zu einem begeisterten Hobby-Radler zu entwickeln. Ganz kurz ein paar Worte der Begrüßung; er ging wohl davon aus, wir seien von Bern mit einer Übernachtung nach Saarbrücken gefahren - sein Gesicht erstarrte in Ehrfurcht, als ich ihm ezählte, dass wir uns an jenem Morgen in der Schweiz auf den eintägigen Weg gemacht hätten.

Ankunft in
Saarbrücken
(Bellevue)

Welch schöne Jagdtrophäe! Bern-Saarbrücken

Wir kamen nach 14 Stunden gegen 20 Uhr an, nach 362 km mit 1150 Höhenmetern, dreimal eine halbe Stunde Verpflegungspause, eine weitere Pause wegen des Reifendefekts, reine Fahrzeit: 12 Stunden, dies entspricht einem 30er Schnitt trotz der Passagen durch Basel und Strasbourg. Der Kalorienverbrauch belief sich geschätzt auf 6000 - 7000 Kalorien (Tour 8, Super Granfondo Bern - Saarbrücken).

Für den Abend hatte meine Frau eine kleine Feier vorbereitet: es gab

Fassbier, herzhaften Kartoffelsalat, Knoblauchfrikadellen; eine Extra-Portion *Cornichons* (*saure Gürkchen*) hatte ich mir nach soviel süßen Energie-Gels gewünscht.

In einer feierlich gehaltenen Ansprache würdigte ich Fahrer und Begleitteam im Auto. Die ebenfalls eingeladene Nachbarin Gabi war sehr beeindruckt von meiner Rede - und der Tatsache, dass wir den geselligen Abend relaxt verbrächten wie nach einer „normalen" Radtour über ... 100 Kilometer.

Jedem meiner drei Mitstreiter überreichte ich als Präsent ein Exemplar des Buches, welches Rolf mir 1989 geschenkt hatte.

Die köstliche, ironische Lektüre trägt den vielsagenden Titel:

Fahrradsucht

(Jochen Maes, 1989 by DuMont Buchverlag, Köln)

Etappe 21 Tour de Lavande im Garten Eden

November 2020: Präsentation der *Tour de France* 2021 - wie jedes Jahr bin ich bei diesem Anlass echauffiert: *L'Équipe* hatte es schon einige Tage vorher bestätigt: Der *Ventoux* werde im Programm sein; letztmals hatte 2016 der Weg hinaufgeführt, allerdings nicht bis in die Steinwüste.
Der spätere Gesamtsieger *Christopher Froome* musste wegen Rahmenbruchs 800 m zu Fuß hochlaufen. Und der Berg der Winde hatte seine ganze Kraft gezeigt. Das Etappenziel war wegen Windböen von über 100 km/h vom Gipfel 500 Höhenmeter tiefer zum Chalet Reynard verlegt worden.

Am 7. Juli 2021 führte die 11. Etappe von *Sorgues* (bei *Avignon*) über *Sault* wieder über den Ventoux, aber erstmals in der langen *Tour*-Historie seit 1951 zweimal über den Gipfel. *Vélo Magazine* hatte in seiner *Tour*-Vorschau (Juni 2021) mit tragischen Bildern aus der Historie den Berg als *unerbittlich/gnadenlos* charakterisiert: *<Le Ventoux impitoyable>*. Zur Einstimmung auf diese legendäre Etappe hatte das Tour de France-Team des Saarländischen Rundfunks für die ARD ein fesselndes Porträt mit Bildern aus der Historie dieses Berges produziert:

„Im Angesicht des Giganten“, Marc Drumm (25 Minuten).

Ich sah mir natürlich die ganze Etappe mit der rasenden Schlussabfahrt nach Malaucène an, die der Allround-Star *Wout van Aert* (1,87 m, 80 kg!) nach einem Husarenritt gewinnen konnte. Dem Belgier gelang ein seltenes Kunststück: er fuhr drei vollkommen verschiedene Etappensiege ein, Mont Ventoux, Einzelzeitfahren und die Schlussetappe in Paris, den prestigeträchtigen *Sprint Royal* auf den *Champs Élysées.*
Ich schwelgte bei den Fernsehbildern in Erinnerungen, dachte an das Jahr 1988, als ich den *<Géant de Provence>* an einem Tag von *Bédoin* und *Malaucène* aus bezwungen hatte (vgl. E 7, Mythos Mont Ventoux).

Auch nach meinem 65. Geburtstag 2017 und meiner anschließenden

Pensionierung hatte der provenzalische Riese seine Anziehungskraft auf mich nicht verloren. Ich plante eine Revival-Tour für 2018. Stetig wiederkehrende nostalgische Erinnerungen an dieses *bezaubernde Monster* in der Provence sind Heizung und Balsam für meine Seele. *Vercors-Drôme-Ventoux* wurden nach 2004 erneut Richtschnur für eine unterhaltsame Woche (Tour 15).

Allerdings litt ich seit geraumer Zeit unter einer beginnenden Hüftarthrose, was kein Problem für „meinen" Sportmediziner darstellen sollte. Dank der Erfahrung und Routine des Dr. Krämer war ich wie immer für meine einwöchigen Radtouren bestens vorbereitet. Voraussetzung für eine erfolgreiche Behandlung ist natürlich die richtige Diagnose. Ein Beispiel vom April 2021: Mit scheinbar spielerischer Leichtigkeit hatte er mich auch wieder von einem Leiden geheilt: Mit leicht geschwollenem Knie wollte ich aufgetretene Kniebeschwerden durch ruhiges Pedalieren beseitigen; nach 85 km mit allerdings 750 Höhenmetern durch den Bliesgau war die Knieschneibe nicht mehr zu erkennen. Frank Krämer konnte die sog. Bakerzyste in der Kniekehle auflösen, er punktierte das von mir übel zugerichtete geschwollene Knie, und nach einem Tag (!) konnte ich wieder pedalieren, als ob nichts gewesen wäre; mir kam es vor wie eine Wunderheilung.

Am Samstag, dem 23. Juni 2018, bejubelten wir noch in *Romans-sur-Isère* Toni Kroos' Freistoßtor zum 2:1 WM-Sieg über Schweden. Am Sonntagmorgen hatten wir die schöne Wildheit des Vercors-Massivs lange vor unseren Augen, bevor wir über den 14 km langen *Col de Tourniol* (1145 m) in dieses Geschenk der Natur eintauchen durften. Es war der Hitzesommer 2018. Bei diesen Temperaturen nehme ich morgens regelmäßig die zweite Trinkflasche tiefgefroren mit, so dass ich mich zwei Stunden später sofort an dem kostbaren und erfrischenden Nass erfreuen kann.

Die Pause im geselligen *Café des Sports* in *Saillans* ließ uns am Vormittag das Lebensgefühl der provenzalischen Bevölkerung unmittelbar einatmen. Wie immer überflog ich die Regionalzeitung - hier *Le Dauphiné Libéré* - und *L'Équipe*, um auch die neuesten Meldungen zum Thema Radsport zu erhaschen.

Der *Col de la Chaudière* (1047 m) machte seinem Namen alle Ehre. Das Wort bedeutet *Heizkessel*, und genau in einem solchen fühlten wir uns in der sonntäglichen Mittagshitze. Ich musste absteigen und kurz innehalten - das hatte ich Beatrice versprochen, der Puls war wieder zu hoch. Vorbei waren seit drei Jahren die Zeiten mit einem Ruhepuls zwischen 50 und 55!

Allerdings empfand ich bei der kurzen Pause am Berg *kein* Unwohlsein, *ein ganz neues Gefühl ...*

Weit und breit kein Auto, kein Motorrad, nur eine Radsportlerin und acht Radsportler, und das waren wir, unser Team Saar - ergänzt durch Valerio aus NRW und Schorsch, den im Saarland heimisch gewordenen bayrischen Buben. Oben am Pass kreuzten einige Wanderer unseren Weg.

Ich suche einsame Straßen und Radwege, freue mich aber immer, wenn Gleichgesinnte meine Route kreuzen. Alle, die mit ihrem Vélo unterwegs sind, können gleichzeitig nicht mit dem Auto herumfahren.

Einen Gesichtspunkt möchte ich nach über 50 Jahren als Fahrrad-Enthusiast herausstellen:

Die internationale Veloziped-Gemeinde beherrscht noch die natürliche, traditionelle Form der Kommunikation, die bei vielen Menschen immer mehr verkümmert: Es wird in der Regel freundlich gegrüßt!

Ein *Hallo, Salut, Ciao/Salve, ¡Hola!* oder einfach nur ein freundliches Kopfnicken tun einfach gut, ich fühle mich sehr wohl in der Solidargemeinschaft aller Radfahrerinnen und Radfahrer.

Wir pausierten in *Bourdeaux*, hier in der Nähe liegt mein Plan B: die *<Auberge des Sibourgs>*, ein riesiges, 80 Hektar großes Anwesen mit Schwimmbad, *Jacuzzi* (*Whirlpool*) und Sauna, neben Zimmern seit 2020 neu und attraktiv für (Sport-)Gruppen: ein großer Gîte für maximal 20 Personen.

Aber ich war fixiert auf die *<Auberge du Désert>*, im Winter hatte ich sie bei der Planung und nach Telefonaten mit den Besitzern bewusst ausgewählt.

Saint-Nazaire-le-Désert (öffentliches Schwimmbad) liegt ideal an dem reizenden Fluss *Roanne* als Einstieg in die *Drôme Provençale*; 2004 hatten wir dieses liebliche Tal auf unserem Weg von dem *Crémant*-Städtchen *Die (<Clairette de Die>*) schon einmal durchfahren (Tour 4: *<Tour de Franz>*).

Tania und Jacquot bewirteten uns mit bester regionaler Küche und viel Herzblut in dieser einsamen, radfahrerfreundlichen Gegend, was der Name der Gemeinde auch schon andeutet: *le désert - die Wüste.*

Ich freute mich schon auf das Wiederkommen bei unserer Rückkehr in fünf Tagen.

Wir erklimmen den *Col des Roustans.* Niemand außer uns ist da, wir fühlen uns in eine andere Welt versetzt. Hier können mein Smartphone und ich *total abschalten.* Oben treffe ich einen ersten Menschen. Der Belgier erzählt mir, dass er hier in seinem Häuschen seit 35 Jahren den Sommerurlaub verbracht habe und jetzt als Rentner alleine mehrere Monate lebe. Dies grenzt schon an ein Eremiten-Dasein, in dieser Form könnte ich das Leben hier oben nicht aushalten - nicht nur mein Rad würde mir fehlen.

Als Kontrast erleben wir in *Nyons* das pulsierende Leben einer Kleinstadt in der Provence. In vielen Ortschaften Frankreichs kehrt aber über Mittag schlagartig Ruhe ein, wenn die Geschäfte schließen, im Süden länger als die zwei Stunden im Norden - ein Moment des Innehaltens ist angesagt.

Überall wird geworben mit dem schwarzen Gold, womit nicht die Kohle gemeint ist: *<La capitale des olives noires - uniques au monde>*. In *der Hauptstadt der schwarzen Oliven - einzigartig auf der Welt* - kosten wir natürlich diese Delikatesse. Die edlen Früchte dürfen hier erst im überreifen Zustand nach dem ersten Raureif im Dezember oder Januar geerntet werden. Durch dieses Verfahren wird ihr Geschmack unglaublich aromatisch, da sie länger an den Bäumen reifen.

Wir fahren Richtung Süden, befinden uns im *Département Vaucluse,* dem Zentrum der französischen Kirschenerzeugung; die rote Frucht wird im Mai geerntet.

Der *Mistral*, der durch das Rhonetal Richtung Süden in die Provence einfallende Wind, treibt uns an. Nach Nyons zuckt ein Blitz durch meinen Körper: Ganz plötzlich war er zur Linken aufgetaucht. Da thront er wieder, ruhig, aber immer noch, trotz mehrmaliger *Besteigungen,* Respekt einflößend; er wird auch *Mont Pélé* genannt, der *Kahle* (*"geschälte"*) *Berg,* wegen vieler Abholzungen vor einigen Jahrhunderten und der dadurch entstandenen Steinwüste ab 1400 m über dem Meeresspiegel. *Venasque* liegt über der Ebene von *Carpentras* und wurde als eines der schönsten Dörfer Frankreichs klassifiziert. Das <*Hôtel-Restaurant La Garrigue*> mit Schwimmbad und großem Garten ist ideal für Gruppen; ich hatte es für drei Tage als Basislager auserwählt, um nicht auf einen einzigen Tag für die Bezwingung des provenzalischen Riesen angewiesen zu sein.

Der Abendspaziergang führte uns ans Ortsende neben der Kirche: Der Blick auf den *Géant de Provence* erinnerte uns an die bevorstehende Expedition.

2019 verbrachte ich in Venasque mit meiner Frau drei Tage in dem stilvollen Hotel <*Les Remparts*>, mit außergewöhnlicher Küche und grandioser Aussicht auf die provenzalische Hügellandschaft. Ein deliziöses *Dîner* unter abendlicher Sonne mit *Digestif* bei Sonnenuntergang gehört zweifelsohne zu den größeren Freuden des Lebens. (Ab drei Tagen sehr günstiges Angebot mit Halbpension!)
In *Violès* (18 km nordwestlich von Carpentras) bieten die deutsch sprechenden Lothringer Laurence und Bertrand seit 2020 in ihrer bezaubernden Unterkunft mit Pool fünf Doppelzimmer mit Abendessen an (www.leclosvitis.com, Républicain Lorrain, Dimanche 6 juin 2021).

Ich wollte den *Ventoux* bei bester Sicht und über eine neue Streckenvariante bezwingen. *Météo France* kündigte für den zweiten Tag einen wolkenlosen Himmel an.

Zum ersten Mal in meinem Leben habe ich mich mit dem <*Maillot à pois rouges*> eingekleidet; vor diesem *Bergtrikot* habe ich den allergrößten Respekt, aber Sohn und Tochter hatten es mir vor kurzem für diese Fahrt geschenkt. Dazu trage ich eine weiße Kopfbedeckung mit 28 Autogrammen: Meine Klasse hatte mir den Helm anlässlich meiner Pensionierung mit auf den Weg gegeben. Auf der südlich der *Gorges de la Nesque* gelegenen, vielen Lesern wohl unbekannten Traumstraße D 5 über *Méthamis* arbeiten wir uns mit flüssigem Tritt vor bis nach *Sault*. Die blühenden Lavendelfelder versetzen meine Sinne jedes Mal in eine Hochstimmung.

Ich denke an das Farbenspiel der *Impressionisten: La lavande avec le coquelicot - Lavendel mit Mohnblume.* Vereinzelt fotografieren Männer ihre Frauen vor dem violetten Hintergrund, für Hochzeitspaare ein beliebtes Motiv. Es herrscht noch Vorsaison Ende Juni. An Mariä Himmelfahrt (15. August) findet jährlich in dem hübschen Städtchen auf 760 m Höhe die <*Fête de la lavande*> statt, mit der französischen Meisterschaft im Lavendelernten mit einer Sichel. Allerdings bezeichnet sich *Digne-les-Bains* in der Haute-Provence als <*Capitale de la lavande*>. Bei den fünftägigen Feierlichkeiten Ende Juli/Anfang August gibt es hier in der *Hauptstadt des Lavendel* sogar einen Lavendelkorso zu bewundern.

Dieses Foto schmückt seit 1988 das Arbeitszimmer des Autors
(Carte postale: © Editions Cellard, F 69500 Bron)

Kurz hinter Sault hat Tim einen Kettenriss. Wir teilen die Gruppe: Fünf von uns fahren leicht pedalierend weiter, unser Fahrradtechniker Albert, Annette und Schorsch bleiben zum Reparieren der Kette bei Tim.

Plötzlich fliegen die Vier kurze Zeit später *in Verdacht erregendem Tempo* im Stile eines *<contre-la-montre par équipes>* an uns vorbei: auf dem 20 km langen zwei- bis vierprozentigen Teilstück zwischen Sault und dem *Chalet Reynard.*

Bis heute ist ungeklärt, ob Tims Defekt simuliert war ...

Am Chalet Reynard auf 1400 m Höhe gönne ich mir Espresso und Wasser. Erwin, der mit mir das letzte Teilstück gemeinsam hochfahren will, bitte ich, weiterzufahren, um seinen Traum zu vollenden. Am Berg ist jeder allein. Dirk als erfahrener *grimpeur,* der schon 1988 mit Alfred und mir die Doppelbesteigung an einem Tag geschafft hatte, ist auch weitergefahren Richtung Gipfel.

Ich möchte alleine sein, etwas stimmt nicht mit meiner Psyche: *Trotz Pause inmitten des Aufstieges zum Ventoux bin ich total entspannt.*

Jetzt klettere ich die mir seit 1988 bekannte klassische Strecke, welche von *Bédoin* hochkommt. Nur Menschen auf ihren Vélos sind unterwegs, fotografiert von den Profis, die mir beim Vorbeifahren noch ihre Visitenkarte in die Rückentasche stecken.

Die letzten sechs Kilometer und 500 Höhenmeter sind angesagt, ich kenne sie auswendig; ich beobachte und bewundere viele verschiedene Fahrradtypen, auf denen sich die *Ventouxverliebten* hochquälen.

2004 hatten mich hier noch Begleitautos genervt. Ich nenne die Fahrerinnen heute *Helikopter-Frauen*, in Anlehnung an den Begriff, der 2013 in der Pädagogik-Literatur Einzug hielt. Die *Helikopter-Eltern umkreisen* permanent wie ein *Hubschrauber* ihre Allerliebsten, sie lassen ihren Nachwuchs kaum atmen und hemmen durch dieses Gluckenverhalten, auch die Väter gehören dazu, die Weiterentwicklung ihrer Kinder.

Damals umschwirrten diese Frauen mit dem Auto ihre radfahrenden Männer, so dass ich mich mehrmals hinter einem langsam fahrenden motorisierten Gefährt hochquälen musste, bevor ich überholen konnte. (Weitaus mehr Abgase mussten unsere sauberen Lungen allerdings einatmen, als wir einmal beim Aufstieg zum Col du Platzerwasel in den Vogesen in eine Oldtimer-Rallye gerieten: Einige Exemplare dieser Retro-Autos waren nicht viel schneller als wir unterwegs.) 2018 ist der Spuk am Ventoux vorbei. Die E-Bikes machen es möglich: Ich sehe einige Frauen, die ihre Männer auf dem Veloziped mit elektrischer Unterstützung begleiten, eine ideale Alternative, vielleicht auch eine effizientere und preiswertere Paartherapie anstelle gemeinsamer kostenintensiver Besuche mit Gesprächen beim Seelendoktor.

Allerdings möchte ich hier einen Gesichtspunkt klarstellen: Ich hatte schon viele Dramen erlebt, wenn Paare mit Rennrädern im Hochgebirge die Pässe erklommen. Die schlimmeren Tragödien spielten sich allerdings ab, wenn die *Frau* ihren Partner in ein Gefühl der Ohnmacht versetzte und ihm einfach davonfuhr. Die Kombination E-Bike/Rennrad ist kompatibel, sie muss also geschlechtsspezifisch nicht vorherbestimmt sein. Mit dem elektrischen Drahtesel ist eine neue Ära der Zweiräder eingeläutet worden, die gemeinsame Touren für Paare mit unterschiedlichem Trainingszustand ermöglichen.

Ich spüre wieder - wie am *Chaudière* - meinen immer heftiger schlagenden Puls am Hals, steige wie vor drei Tagen ab. Und wieder das neue Gefühl: auch am *V E N T O U X* empfinde ich keine Scham, ich fühle mich wirklich total tiefenentspannt, genieße die Aussicht, um nach einigen Minuten weiterzufahren.

80 Höhenmeter unterhalb des Gipfels muss ich unvorbereitet wieder anhalten - der Schreck war mir in die Glieder, präziser formuliert, in mein von chronischem Tinnitus geplagtes Gehör gefahren: ein Militärflugzeug simuliert über dem Sattel am *Col des Tempêtes* einen Angriff auf den Schicksalsberg, fliegt mit einem Höllenlärm gefühlt unmittelbar über meinen Kopf...

Der Wettergott hat unser Flehen erhört. Nur eine leichte Brise weht. Der Berg des Windes hat für uns einen *Jour de Repos* eingelegt. Wir fühlen uns wie in einem Flugzeug. Die erhoffte Sicht über die Ebene der Provence entschädigt und belohnt uns für die Anstrengungen.

Viele Gedanken ergreifen mich, sie sind ungeordnet, ich bin aufgekratzt, mein Gehirn arbeitet unaufhörlich.

Ich bin *betäubt* wie *Petrarca* und denke an seine Zeilen nach der Besteigung von 1336:

27. Juni 2018 im 66. Lebensjahr
noch einmal auf dem
<*Géant de Provence*>

„Zuerst stand ich, durch den ungewohnten Hauch der Luft und die ganz freie Rundsicht bewegt, *einem Betäubten gleich* da. Ich schaue zurück nach unten: Wolken lagen zu meinen Füßen.“ (Petrarca, S. 17)

Wir allerdings erfreuen uns sogar eines traumhaften und fast wolkenlosen Sonnentages. Diesen hatte ich ja eingeplant, kann unser Glück dennoch kaum fassen - am nächsten Tag werden schon wieder

Wolken auf 1500 m über Meereshöhe wandern...

Die Endorphine zeigen Wirkung.

Ich denke an *Michel de Montaigne*: Während meines Studiums hatte ich ein *Essai* des französischen Schriftstellers und Philosophen aus dem 16. Jahrhunderts gelesen:

„*Von der Kunst, das Leben zu lieben*"

Verschiedene Lieder gehen mir durch den Kopf:

Trotz des fast heiteren Firmaments denke ich wie immer, wenn ich dem Himmel so nah bin, an Reinhard Meys Song, dessen Refrain Alfred und ich in den 80er Jahren regelmäßig auf den von uns erstürmten Gipfeln sangen:

Über den Wolken

Muss die Freiheit wohl grenzenlos sein

Alle Ängste, alle Sorgen

Sagt man

Blieben darunter verborgen

Und dann

Würde was uns groß und wichtig erscheint

Plötzlich nichtig und klein

Auch an Udo Jürgens' Hit für Seniorinnen und Senioren, die sich dem Altwerden entgegenstemmen, erinnere ich mich in meinem 66. Lebensjahr:

„Mit 66 (Jahren) ist noch lange nicht Schluss!"

Mir geht aber auch sein melancholisch gefärbtes Chanson durch den Kopf - eines meiner Lieblingslieder:

„Der große Abschied von der Zeit".

Es heißt für mich Abschied nehmen von diesem Mythos.

Bei einer Umfrage unter Rennrad-Freaks erhielt die Legende den ersten Preis als „schönster Rennrad-Aufstieg der Welt".

(www.radsport-news.com, 03. Mai 2020).

Das Rennrad-Magazin *Procycling* hatte den *nackten Berg* 2007 (Januar-Ausgabe, S. 112-117) zum „absoluten König der Anstiege" unter den 50 legendärsten Pässen des Radsports auserkoren. *Tom Simpson* wurde zitiert: „Es ist eine andere Welt dort oben, zwischen den nackten Felsen und der sengenden Sonne. Die weißen Felsen reflektieren die Hitze. Der Staub setzt sich an Armen, Beinen und Gesicht fest." Gefürchtet wurde der Berg nicht nur von dem Mann, der ihm schließlich zum Opfer fallen sollte. Auch die Landschaft trägt zum Mythos bei. Die herausragende Lage fordert Massen von ambitionierten Radfahrern geradezu heraus, ihn zu bezwingen. Auch mich hat er seit 1988 nicht mehr in Ruhe gelassen. Meine anfängliche Angespanntheit und der sehr große Respekt haben mich aber jedes Mal *undramatisch* sicher zum Gipfel geführt.

Wehmut erfüllt mich. Ich spüre, dass dieser Besuch hier oben mein letzter war.

Ein Gedankengang lässt mich seit diesem 27. Juni 2018 nicht mehr los: Ich musste unterwegs *absteigen*, war aber dennoch *relaxt* und auf dem Gipfel *glücklich* - nicht demoralisiert wie 1995 am *Grand Colombier* (vgl. E 11). Jetzt hatte ich meine Ruhe und Gelassenheit gefunden. Wo ist das Virus geblieben, welches seit meiner Jugend in St. Wendel in mir heranreifte und sich 1981 am *Cayolle* auf 2326 m endgültig in meinen Körper bis in das Hirn eingenistet und jedes Absteigen untersagt hatte?

Heute weiß ich mehr. Ich bin wirklich froh, dass es der medizinischen Forschung bis jetzt nicht gelungen ist, einen Impfstoff gegen das *Virus Velomanie* zu finden. Wie hätte ich sonst diese Fahrrad-Abenteuer erleben und genießen dürfen! Obwohl kein Serum gefunden wurde, hat mich der Erreger in jenem Jahr am Ventoux nicht mehr getrieben. Hat er eine Pause am Berg zugelassen?

Die simple Erklärung lautet: Ich habe mich, erfreulicherweise erst nach vier Jahrzehnten, *immunisiert*, mein Körper hat es aus eigener Kraft geschafft, das Virus zu *neutralisieren*, ohne dass meine *Passion* für das Radfahren gemindert wurde. Und es ist gut so. Alles passt zusammen.

Den endgültigen Beweis für die Existenz der von mir produzierten *Antikörper* lieferte das Jahr 2019: Ohne das geringste Anzeichen einer Hemmung fuhr ich zum ersten Mal in meinem Leben *im Auto* hoch zum *Géant de Provence*; *weder Scham noch Skrupel* empfand ich, nein im Gegenteil, ich spürte sogar eine *große Genugtuung* und *wirklichen Stolz*, meiner Frau den mythischen Berg der *Tour* auf diese Art zu zeigen!

2018 musste Schorsch auf den sechs Kilometern vom Gipfel bis zum Chalet Reynard wegen seiner windanfälligen Zeitfahrfelgen mit Vorsicht abfahren, aber der Berg des Windes war uns immer noch wohlgesonnen. Ich fuhr wie jedes Mal zügig, aber sicher ab; Vorsicht ist geboten, ohne Leitplanken stürzt man bei zu hoher Geschwindigkeit hinab in die steinerne Wüste. Am Chalet Reynard wartete ich, bis alle - v.a. Schorsch, um den ich mir Sorgen machte - heil heruntergekommen waren. Mit Rainer fuhr ich die angenehmen 20 km bis nach Sault wie im Rausch - ich gab ihm Zeichen, und wir überholten häppchenweise eine zwanzigköpfige (!) Gruppe mit den Trikots eines elsässichen Radsportvereins. Die klassische, insgeamt 50 km lange Abfahrt führte selbstverständlich durch die *Gorges de la Nesque*, die die meisten von uns nicht kannten - wir fuhren von 21°C am Gipfel in die provenzalische Ebene mit 35°C.

Vom *Ventoux* (im Hintergrund rechts) durch die traumhaften *Gorges de la Nesque*

In *Villes-sur-Auzon* sahen wir das WM-Aus der deutschen Fußballer durch die 0:2 Niederlage gegen Süd-Korea - obwohl Tim ein Trikot der deutschen Nationalmannschaft über den legendären Riesen mittransportiert hatte. Wir aber feierten - *unseren Sieg* über den *Tour-Mythos* im *Schwimmbad* und anschließend im Garten unseres Hotels - und schwärmten vom WM-Titel 2014 in Brasilien nach dem legendären Halbfinalsieg: Brasilien - Deutschland 1:7!

Eine Woge des Glücksgefühls trug mich über das Wasser des hoteleigenen *Piscine* - Rainer war erstmals mit dem Rad im Hochgebirge, mit der für ihn typischen Leichtigkeit des Seins hatte er den *Ventoux* bezwungen. Und bei Erwin hatte ich ebenfalls mein Versprechen eingelöst, dass er bei zielgerichteter Vorbereitung den provenzalischen Riesen bezwingen werde.

Der *Marché Provençal* in *L'Isle-sur-la-Sorgue* gehört zu den schönsten Wochenmärkten in der Region. Wie immer deckte ich mich mit Lavendelkonzentrat ein, damit ich auch im Winter in der Badewanne von der Provence riechen und träumen kann. Mit Eberhard zusammen konnte ich einen Mengenrabatt aushandeln.

Erwin war noch dabei, den Triumph über den Berg der Winde zu verarbeiten. Noch nie hatte er - wie Rainer - vorher einen Pass der

Hors Catégorie bezwungen; zwei Jahre zuvor war dies für ihn noch unvorstellbar gewesen. Ich hatte ihm versichert, dass er diese Aufgabe mit seiner Willensstärke meistern werde. Nicht nur der Glaube, auch der Wille versetzt Berge! Wir hatten uns gemeinsam schon ab 2016 gezielt - auch im Winter bei trockenem Wetter - vorbereitet; jetzt konnte mein Radkompagnon sein Glücksgefühl genießen. Er pedalierte leicht aus und nutzte unseren freien Tag zu einem Besuch des weltberühmten *Abbaye de Sénanque*; dieses *Kloster* mit dem vorgelagerten Lavendelfeld ist auf einer der bekanntesten Ansichtskarten der Provence dargestellt.

Der Rest der Gruppe war nicht zu halten und fuhr schon wieder eine Halbetappe mit vielen Höhenmetern in der provenzalischen Hügellandschaft.

Auf dem Rückweg zu unserem Startquartier passierten wir am Freitag die Felsenlandschaft *Dentelles de Montmirail* und das römische *Vaison-la-Romaine.* Am *Col de la Croix* Rouge bei Nyons zeigte der Fahrradcomputer 37°C. Die niedrigen Olivenhaine konnten uns keinen Schatten spenden. Die Region der *Baronnies* gehört zum nördlichsten Anbaugebiet für Oliven, ab jetzt säumten Aprikosenplantagen unsere Strecke und wieder die Reben des berühmten Rosé-Weins *Côtes de Provence.*

In der engen und wilden Schlucht *<Défilé de Trente Pas>* ziehen plötzlich *Geier - les vautours* - lautlos ihre Kreise über uns. Wie Segelflieger nutzen sie die Thermik aus, schrauben sich elegant kreisend, ohne mit den Flügeln zu schlagen, immer höher - der Sonne entgegen. Ich denke an *Ikaros* aus der griechischen Mythologie, der mit seinen Wachsflügeln der Sonne zu nahe kam, durch seinen Übermut und Größenwahn von den Göttern bestraft wurde und abstürzen musste...

Die Geier sind im Nachbartal *wieder angesiedelt* worden. In *Rémuzat* gibt es - neben den *Pyrenäen* und *Cevennen* (dem südlichsten Teil des *Zentralmassivs*) - seit 1996 das dritte *<Centre de réintroduction des vautours>,* wo am Felsen *Rocher du Caire* mehrere Dutzend Paare dieser Aas fressenden Vögel leben, welche dort als Müllabfuhr die Natur aufräumen und ihre Jungen großziehen.

Der 25-minütige, kostenlose Naturfilm in dem *Office de Tourisme* in Rémuzat ist durch seine sensationellen Aufnahmen definitiv sehenswert, auch wenn er 2019 nicht auf deutsch untertitelt war, als meine Frau und ich ihn bewundern konnten.

Als wir am Freitag in der *Auberge du Désert* zurück waren, fühlten wir uns sofort wie zu Hause. Tania und Jacquot freuten sich mit uns, dass wir das *Unternehmen Ventoux* so erfolgreich bewältigt hatten. Als Belohnung servierten sie uns - wie mit mir vorher als Überraschung besprochen - natürlich ein exquisites, köstliches Lammgericht mit verschiedenen Gemüsen und Salaten wie aus dem eigenen Garten.

2019 machte ich mit Beatrice eine Zwischenstation in dieser Oase der Ruhe.

Die Kombination Radfahren im *Département Drôme* verbunden mit ausgezeichneter südfranzösischer, authentischer Küche in der *<Auberge du Désert>* lässt mich an Bergriffe wie *Eldorado oder Garten Eden* denken. Ich gebe alles, um im Gegensatz zu Adam und Eva keinen Fehler zu begehen. Nie und nimmer möchte ich aus diesem Paradies vertrieben werden! Schon nach unserer Vogesen-Tour 2019 hatte ich für Juli 2020 (danach Juli 2021, dann Juli 2022) die wegen der Corona-Pandemie ausgefallene Woche von *Saint-Nazaire* zum *Signal de Lure* (Gipfel 1826 m ü. NN, Straße über 1745 m) und zurück geplant, mit Radtouren zum Baden im *Vallée de la Roanne*, in den wunderschönen *Gorges de la Méouge* (Paralleltal nördlich zum Vallée du Jabron, als „Wunder der Haute-Provence" bezeichnet) oder im *<Plan d'Eau Pas des Ondes>* bei *Cornillon-sur-l'Oule,* 25 km südöstlich von Saint-Nazaire-le-Désert.

So sollte ich also in meinem siebzigsten Lebensjahr noch einmal in dieses Vélo-Schlaraffenland abseits der Touristenströme gelangen und auf fast 1800 m über Meesresniveau klettern! Insgesamt fünf Übernachtungen sind bei Tania und Jacquot vorgesehen, über *Saint-Auban-sur-l'Ouvèze* (*<Auberge* de *La Clavelière>*, mit schattiger Aussichtsterasse, geht es für drei Nächte in das *Vallée du Jabron*.

Nach der Besteigung des höchsten Gipfels der *Montagne de Lure* (120 km, 1780 Hm) ist ein Ruhetag eingeplant. (Tour 18, ein Hotel) in dieser spärlich besiedelten Gegend: In *Les Omergues* das einfache und preiswerte Hotel *<L'Étape>*), in Séderon HR *<Les Portes de la Méouge>,* www.lesportesdelameouge.com, Etappe über Signal de Lure dann 140 km mit 2100 Hm., öffentliches Schwimmbad in Sederon neben dem Hotel)

Der einsame Aufstieg zur *kleinen Schwester (la petite soeur)* des *Ventoux* wird ein unvergessliches Erlebnis bleiben (seit 2015 montags am Vormittag Anfang Juli bis ca. 20. August auto- und motorradfrei).

Diese Etappe kann natürlich auch gemütlich auf zwei Tage mit Zwischenübernachtung ausgedehnt werden. Wer in der Höhe verweilen möchte, bevorzugt vielleicht den *Gîte des Crêtes de Lure*; ein *Abendessen* (*Table d'hôtes)* wird ebenfalls angeboten. Auf 1600 m oberhalb von *Saint-Etienne-les-Orgues* wird geworben mit einem *„atemberaubenden Panorama"* (*<panorama époustouflant>*). Auf 1600 m ist eine Pause zu empfehlen: *Refuge de Lure* oder *La Sauvagine*.

Im Ort Saint-Etienne kann man im stilvollen *<Gîte Les Vignaus>)* übernachten (www.gitedelure.fr). Ich empfehle *Cruis*: Ab hier kann man sich am nächsten Morgen über 5 km bis Saint-Etienne einradeln, wo der Aufstieg beginnt (18 km, 1070 Höhenmeter). Zwei exquisite Herbergen laden in Cruis ein: *<Le Grangeon> mit* Pool, preiswertes, gutes Essen im *<Bistrot des Alpes>* oder *die <Auberge de l'Abbaye>*.

Am letzten *Col* im *Vercors* 2018: v.l.n.r.: Tim, Autor mit Trikot <*La Dolce Vita*> (Cesenàtico), im Hintergrund: Schorsch, der <Pédaleur de charme>

Bei der Rückfahrt 2018 hatten wir das berühmte Glück der Tüchtigen: der Mistral war wie immer nach ein paar Tagen eingeschlafen, das Ausbleiben des befürchteten Gegenwindes aus dem Norden ließ unsere heitere, ausgelassene Stimmung noch anwachsen. Die Devise „Genussradeln auf sportlichem Niveau“ ging mir seit längerer Zeit immer häufiger durch den Kopf. Wir verließen den Vercors, diese wilde, zerklüftete Gebirgslandschaft, die mich jedes Mal aufs Neue fasziniert.

Albert, der, einem Ex-Profi gleich, vom Chalet Reynard zum Ventoux-Gipfel mit *Kette rechts* (!) hochgefahren war, reparierte 10 km vor unserem Start- und Zielort *Romans-sur-Isère* Schorsch's Reifendefekt. Ich wollte - unabhängig von dieser Panne - eine letzte Pause einlegen, da wir zu früh zurück waren. Um 15:30 Uhr befanden wir uns in *Barbières* alleine mit der *Patronne* im Bistrot, das keinen Fernseher hatte - die Franzosen spielten ab 16 Uhr im Achtelfinale gegen Argentinien, <*les Bleus*> wurden später Weltmeister.

Wir beendeten unsere einwöchige Rundtour mit knackigem, wohl verdientem Fassbier, um danach im <*Hôtel-Restaurant Le Clos des Tanneurs*> unsere Muskeln im Schwimmbad zu lockern.

Eine Rückmeldung unseres *Pédaleur de charme*, der neben Annette über den rundesten Tritt in unserer Gruppe verfügt:

„Lieber Franz, Capitano!

Ich möchte Dir auf diesem Weg nochmals Danke sagen. Es war eine herrliche Tour. Dein Hintergrundwissen über die Historie hat mir sehr gefallen. Vor allem war es keine Schulmeisterei ... es war einfach so neben her ... Super!!! Da ich dieser schönen französischen Sprache nicht mächtig bin (nur bayrisch!), war deine Anwesenheit für mich Sicherheit. Denn ich glaube, je älter man wird, desto mehr wird Sicherheit ein Faktor, um sich wohl zu fühlen. Was auch in deinem Resümee zum Ausdruck kam, war die Beschreibung der einzelnen Charaktere. Es war ein Team für den Start zum Mars ...
Danke! Schorsch“

Das *Département Drôme* ist die fahrradfreundlichste Region, welche ich in Frankreich in über 40 Jahren kennengelernt habe. Die Täler der *Roanne*, der *Ouvèze* oder das *Vallée du Jabron* mit der *Montagne de Lure* im angrenzenden *Département Alpes de Haute-Provence* laden zum Verweilen ein. Unzählige, einsame Pässe in dieser abwechslungsreichen Mittelgebirgslandschaft bieten dem sportlich ambitionierten Rennradfahrer, aber auch allen Velophilen wie E-Bike-Fahrern, ein abwechslungsreiches Terrain zum Abschalten und Genießen. Hier kann ich meine *Leidenschaft* ausleben.

Diese sonnenüberflutete Landschaft erinnert mich jedes Mal an eines meiner Lieblings-Chansons:

<Emmenez-moi au bout de la terre,

emmenez-moi au pays des merveilles,

il me semble que la misère

serait moins pénible au soleil.>

Charles Aznavour hat die ewige Sehnsucht vieler Menschen auf der nördlichen Halbkugel in Text und Melodie gepackt. Vom Süden träumt er, man solle ihn mitnehmen ans Ende der Welt, in das wunderbare Land, wo das Elend in der Sonne besser zu ertragen sei...

In der *Drôme* fühle ich mich wie in einer *anderen* Welt, in einer Oase der Ruhe und des Friedens.

Ich reflektiere über die von hier weit entfernte *eine* Welt. Diese bedeutet permanente Konsumsteigerung, Begierde nach grenzenlosem Wachstum und Gewinnmaximierung - Verhaltensweisen, welche für mich keine Werte darstellen. Ein solches Streben ist dem Irrglauben vieler Menschen geschuldet: Nur großer Reichtum garantiere ein glückliches, zufriedenes Leben.

Der griechische Philosoph *Aristoteles* charakterisierte vor über 2300 Jahren den Menschen als ein *Zoon politikon* - als *soziales, politisches Wesen,* welches seinen Platz in der *Polisgemeinschaft* sucht und findet. (Als *Polis,* Plural: *Poleis*, bezeichneten die Griechen in der Antike ihre *Stadtstaaten.*)

Von der natürlichen Tendenz des Menschen, sich zu Gemeinschaften zusammenzuschließen, ist in Zeiten des übersteigerten Konsums nicht mehr viel übriggeblieben.

Die individualisierte Gesellschaft driftet immer weiter auseinander - jeder ist sich selbst der Nächste.

Umgekehrt rückt in Krisenzeiten die Gemeinschaft zusammen, wie seit dem Frühjahr 2020 - in Zeiten von *Covid-19*. Dennoch breitet sich das *Virus Unbelehrbarkeit* via soziale Medien ungehindert aus, manche Menschen sind sehr empfänglich und können/wollen keine Immunkräfte gegen diesen Krankheitserreger entwickeln. Auch wenn der verschwindend geringe Bevölkerungsanteil der sogenannten „*Querdenker*" (den zweiten Teil dieses zusammengesetzten Wortes möchte ich in der Kategorie *Fake News* einordnen) durch mehr als fragwürdige Aktionen und mit Unterstützung der Medien zuviel

Aufmerksamkeit erzeugt und Menschen verunsichert - Ende 2021 waren über 70 % der Deutschen zweimal geimpft, viele zum dritten Mal („geboostert"), die übergroße Mehrheit wird solidarischer, im günstigsten Fall bilden sie also eine *Solidargemeinschaft.*

(Ein Plakat auf der Demonstration gegen Corona-Beschränkungen und die Einführung der Impfpflicht in Saarbrücken am 2. Januar 2022: „Drosten - Wieler - Lauterbach - Mengele", Quelle: SR-Aktuell, 02.01.2022, 18:00. Dazu fällt mir nur noch das Lukas-Evangelium ein: „Denn sie wissen nicht, was sie tun.")

Der *Club of Rome* setzt sich seit 1968 für *Nachhaltigkeit* ein. Nach diesem ursprünglich forstwirtschaftlichen Prinzip darf nicht mehr Holz gefällt werden, als jemals nachwachsen kann. Der Natur dürfen nur Ressourcen entnommen werden, wenn sie sich wieder regenerieren kann. Schon 1972 veröffentlichten diese Wissenschaftler ihr Standardwerk *„Die Grenzen des Wachstums".*

Der 2018 verstorbene Physiker *Stephen Hawkins* hat die Irrwege der Menschen auf den Punkt gebracht:

Gier, Neid/Dummheit, Überbevölkerung und Zerstörung der Natur trieben die Menschheit in den Ruin.

Der Mensch, die Krone der Schöpfung?

Die *Corona-Pandemie* hat dem aufmerksamen Teil der Menschheit das Ausmaß der Umweltzerstörung indirekt vor Augen geführt. *Mutter Natur* feiert ein Comeback, sie erholt sich schneller als erwartet von der schleichenden Zerstörung unserer Erde. Unser Globus bekommt in vielen Regionen wieder mehr Luft - begünstigt durch eine wahre Fahrrad-Renaissance, die durch das E-Bike schon vor der Pandemie mit ihrem Aufschwung begann.

Immer mehr Menschen sind dabei, ihr Urlaubsverhalten zu überdenken.

Im April 2020 gab es in den Medien ausnahmsweise einmal erfreuliche Meldungen:

In *Venezia* Kanäle mit kristallklarem Wasser, zurückkehrende Fische und Quallen, sensible Delfine wieder im Hafen von *Cagliari* auf

Sardinien, erstmals seit vielen Jahren wieder blauer Himmel über *Shanghai* und *Wuhan,* das Satellitenbild über Europa zeigte schon nach wenigen Wochen reinere Luft durch die Abnahme des Flug- und Autoverkehrs usw. - die Feststellung „Nichts ist mehr, wie es war“ konnte hier positiv interpretiert werden.

Konsumstreben macht satt und vergesslich, regt das menschliche Hirn nicht unbedingt zur Reflexion über Nachhaltigkeit an. Denke ich über das Urlaubsverhalten mancher Zeitgenossen nach, flehe ich immer häufiger zum Himmel: „Oh Herr, lass Hirn regnen!“

Sollten die positiven Nachrichten über die zumindest kurzfristige Erholung der Natur vielleicht dennoch Anlass zur Hoffnung geben?

Das Verlangen der Menschen nach einer Lebensweise mit Rücksichtnahme auf *unsere* Mutter Erde verkümmert aber immer mehr, es wird zugekleistert in einer immer hektischer werdenden, profit- und konsumorientierten Welt.

Citius, altius, fortius? Wo ist das Ende?

Weniger ist mehr, Innehalten, Entschleunigen, Respekt vor der Natur, und Liebe zur Natur, das bewusste Erleben von Fortpflanzung und Wachstum, Gesundheit und eine glückliche Partnerschaft sind erstrebenswerte Bedürfnisse, geben unserem Leben einen Sinn.

Was hat die Spezies Mensch aus der Erde gemacht?

Wehrt sich die Natur gegen eine drohende Überbevölkerung?

Wird Mutter Erde an multiplem Organversagen sterben?

- unkontrollierte Bevölkerungsexplosion, Hungerkatastrophen

- globale Erwärmung, Umweltmigration, Kriegsflüchtlinge

- ungerechte Verteilung der Reichtümer der Erde

- profitorientierte Ausbeutung unzähliger Menschen

- Raubbau an der Natur

- Steigerungen der Rüstungsausgaben, der Rüstungsexporte

- unzählige Milliarden - *astronomische* Summen - für die

Erforschung des Weltraums mit Planeten, während die Probleme auf der Erde nicht gelöst sind und zunehmen

- Weltraumtourismus der Milliardäre...

Gier frisst Hirn.

„Zwei Dinge sind unendlich, das Universum und die menschliche Dummheit, aber bei dem Universum bin ich mir noch nicht ganz sicher.“ Ist Albert Einstein arrogant oder hat er einfach nur recht?

Der *Homo sapiens* - eine doch sehr euphemistische Bezeichnung - hat den Verstand verloren. Ist der *kluge Mensch* dabei, sich sein eigenes Grab zu schaufeln? Hat er den Auftrag, sich „die Erde untertan“ zu machen, nicht oder falsch verstanden?

Wird den Menschen ein Umdenken gelingen? Werden sie es schaffen, *Ökologie* und *Ökonomie* in Einklang zu bringen?

Verallgemeinerungen sind Schwarz-Weiß-Malereien, unsachlich.

Positives, differenziertes Denken ist angesagt, das Grab ist noch nicht vollständig ausgehoben.

Die Zahl der Menschen nimmt zu, die sich dem Zeitgeist des vermeintlich grenzenlosen Wachstums widersetzen.

Zu diesen Geschöpfen gehören zweifelsohne auch die Radfahrerinnen und Radfahrer mit ihren Velozipeden aller Gattungen.

Epilog

- Ich danke den Sumerern (im heutigen Irak) und den anderen Völkern, die das Rad vor über 5000 Jahren erfunden haben.
- Ich danke dem *Freiherrn von Drais* aus Karlsruhe, der 1817 mit seiner *Laufmaschine* - später *Draisine* genannt - die Urform des heutigen Fahrrads entwickelt hat.
- Ich bedanke mich bei dem DeBehr-Verlag für die vertrauensvolle Zusammenarbeit.
- Ich danke Udo Bölts, der sich sofort bereit erklärt hatte, dieses Buch mit seinem Vorwort zu unterstützen.
- Ich danke allen meinen Radfreunden, die es mir ermöglicht haben, meine Passion und meine Visionen in einer sportlichen und kameradschaftlichen Gruppe auszuleben und dafür, dass sie mich seit vielen Jahren aufgefordert haben, meine Erlebnisse aufzuschreiben und weiterzugeben.
- Ich danke Heiko (+ 29.10.2021), meinem Freund aus Kindheit und Jugend in St. Wendel, für die umfangreichen Tätigkeiten beim Bearbeiten der Fotos und des Manuskripts.
- Meinem Bruder Wendelin möchte ich danken für Korrekturlesen und inhaltliche Anregungen.
- Ein Dankeschön gilt auch dem unermüdlichen Valerio, der als unser Guide meine Touren auf sein Garmin-Navi übertragen hat.
- Ich danke Lucien für inhaltliche Beratung und technische Assistenz - und für seine Idee, dass Udo Bölts genau der richtige Mann für ein Vorwort sei.
- Ich danke Tim für gemeinsame Streckenberatungen und für die Erstellung von Höhenprofilen.
- Ich bedanke mich bei Michael für die Bearbeitung von Text und Bildern.
- Ich möchte mich bei dem Saarbrücker Sportmediziner Dr. Frank Krämer bedanken, der mich seit vielen Jahren für meine anspruchsvollen Touren betreut.
- Danke sage ich auch Julia und Lucien dafür, dass sie als Kinder und Jugendliche ihrer Mutter während meiner fahrradbedingten Abwesenheit in den Schulferien das alltägliche Zusammenleben nicht erschwert haben.

- Ganz besonders bedanken möchte ich mich bei meiner Frau Beatrice, die mir den Weg für meine erlebnisreichen Rad-Abenteuer ermöglicht hat.
- Ich danke der Natur,
  dass ich in den 1950er Jahren im Dreiländereck Saar-Lor-Lux das Licht der Welt erblicken durfte und
  dass sie mich mit soviel Begeisterung und Leidenschaft für das Radfahren und den Radsport ausgestattet hat.

Durch das Wohlwollen der Natur mir gegenüber und vor allem mithilfe meiner Familie konnte ich die notwendige Resilienz entwickeln, um auch ernsthafte Erkrankungen - einem Stehaufmännchen gleich - zu überwinden, ohne meines Radsport-Enthusiasmus' beraubt worden zu sein.

„*Wenn die Wurzeln tief sind, braucht man den Wind nicht*

zu fürchten.“ (chinesisches Sprichwort)

Familienfoto, 6. Juni 2020
Franziska/Lucien, Autor mit Beatrice, Julia/Christian

Oktober 2021 mit Emil
(* 29. März 2021)

Heute bin ich mit mir im Reinen, habe die innere Ruhe und Gelassenheit gefunden, um Körper, Geist und Seele in Einklang zu bringen. Durch meine *wahre Liebe zum Fahrrad* - verbunden mit einer Heiterkeit - ist es mir gelungen, eine Virus-Resistenz zu entwickeln und die Velomanie zu überwinden.

Die *Velophilie* hat ihren Platz eingenommen.

Verstehen kann man das Leben nur rückwärts - leben muss man vorwärts.

Carpe diem!

I. Literaturverzeichnis/Onlinequellen

ARD/SR: Hundert Jahre Tour de France, Delius-Klasing 2002

Atlas Des Cols Des Alpes: Altigraph Édition, Angers 1981

Atlas Des Cols Des Pyrénées: Altigraph Édition, Angers 1984

Belbin, G./ Seex, D.: Ein Jahr im Sattel - 365 Geschichten aus der Welt des Radsports,Stuttgart 2016

Bölts, Udo/Kullmann, Klaus D.: Quäl Dich, Du Sau!, Covadonga 2006

Brunel, Philippe: Vie et Mort de Marco Pantani Éditions Grasset, Paris 2007, Édition 2012

Chany, Pierre: La fabuleuse histoire du Tour de France, Paris 1983

Dernières Nouvelles d'Alsace: mardi, 9 juin 2020

Egen, Jean: Die Linden von Lautenbach, rororo 1986

ders. : Les tilleuls de Lautenbach, Paris, Stock 1979

Fournel, Paul: die liebe zum fahrrad, Covadonga 2012

Frankfurter Allgemeine Zeitung: Mittwoch, 01. Dezember 2021 (Zum Tod von Marco Pantani: „War es Totschlag?")

Frankreich erleben, Frankreich-Magazin Nr. 11/2007

Klonovsky, Michael: Kleine Philosophie der Passionen - Radfahren, dtv, 5. Auflage 2010

Lemke, Walter: Fausto Coppi, Miesbach/Obb. 1999

L'Équipe: Tour de France - 100 ans, trois volumes, 784 pages, Issy-les-Moulineaux 2002

L'Équipe: mercredi, 10 juillet 1985; mardi, 28 juillet 1998; mercredi, 12 août 2020; vendredi, 15 octobre 2021

Le Républicain Lorrain: Dimanche, 19 juillet 2020, Dimanche, 6 juin 2021

Maso, Benjo: der schweiß der götter - die Geschichte des Radsports, Covadonga 2011

Ollivier, Jean-Paul: Fausto Coppi - La tragédie de la gloire, Flammarion 1979

Ollivier, Jean-Paul: La légende de Louison Bobet, Flammarion 1984

Petrarca, Francesco: Die Besteigung des Mont Ventoux, Lateinisch/Deutsch, Reclam 1995

Procycling: Die fünfzig legendärsten Anstiege des Radsports, Januar 2007

Ronchi, Manuela: Un Uomo In Fuga - La vera storia di Marco Pantani, Milano 2004

Route Des Grandes Alpes: Guides Gallimard 1999

Saarbrücker Zeitung: Mittwoch, 5. August 2020

Sprint International: LES 50 PLUS GRANDS CHAMPIONS D'HIER ET D'AUJOURD'HUI

Hors-Série N°1, 1982/1983

Sprint International: LES 80 ANS DU TOUR DE FRANCE Hors-Série N°3, 1983

Tour, das Radsport-Magazin: Nr. 5/1999, Nr. 4/2004

Vélo Magazine: JUIN 1998, AOÛT 1998, MARS 2004, JUIN 2021

Wilcockson, John: Marco Pantani: Die Geschichte eines tragischen Champions, Covadonga 2005

Onlinequellen

www.adfc-bw.de (30.10.2020)

www.ciclismo.info (bis 2007)

www.cyclingcols.com

www.gazzetta.it

www.giroditalia.it

www.lagrandeboucle.com

www.lavuelta.es

www.lequipe.fr

www.ledicodutour.com

www.letour.fr

www.marca.com

www.memoire-du-cyclisme.eu

www.quaeldich.de

www.radsport-news.com

www.tour-magazin.de

www.velocityruhr.net

www.wikipedia.org

II. 21 Tourenvorschläge

Tour 1: Mekka der Velomanen: Passo dello Stèlvio 1993 (E 10)

Tour 2: Dauphiné Libéré/Alpes de Haute-Provence 1997 (E 12)
1981 (E 2), 1983 (E 4), 1990 (E 9), 1995 (E 11:
Alpes de Haute-Savoie)

Tour 3: Giro delle Dolomiti 2000 (E 14)

Tour 4: „Tour de Franz“: Vercors/Mons Ventosus 2004 (E 15)
Barcelonnette - Lac de Sainte-Croix - Mont Ventoux -
Barcelonnette 1988 (E 7)

Tour 5: Tour du Jura (E 17)

Tour 6: Route des Grandes Alpes 2009 (E 19)

Tour 7: Tour des Vosges 2012 (E 16), 1979 (E 1, S. 31/32)

Tour 8: Bern - Saarbrücken, 7. Juni 2014 (E 20)

Tour 9: Pfälzerwald/Regionalpark Nordvogesen 2014 (E 18.1)

Tour 10: Pfälzerwald/Nord-Elsass 2015 (E 18.1)

Tour 11 A : Eifel/Belgische Ardennen 2016 (E 18.3)

Tour 11 B : Eifel/Belgische Ardennen (E 18.3)

Tour 12: Eifel/Luxemburger Ardennen 2017 (E 18.3)

Tour 13: Pyrenäen 2017 (E 6), 1986 (E 6)

Tour 14: Abradeln (Bitscher Land, Krummes Elsass 2017 E 18.1)

Tour 15: Vercors/Drôme/Mont Ventoux 2018 (E 21)

Tour 16: Tour de Tim: Saar-Lor-Lux 2019 (E 18.3)

Tour 17: „Back to the Roots“ 2019: 40 Jahre Vogesen (E 16)

Tour 18: Tour de Lavande im Garten Eden: Drôme/Signal de Lure
(E 21)

Tour 19: Maas-Tal/Ardennen: „EWG-Tour“ Lothringen/Grand Est, Belgien, Luxembourg, Eifel, Saarland (E 18.3)

Tour 20: „Mein“ Radmarathon - 230 km: Saarbrücken - „Krummes Elsass“ - Nordost-Lothringen - Saarbrücken (E 18.1)

Touren 21.1 - 21.8: Meine Traumrunden für einen Tag (E 18.1, E 18.3)

Tour 1: Zum Mekka der Velomanen: Chur (Brambrüesch) - Bormio - Chur

Carte Michelin Suisse

(6 Etappen, 7 Übernachtungen, 1993)

Samstag: Anreise nach **Chur - Brambrüesch**
Brambrüesch (1580 m)
Naturfreundehaus: www.nfh-brambus.ch
alternativ: **Sporthotel Malixer Hof: www.malixerhof.ch**

1.1 Von Brambrüesch über den Albula-Pass ins Val Fex (100 km)

Brambrüesch - Malix - Lenzerheidepass (1549 m ü. NN) - Tiefencastel - Bergün - Albulapass (2315 m ü. NN) - Samedan - St. Moritz - Sils-Maria

Val Fex: Hotel Fex: www.hotelfex.ch
alternativ: **Sils : Hotel Cervo: www.cervo-sils.ch**

1.2 Val Fex - Livigno - Bormio (115 km)

Val Fex - Samedan - Inntal abwärts Zernez - re Richtung Ofenpass - in Punt la Drossa re
Italia: Livigno (1800 s.l.m.) - Passo d'Eira (2209 s.l.m.) - Passo di Foscagno (2291 s.l.m.)
Bormio (1225 s.l.m.): **Hotel Daniela: www.hoteldaniela-bormio.it**
alternativ: **Albergo Dante (B&B): www.dante.bormio.it**

1.3. Bormio - Bormio: Königsetappe über Umbrail-Pass und Stilfser Joch (95 km, 3200 Hm)

Bormio - Passo Umbrail (2501 m ü. NN) - Müstair -

Glorenza/Glurns - Prato allo Stèlvio/ Prad am Stilfser Joch - **Passo dello Stèlvio (2757 s.l.m) - Bormio**

Bormio: **Hotel Daniela**

Albergo Dante

1.4 Bormio - Bormio eine weitere Legende des **Giro d'Italia**:

Passo di Gàvia (2621 m, 51 km, 1400 Hm)

Bormio: Hotel Daniela

Albergo Dante

1.5 Von Bormio über den Bernina-Pass zurück ins Val Fex (100 km)

Bormio - Passo di Foscagno (2291 s.l.m.) - Passo d'Eira (2209 s.l.m.) - Forcola di Livigno (2315 s.l.m.) - **Schweiz:** Passo del Bernina (2328 s.l.m.) - Pontresina -
Silvaplana - Sils -
Val Fex: Hotel Fex

alternativ: **Sils : Hotel Cervo**

1.6. Val Fex - Albula-Pass - Brambrüesch (95 km)

Val Fex - Samedan - Albulapass (2315 m ü. NN) - Bergün - Tiefencastel - Lenzerheidepass (1549 m ü. NN) - Malix (1100 m) - **Brambrüesch** (1580 m ü. NN):

Naturfreundehaus

alternativ: **Sporthotel Malixer Hof**
Samstag: Abreise

Gesamtkilometer: 550 km
7 Übernachtungen: 2 x Brambrüesch
2 x Val Fex/Sils
3 x Bormio

Tour 2: Nur in den Bergen fühl' ich mich frei - Dauphiné Libéré /Alpes de Haute-Provence:

St.Jean-de-Maurienne - St.Jean-de-Maurienne
(8 Etappen, 1997)
Carte Michelin 334
Freitag: Anreise
St. Jean-de-Maurienne: HR Europe

www.hoteleurope-savoie.com

2.1 Samstag **St. Jean-de-Maurienne** - St. Michel-de-Maurienne - **Col du Télégraphe** - Valloire - **Mythos Col du Galibier** - Col du Lautaret - **Chantemerle**
(70 km, 2 300 Hm)

HR Plein Sud www.hotelpleinsud.fr

2.2 Sonntag **Chantemerle - Col d'Izoard -** Guillestre -

Col de Vars - Barcelonnette (110 km, 2150 Hm)

Grand Hôtel www.grand-hotel-barcelonnette.fr
oder: **Cheval Blanc www.chevalblancbarcelonnette.com**

2.3 Montag **Von Barcelonnette über den höchsten Alpenpass**

nach Valberg

Barcelonnette - Jausiers - **Col de la Bonette** - Saint-Sauveur-sur-Tinée - **Col de la Couillole - Valberg (110 km, 3 100 Hm)**

HR Le Chastellan www.le-chastellan.com

2.4 Dienstag **Valberg - Barcelonnette (125 km, 1900 Hm)**
Traumrunde durch die rötlichen Schluchten von Cians und Daluis

Valberg - via D 28 Gorges du Cians, - Vallée du Var - re D 6202 - D 4202 - Pont de Gueydan : re D 2202 Gorges de Daluis - Guillaumes - Col de la Cayolle -
Barcelonnette Grand Hôtel / HR Le Cheval Blanc

2.5 Mittwoch **Barcelonnette - Barcelonette (80 km, 1200 Hm)**

Barcelonnette - Col de Larche/ Colle della Maddalena - Italia - Argentera - zurück über **Col de Larche** nach **Barcelonnette**

Barcelonnette: Grand Hôtel / HR Le Cheval Blanc

2.6. Donnerstag **Barcelonnette - Barcelonnette (125 km, 3340 Hm)**
Meine Lieblingsrunde im Parc National du Mercantour:

Drei-Pässe-Fahrt über Cayolle, Champs, Allos

Barcelonnette, Grand Hôtel / HR Le Cheval Blanc

2.7 Freitag **Barcelonnette - Villar d'Arène (120 km, 3150 Hm)**

Barcelonette - Col de Vars - Col d'Izoard - Col du Lautaret
Villar d'Arène: HR / Gîte d'Étape <Les Mélèzes>
www.gite-les-melezes.fr

2.8 Samstag **Villar d'Arène - St. Jean-de-Maurienne (130 km, 2680 Hm)**
Über die Tour de France-Legende Alpe d'Huez (1130 Hm)
und den **Col de la Croix de Fer (1550 Hm)**

Villar d'Arène - Bourg d'Oisans - **Alpe d'Huez** - Bourg d'Oisans - **Col de la Croix de Fer**
St. Jean-de-Maurienne: HR Europe
Gesamtstrecke: **800 km 20 100 Hm**

Sonntag: Rückfahrt

Tour 3: Naturwunder Dolomiten

Gardasee - Dolomiten - Bassano del Grappa - Gardasee (6 Etappen, 2000)

Anreise Freitag (von SB: 730 km) Arco: B&B: Albergo Al Sole: soleholiday.com
Generalkarte Dolomiten / Südtirol
Carte Michelin Italie Nord-Est

3.1 Von Arco in das reizende Sarntal (150 km, 1700 Hm)

Arco (90 m s.l.m.) - Tenno - Ponte Arche - S 421 - Andalo (1040 m) - Rocchetta - Mezzocorona - Strada del Vino (Weinstraße) - Cáldaro (Kaltern) - Bolzano (Bozen) (230 m) - S 508 - **Sarentino** (Sarnthein, 960 m):
Pension Wiesenhof

www.pension-wiesenhof.it

3.2 Drei-Pässe-Fahrt von Sarentino nach Arabba (140 km, 3600 Hm)

Sarentino (960 m) - Passo di Pennes (Penserjoch, 2215 s.l.m.) - Vipiteno - Bressanone (Brixen, 540 m) - Passo delle Erbe (Würzjoch, 2004 m) - San Martino - La Villa - Passo di Campolongo (1875 m) -
Arabba (1600 s.l.m.): Hotel Olympia

www.arraba.com, www.hotel-olympia.com

3.3 Arabba - Arabba (55 km, 1650 Hm)
<Sella Ronda> - das Herz der Dolomiten

Arabba (1600 m) - Passo Pordoi (2239 m) - Passo di Sella (2214 m) - Passo di Gardena (Grödnerjoch, 2139 m) - Passo di Campolongo (1875 m) **Arabba**: **Hotel Olympia**

3.4 Arabba - Arabba: ein sportlicher Ausflug nach Cortina d'Ampezzo (85 km, 1800 Hm)

Campolongo (1875m) - Passo di Falzàrego (2137 m)
Cortina d'Ampezzo - Passo Giau (2233 m)
Arabba, HR Olympia

3.5 Vorbei am Marmolada-Getscher in die Ebene Venetiens (120 km, 1700 Hm)

Arabba (1600 m) - Passo di Pordoi (2239 m) - Canazei - Passo di Fedaia (2047 m, am Marmolada-Gletscher) - Caprile - S 203 Agordo - Vignole - Sedico - Trichiana - Mel - Busche - Anzù - S 348 Fener - Pederobba - Crespano del Grappa -

Bassano del Grappa: Hotel Al Castello

www.hotelalcastello.it

3.6 Über die „Hochebene der sieben Gemeinden" zurück zum Gardasee (150 km, 1600 Hm)

Bassano del Grappa (130 m) - Asiago (1000 m) - Altopiano dei sette communi - Passo di Vezzena (1402 m) - Lavarone - Folgaria - Serrada - Rovereto - Villa Lagarina - Isera - Mori - Loppio -
Arco: **Albergo Al Sole**

6 Etappen: **700 km, ca. 12 000 Hm**

Rückfahrt: Arco - Saarbrücken: 730 km

Tour 4: Tour de Franz: Vercors - Ventoux - Vercors (6 Etappen, 2004)

Carte Michelin 332

Dionay: Auberge La Calèche :
www. dionay.fr/1078-herbergement-et-restauration

oder: **www.lesportesduvercors.com**
St. Marcellin: **B&B- Hôtel Les Portes du Vercors**

4.1 Dionay - Die (100 km durch den Vercors)

D 27 Chatte - St. Hilaire - St. Nazaire-en-Royans - D 76 St. Jean-en-Royans - D 76 **Combe Laval/Col de la Machine (1011 m ü. NN) - Col de Carri (1202 m)** - La Chapelle-en-Vercors: Kuchen im Hotel des Sports - D 518 -

www.hotelsaintdomingue.com
Die: **HR Saint Domingue**

4.2 Die - Monteux: auf dem Weg zum <Géant de Provence> (125 km)
Die - Pontaix - D 157 - li D 135 Vallée de la Roanne - St. Nazaire-le-Désert - D 335 - **Col Lescou (829 m)** - Bouvières - **Col de la Sausse (791 m)** - Nyons D 94 - li D4 - re D 7 Villedieu - D 88 Séguret - Gigondas- Vacqueyras - **Monteux**
www.le-blason-de-provence-monteux.com
Hostellerie Le Blason de Provence
- alternativ **B&B** in **Sarrians: Le Mas de Terre des Anges**
www.masterredesanges.com
- oder in **Violès** (18 km nordwestlich von Carpentras) **:**
Le Clos Vitis: www.leclosvitis.com

4.3 Monteux - Monteux: Königsetappe über die Tour-Legende (125 km)
Monteux - D 107 - D 126 - Aubignan . re: D 55 Caromb - Crillon -

D 138 Bédoin - Chalet Reynard - **Mont Ventoux (1909 m ü. NN)** - D 974 Chalet Reynard - D 164 Sault - D 942 Gorges de la Nesque - Carpentras - D 7 **Monteux: HR Le Blason de Provence**
alternativ: **(Sarrians, Violès)**
Di, 03/08: Journée libre/piscine/jouer aux boules
Monteux: HR Le Blason de Provence

(oder: **Sarrians, Violès)**

4.4 Monteux - La Chapelle-en-Vercors (170 km)

Monteux - D 31 Sarrians - D 52 Vacqueyras - li D 8 Cairanne - re D 167/D 193 Tulette - D 576/ D 976 Valréas - D 47 Taulignan - D 809 Aleyrac - D 9 La Bégude - Cléon d'Andran - re D 6 - D 26 - Crest - re Mirabel-et-Blacons - li D 30 - D 70 **Col de Bacchus (980 m)** - La Vacherie - Léoncel - **Col de la Bataille (1313 m)** - Col de la Portette - D 199 **Col de Carri (1202 m)** -
La Chapelle-en-Vercors : **Hotel Bellier**
(Schwimmbad, Garten)
www.hotelbellier.com

alternativ **: Hotel des Sports: www.hotel-des-sports.com**

4.5 La Chapelle-en-Vercors - La Chapelle: ein einzigartiger Traum (95 km , 2000 Hm)

La Chapelle - Les Barraques - D 103 - D 221 St. Martin-en-Vercors - **Col de Chalimont (1350 m)** - Calvaire de Valchevrière - Villard-de-Lans - D 51 - re D 35 **Col de Romeyère (1074 m)** - li Route du Mont Noir - **Mont Noir (1421 m) -** D 31 Presles - D292 - D 518 Pont-en-Royans - Ste Eulalie-en-Royans - les Grands Goulets - Les Barraques -

La Chapelle-en-Vercors: **HR Bellier, HR des Sports**

4.6 La Chapelle-en-Vercors - Dionay (110 km)
La Chapelle-en-Vercors - D 178 - vor Vassieux re D 78 **Col de**

Lachau (1337 m) - Col de Portette - D 199 **Col de la Bataille (1313 m)** - St. Jean-en-Royans - D 54 - Pont-en-Royans - St. Romans - St. Marcellin - li D 27 - Chatte -
Dionay: **Auberge La Calèche**
oder: **St. Marcellin: Hôtel Les Portes du Vercors**

4.7 Rückfahrt

Tour 5: Auf einsamen Straßen durch das französische Jura:
St. Hippolyte - Lamoura - St. Hippolyte (6 Etappen)
Carte Michelin 321
> 5 % - 9%
>> 9 % - 13 %
>>> über 13 %

www.le-bellevue-hotel.fr
Hôtel Bellevue St. Hippolyte

5.1 St. Hippolyte (360 m ü. NN) **- Malbuisson (95 km, 1270 Hm)**

St. Hippolyte - D 39 Vallée du Dessoubre - Gigot - D 20 - 3 km vor Pierrefontaine li > Sainte Radegonde - Orchamps-Vennes - D 131 **Col du Tounet** (958 m ü. NN) - Gilley - **Radweg** bis Pontarlier D 43 - 900 m: **Malbuisson:**
Hôtel Le Lac/ Hôtel Beau Site

www.complexe-le-lac.fr

5.2 Malbuisson - Lamoura (75 km, 1000 Hm)

Malbuisson - > D 46 Remoray-Boujeans - Chaux Neuve - > Chapelle-des-Bois - 2 km nach Les Mortes li > **Route Forestière** - Bois d'Amont - D 415 La Cure - D 25

Lamoura: 1200 m ü. NN

HR La Spatule: www.hotellaspatule.com

HR Les Arobiers: www.lesarobiers.fr

Naturfreundehaus: <Les Adrets>: www.refuge-les-adrets.fr

5.3 Königsetappe : Lamoura - Lamoura - durch den **Parc Naturel Régional du Haut-Jura (98 km, 2180 Hm)**

Lamoura (1200 m) - Lajoux - D 292 La Simard - D 292 E1/E5 Bellecombe - Les Mouilles - D 25 La Pesse - D 25 E4/D 48/RF Champfromier (650 m) - > D 48 Giron - > D 48 Belleydoux (920 m) - D 124 Désertin - li D 25 - nach 2 km re D 63 Choux - D 63 Vulvoz - re D 291 Ranchette - Saint-Claude (430 m) - > D 304 Haut Crêt - 1200 m:

Lamoura: **Hôtel La Spatule** , **HR les Arobiers**

Refuge des Amis de la Nature: Les Adrets

5.4 Lamoura - Malbuisson (105 km, 1990 Hm)

Lamoura - D 292 Lajoux - li Route des Forêts Monts: > **RF:** La Forêt du Massacre - im Wald einsam gelegen: **Chalet de la Frasse,** Einkehrmöglichkeit/Übernachtungen: **www.restaurant-chaletdelafrasse.com** - D 25 Les Jouvencelles - D 29 La Cure - Schweiz - St. Cergue - li Arzier - Marchissy - **Col du Marchairuz** (1447 m ü. NN) - Le Brassus - Le Sentier (1020 m) - re: Lac de Joux - Les Charbonnières - li Frankreich: > Landoz-Neuve (1260 m) - D 389 Mouthe - D 437

900 m: **Malbuisson**: **Hotel Le Lac/ Hôtel Beau Site**

5.5 Malbuisson - Malbuisson (900 m) **(35 km, 570 Hm)**

Berg(zeit)fahren, 3 Varianten

a. >>> zum **Mont d'Or** (1463 m ü. NN) 7 km, 500 Hm,

Malbuisson - Labergement-Ste Mairie - Fourcatier-et-Maison-Neuve - Rue de l'Étoile -

Longevilles-Hautes -D 450 - 19 %-Rampe bis vor den Mont d'Or (1430 m ü. NN)

b. von Longevilles - **Mont d'Or**: >> 5 km, 500 Hm (!)

c. Gemütlichere Alternative: > 5,7 km, 320 Hm, 1223 m ü. NN

von Rochejean nach **La Petite Echelle** (schöne Einkehrmöglichkeit)

Nachmittag: Strand am Lac de St. Point in **Malbuisson:**

Hôtel Le Lac/Hôtel Beau Site

5.6 Malbuisson - St. Hippolyte (115 km, 1700 Hm)

900 m: Malbuisson - Montperreux - D 204/D44 La Gauffre - > D 6 Les Fourgs - Schweiz - La Chaux - > La Vraconne - > La Côte aux Fées - > Monts des Verrières (1200 m ü. NN) - Les Verrières (970 m) - Les Bayards > - Le Cernil (1174 m) - Les Taillères (1074 m) - li > Nid du Fol (1150 m) - re D 447 - D 48 Montlebon - Morteau (750 m) - D 48 > 984 m - re La Motte: Route de Luisans - Luisans - D 311 Fournets-Luisans - li Grandfontaine-Fournets - Fuans - li D 39 Gigot - re D 39 - 360 m ü. NN: **St. Hippolyte: Hôtel Bellevue**

Tour 6: Lamoura - Menton (8 Etappen, 2009)

La Route des Grandes Alpes:
Vom französischen Jura/Genfer See an die Côte d'Azur
Cartes Michelin 321, 328, 333, 334, 341
Lamoura (1200 m)
HR La Spatule: www.hotellaspatule.com

HR Les Arobiers: www.lesarobiers.fr
Naturfreundehaus <Les Adrets>: www.refuge-les-adrets.fr

6.1 Lamoura - Le Grand-Bornand: Über den Genfer See in die Savoier Alpen, 140 km, **2650 Hm)**

Lamoura - D 25 - La Cure - Schweiz: St. Cergue - Nyon - 10 h Fähre nach Yvoire - **Thonon-les-Bains** (D 902: offizieller Beginn der französischen Hochalpenstraße **(GTA)** - 370 m ü NN) - **Col des Gets (**1170 m) - **Col de la Colombière** (1613 m) -
le Grand Bornand: Hôtel Le Vermont
www.hotelvermont.com

6.2 Le Grand-Bornand - Sainte-Foy Tarentaise (110 km, 2600 Hm)

Le Grand-Bornand - Col des Aravis (1490 m) - Flumet - **Col des Saisies** (1650 m) - **Cormet de Roselend** (1967 m) - Bourg-St-Maurice - **Sainte-Foy-Tarentaise**:

www.le-monal.com in **Sainte-Foy-Tarentaise** (1050 m)
oder **www.le-chalet-des-anges.com** in **La Savinaz** (1530 m)

6.3 Sainte-Foy-Tarentaise - Valloire: Dem Himmel so nah! (130 km, 2900 Hm)
Sainte-Foy - < Souvenir Henri Desgranges > : Col de l'Iseran (2770 m) - Col du Télégraphe (1569 m) -
Valloire (1400 m): www.christiana-hotel.com

6.4 Valloire - Arvieux-La Chalp: über 2 Legenden der Tour de France (85 km, 2350 Hm)

Valloire - Col du Galibier (2646 m) - **Col du Lautaret - Col d'Izoard** (2360 m) **Arvieux-La Chalp**, 1700 m) **www.chaletviso.com**

6.5 Arvieux-La Chalp - Barcelonnette (75 km, 1100 Hm)

Arvieux-La Chalp - **Col de Vars** (2109 m) - **Barcelonnette** (1100 m): **www.grand-hotel-barcelonnette.fr**

alternativ: **www.chevalblancbarcelonnette.com**

6.6 Barcelonnette - Beuil: **85 km, 2200 Hm**

Barcelonnette - Col de la Cayolle (2326 m) - Péone - **Croix de Valberg** (1673 m) -

Beuil (1450 m): **Hôtel Génépi: www.hotelgenepi.fr**

alternativ**: Hôtel L'Escapade: hrlescapade.fr**

***6.*7 Beuil - Beuil: durch die einzigartigen roten Schluchten (84 km 1450 Hm)**

Beuil - Gorges du Cians - Vallée du Var bis Pont de Gueydan: re Gorges de Daluis - Guillaumes - D 29 - Péone - **Valberg** - **Beuil**

6.8. Beuil - Menton: durch die Seealpen an die Côte d'Azur (150 km, 3570 Hm)

Beuil - **Col de la Couillole** (1678 m) - **Col St. Martin** (1500 m) - **Col de Turini** (1604 m) - Sospel (350 m) - re: D 2204 - **Col de Braus** (1002 m) - La Grave de Peille (200 m) - D 53 - Peille (650 m) - **Col de Saint-Pancrace** (672 m ü. NN) - La Turbie (Blick auf

Monte Carlo/Mittelmeer)
Menton (0 m ü. NN) www.hoteldesarcades.com

en total: **775 km (8 Tage) 17400 Hm, knapp 2200 Hm pro Tag**
mit Etappe 6.7 (Beuil - Beuil)
860 km (9 Tage) 18800 Hm, knapp 2100 Hm pro Tag

6.9 Relaxen am Strand

6.10 Menton - Lamoura
(570 km, Begleitwagen, Mietwagen)
6.11 Gigot d'Agneau (Lammkeule) in **Lamoura**

6.12 Rückfahrt

Tour 7: Saarbrücken - Hochvogesen - Saarbrücken (8 Etappen)

Hotels in Saarbrücken:
Motel One: www.motel-one/saarbruecken.com
Victor's Residenz-Hotel: www.victors/saarbruecken.de
Hotel Am Triller: www.hotel-am-triller-saarbruecken.de

Carte Michelin 307, 315

7.1 Saarbrücken - Abreschviller (100 km)

Abfahrt 12 h 15 Saarbrücken, am „Kulturbiergarten", SB-St. Arnual **Saar-Kohle-Kanal** bis Grosbliederstroff - re D 31 Bousbach - Théding - Farschviller - > - Henriville - Cappel - D 29 Hellimer - Insming - D 28 Albestroff - D 39 Munster - Pont Neuf - D 39 A Mittersheim - **Saar-Kohle-Kanal** (**Canal des Houillères de la Sarre**) bis
Etang du Stock (Stockweiher) vom Kanal ab nach Diane-Capelle - D 1 55 x - D 955 li - nach 800 m re - in Gondrexange li ab Rue de la Marne zum Kanal - vom Kanal weg Rue de Landange - D 104 B Landange - Lorquin: **Tarte aux myrtilles bestellt** im Café <Au bout des Canards> - D 41 - bei Malgré Colle re nach Cubolot - später **Radweg PC** (Piste cyclable) nach **Abreschviller (300 m)**:
Hôtel des Cigognes: **www.les-cigognes.eu**

7.2 Von Abreschviller (300 m) über die Saarquelle in die Hochvogesen (131 km)

Col du Donon (727 m) - Schirmeck - Schirmeck-La Broque/La Claquette - re: Rue des Quelles - Les Quelles: **HR Neuhauser (!)** - Route de Salm - Plaine - Saint-Blaise-la Roche D 1420 - **Col de Saales** (554 m) - 8 km vor St. Dié li ab Bertrimoutier - D 23 über **Col de Mandray** (694 m) nach Fraize - Pause nach 82 km oder D 73 in Ban-sur-Meurthe: Restaurant <La Clef du Ban> (!): **la-clef-du-ban-eatbu.com** - D 73 Vallée de la Petite Meurthe : <Défilé de Straiture> (!) - **Col de Surceneux** (810 m) - li D 23: Le Grand

Valtin - re D 23 H - > **Col** de la Schlucht (1135 m) - D 430 **Route des Crêtes** zum Markstein (1200 m) - re D 27 - 1 km bis zum **Chalet du Treh (Amis de la Nature,** (1100m) 4 x Abendessen reserviert in der **Ferme Auberge du Treh** (5 ' zu Fuß www.fermeauberge-treh.fr

www.amisnature-mulhouse.org

Alternativen:
Ferme Auberge du Steinlebach (1200 m):
www.auberge-steinlebach.com

Chalet-Hôtel du Grand Ballon (1380 m):
www.chalethotel-grandballon.com

Schnepfenried:
- Naturfreundehaus (1050 m) **: www.an-colmar.asso.fr**
Essen in der Ferme Auberge Deybach (10 zu Fuß): www.ferme-auberge-deybach.fr
- Übernachten/Essen: **Chambre d'Hôte du Grand Hêtre:**
www.grand-hetre.com

7.3 Runde <Route des Crêtes> - Treh - Munster - Treh am **Markstein (90 km)**

D 430: Route des Crêtes - **Col** de la Schlucht (1135 m) - D 61 bis **Col** du Calvaire (1144 m) - re D 48. II - nach 4,5 km re D 48. IV - re D 48 Hautes Huttes - **Col** du Wettstein (882 m) - li D 11. VI **Collet** du Linge (975 m) - re D 5 B. I - Hohrodberg (550 m) - Stosswihr - Munster (380 m) - D 10 - Sondernach - D 27 **Col du Platzerwasel ! (1183 m) - Markstein -**

Chalet du Treh

7.4 Königsetappe Hochvogesen: Chalet du Treh - Chalet du Treh (125 km, 2900 Hm)
von FA Steinlebach: **130 km, 3000 Hm,**

von **Schnepfenried: 3300 Hm, 145 km**

D 431 bis **Grand Ballon** - am **Col Amic** re: B 13 B VI - Willer-sur-Thur - re D 14 B IV - **Col** du Hundsrück (750 m, „Quäl Dich Du Sau!“) - Masevaux - D 110 - D 2 - D 12 -Giromagny - D 465 - **Ballon d’Alsace** (1180 m) - St. Maurice-sur-Moselle: 4,5 km ***Voie Verte*** bis Bussang - li Col du Page (957 m) - Col d’Oderen (884m) - Kruth - am Lac de Kruth-Wildenstein: re D 27: 14 km Steigung (1 km 8 %, 13 km 3 - 4 %) bis 1 km re vor Markstein: 1100 m

Chalet du Treh

7.5 Kleine Vogesen-Runde (57 km)

Markstein - D 430 bis **Col** de la Schlucht (1135 m) - li 2 km D 417 - li D 34 D Richtung La Bresse - **Col** des Feignes (954 m) - li D 34 D - 1,5 km, dann li **RF** du Lac de Blanchemer - Pause in der **Ferme Auberge <Chaume de Schmargult>: www.auberge-schmargult.fr** (wunderbarer Blick auf 1200 m ü. NN) - Route des Crêtes - Markstein -

Chalet du Treh

7.6 Markstein - La Bresse - Markstein (112 km)

Markstein - Route des Crêtes (1200 m) - bei Ferme Auberge Breitzousen: li herunter: Route du Lac de Blanchemer - re D 34 D **Col** des Feignes (954m) - re - nach 1 km: li D 67 Lac de Retournemer - vor Xonrupt-Longemer: am Ende des Sees li: <Route Forestière des 17 km> **(!)** - **Col** de Grosse Pierre (955 m) : re Rue du Droit / D 34 bis Croix des Moinats - nach 2 km li : Route du Col des Hayes - Route de Lansau zum **Col** de Lauvy - Route de Lauvy - Route des Suais - Cornimont (550 m) - Xoulces - **RF** zum **Col** de la Vierge (1066 m) - **Col** de Bramont (955 m) - 3 km vor Kruth (545 m) am See: li 14 km hoch (1 km 8 %, 13 km 3-4 %: D 27 bis 1km re vor **Markstein**: 1100 m:

Chalet du Treh

7.7 Markstein - Abreschviller 130 km

Markstein - Route des Crêtes (1200 m) - 3 km nach Col du Herrenberg D 34 A li herunter - re D 34 D **Col** des Feignes (954 m) - Xonrupt-Longemer (650 m) - D 23 **Col** de Surceneux (810 m) - Fraize (470 m) - D 23 - **Col de Mandray** (694 m) - Frapelle - Provenchères - D 45 **Col d'Hermanpaire** (604 m) - Ban de Sept - D 49 Senones - D 49 Moussey - RF Val de Senones zum **Col de Prayé (**785 m) - Col du Donon (727) - nach 2 km li D 993 Vallée de la Sarre Blanche - nach 11 km Turquestein-Blancrupt / Bourgignon: re **RF** - > Rue de Charmille - St. Quirin (zählt zu den schönsten Dörfern Frankreichs) - re D 9 - **Abreschviller**: **Bal Populaire** (am Vorabend des 14. Juli)
Hôtel des Cigognes: www.les-cigognes.eu

7.8 Abreschviller - Saarbrücken (100 km, umgekehrt wie Hinfahrt)

Tour 8: Super Granfondo Bern - Saarbrücken (eine Etappe, 362 km, 1150 Hm)

Samstag, 7. Juni 2014: 6 Uhr Bern - 20:15 Uhr in Saarbrücken

- Um 6 Uhr am Samstagmorgen über ruhige Hauptstraßen bis Basel
- sehr gute Webseite zu Fahrradwegen in der Schweiz: **www.schweizmobil.ch/de/veloland.html**
- **ab Basel: Carte Michelin N° 315**

Dominique, Franz, Uwe,
Tim: Windschattenspender ab Brumath
Begleitwagen: Luca, Benjamin, Jonathan

6:00 Uhr: Bern - Oensingen - Balsthal - Oberer Hauenstein (734 m ü. NN) - Basel - Weil am Rhein (**D**): Dreiländerbrücke über den Rhein Huningue /Village Neuf (**F**) - D 21.3 - Rosenau - D 468 -

1. Stop in Kembs nach 120 km , am Ortsende links: Parkplatz Supermarché Leclerc - dann D 52 - Vogelsheim - AKW - Marckolsheim - D20 - nach 17 km links Diebolsheim auf die D 468 21 km bis:

2. Stop in Plobsheim nach 220 km: im Ort links Norma - Parkplatz (Café, Toiletten) danach links rue de l'Eglise zum Canal, 10 km Canal du Rhône au Rhin - in Straßburg **vor** Stadtteil Robertsau: li Canal de la Marne au Rhin bis nach Vendenheim - D 263 Brumath - **Tim bietet uns seinen Windschatten an -** Morschwiller - in Niedermodern links D 919 über **Col de Puberg** (Rollerpass auf neuem Asphalt, kein Macadam), Eicheltal bis zum

3. Stop in Diemeringen (km 310 km): am Ortseingang rechts kleiner Parkplatz:
Boulangerie/Pâtisserie / Salon de thé
Claude Hirtz (facebook.com)
(1, Quai de l'Eichel, ab 18 h geschlossen)

alternativ links über die Eichelbrücke: **<Bar à l'Eichelthal>**

Diemeringen - Saarbrücken (**362 km**): - D 919 weiter bis Oermingen - nach Bahnüberquerung rechts Rue des Alliés - re Rue de l'Étang - über die Eichel, über die Bahnstrecle - li parallel zur Bahnstrecke nach Hutting (Weg ausgebessert, nur 3 Schlaglöcher) - links D 83 Kalhausen-Gare - Wittring - Rebberg - Zetting: Rue de Sarreinsming - ab Sarreinsming: Canal des Houillères (Saar-Kohle-Kanal) - Sarreguemines - **Saarbrücken: Ankunft 20:15 Uhr (362 km, 1150 Hm)**

Hotels in Saarbrücken:

Motel One: www.motel-one/saarbruecken.com
Victor's Residenz-Hotel: www.victors/saarbruecken.de
Hotel Am Triller: www.hotel-am-triller-saarbruecken.de

Saarbrücken-Bellevue, Foto
Bei **optimalem** Verlauf ohne größere Defekte:

1. Stop in Kembs nach 120 km: 10:00
2. Stop in Plobsheim nach 220 km: 13:30

ab ca. **15 h 15 in Brumath** : Tim kommt uns entgegen von Obermodern-Pfaffenhoffen

3. Stop in Diemeringen nach 310 km: 17:30 - 18:00
4. Saarbrücken - Bellevue: 20:00 - 21:00

Nach einer kurzen Dusche möchte ich Euch einladen zu einer angemessenen Feier:
Sonja, Luca, Benjamin, Jonathan,
Lucien, Franziska, Julia
Sprudel u.ä. und Fassbier, Kartoffelsalat à la Beatrice, kleine Knoblauchfrikadellen und Wiener Würstchen
Ich wünsche uns einen runden Tritt! Franz, 2. Juni 2014

Aktualisierung 8. Juni:
Start am 7. Juni 6 Uhr in Bern
362 km bis Saarbrücken, 1150 Hm, SB: 20:15 Uhr
Reine Fahrzeit: 12 Stunden, 45 Minuten, 3 x ½ Stunde Pause, 1 x

Defekt vor Sarreguemines,
Kalorienverbrauch 7000 - 8000 kcal

Resümee: Es lief rund; mit einem 29er-Schnitt waren wir schneller als erwartet am Ziel
De facto 30er-Schnitt (½ Stunde durch Basel, ½ Stunde durch Strasbourg, 1 Defekt))
Wetter: extrem heiß: 37 ° im Schatten in der Rheinebene

Tour 9: Saarbrücken - deutsch-französisches Biosphärenreservat Pfälzerwald - Heltersberg - Nordvogesen - Saarbrücken (5 Etappen)

Fahrradkarte Saarland (Kompass), Carte Michelin 315
Radkarte : Die Pfalz, www.radwanderland.de

Hotels in Saarbrücken:
Motel One:
www.motel-one/saarbruecken.com
Victor's Residenz-Hotel:
www.victors/saarbruecken.de
Hotel am Triller:
www.hotel-am-triller-saarbruecken.de

9.1 Saarbrücken-St. Arnual - Heltersberg 85 km

Saar-Radweg bis Güdinger Schleuse/Wilde Ente - re - li Brü ckenstraße über die Saar -
Fechinger Straße - Theodor-Heuss-Straße - **Talweg** Fechingen: re Provinzialstraße - in
Linkskurve **geradeaus:** Bliesransbacherstaße - nach Hotel Buda pest > - li **Radweg Straße zum**
Schwimmbad - in Eschringen: In der Dumpf - li - nach Kirche re: Karl-Leidinger-Straße -
Gräfinthalerstraße - Ponsheimerstraße - an Kreuzung (**nicht re** zum Ponsheimer Hof) **links**
zur Gassenmühle - L 107 Ormesheim - Ommerheim , am Ortsende re >> **Radweg -** Aßweiler -
li: Biesingen - **Radweg „Langes Tal“** - Alschbach - Lautzkirchen-Bahnhof - re **Glan-Blies-Radweg** Blieskastel - Richtung Saargemünd - 1,5 km nach Breitfurt li Straße überqueren - **Radweg** Altheim: >> **1 km 12 % -** Kirchheimer Hof - Neukahlenbergerhof: re L 103 Altheim -
L 201 >> **-** Hornbach - L 478 Mauschbach - li 13 Dietrichingen - am Kirschbacherhof vorbei
(Storchenkolonie) - li Walshausen > - Falkenbusch : re -

Pirminius-Radweg Dellfeld - Thaleischweiler - Biebermühle: li **Radweg Pfälzerwald-Tour** bis Waldfischbach re: Richtung Johanniskreuz - nach ca. 2 km re: **Gebrüder-Bölts-Radweg - >>**

430 m: **NF Heltersberg: www.naturfreunde-heltersberg.de**

9.2 : Heltersberg - Heltersberg: durch den Parc Régional des Vosges du Nord und das Bitcherland: 148 km, 1250 Hm

Heltersberg - Waldfischbach - li **Radweg Pfälzerwald-Tour -** vor Biebermühle**: re**
Thaleischweiler - **Pirminius-Radweg** bis Falkenbusch: li Berg straße > - L 471 - li > **-** re
L 477 Walshausen - **vor** Kirschbacherhof li: L 480 - **vor** Großsteinhausen re - li Richtung
Riedelberg - **vorher** am ehemaligen Zollhaus: re Opperding - D 86C - Rolbing - > - Dorst -
Waldhouse - D 86 über Haspelschiedt nach Bitche - Pause am **Etang de Hasselfurth**: **Auberge du Lac (www.laubergedulac.fr)** - **RF Chemin de Reyersviller** (Richtung Westen, Einbahn-
straße) - li **RF de Mouterhouse** nach ca. 3 km: li **RF du Hochkopf -** Stockbronn (D 662) -
Eguelshardt: li Rue du Waldeck > la Petite Suis se/Schweizerlaendl **- RF de la Petite Suisse -** re -
RF du Waldeck - vor dem Etang de Hanau: li **RF de Hanau** - nach ca. 1,5 km re: **RF du Landersberg** - li : **RF de Hartzhofen** über den Schwartzbach zur D 87: li bis Sturzelbronn - re
D 35 - nach 2 km: li **Restaurant/Campingplatz La Bremendell (www.labremendell.net) - > -**
Ludwigswinkel - > - Salzwoog - **Lautertal-Radweg** Hinterwei denthal - Zieglertal: **Radweg Pfälzerwald-Tour** > Gräfenstein - Merzalben - re > Leimen (500 m) - li Richtung Röderhof - 32 -
Clausener See - Waldfischbach - **Gebrüder-Bölts-Radweg - >>**

NF Heltersberg

9.3 Heltersberg - Heltersberg: Königsetappe durch den Naturpark Pfälzerwald über Kalmit (145 km, 1570 Hm)

Heltersberg -Radweg Südwestpfalz-Tour Richtung Johanniskreuz - 200 m vorher: li Trippstadt - Stelzenberg li liegen lassen - Aschbacherhof - > Mölschbach - li 500 m auf B 48 - re Waldleiningen (290 m) - > „Krottenbuckel“ (420 m) - Elmstein - Frankeneck - re Lambrecht - nach 1,5 km li > Lindenberg - Kurpfalz-Park - Wachenheim - **Radweg Deutsche Weinstraße** Deidesheim - **Gimmeldingen** (bekanntes Mandelblütenfest im Frühjahr) - Neustadt - weiter **Radweg -** Hambach - in Maikammer re L 515 - >> zur Kalmit: Pause im preiswerten **Kalmithaus** (**www.kalmithaus.de**, herrlicher Rundblick! - „höchstgelegenes Restaurant im Pfälzerwald“, 673 m ü. NN) - an der Totenkopfhütte (**www.pwv-maikammer.de,** Pfälzerwald-Verein, auch preiswerte Restauration) vorbei - Breitenstein im Elmsteiner Tal - li 1,5 km - li Helmbach - Iggelbach - li >> hoch zur B 48 - re 3 km B 48 (Vorsicht!) - 100 m **vor** Johanniskreuz (470 m, „Haus der Nachhaltigkeit“): li **Radweg-Südwestpfalz-Tour** -
NF Heltersberg

9.4 Heltersberg - Heltersberg: 155 km, 1500 Hm Parc régional des Vosges du Nord: Col du Goetzenberg - Hermersbergerhof

Heltersberg - Waldfischbach - li Richtung Leimen - Clausener See - re >> Clausen (400 m) - Merzalben - am Ortsende re **Radweg Pfälzerwald-Tour** >> Burg Gräfenstein - Zieglertal - Hinterweidenthal - 3 km **Lautertal-Radweg** - re Salzwoog - > - Saarbacherhammer - Ludwigswinkel - Restaurant << La Bremendell >> **(!)** - re D 35 - 2 km Richtung Sturzelbronn - li D 87 Neunhoffen - D 85 - Wineckerthal - li D 53 - Obersteinbach (250 m, in Niedersteinbach: **HR < Au Cheval Blanc > (www.hotel-cheval-blanc.fr : !! : ab 3 Tagen günstige Halbpension mit edler Küche)** aber vorher 1 km nach Obersteinbach li: >> **Col du Goetzenberg** (400 m) - **Pause in Wengelsbach: Restaurant du Wasigenstein ! (www.restaurantwasigenstein.fr) - Waldweg** Schönau - Rumbach - Bundenthal: **Lautertal-Radweg** Niederschlettenbach - li L 490 Erlenbach - Vorderweidenhal - Darstein - Schwanheim - > - Spirkelbach - li Wilgartswiesen - re >> Hermersbergerhof**: Landgasthof Luitpoldsturm -** am Weißenbergturm vorbei: 607 m - L 498 - B 48 li 3 km -100 m **vor** Johanniskreuz (470 m): li **Radweg Südwestpfalz-Tour** -

NF Heltersberg

alternativ:

Naturfreundehaus <Refuge Sturzelbronn>
(www.amisnature67.org)
Restaurant <Au Relais des Bois> in Sturzelbronn (www.aurelaisdesbois.fr)

9.5 Heltersberg - Saarbrücken (100 km)

Heltersberg - Waldfischbach - li 3km **Radweg Pfälzerwald-Tour** - vor Biebermühle: re Thaleischweiler - **Pirminius-Radweg bis** Falkenbusch: li > Bergstraße - Walshausen - Kirschbacherhof (Storchenkolonie) - Dietrichingen - Mauschbach - Hornbach - li: D 85 Volmunster - Weiskirch: La Table Paysanne
(www.latablepaysanne.fr !)- oder: Pause 2 km weiter: **Restaurant Eschweiler Mühle (!)/Museum (www.lemoulin-eschviller.fr)**, 10 km weiter: **Kloster Hornbach (!): www.kloster-hornbach.de -** zurück D 85 - li: D 85 B - Urbach - > Bettviller : re - li: Rue des Alliés, nach 200 m re: **Radweg** Rimling - li > - nach 3,5 km re D 34 A Obergailbach - Niedergailbach - vor Reinheim - li **Bahntrasse** Richtung Sarreguemines - in Folperswiller li: Rue des Iris - Neunkirch - Sarreguemines - **Radweg** Saar -
Saarbrücken-St. Arnual, Kulturbiergarten

Tour 10: Saarbrücken - Pfälzerwald/Nord-Elsass - Saarbrücken (5 Etappen, 2015)

> 5 - 9 %

>> 9 - 13 %

ADFC-Radtourenkarte Saarland/Mosel, Radkarte Pfalz
www.radwanderland.de

Hotels in Saarbrücken:

Motel One: www.motel-one/saarbruecken.com

Victor's Residenz-Hotel: www.victors/saarbruecken.de

Hotel Am Triller: www.hotel-am-triller-saarbruecken.de

10.1 Saarbrücken - Bad Bergzabern: 105 km, 560 Hm

Saarbrücken - St. Arnual: Kulturbiergarten - Saar-Radweg - an der Güdinger Schleuse re - li : Brückenstraße über die Saar - Fechingerstraße - **Talweg -** Fechingen - Bliesransbacherstraße - nach Hotel Budapest > li **Radweg am Schwimmbad** bis Eschringen: In der Dumpf - li - nach Kirche re: Karl-Leidinger-Straße - Gräfinthalerstraße- Ponsheimerstraße - an Kreuzungz (**nicht re** zum Ponsheimer Hof) **links** zur Gassenmühle - L 107 Ormesheim - Ommersheim - am Ortsende re ->> **Radweg** - Aßweiler - li Biesingen **- Radweg Langes Tal -** Alschbach - Lautzkirchen-Bahnhof - re - li: **Glan-Bliestal-Radweg** bis Ingweiler - Raiffeisenstraße - am Bahnhof re: Webenheimerstr. - unter Autobahn, dann li Zweibrücken-Bubenhausen - **Europäischer Mühlenradweg** bis Hornbach - li Mauschbach - li Dietrichingen - Kirschbacherhof: Storchenkolonie - li Walshausen - > **-** Dellfeld - **Pirminius-Radweg** - Thaleischweiler-Fröschen - Biebermühle: Brücke über die B 270 - **Radweg Pfälzerwald-Tour** - Rodalben - Münchweiler: **Pirminius-Radweg** - > - Hinterweidenthal - **Lautertal-Radweg** - Bobenthal -

nach 4 km li L 492 > Reisdorf - Böllenborn - 170 m ü. NN: **Bad Bergzabern: >> Jugendherberge** :

www.diejugendherbergen.de/bad-bergzabern

10.2 Bad Bergzabern - Nord-Elsass - Bad Bergzabern 115 km, 910 Hm

Bad Bergzabern (170 m) - L 545/ 25 - Niederotterbach-Kleinsteinfeld - Schaidt - 23 - Bienwaldmühle - Scheibenhardt (deutsch) - Scheibenhard (französisch) - **Radweg**: **Piste cyclable - Café** im elsässischen Städtchen Wissembourg (!) - D 77/D 3 Col du Pigeonnier (432 m) - Climbach: li D 51 Col du Pfaffenschlick (371 m) - Lembach - D 3 nach 3 km Grenze - D 925 nach 1 km re RF Col du Litschhof (335 m) - Pause im Hotel-**Hotel-Restaurant Gimbelhof (!): www.gimbelhof.com** (400 m) - zurück über Nothweiler - Niederschlettenbach - Wissembourg - Deutsches Tor in Schweigen: Beginn der Weinstraße - **Radweg Deutsche Weinstraße:** > **Bad Bergzabern: >>**

Jugendherberge

10.3 Bad Bergzabern - Heltersberg (110 km, 890 Hm)

Bad Bergzabern (170 m) - **Radweg Deutsche Weinstraße** - Klingenmünster - **Klingbach-Radweg** Richtung Dahn über Münchweiler am Klingbach - Silz (215 m) - > - Stein (280 m) - für Rennrad: bei Lindelbrunn: Abfahrt li nach Vorderweidenthal - Erlenbach - Niederschlettenbach: **Lautertal-Radweg** - Dahn - Hinterweidenthal - **Pirminius-Radweg** > - Münchweiler - **Radweg Pfälzerwald-Tour** - Rodalben - Brücke über die B 270 - Biebermühle: **Radweg Pfälzerwald-Tour** - Waldfischbach - bis Steinalben: an der B 270 bis Schopp: re K 72 > Aufstieg an Schmalenberg vorbei - K 29 bis L 499: auf 450 m Höhe: re **Radweg** bis 430 m ü. NN:
heltersberg: **Naturfreundehaus:**
www.naturfreunde-heltersberg.de

10.4 Königsetappe durch den Pfälzerwald (125 km, 1500 Hm)

Heltersberg (430 m) - **Radweg Südwestpfalz-Tour** Richtung Johanniskreuz - 200 m **vorher:** li L 500 Trippstadt - an Stelzenberg vorbei Aschbacherhof - > Mölschbach - Waldleinigen (290 m) - > „Krottenbuckel" (420 m) - Elmstein - Elmsteiner Tal bis Frankeneck - Neustadt - **Radweg Deutsche Weinstraße** bis Maikammer - am Ortsausgang: **Stoppomat** - L 515 - >> - **Kalmithaus**: **Quetschekuche im höchsten Gasthaus des Pfälzerwaldes** auf 673 m ü. NN, **www.kalmithaus.de)** - Totenkopfstraße - Helmbachtal - Iggelbach - >> - B 48: **Vorsicht** Hauptstraße 3 km - 100 m **vor** Johanniskreuz (470 m): li **Radweg** bis:

Naturfreundehaus Heltersberg

10.5 Heltersberg - Saarbrücken (125 km, 650 Hm)

Heltersberg - Waldfischbach - > Höheinöd - Hermersberg - Hersberg - Wallhalben - > -Winterbach - Niederauerbach - **Radweg** durch Zweibrücken - Einöd: Hauptstraße - li Webenheimerstraße zum Bahnhof: re Am Alten Bahnhof - Raiffeisenstraße - Ingweiler - **Glan-Blies-Radweg** - Bliesaue: Störche - Lautzkirchen-Bahnhof - Alschbach - **Radweg „Langes Tal"** - >> - in Biesingen re: **Radweg** nach Fechingen über Römerweg - am Flughafen Ensheim vorbei - Abfahrt ins Wogbachtal - re: Wogbachtalhütte : **www.wogbachtal-huette.saarland** - zurück über **Radweg Fechingen** - halbrechts: 1,8 km nicht geteert, aber für Rennräder gut befahrbar, fester Untergrund - Fechingen - Heringsmühle - über den Talweg - Kurt-Schumacher-Straße - Fechingerstraße -Brückenstraße über die Saar - re zum **Saar-Radweg** - Saarbrücken: **Kulturbiergarten**

Gesamtkilometer: ca. 600 km, Gesamthöhenmeter: 4500 Hm

Tour 11 A: Lissendorf: Eifel / Belgische Ardennen (6 Etappen, 2016)

> 5 % - 9 %
>> 9% - 13 %

RAVeL: Radwegenetz in Belgien, sehr guter Asphalt, www.vennbahn.eu, www.ravel.wallonie.be,www.ostbelgien.eu Radwege Eifel, www.radwanderland.de, Carte Michelin 534 (Belgique Sud)

Lissendorf, Landhotel Möschelberg:
www.landhotel-lissendorf.de
Alternativen für Start/Ziel:
Bleialf: Hotel-Restaurant Zwicker:
www.zwicker-bleialf.de
Prüm:
Hotels, Jugendgästehaus www.diejugendherbergen.de/pruem

11 A.1 Bahnhof Wittlich-Wengerohr – Lissendorf (100 km, 1400 Hm)

Maare-Mosel-Radweg (!) - > - Schalkenmehrener Maar (**Pause**/Schwimmen) - Daun: **Eifel-Ardennen-Radweg** > bis Pelm - **Kylltal-Radweg** bis Birgel - **Lissendorf** (430 m) **85 km**

11 A.2 Auf dem Juwel der Radwege ins Hohe Venn (120 km, 1540 Hm)

Lissendorf - Birgel - **Kylltal-Radweg** nach Nordwesten - vor Hallschlag re: L 17 > Berk - L 110 Udenbreth-Neuhof - Am Weissen Stein (690 m) die B 265 überqueren - Murrange - Rocherath - N 658 Krinkelt - bis B 258 - li Alzen - li Kalterherberg - Leykault - **Vennbahn** - in Sourbrodt re > zum Aussichtspunkt **<Signal de Botrange>, 694 m ü. NN** (**Pause** in der **Brasserie: www.signaldebotrange.be**) - zurück Sourbrodt **- Vennbahn** bis Weywertz - li **RAVeL L 45 A** Bütgenbach - Büllingen: Straße - re >

Honsfeld - Buchholz - li N 626 > Losheimergraben - **Kylltal-Radweg** bis Birgel -
Lissendorf

11 A.3 Über St. Vith zum „Schwarzen Mann" (130 km, 1220 Hm)

Lissendorf - Birgel - **Kylltal-Radweg** > bis Losheimergraben (600 m) - li N 626 Richtung Lanzerath, aber vorher re Bucholz - Honsfeld - Büllingen - **RAVeL 45 A** Butgenbach - **Vennbahn** nach Süden Waimes - **St. Vith** - Maspelt - li **Eifel-Ardennen-Radweg** - nach Winterscheid li Abfahrt L 1 > Bleialf (485 m): **Pause Hotel-Restaurant Zwicker (www.zwicker-bleialf.de)** - 3 km L 17 Richtung Sellerich - aber vorher li L 20 - > Schwarzer Mann (697 m ü. NN) - Ormont - Stadtkyll - Kylltal-Radweg - Birgel - **Lissendorf**

11 A.4 Moseltalrunde (125 km, 1180 Hm)
Lissendorf - Birgel - **Kylltal-Radweg** - Pelm - > **Eifel-Ardennen-Radweg** - Daun - **Maare-Mosel-Radweg** bis Gillenfeld - L 16 Lutzerath - Driesch - L 106 Urschmitt - Beuren - Bremm/Mosel überqueren - Neef: **Pause: Landhaus Hübner,** Terrasse mit Moselblick: **www.landhaus-huebner.de** Bullay - **Vulkan-Rad-Route** über die Mosel - Alf - L 103 Bad Bertrich: > bis Lutzerath (410 m) - L 16 Gillenfeld - **Maare-Mosel-Radweg** - Schalkenmehrener Maar (Schwimmen) - Daun - **Eifel-Ardennen-Radweg** über die Dörfer Neunkirchen - > Steinborn - Waldkönigen - 600 m - Hinterweiler (534 m) - Kirchweiler - Berlingen - Pelm - **Kylltal-Radweg** - Birgel -
Lissendorf

11 A.5 Durch das traumhafte Our-Tal (120 km, 1590 Hm)

Lissendorf - Stadtkyll - Ormont - B 265 re, > li Krewinkel - N 634 Beschilderung „Ourtalroute" (bis Ouren) - Manderfeld - Andler - Schönberg - > Heuern - Atzerath - Setz - > Alfersteg - Steinebrück - Lommersweiler - > Maspelt - Bracht - Burg Reuland - Weweler - Stoubach - Oberhausen - Ouren - li „Peterskirche" >> hoch nach

Lützkampen - L 1 Leidenborn: **Pause** im **Gasthaus Kaut (www.gasthaus-kaut.de)** - L 15 - Niederüttfeld - **Enztal-Radweg** - Pronsfeld - **Eifel-Ardennen-Radweg** - Prüm - **Prümtal-Radweg** - nach Willwerath (480 m) re > - 171 Kleinlangenfeld (540 m) - 52 Steffeln - li L 125 -
Lissendorf

11 A.6 Lissendorf - Bahnhof Wittlich (100 km)

Kylltal-Radweg - Pelm - **Eifel-Ardennen-Radweg** - Daun - **Maare-Mosel-Radweg (!)** bis **Bahnhof Wittlich-Wengerohr**

Tour 11 B Neroth - Eifel und auf den Spuren von Lüttich-Bastogne-Lüttich (8 Etappen, 2021, mit Höhenprofilen)

Neroth: Zur Neroburg www.neroburg.de
Sankt Vith: „Am Steineweiher“ www.steineweiher.be

Radwege Eifel, Carte Michelin 534 (Belgique Sud), www.ravel.wallonie.be, www.vennbahn.de,www.ostbelgien.eu ADFC-Radtourenkarte Saarland / Mosel, www.radwanderland.de

11 B.1 Wittlich-Wengerohr (Bahnhof) - Neroth (50 km)

Wittlich-Bahnhof - Maare-Mosel-Radweg bis Daun - li B 257 - re L 28 Neunkirchen - li K 33 **Neroth** (470 m):
HR „Zur Neroburg“

11 B.2 Neroth - Kalkeifel-Radweg - Neroth (103 km)

Neroth - K 33 Neunkirchen - li L 28 Steinborn - K 12 Waldkönigen - K 35 Hinterweiler - K 36 Kirchweiler - re L 27 Pelm - **Kylltal-Radweg** - Bolsdorf - **Kalkeifel-Radweg** - über Hillesheim (**Krimi-Hauptstadt**) - Niederehe - Dreimühlen-Wasserfall bis Ahütte - li Üxheim - Leudersdorf - K 69 Nollenbach - re Flesten - Wiesbaum - K 75 Birgel - **Kylltal-Radweg** über Pelm (von Pelm 8 km direkt nach Neroth: K 33) - Gerolstein bis Densborn (320 m): li K 28 - li L 16 - re K 28 - Salmer Höhe (620 m, an der Wasserscheide) - Salm (550 m) - re L 29 zur B 257 - li Wallenborn: **Kaltwasser-Geysir** „Wallender Born“ - Oberstadtfeld: li L 27 -
Neroth

11 B.3 Von Neroth an die Mosel und zurück (100 km)

Neroth - Oberstadtfeld - **Kosmosradweg** - Daun - **Maare-Mosel-Radweg** bis Gillenfeld - L 16 am **Pulvermaar** vorbei - B 421 überqueren - L 16 - Lutzerath - li Driesch - re L 106 Urschmitt - Beuren - Bremm: Moselbrücke - Neef: Landhaus Hübner (Terrasse mit Mo-

selblick: **www.landhaus-huebner.de**) - Bullay: Moselbrücke - Alf - Alf-Fabrik: re L 103 - Bad-Bertrich -**L 103** bis Lutzerath (Direttissima Vulkan-Rad-Route Eifel >>> über 17 %) - li Dauner Straße L 16 - Gillenfeld - **Maare-Mosel-Radweg** - in Daun (410 m) - li B 257 - re L 28 Neunkirchen -
Neroth

Di Jour de repos /freie Verfügung / **Baden im Meerfelder Maar (36 km) Neroth**

11 B.4 Neroth - Kloster Himmerod - Neroth (126 km)
Neroth - Neunkirchen - Daun - **Maare-Mosel-Radweg** bis Siebenborn/Noviand - re Radwegebeschilderung bis Klausen: **Eifel-Pilger-Radweg** - Bergweiler: K 45 bis Hupperath - Kloster Himmerod: nach 100 km in der Gaststätte **„Klosterschänke" (www.abteihimmerod.de)** - weiter Richtung Schwarzenborn - Eichelhütte: re Eisenschmitt - L 46 - li K 11 Richtung Meerfeld, vorher li L 16 Deudesfeld - K 6 /Kosmos-Radweg: Schutz - Niederstadtfeld - Oberstadtfeld - li L 27 -
Neroth

11 B.5 Neroth - St. Vith: Von der Eifel in die belgischen Ardennen (80 km)

Neroth - L 27 Oberstadtfeld - re B 257 - Wallenborn (**Kaltwasser-Geysir**) - re L 29 Salm: li K 28 - Salmer Höhe (620 m) - li L 16 - re L 28 Densborn (320 m) - L 33 - Neustraßburg (470 m): L 33 Richtung Nimshuscheid - nach Golfanlage: re K 126 Wawern - Lasel: li L 5, im Ort re K 132 - Feuerscheid - Gesotz - li L 10 Lascheid (530 m) - Waxweiler (340 m) -**Prüm-Radweg** bis Pronsfeld: li **Eifel-Ardennen-Radweg** bis Sankt Vith (470 m)

Sankt Vith HR Am Steineweiher

11 B.6 St. Vith - St. Vith: Auf den Spuren von Lüttich - Bastogne - Lüttich (131 km)

St. Vith: Idyllisch gelegenes <Hotel-Restaurant Am Steineweiher>
St. Vith - Rodt - N 675 - Radweg **Pré-RAVeL L 47** A: Poteau - Vielsam - N 822 Lierneux - re N 645 - Les Trous de Bra - Hâbièmont - Chession - **Côte de Lorcé** (max. 13 %, 390 m) - Lorcé - nach Autobahn re: Rue de la Hé Copin - Rue de Lambinon - parallel zur E 25 - Hameau de Stoqueu - Hameau de Kin - in Kin halbrechts: Chemin de Messe - Dieupart - im Tal der Amblève: re Sougné-Remouchamps: Avenue de la Porallée bis zum Kreisverkehr: li Rue du Vieux Pont über die Amblève - li - re Rue du Broux (Beginn des Anstiegs zur **Côte de la Redoute,** max. 17 %, 296 m, Beschilderung <La Redoute>) li - Rue Ladry - re Rue Trotinfosse - Straßenunterführung - re Rue du Fond Jamin - li Rue Redoute - Ende oben nach dem Monument (Kriegsdenkmal) links - zurück: geradeaus - vor Autobahn re: Rue Gossonru - Sougné-Remouchamps - N 633 Stoumont - **Trois-Ponts: RAVeL L 45**: in Stavelot: Café - **Côte de Stockeu**, 1,1 km, max. 14 % zum Eddy Merckx-Denkmal) - **RAVeL L 45** - Malmedy - Waimes: re **Vennbahn RAVeL L 48 - St. Vith:**
HR Am Steineweiher

11 B.7 St. Vith - Neroth: Auf dem Kronjuwel der Radwege (122 km)
St. Vith - Vennbahn - Waimes bis Leykaul: „Le Café“ in Küchelscheid - **Vennbahn** zurück **- B** - bis Waimes - **RAVeL L 45 A** Bullange/Büllingen - Losheimergraben (655 m) - **D - Kylltal-Radweg** bis Hallschlag: re 1 km Kölner Straße - vor der Kyll li L 22 Steinebrück - L 17 Berk - re Dorfstraße K 63 - **Kronenburg** (530 m): **Café Zehntscheune (www.cafe-zehntscheune.de) oder Burghaus/Villa Kronenburg** (Terrasse mit Ausblick: **www.villa-kronenburg.de)** Burgstraße - **Kylltal-Radweg** bis nach Pelm (370 m): li K 33 - Gees - 470 m: **Neroth**

11. B.8 Neroth - Bahnhof Wittlich (50 km)

Neroth - K 33 - Neunkirchen - re L 28 - li B257 - Daun - **Maare-Mosel-Radweg (!) - Wittlich-Bahnhof**

TOUR 11 B HÖHENPROFILE NEROTH/EIFEL-ARDENNEN

2021

INFOS:
- HÖHENMETER -
- BERGE/CÔTES -
- PAUSEN -
- ÜBERNACHTUNG –

1. ETAPPE: KALKEIFEL-RADWEG (103 KM)

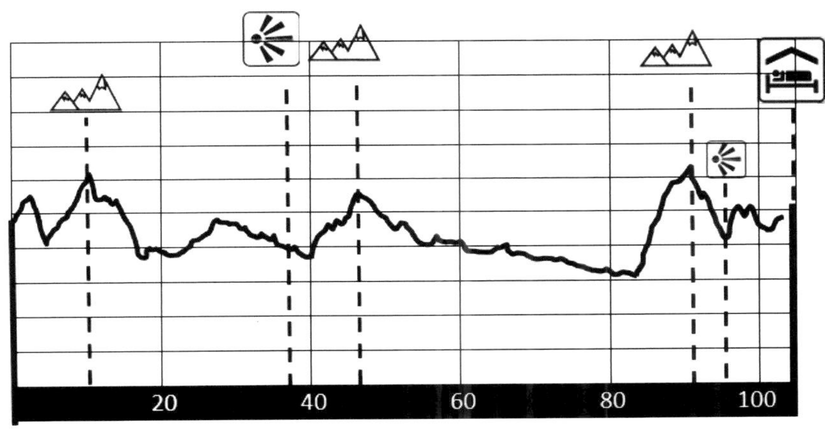

	km 10	Gipfelkreuz	
	km 38	Dreimühlen-Wasserfall	Naturdenkmal Wasserfall von Dreimühlen
	km 46	Flesten (près de)	
	km 91	Salmer Höhe	Salmer Höhe (621 m) (quaeldich de)
	km 96	„Wallender Born"	Wallender Born: Kaltwasser-geysir
	km 103	Hotel „Zur Neroburg"	Hotel „Zur Neroburg" am Eifel-steig in Neroth

2. ETAPPE: MOSEL-RUNDE (100 KM)

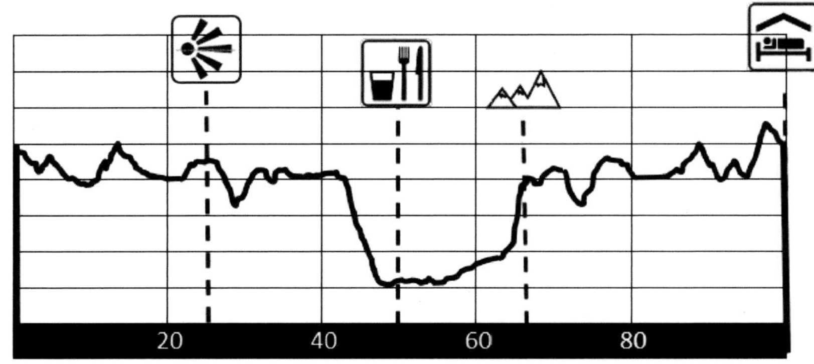

	km 24	Pulvermaar	Pulvermaar (eifel.info)
	km 49	Landhaus Hübner	Über uns | landhaushuebner (wixsite.com)
	km 66	Kennfus	Kennfus (405 m) (quaeldich.de)
	km 100	Hotel „Zur Neroburg“	Hotel „Zur Neroburg” am Eifel-steig in Neroth

3. ETAPPE: KLOSTER HIMMEROD (126 KM)

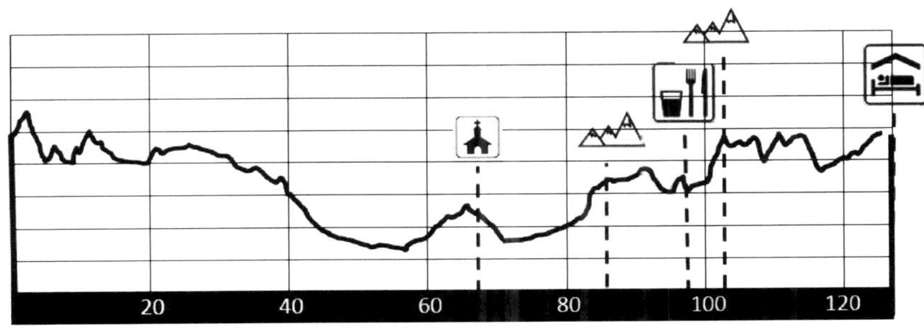

Kirche	km 67	Wallfahrtskirche Klausen	Klausen/Moseleifel - Erholungs- & Wallfahrtsort
Berg	km 85	Bergweiler	
Verpflegung	km 97	Kloster Himmerod	Abtei Himmerod
Berg	km 103	Côte de la Manderscheider Str.	
Hotel	km 144	Hotel „Zur Neroburg“	Hotel „Zur Neroburg” am Eifelsteig in Neroth

4. ETAPPE: NEROTH- ST.VITH (80 KM)

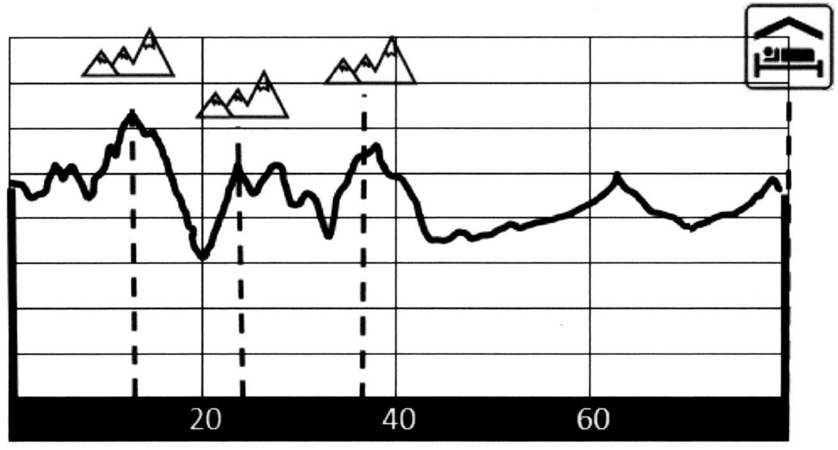

⛰	km 12	Salmer Höhe	Salmer Höhe (621 m) (quaeldich.de)
⛰	km 24	Côte de la Bitburger Str.	
⛰	km 37	Gesotz	
🛏	km 80	HR „Zum Steineweiher“	Hotel – Restaurant Steineweiher

5. ETAPPE: ARDENNEN-KLASSIKER „CÔTE DE LA REDOUTE“ (131 KM)

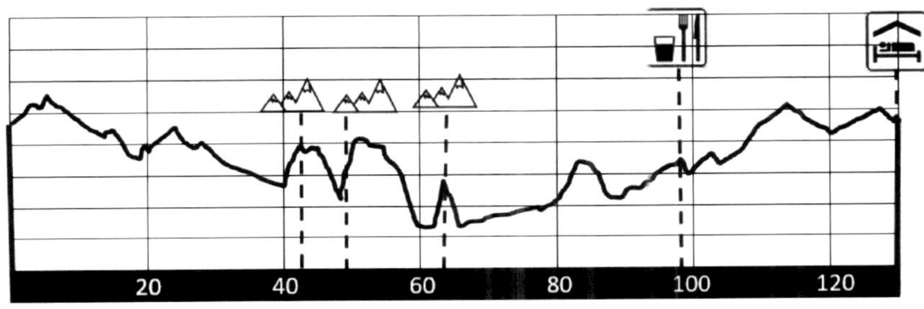

	km 43	Côte de Neuville	
	km 51	Côte de Lorcé	Côte de Lorcé (415 m) (quaeldich.de)
	km 64	Côte de la Redoute	Côte de la Redoute (312 m) (quaeldich.de)
	km 97	Stavelot	
	km 131	HR „Zum Steineweiher“	Hotel – Restaurant Steineweiher

6. ETAPPE: ST. VITH - NEROTH (122 KM)

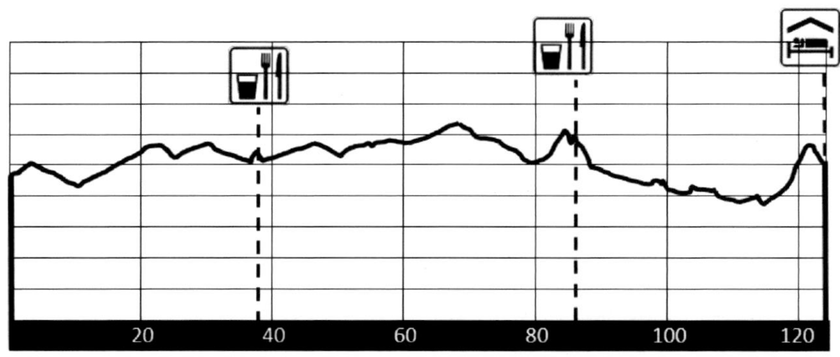

	km 37	Le café Küchelscheid	Speise und Getränkekarte - le café küchelscheid
	km 86	Kronenburg	Malerisches Burgdorf Kronenburg
	km 122	Hotel „Zur Neroburg“	Hotel „Zur Neroburg” am Eifelsteig in Neroth

Tour 12: Eifel/ Ardennen (5 Etappen, 2017)
Bahnhof Konz (bei Trier) - Machtemes-Mühle - Konz

> 5 % - 9 %
>> 9 % - 13 %

>>> über 13 %

Alternative für Start/Ziel:
Körperich: HR „Im goldenen Grund“: www.im-goldenen-grund.de

www.radwanderland.de, Carte Michelin 534 (Belgique Sud) www.vennbahn.eu, www.ravel.wallonie.be www.ostbelgien.eu Radkarte: Pistes cyclables Luxembourg (PC 1 - PC 23, asphaltiert)

12.1 Bahnhof Konz - Machtemes-Mühle (85 km)

Konz - über die Mosel - Igel - Wasserbilligerbrück: **Sauertal-Radweg** (deutsche Seite) - Minden: re L 4 Irrel - Holsthum: **Pause** Landgasthaus Oberbillig **(www.landgasthaus-oberbillig.de) - Enz-Radweg** - Neuerburg - > Karlshausen - re K 51 in das Irsental - Falkenauel - 250 m: **www.machtemes-muehle.com**

12.2 Machtemes-Mühle - Machtemes-Mühle (145 km, 1600 Hm)
Eifel-Ardennen-Radweg/Vennbahn/ durch die Luxemburger Ardennen

Machtemes-Mühle - K 51 Irsental - Falkenauel - > - Karlshausen (530 m) - L 10 Leimbach - Neuerburg - Enz-**Radweg** bis Pronsfeld - **Eifel-Ardennen-Radweg** - bei Ihren: K 101 Hasselbach - in Elcherath am Ortsende li Aueler Weg - Auel - Steffeshausen - **B** - Burg Reuland: **Pause** in **Bäckerei Richter (www.reulaenderbackwaren.be)** - in Oudler: **Vennbahn** > bis Troisvierges: **Lux . -** Pause Gaststäte am Bahnhof - CR 337 Binsfeld - re CR 338 Rosmillen - re CR 335 Clervaux - CR 325 - Drauffelt -

CR 326 - in Wilwerwiltz: **PC 21** - vor Kautenbach li: CR 322 > Consthum - Holzthum - CR 322 B Wahlhausen - Untereisenbach - die Our überqueren - **D** - >>> **16 %** - Affler- Preischeid (460 m) -

250 m: Machtemes-Mühle

12.3 Machtemes-Mühle - Machtemes-Mühle (160 km, 1700 Hm)

Königsetappe: „La Dolce Vita“ durch die Belgischen und Luxemburger Ardennen

Machtemes-Mühle > Preischeid (460 m) - Affler - Über-/Obereisenbach - **B** -> CR 324 Hosingen - Wilwerwiltz - re CR 326 > Enscherange - Drauffelt (480 m) - li CR 375 Weicherdange - re CR 322 B - li CR 322 Doennange - re CR 332 - in Deiffelt vor Kirche li Richtung Stockem - N 18 überqueren - CR 373 Stockem - N 12 überqueren - Léresmillen - Hoffelt - CR 333 - Ortsanfang Hachiville li - Richtung Buret - **Belgien** - vor Buret, kurz nach der Grenze: li RAVeL L 163 „l'Ardennaise“- Bastogne: li RAVeL L 164 - Benonchamps -
Lux - PC 20 - Wiltz - CR 321 Goesdorf - li CR 321 Goebelsmühle - N 27 Lipperscheid - **Bourscheid-Moulin: Pause: „Brasserie du Vieux Moulin“ (www.amkeller.lu)** - Michelau - Erpeldange - PC 16: Sauer-Radweg bis Reisdorf - PC 3 bis Wallendorf-Pont (180 m) **Hotel Dimmer: www.hoteldimmer.com** - **D** - li Ammeldingen - re 3 Niedersgegen - li L 1 > Körperich (**HR „im Goldenen Grund“: www.hotel-im-goldenen-grund.de)** - Obersgegen : L 1 Bauler (445 m) - > Rodershausen (500 m) - Dauwelshausen - li Sevenig -

Machtemes-Mühle

12.4 Machtemes-Mühle - Stausee Biersdorf - Machtemes-Mühle (110 km, 1200 Hm)

Machtemes-Mühle -Falkenauel - > Karlshausen (530 m) - li L 13 Juckerstraße - vor (!) Jucken re - Engelsdorf - Enz Radweg bis Pronsfeld - re Prüm Radweg Waxweiler - L 12 > Lambertsberg (Alternative flach: vorher Radweg über Plütscheid) - Oberweiler - re L 72 Niederweiler - **Stausee Biersdorf: Ferdis Bootshaus** (facebook.com) - Prüm **Radweg** Richtung Irrel - Wiersdorf - Oberweis - Wettlingen - Peffingen - re Enz **Radweg** Mettendorf: li > L 8 bis Hüttingen - re re L 2 Lahr - li Geichlingerstraße - Geichlingen - re Berscheider Straße - > Berscheid - Neuhütten - Karlshausen (530 m) - re L 51 Falkenauel - **Machtemes-Mühle**

12.5 Machtemes-Mühle - Konz (90 km, 600 Hm)

Machtemes-Mühle Falkenauel - > Karlshausen (530 m) - Dauwelshausen - Gemünd - **Lux**. - **Vianden** (liegt sehr schön an der Our: Auberge de l'Our, Café direkt an der Our: www.aubergedelour.com) - **D -** > Roth a.d. Our - re - Ourtalstraße: 5 - Gentingen - Ammeldingen - Wallendorf-Pont - **Lux. : HR Dimmer(www.hoteldimmer.com)** -
Sauertal-Radweg PC 3: PC des Trois Rivières - **D:** Wasserbilligerbrück - **Radweg** -
Konz-Bahnhof

Tour 13 Tour des Pyrénées: Tarbes (bei **Pau) - Tarbes (8 Etappen, 2017, 1986, mit Höhenprofilen)**

Anreise Donnerstag:
Tarbes-Ibos: **Hotel La Chaumière du Bois**
www.lachaumieredubois.com

Carte Michelin 342

13.1 Tarbes - Arette (97 km)

Tarbes : D 254 Ibos - li D 93 Assereix - in Ossun: re D 936 Pontacq - Nay - D 287 nach 7 km li nach Bruges - re D 35 Louvie-Juzon - D 920 Arudy - li 918 - in St. Christau: re D 638/D 238 Oloron-Ste-Marie - li D 919 Aramits - li D 133:
Hotel de l'Ours in **Arette:**

www.hoteldelours.fr

13.2 Arette - Ochagavía (107 km)

Arette - D 132 **Col de la Pierre St**. **Martin** (1760 m) - **E** - NA 137 Isaba - Burgui - NA 214 Navascués - NA 178 - wunderbare Lage, ruhig: **Hostal Orialde** in **Ochagavía:**
www.hostalorialde.es

13.3 Ochagavía - Selva de Irati - Ochagavía (einzigartiger Wald von Irati) **- (116 km)**

Ochagavía - NA 178 - in Güesa li NA 2130 - Burgui - li NA 137 - Isaba - li NA 140 - **Alto Laza** (1130 m) - in Ochagavía re NA 2012 - **Paso Tapia** (1340 m) - Nuestra Senora de las Nieves (= Casas de Irati) - zurück über den **Paso Tapia** - **Ochagavía:**
www.hostalorialde.es

13.4 Ochagavía - französisches Baskenland - Arette (105 km)

Ochagavía -NA 140 **Port de Larrau** (1570 m) - **F** - D 26 Larrau - li D 19 **Col de Bagargui** (1330 m) - Chalet re D 18 **Col de Burdincurucheta** (1135 m) - Mendive re D 417 - D 17 **Col Burdin Olatze** (890 m) - Tardets-Sorholus -
Arette: www.hoteldelours.fr

13.5 Arette - Saint-Savin 95 km (St. Savin zählt zu den schönsten Dörfern Frankreichs)

Arette - D 241 **Col d'Ichère** (680 m) - D 294 **Col de Marie Blanque** (1035 m) - D 240 Laruns - D 918 **Col d'Aubisque** (1709 m) - kurz nach Aucun re D13 - Bun - Arcizans - Avant -
Hotel Les Rochers in **Saint-Savin:**
www.lesrochershotel.com

13.6 Saint-Savin - Col de Tentes (phantastische Aussicht) - St. Savin (90 km)

Saint-Savin - D 92 - ab Gavarnie D 923 (**von 15. 07. - 15.08: ab 11 h viel Verkehr**, 13 km in beeindruckender, typischer Pyrenäen-Hochgebirgslandschaft zum **Col de Tentes** (2208 m): 1,5 km zum Port (=Col) de Boucharo (2270 m): grandiose Aussicht (!) auf spanische Pyrenäen - seit 2013 nur noch zu Fuß möglich - zurück und zu Fuß zum Pic de Tentes (2320 m): Blick auf Naturwunder Cirque de Gavarnie: (!), UNESCO-Weltnaturerbe - zurück nach

Saint-Savin: **Hotel Les Rochers**

13.7 Von Saint-Savin über eine Tour-Legende nach Tarbes (143 km)

Saint-Savin - **Col du Tourmalet** (2114 m) - Ste Marie de Campan - **Col d'Aspin** (1490 m) -Arreau - Ancizan - **Col d'Hourquette d'Ancizan: wunderbar!** (1540 m) - Ste Marie de Campan - Bagnères de Bigorre - D 8 - **Tarbes**: **www.chaumieredubois.com**

13.8 Tarbes - Tarbes 144 km
Pontacq - Nay - D 36 D 126 - **Col du Soulor** (1500 m) - **Col d'Aubisque** (1709 m) - in Eaux Bonnes: re Assouste - Béost - D 240 Louvie-Juzon - D 35 Igon - Coarraze - D 412 St. Vincent - Pontacq - D 936 - Ossun li D 93 -
Tarbes: www.chaumieredubois.com

Sa/So: Rückfahrt

Tarbes-Ibos: Hôtel La Chaumière du Bois

TOUR 13 HÖHENPROFILE PYRENÄEN

Tarbes-Ibos: Hôtel La Chaumière du Bois

ETAPPE 1: TARBES – ARETTE 97 KM

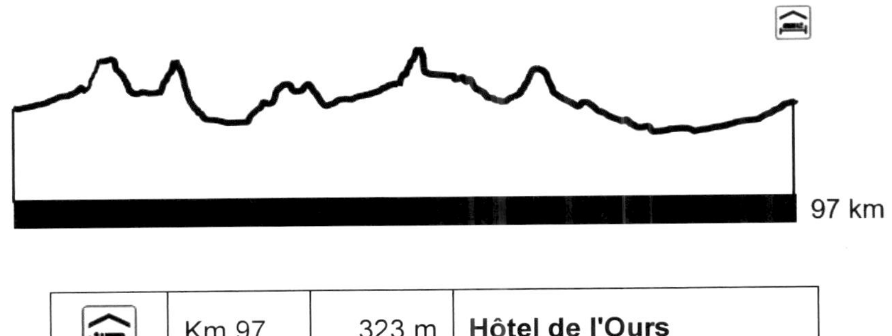

	Km 97	323 m	**Hôtel de l'Ours**

ETAPPE 2: ARETTE – OCHAGAVÍA 107 KM

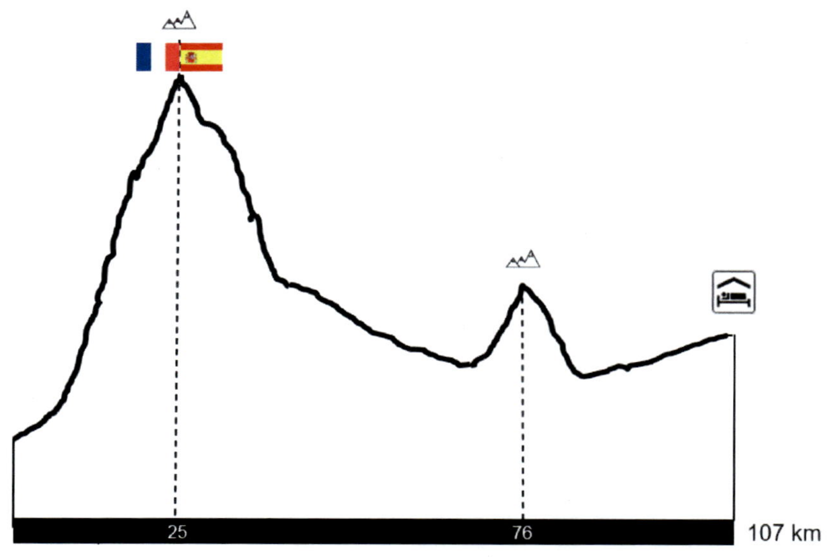

	Km 25	1770 m	Col de la Pierre-Saint-Martin
	Km 76	951 m	Las Coronas
	Km 107	760 m	**Hostal Orialde**

ETAPPE 3: OCHAGAVÍA – OCHAGAVÍA 116 KM

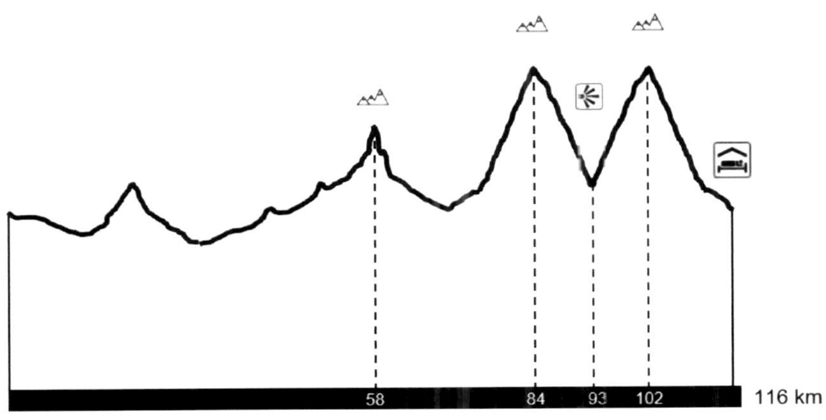

	Km 58	1130 m	Alto Laza
	Km 84	1340 m	Paso Tapia
	Km 93	870 m	Casas de Irati
	Km 102	1340 m	Paso Tapia
	Km 116	760 m	**Hostal Orialde**

ETAPPE 4: OCHAGAVÍA – ARETTE 104 KM

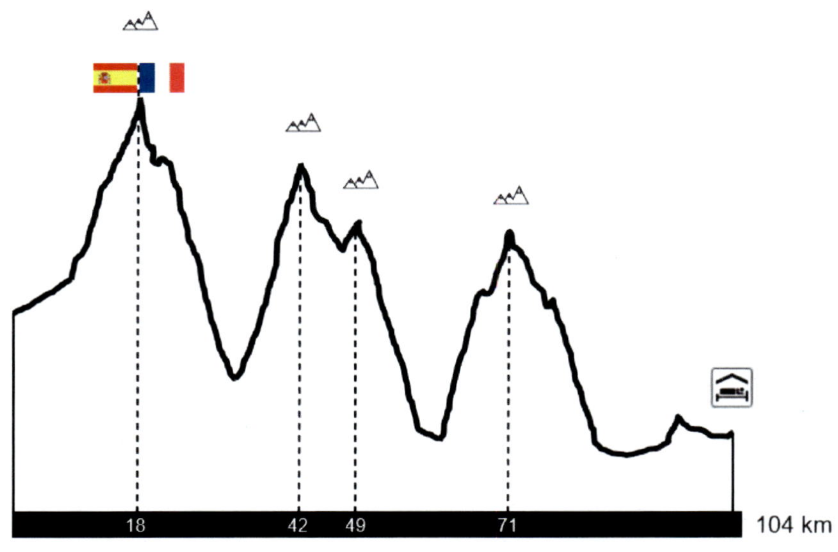

	Km 18	1570 m	Port de Larrau
	Km 42	1330 m	Col Bagargui
	Km 49	1135 m	Col de Burdincurucheta
	Km 71	1090 m	Col Inharpu
	Km 104	323 m	**Hôtel de l'Ours**

ETAPPE 5: ARETTE – SAINT-SAVIN 93 KM

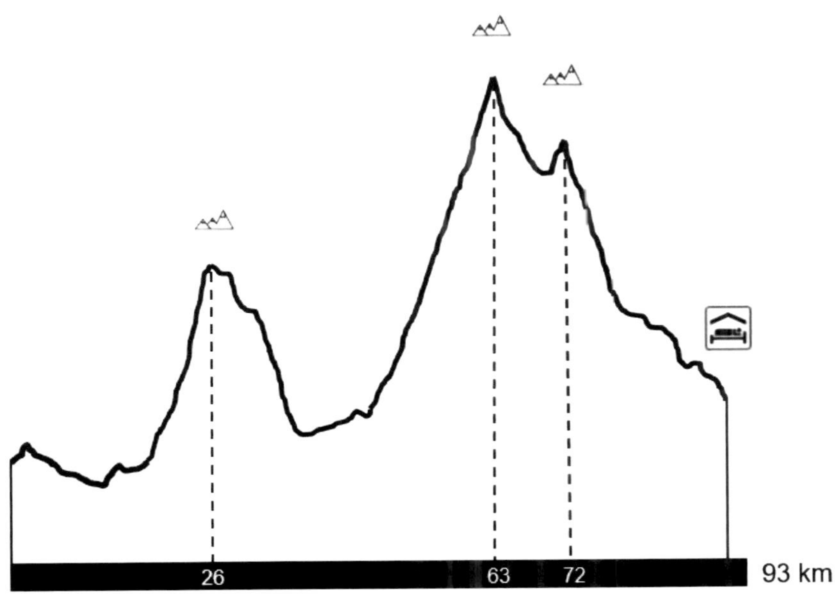

	Km 26	1040 m	Col de Marie-Blanque
	Km 63	1710 m	Col d'Aubisque
	Km 72	1470 m	Col du Soulor
	Km 93	560 m	**Hôtel Les Rochers**

ETAPPE 6: SAINT-SAVIN – SAINT-SAVIN 89 KM

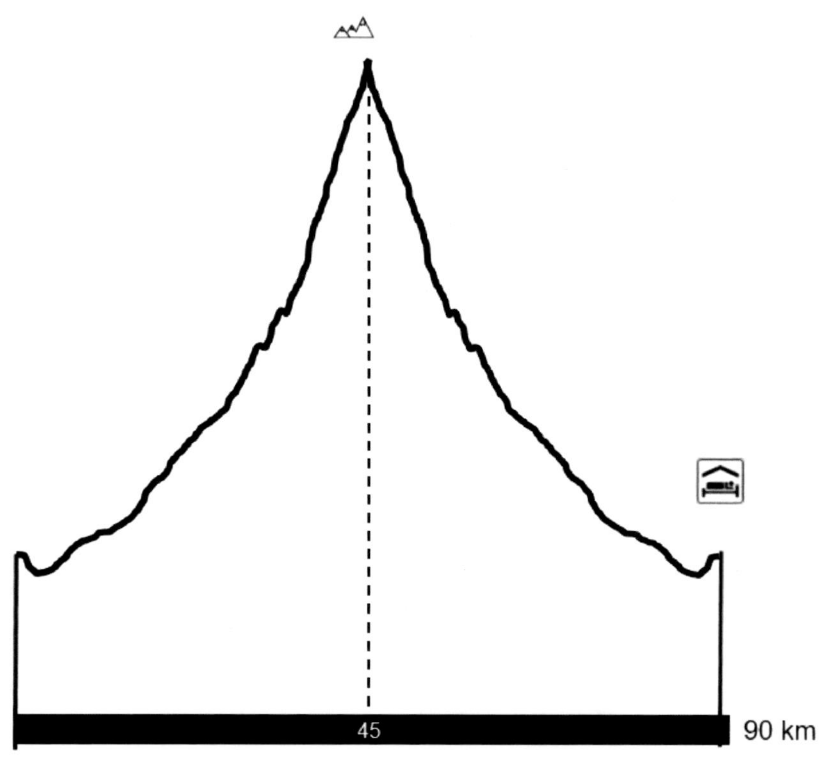

⛰	Km 45	2210 m	Col de Tentes
🛏	Km 90	560 m	**Hôtel Les Rochers**

ETAPPE 7: SAINT-SAVIN – TARBES 143 KM

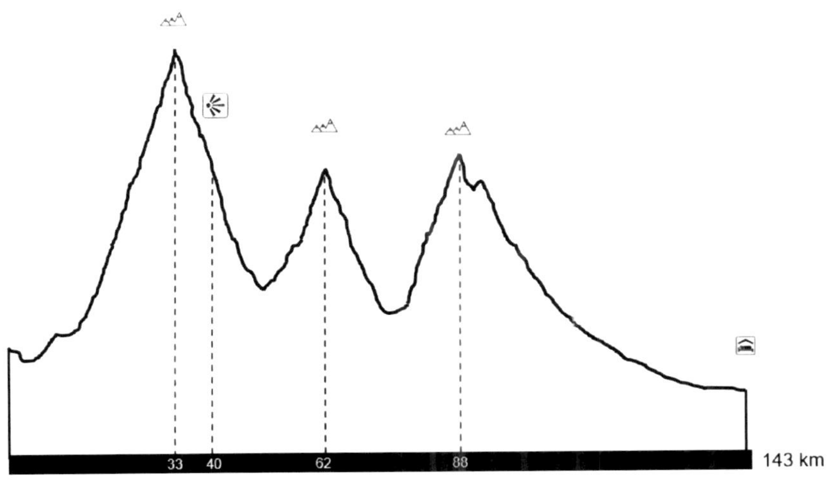

	Km 33	2115 m	Col du Tourmalet
	Km 40	1500 m	Hommage Eugène Christophe
	Km 62	1490 m	Col d'Aspin
	Km 88	1560 m	Hourquette d'Ancizan
	Km 143	316 m	**Hôtel La Chaumière du Bois**

ETAPPE 8: TARBES – TARBES 144 KM

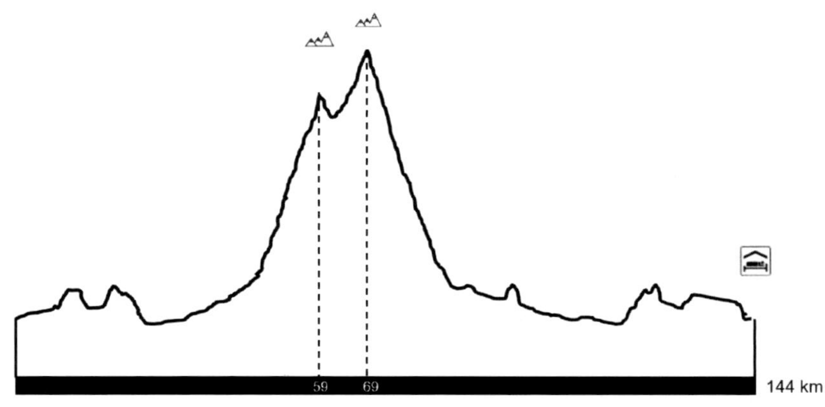

	Km 59	1470 m	Col du Soulor
	Km 69	1710 m	Col d'Aubisque
	Km 144	316 m	**Hôtel La Chaumière du Bois**

Tour 14: Abradeln (2 Etappen, 2017)
Saarbrücken - Bitcherland - <Krummes Elsass> - Saarbrücken

Carte Michelin 315
> 5 % - 9 %
>> 9 % - 13 %
Hotels in Saarbrücken:

Motel One: www.motel-one/saarbruecken.com

Victor's Residenz-Hotel: www.victors/saarbruecken.de

Hotel am Triller: www.hotel-am-triller-saarbruecken.de

14.1 Saarbrücken - Wimmenau (130 km)

10 h 30: Saarbrücken-St. Arnual: Kulturbiergarten - **Radweg** Grosbliederstroff - **F** Freundschaftsbrücke <Pont de l'amitié> **D** - Kleinblittersdorf - Auersmacher - Sitterswald - an der Bliesgersweiler Mühle re über die Blies: Bliesguersviller - **F** - Ortsanfang Sarreguemines: 2. li > Rue des Romains - Richtung Bitche - nach Supermarché **CORA** re Rue de Sarreinsming D 33 b: Sarreinsming - 1,5 km nach Sarreinsming: **Radweg** li >> nach Wiesviller - > - in Achen am Ortseingang nach Salle Polyvalente, Parkplatz, Bushaltestelle: 180 ° Linkskurve: rue du 3 janvier 1945 - **Radweg** Rue de Gros-Réderching - Achen-Tal bis Gros-Réderching: vor Kirche re Rue de Singling > - nach der Ferme Welschhof li halten - bei Singling die D 84 überqueren - vorbei an der Ferme Bombach (Reiterhof) - Bining - D 35 überqueren - Rue du Moulin - **RF** > Rue du Felsenhoff - re D 110 F - nach 500 m: re Metschbruck - li > **RF** de Metschbruck nach Montbronn - im Ort li, Ortsende re D 36 A - Saint-Louis-lès-Bitche - D 37 A >> Goetzenbruck - Côte de Goetzenbruck hinab (!) Richtung Althorn - vorher li D 36 B Mouterhouse - re 2,5 km D 36 - re > **Col** de la Kundschaft - Reipertswiller - D 157 - li D 257 - nach 90 km in **Lichtenberg:** Kuchen (vorbestellen!) im **HR <Au Soleil> : www.au-soleil-**

muhlheim.fr - Rue du Château - re in die Rue de Reipertswiller - re Annexe Picardie - auf die D 198 nach Rothbach - D 326 Bischholtz - Mulhausen - re D 234 Schillersdorf - D 919 überqueren - Uttwiller - bei Niedersoultzbach li D 6 Richtung Bouxwiller - **Radweg** bis Neuwiller-lès-Saverne - re -am Ortsende li D 134 > Richtung La Petite Pierre - am Wildpark (Parc Animalier) re D 7 - nach 2,5 km li ErckartswillRue du Pfaffeneck - > - **RF** nach Wimmenau: Gigot d'Agneau im **Hôtel-Restaurant à l'Aigle:**
www.hotelrestaurantalaigle.fr

14.2. Wimmenau - Saarbrücken (90 km)

Wimmenau - Ortsende Wimmenau - am Angelweiher li **RF** Richtung Erckartswiller - 1 km vor Erckartswiller re: > **RF Col** de Pfaffeneck zur D 135 - re Puberg - Col de Puberg - D 935 Volksberg - li D 239 Weislingen - re Rue des Cerises - Waldhambach - re **RF**: Rue de Grunewald - > - Ratzwiller - Butten - re Rahling - Ortsende li Rue d'Altkirch - > **Radweg** - Bining: Rue de Singling - vorbei an der Ferme Bombach - bei Singling D 84 überqueren - Welschhof - Gros-Réderching - an der Kirche vorbei - > - li Rue des Vosges - > - li Rue de l'Étang - oben li Rue de la Forêt - Woelfling - rue de l'École - Route Romaine > - re Rue de Hermeskappel - N 62 überqueren - Bliesbruck - re - am ehemaligen Restaurant de la Gare: **Radweg**: re Richtung Sarreguemines - am Radwegende re Folpersviller - li: Rue des Iris - Sarreguemines: - Rue des Romains - li Rue de Gräfinthal - li Avenue de la Blies - Rue de l'École - über die Saar (Rue Georges Clémenceau) - re auf **Radweg** an der Saar (**langsam fahren**: sonntags viele Familien mit Rädern unterwegs!) bis **Saarbrücken**:
Abschluss im Paulaner Biergarten

Tour 15: Durch Lavendelfelder zum Mont Ventoux (5 Etappen, 2018, mit Höhenprofilen)

Romans-sur-Isère - Vercors - Drôme - Venasque - Romans-sur-Isère (Carte Michelin 332)
Romans-sur-Isère: HR Le Clos des Tanneurs: www.le-clos-des-tanneurs.fr

15.1 Romans-sur-Isère - Vercors - St. Nazaire-le-Désert (öffentliches Schwimmbad) (121 km, 2400 Hm)

Romans-sur-Isère - D 149 - Barbières - D 101 **Col de Tourniol (1145 m)** - Léoncel (930 m) - D 70 Col de Bacchus **(980 m) -** Beaufort - Mirabel-et-Blacons - D 164 b, D 493 **Wasser (!)** in **Saillans:** : Café des Sports, Rue Raoul Lambert - D 156 **Col de la Chaudière (1047 m)** - Bourdeaux: **Pause**: Café du Centre, Place de la Recluse - D 70 Bouvières - D 335 **Col Lescou (829 m) -** D 335: **St. Nazaire-le-Désert: Auberge du Désert: www.auberge-du-desert.com**

15.2: **Durch die Drôme Provençale nach Venasque (123 km, 1185 Hm)**

St. Nazaire-le-Désert - D 135 **Col des Roustans (1030 m)** - La Motte-Chalancon - D 61 Rémuzat - D 94 Sahune - **Nyons:** Mittagspause: les olives noires de Nyons: „uniques au monde“ -Mirabel-aux-Baronnies - D 7 **Villedieu**: Pause im **Café du Centre** (idyllische Terrasse mit Platanen) - D 23 - Gigondas - D 7 Vacqueyras D 7 - Carpentras - D 4 - re > D 247:
Venasque: HR La Garrigue (Schwimmbad)
www.hotel-lagarrigue.com

- alternativ: **Venasque: HR <Les Remparts> (exzellente Küche) www.restaurant-lesremparts.com**
- alternativ: **Violès (18 km nw von Carpentras): Le Clos Vitis**

(!:deutschsprachiges Lothringer Ehepaar, Pool)
www.leclosvitis.com

Tag zur freien Verfügung:leichtes Pedalieren, Schwimmen, Relaxen **HR La Garrigue**

15.3 Venasque Venasque: L'Etape Royale („Königsetappe") (139 km, 2375 Hm)
Mons Ventosus mit 50 km Abfahrt über **Sault/Gorges de la Nesque**

Venasque - D 77 - D 5 - Malemort - Methamis - Saint-Hubert (840 m) - li D 943 Sault 740 m - li D 164 Chalet Reynard / 1420 m ü NN) **Mont Ventoux: 1909 m ü. NN** - D 974 zurück - nach 1 km: **Mémorial Tom Simpson** („Put me back on my bike") - Chalet Reynard - li D 164 Sault - Gorges de la Nesque - **Villes-sur-Auzon**: Brasserie **Le Celtik: www.le-celtik.fr -** D 942 - D 77 - Malemort - re - li - re > D 247 - **Venasque : Mont Ventoux - Feier: HR La Garrigue**

Kulturtag: Marché provençal in **Isle-sur-la-Sorgue, Abbaye de Sénanque HR La Garrigue**

15.4 Venasque - Dentelles de Montmirail - St. Nazaire-le-Désert (105 km, 1660 Hm)

Venasque - Route de Malmort - li D 5 re Les Garrigues - li Avenue des Amandiers - Chemin de Carpentras à Malmort - re D 942 - li: Carpentras - D 7- Aubignan: re Avenue Anselme Mathieu - Beaumes-de-Venise - D 90: in die <Dentelles de Montmirail> - **Col de la Suzette (392 m)** - Cirque de St. Amand - **Col de la Chaine (472 m) -** nach ca. 3 km li: Chemin Plan de Laval/Ferme St. Quenin zur D 938 - **Vaison-la-Romaine** (römische Ausgrabungen !) - D 51/ D 94 Villedieu - D 7 Mirabel-aux-Baronnies - D 185 **Col de la Croix Rouge (513m)** - les Pilles - la Bonté li D 70 St. Ferréol - wildromantische Schlucht <**Défilé de Trente Pas**> - **Col de** la Sausse (791m) - Bouvières - Col Lescou (829 m*)* - li D 202 Col de Muse (932 m - dann 108 km, 1760 Hm) oder **direkt D 335**

St. Nazaire-le-Désert: Auberge du Désert

15.5 Von **St. Nazaire-le-Désert** durch den **Vercors** zurück nach **Romans-sur-Isère** **(105 km, 1340 Hm)**

St. Nazaire - D 135 Gorges de la Roanne (traumhaft !) - 1 km vor Pont de l'Espenel: re D 157 Pontaix - D 93, nach 3 km li D 129 Ste Croix, nach 6 km li D 172 **Col de la Croix (745 m)** - Beaufort - D 732 Gigors - **Col Jérôme Cavalli (841m) -** Combovin - Châteaudouble - Peyrus - D 119 A - Barbières - D 149 -

Romans-sur-Isère: HR Le Clos des Tanneurs

ROMANS-SUR-ISÈRE: HR Le Clos des Tanneurs (mit Schwimmbad)

TOUR 15 HÖHENPROFILE: DURCH LAVENDELFELDER ZUM MONT VENTOUX

Etappe 1

ROMANS-SUR-ISÈRE – ST.NAZAIRE-LE-DÉSERT (115 km)

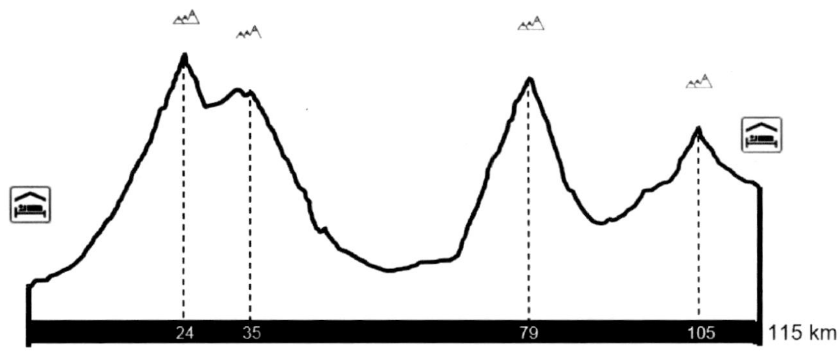

	km 0	154 m	**HR Le Clos des Tanneurs**
	km 24	1145 m	Col de Tourniol
	km 35	980 m	Col de Bacchus
	km 79	1047 m	Col de la Chaudière
	km 105	829 m	Col Lescou
	km 115	560 m	**Auberge du Désert**

Etappe 2

ST.NAZAIRE-LE-DÉSERT – VENASQUE (116 km)

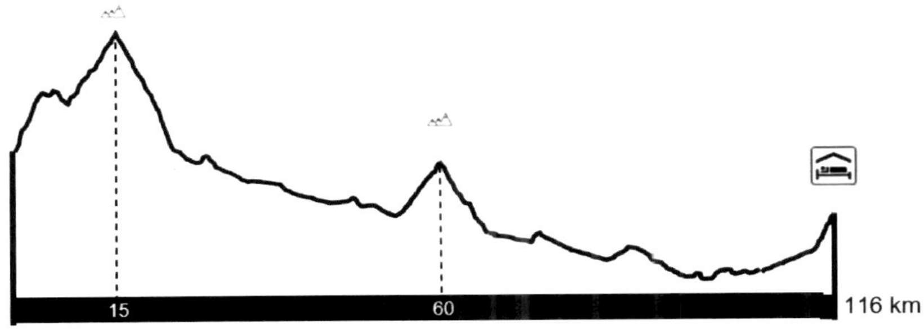

	km 15	1030 m	Col des Roustans
	km 60	513 m	Col de la Croix Rouge
	km 116	310 m	**HR La Garrigue**

Etappe 3

VENASQUE – MONT VENTOUX – VENASQUE (131 km)

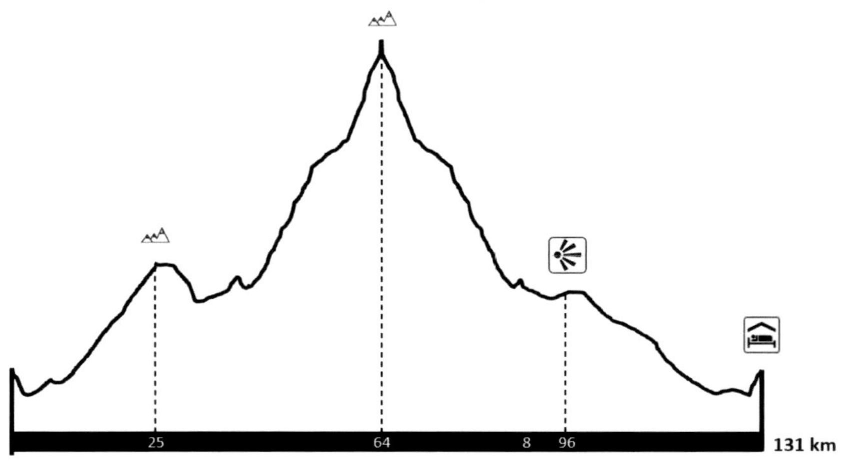

	km 25	830 m	Saint-Hubert
	km 64	1909 m	Mont Ventoux
	km 96	680 m	Gorges de la Nesque
	km 131	310 m	**HR La Garrigue**

Etappe 4

VENASQUE – ST.NAZAIRE-LE-DÉSERT (102 km)

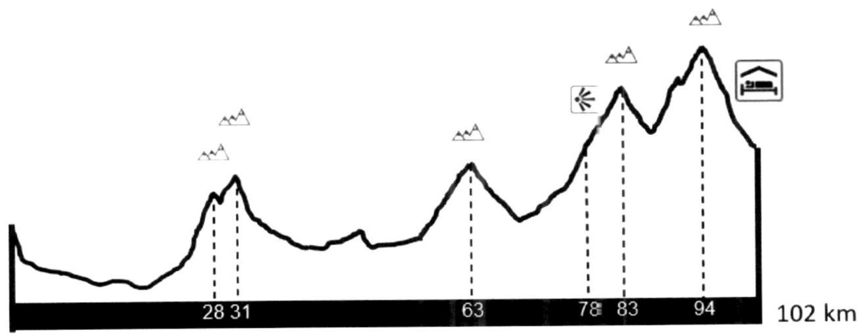

	km 28	392 m	Col de la Suzette
	km 31	472 m	Col de la Chaine
	km 63	513 m	Col de la Croix Rouge
	km 78	550 m	Défilé des Trente-Pas
	km 83	791 m	Col de la Sausse
	km 94	932 m	Col de Muse
	km 102	560 m	**Auberge du Désert**

Etappe 5

ST.NAZAIRE-LE-DÉSERT - ROMANS-SUR-ISÈRE (96 km)

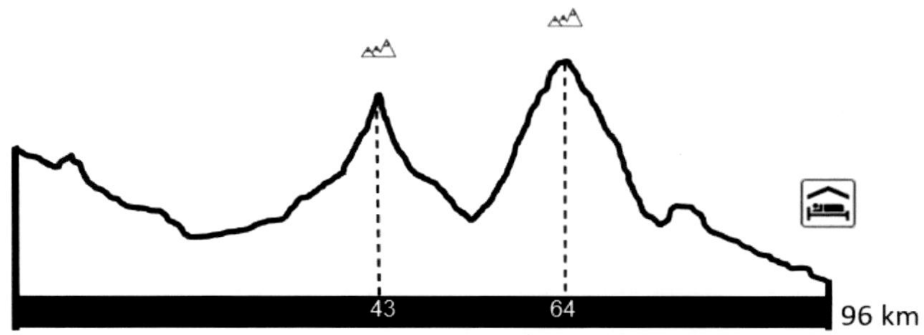

		km 43	745 m	Col de la Croix
		km 64	841 m	Col Jérôme Cavalli
		km 96	154 m	**HR Le Clos des Tanneurs**

Tour 16: Tour de Tim: Saar-Lor-Lux: Überherrn - Perl - Überherrn

(3 Etappen, 2019)
Carte Michelin 307
> 5 % - 9 %
Luxembourg By Cycle: PC 1 - PC 23
>> 9 % - 13 %
(gut asphaltiertes Radwegenetz)
>>> über 13 %

Hotel in Überherrn: HR Chapeau Noir:
www.hotel-chapeau-noir.com

16.1 Überherrn - Lothringen - Perl (104 km)

Überherrn - F - D 55 Merten - li D 55 F Dalem - Teterchen - Velving - > - D 55 Bettange - D 55 C - li D 53 - Guinkirchen - re D 53 B Hinckange - re D 72 - > - Hayes - re D 71 > Vry - D 67 Vigy : **Café de la Place** (facebook.com) - re D 52 St. Hubert - Villers-Brettnach - nach 1 km: re zur D 3: li Bock ange - li Piblange - re > D 53 Hestroff - D 118 J >> Hobling - > Menskirch - D 63 D - Bibiche - > - Rodlach : re Waldweistroff - D 60 D - Laumesfeld - re D 63 > Haute Sierck - D 855 - Kerling-lès- Sierck - D 61 Rettel - **Mosel- Radweg - D - Perl: >> Hotel-Restaurant Hammes**
www.hotel-hammes.de

alternativ: > **Eft-Hellendorf: Landgasthof Sonnenhof**

www.sonnenhof-perl.de

16.2 Auf Luxemburgs Radwegen unterwegs (158 km)

Perl - Lux - Schengen - Contz-les-Bains bis Abfahrt D 62 Gavisse - Fixem - Rodemack(<< la Carcassonne Lorraine >>) - > Halling - Preisch - **PC 6** - Altwies - Brem Wee - unter Autoroute - re Bréim - li CR 148 - **PC 11** Charly Gaul (<< L'Ange

de la montagne >>) - > Hassel EuroVélo 5 - Hesperange - **PC 1**
> Luxembourg - re **PC 2** Bech - > - vor **Echternach (!)** re CR
378: Auberge de Jeunesse am Echternacher See: **Pause** (97 km)
www.youthhostels.lu) - um den See - zurück **PC 2** - > - Bech:
li Vélo Pommarium - Boudler - Biwer - Ecker - re **PC 4** Oling
en - CR 134 Roodt-sur-Syre - Mensdorf - Beyren - Gostingen -
Wormeldange - über die Mosel - **Radweg:** rheinland-pfälzisch/
saarländisches Ufer - vor Perl: li > - Straße Zum Kreckel
berg nach Sehndorf - re Perl - li > nach Linkskurve: re
Hubertus-von-Nell-Straße:
Hotel-Restaurant Hammes

alternativ: > **HR Sonnenhof, Eft-Hellendorf**

Dalheim: Café Bom Petisco (facebook.com)
(portugiesisches Café mit kleinen Essensangeboten)

V1, V2, V3 bei schlechterem Wetter:

Variante 1: **126 km**
Ernster re **PC** 4 Mertert - **PC 3** Grevenmacher - Mosel überqueren - **Mosel-Radweg** bis **Perl**

Variante 2**: 134 km**
PC 2 bis vor Bech: Boudler - Biwer - PC 4 - Mertert - Grevenmacher - Mosel überqueren - **Mosel- Radweg** bis **Perl**

Variante 3: **132 km**
PC 2 bis Bech - re Berbourg - Manternach - **PC 4** bis Mertert - Grevenmacher - Mosel überqueren - **Mosel-Radweg** bis **Perl**

16.3 Grenzland-Tour Perl - Überherrn: **80 km**: **9 x (!) über die Grenze**
D*:* **Perl - Lux:** Schengen: Monument **„Schengener Abkommen“**- **F:** Apach - li > Rue de Belmach - Belmach - > **Radweg** Merschweiller - Manderen - >>> **(20 %)** Château de Malbrouck **(Café Burg Malbrouck)** - **D: Radweg** (Eft - Büschdorf) **F:** Scheu-

erwald - **D: Saarland-Radweg** („Steine an der Grenze“) - vor Silwingen re L 172 Biringen - li Oberesch - re Diersdorferhof - Fürweiler - > **F:** Otzwiller - Schwerdorff D 256 D - Neunkirchen-lès-Bouzonville - L 171 **D:** Niedaltdorf (Tropfsteinhöhle, **Pause** im idyllischen **Bistrot Bagatelle: www.bistrot-bagatelle.de**) - L 354 Ihn - re > Leidingen/ **F:** Leiding : Vortrag Franz, Gedicht: „Die Grenze“, von Alfred Gulden - Schreckling - Aubachweg > **D:** Bedersdorf - > Ittersdorf: Saarland-**Radweg** - St. Oranna-Kapelle - Orannastraße - **Berus**: **Europa-Denkmal** -
Überherrn: HR Le Chapeau Noir

Tour 17: „Back to the Roots" - 40 Jahre Vogesen (2019) Saarbrücken - Hochvogesen - Saarbrücken (6 Etappen, mit Höhenprofilen)

Carte Michelin 315

Hotels in Saarbrücken:
Motel One: www.motel-one/saarbruecken.com
Victor's Residenz-Hotel: www.victors/saarbruecken.de Hotel Am Triller: www.hotel-am-triller-saarbruecken.de

17.1 SB-St. Arnual - Petersbach (85 km, 960 Hm)

Radweg Saar bis Wittring - D 33/D 83 Kalhausen - Schmittviller - Rahling - Butten - Neubau - am Ortseingang Ratzwiller re **RF** du Gruenewald - Waldhambach - am Wasserturm re - Tal - auf der Kuppe li : Rue des Cerises: Weislingen - re Rue de la liberté - **RF** Tieffenbach - D 919 Frohmuhl - re **RF** Rue de la Petite Pierre - D 9 überqueren - **RF** du Weyerkopf nach Eschbourg - **Graufthal** : <Les maisons des rochers>: **Felsenwohnungen** - Rue du Vieux Moulin - **RF** du Rehbach - 370 m:

Petersbach: HR Aux Deux Clefs

www.aux-deux-clefs-67290.alsacehotelsweb.com

17.2 Petersbach - Donon - Champ du Feu - Fouchy (144 km, 1700 Hm)

Petersbach (370 m) - li D 107 - li D 122 Graufthal (200 m) - Oberhof - D 104 Phalsbourg - Route des Trois Maisons nach Lutzelbourg (170 m) - **Radweg am Canal de la Marne au Rhin**: **Vallée des Eclusiers** bis Arzviller: re D 97 - direkt li Rue de l'Aubergé - Auberge Altenburger **(www.altenburger.fr)** - **Canal** bis Hesse: li **Radweg** li und re der D 96 D - Hartzviller - li D 44 A Voyer - D 44 C Abreschviller - D 44 D 145: **Côte de l'Engin (789 m)** - D 993

Col du Donon (727 m) - D 392 Raon-sur-Plaine: **HR de la Poste (www.restaudelaposte.fr)** - Raon-L'Etape - D 32 E St. Blaise - Moyenmoutier - D 37/D 49/ D 45 **Col d'Hermanpaire (608 m) -** Provenchères - D 23 Lubine - **Col d'Urbeis (602 m)** - D 39 - **Fouchy: HR Diette (www.hotel-diette.fr) (Pauschalpreis: 52 € p.P., jeden Dienstag im Juli/August: Soirée Barbecue, musique !)**

17.3 Königsetappe in die Hochvogesen: Fouchy - Markstein (130 km, 2900 Hm)

Fouchy - D 39 - **Col d'Urbeis (602 m) -** D 23 Colroy - li D 23 Lusse - re/li D 23 B Lesseux - Route de Lesseux - Combrimont - Bertrimoutier D 23 - **Col de Mandray (694m)** - Fraize - re Rue de l'Eglise - Rue des Aulnes - Rue de Sandreville - D 415 überqueren - D 73 Ban-sur-Meurthe: **Défilé de Straiture** (wunderschönes Meurthe-Tal mit Schlucht) **- Col de Surceneux (810 m)** - D 23 Xonrupt-Longe-mer - Route du Lac - am Beginn des Lac de Longemer: **<Route Forestière des 17 km>** - Bas Rupts - D 486 - **Col de Grosse Pierre (955 m): Auberge <Le Montagnard> /L'Étable (le-montagnard-88-vosges.fr) -** re : **Croix des Moinats -** nach 2 km: zum **Col de Lauvy** - Cornimont - Xoulces - **RF Col de la Vierge (1067 m) -** Col de Bramont - Kruth-Wildenstein - D 27 **Markstein:** 1,5 km vorher re: **1150 m: Chalet du Treh/Amis de la Nature**

www.amisnature-mulhouse.org
Alternativen: **www.chalethotel-grandballon.com**

www. auberge-steinlebach.com
Abendessen und Frühstück: **Ferme Auberge du Treh: www.fermeauberge-treh.fr** (10' zu Fuß oberhalb, **belle vue!!!**)

17.4 Markstein - Hohneck - Route des Crêtes - Fouchy (100 km, 1500 Hm)

Chalet du Treh - Le Markstein (1200 m) - Route des Crêtes: D 430 - **Hohneck (1363 m ü NN): < Souvenir Franz Haßdenteufel >**

- Col de la Schlucht (1135 m) - D 61: Route des Crêtes - D 148 - **Gazon du Faing (1280 m)** - Col du Calvaire (1144 m) - Col du Bonhomme (950 m) - D 415 - Plainfaing: re: Place de l'Eglise - Le Ban St. Dié - Chemin de Guerreau - Fraize - D 23 re **Col de Mandray (694 m):** re **RF** zum **Col du Pré de Raves (1008 m)** - Col des Bagenelles (908 m):

Ferme Auberge <La Graine Johé> - D 48 Sainte-Marie-aux-Mines - **PC** Lièpvre -D 48. 1 - **Col de Fouchy (603 m)** -
Abendessen: **<Baeckeoffe>: <u>Fouchy HR</u> <u>Diette</u>**

17.5.1 Fouchy - Elsässische Schweiz - Wimmenau (115 km, 1800 Hm)

Fouchy - PC Fouchy - Villé - li D 424 1,5 km - St. Martin re D 424 Breitenbach - **Col du Kreuzweg (766 m) - RF La Rothlach (950 m)** - D 66 Grendelbruch - Schwarzbach - Witsches - D 392 Urmatt - in Niederhaslach - Oberhaslach: D 218 - **Col des Pandours (662 m)** Wangenbourg -Engenthal - D 218 Obersteigen - in Rechtskurve vor Reinhardsmunster: **li > RF** - Saverne - **Canal de la Marne au Rhin** - Steinbourg - Hattmatt - Dossenheim - **Radweg** - li: Neuwiller-lès-Saverne - re Weiterswiller - D 56 Weinbourg - Les Quatre Vents D 919 li nach 2 km re - li: **Radweg** bis

<u>Wimmenau</u>: **<u>HR à l'Aigle</u>**

17.5.2 Von Fouchy durch das Donon-Massiv in das <Krumme Elsass> (141 km, 2200 Hm)

Fouchy - Villé - St. Martin - **Col de Steige (534 m)** - D 424 St. Blaise-la-Roche - **Col du Hantz (641 m)** - D 49 Neuve Grange **RF Col de Prayé (785 m)** - Col du Donon - D 44 - 2 km vor Abreschviller: re **RF** Grand Soldat - **Col de Brechpunkt (560 m)** - **MF du Hengst (891 m)** - Auberge du Windsbourg - Wangenbourg-Engenthal - D 218 Obersteigen - in Rechstskurve vor Reinhardsmunster: **li > RF** - Billebaum - re Schaeferplatz - Saverne - **Canal de la Marne au Rhin** -

Steinbourg - Hattmatt - Dossenheim - **Radweg** bis Neuwiller-lès-Saverne: **HR Herrenstein (www.du-herrenstein.alsacehotelsweb.com)** - Weiterswiller - D 56 Weinbourg - Les Quare Vents - li D 919 - nach 2 km: re - li: **Radweg Wimmenau: www.hotelrestaurantalaigle.fr**

17.6 Wimmenau - **Saarbrücken**
(80 km, 580 Hm)

Wimmenau - Col de **Puberg (350 m)** - Volksberg - Weislingen - Waldhambach - Diemeringen - Lorentzen - **PC** Voellerdingen - Oermingen: Rue des Alliés - **PC** Hutting - Wittring: **PC Canal de la Sarre -** Sarreguemines - **Saarbrücken-St. Arnual: Kulturbiergarten**

TOUR 17: BACK TO THE ROOTS HÖHENPROFILE VOGESEN

1ÈRE ETAPE: SAARBRÜCKEN – PETERSBACH (80 KM)

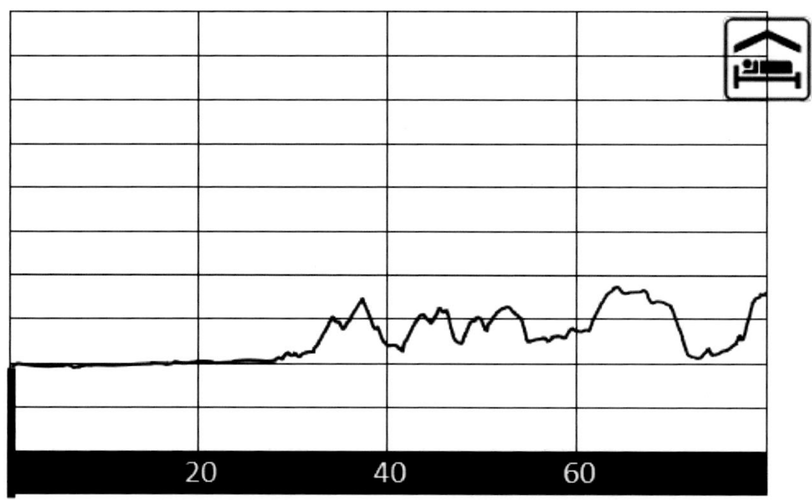

[Hotel-Symbol]	km 80	367 m	Hotel Aux Deux Clefs

2^{E} ETAPE: PETERSBACH - FOUCHY (144 KM)

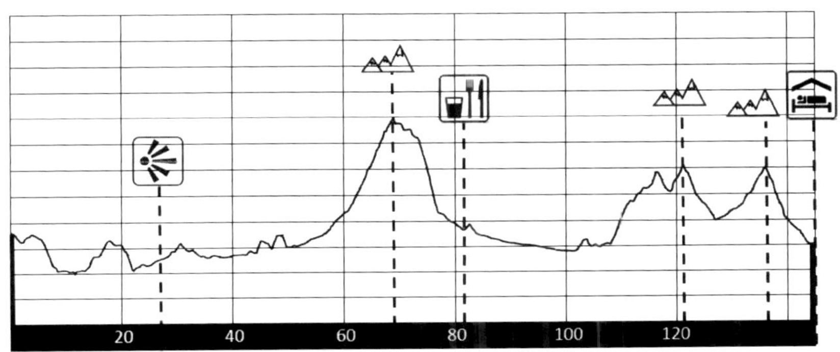

	km 25	≈ 250 m	La Vallée des Eclusiers
	km 68	789 m	Côte de L'Engin
	km 77	400 m	Hotel de la Poste (Raon-sur-Plaine)
	km 121	608 m	Col d'Hermanpaire
	km 136	602 m	Col d'Urbeis
	km 144	304 m	Hotel Diette

3[E] ETAPE: FOUCHY – LE MARKSTEIN (130 KM)

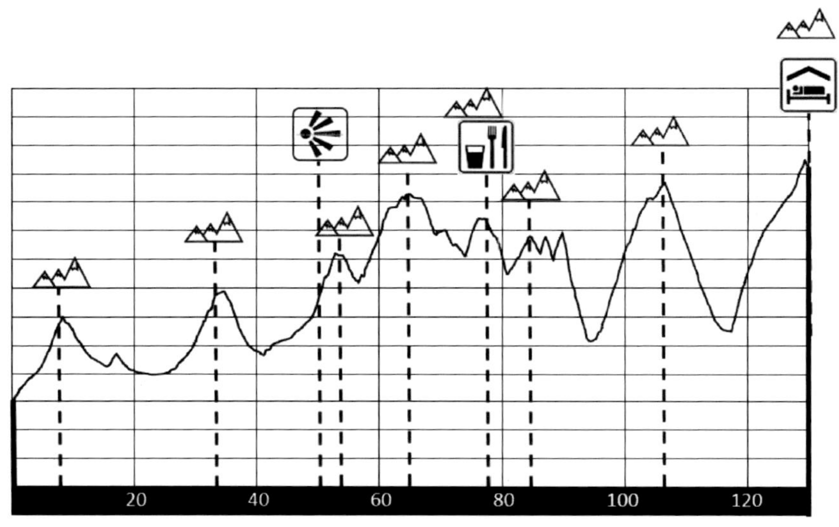

	km 8	602 m	Col d'Urbeis
	km 33	694 m	Col de Mandray
	km 50	670 m	Défilé de Straiture
	km 53	810 m	Col de Surceneux
	km 65	1032 m	RF des 17 km
	km 76	955 m	Col de Grosse Pierre
	km 77	950 m	Le Montagnard
	km 85	890 m	Col de la Croix des Moinats
	km 106	1069 m	Col de la Vierge
	km 130	1150 m	Le Markstein (près de)
	km 130	1150 m	Auberge Du Treh

4[E] ETAPE: LE MARKSTEIN - FOUCHY (100 KM)

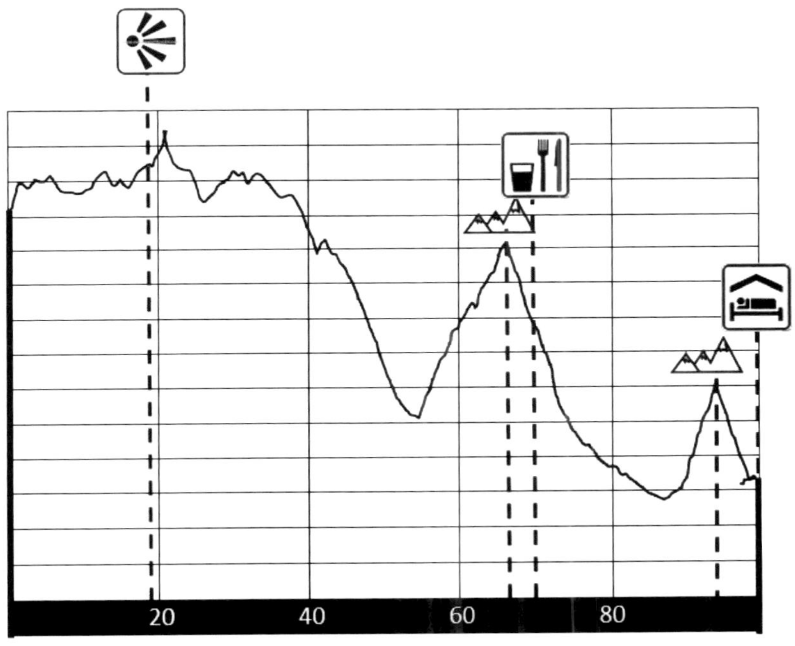

	km 21	1363 m	Souvenir Franz Haßdenteufel
	km 66	1008 m	Col du Pré de Raves
	km 68	875 m	Ferme Auberge La Graine Johé
	km 94	603 m	Col de Fouchy
	km 100	304 m	Hotel Diette

5[E] ETAPE: FOUCHY - WIMMENAU (141 KM)

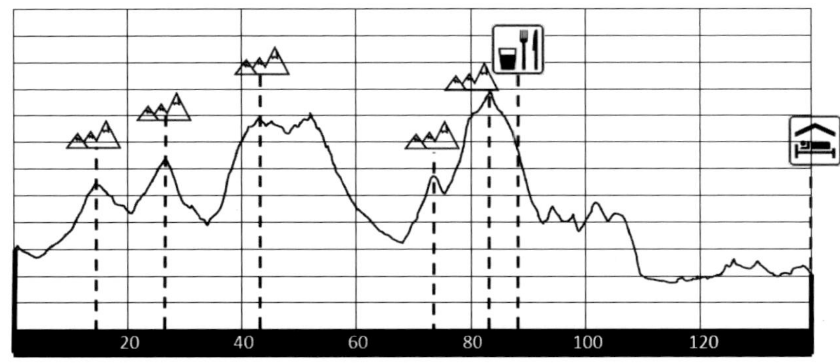

	km 14	540 m	Col de Steige
	km 27	644 m	Col du Hantz
	km 43	784 m	Col de Prayé
	km 74	560 m	Col de Brechpunkt
	km 84	890 m	MF du Hengst
	km 88	760 m	Auberge de Windsbourg
	km 141	200 m	Hotel à L'Aigle

Tour 18: Tour de Lavande im Garten Eden: Drôme / Signal de Lure (6-8 Etappen)
Saint-Nazaire-le-Désert - Signal de Lure - Saint-Nazaire (2022, mit Höhenprofilen)

Carte Michelin 332

Samstag Anreise: **Saint-Nazaire-le-Désert**: **www.auberge-du-desert.com** Alternative für Start/Ziel bei **Bourdeaux:**
Domaine les Sibourgs: sibourgs.com

18.1 St. Nazaire – Les Omergues (85 km, 1850 Hm)

D 335 - D 173 A - Haute Gumiane - D 173 - **Col de Pré Guittard (914 m ü. NN)** - D 61 - Cornillon - sur -l'Oule - Rémuzat D 162 - **Col de Soubeyran (994 m) -** Bellecombe - D 510 - D 64 - **Col de Peyruergue (820 m)** - li D 65 - St. Auban-sur-l'Ouvèze: <Auberge de la Clavelière> **(www.laclaveliere.com)** - **Col de Mévouillon (890 m) -** re D 546 - Séderon - **Col de la Pigière (968 m) -**

Les Omergues: Hôtel l'Étape: letape-les-omergues.eatbu.com
alternativ: **Séderon: Hôtel Les Portes de la Méouge: www.lesportesdelameouge.com** (öffentliches Schwimmbad neben Hotel)

18.2. Königsetappe in die **Montagne de Lure (120 km, 1780 Hm)**
für 2 Tage: Übernachtung in **Cruis** oder auf 1600 m Höhe unterhalb des Signal de Lure im **Gîte des Crêtes de Lure**
Für 2 Tage von **Séderon - Cruis - Séderon:**
140 km (2100 Hm)

Les Omergues - D 946 - Noyers-sur-Jabron - D 4085 re Peipin (450 m) - D 951 **- Cruis:** B&B <Le Grangeon> (**www.hotelmania.net**), Restaurant: Bistrot des Alpes (**www.bistrotdepays.fr**), Auberge de l'Abbaye (**www.hotel-restaurantcruis.fr**) - St. Étienne-les-Orgues: Bar <Le Ski Club> - re D 113 - auf 1600 m: Gîte des Crêtes de Lure („atemberaubendes Panorama", mit Übernachtung: **www.gitedelure.fr) - Signal de Lure (1826 m ü. NN, Straße: 1745 m)** - D 53 Valbelle - li D 946 (510 m) - Noyers-sur-Jabron: Bar <Le Central>: **le-central-noyers-sur-jabron.fr** - D 946 -

Montfroc: Les Ricoux
Séderon: HR Les Portes de la Méouge

Les Omergues: Hôtel l'Étape

18.3 Les Omergues - Les Omergues (86 km)
Les Omergues - Séderon - **Gorges de la Méouge** („das Wunder der Haute-Provence": traumhafte Stellen zum Baden !)
- Sisteron - D 53 - Vallée du Jabron

Montfroc/Les Omergues

alternativ: **70 km-Runde Montfroc - Montfroc**

Montfroc - **Col du Macuègne (1068 m)** - D 63 **Col de l'Homme Mort (1212 m)** Sault - Aurel - Montbrun-les-Bains - **Col de Macuègne** **Les Omergues, Séderon**

18.3 Les Omergues - St. Nazaire (102 km, 1500 Hm):

Les Omergues (800 m) - D 942 - **Col de la Pigière (968 m)** - **Col de Macuègne (1068 m)** - D 542 Montbrun-les-Bains - re D 159 **Col d'Aulan (845 m)** - St. Auban-sur-l'Ouvèze: <Auberge de la Clavelière> - Ste Euphémie - D 546 - Vallée de l'Ouvèze - 4 km vor St. Martin re D 108 - **Col d'Ey (718 m)** - Sainte Jalle - li D 64 - Curnier - re **Voie Verte** (=Piste cyclable, Radweg) <Au Fil de l'Eygues> - nach 8 km li D 570 Villeperdrix - **Col de la Pertie (972 m)** - 827 m ü NN - **Col du Pré Guittard (914 m)** - Haute-Gumiane - re D 173 A - D 335 - Saint-Nazaire **Auberge du Désert**

Ruhetag (<Jour de repos>):

- **Schwimmen:** idyllische Badestellen im Vallée de la Roanne Piscine St. Nazaire/- **Badesee (Pas des Ondes)** bei Cornillon-sur-l'Oule **(48 km** über Col de Pré Guittard und zurück)

18.4, 18.5, 18.6.1, 18.6.2, 18.7: Vorschläge für Donnerstag, Freitag, Samstag:

St. Nazaire - St. Nazaire

18.4 Geierrunde !!! (72 km): St. Nazaire - D 335 - li D 271 - re D 627 - Les Ubacs - Faucon - **Col de Chamauche (1035 m)** - D 135 Chalancon - D 61 - Rémuzat: Film über die Geier (= les vautours) im Office de Tourisme - D 94 - re St. May - **Karl May „Unter Geiern": Rocher du Caire (777 m)** : **Geier-Kolonie** - Villeperdrix - **Col de la Pertie (972 m)** - 827 m - **Col du Pré Guittard (914 m)** - Haute Gumiane - re D 173 A - D 335 - **St. Nazaire**

18.5 Runde über **Die (78 km): St. Nazaire -** D 135 Pradelle - re D 140 Aucelon - **Col de Pennes (1040 m)** D 340 - D 93 **Die** (<Clairette de Die>) - Pontaix - li D 157 - D 135 Vallée de la Roanne **St. Nazaire**

18.6.1 Sportliche Runde: 130 km über **Nyons** <la capitale mondiale des olives noires>:

St. Nazaire -D 335 - D 173 A Gumiane - D 173 **Col de Pré Guittard (914 m) -** D 570 **Col de la Pertie (972 m)** - Villeperdrix - D 94 Sahune - die Eygues überqueren - re **Voie Verte (Radweg)** 10 km : <Au fil de l'Eygues> bis Curnier – D 185B – Les Pilles – D94 – Nyons -D 538 - re Les Paréjats - D 506 Venterol - D 538 Rousset-les-Vignes - re D 552 Le Pègue - Chemin de la Roche- St. Secret - **Col du Pègue (502 m)** - Roche - St. Secret - Dieulefit - **Col du Pertuis (626 m)** - li D 110 - re D 197 - Francillon-sur-Roubion - D 538 Bourdeaux - Bouvières - **Col Lescou(829 m)**

St. Nazaire

18.6.2 alternativ: verkürzte sportliche Runde: 116 km
wie 130 km bis **Montjoux**: **re** D 130 - nach 2 km li D 330 Vesc - **Col de l'Homme (616 m)** - Crupies - D 70 Bouvières - **Col Lescou (829 m)** -
St. Nazaire

18.7 Runde über Dieulefit (80 km)

St. Nazaire - **Col Lescou (829 m)** - Bouvières - **Col de la Sausse (791 m)** - Défilé de Trente Pas - D 130 **Col de Valouse (735 m)** - **Dieulefit** - D 547
Comps - re D 223 **- Col de Vesc (725 m)** - Vesc - li D 330 **- Col de l'Homme (616 m)** - Crupies - D 70 - Bouvières - **Col Lescou (829 m) -**

St. Nazaire

Sonntag Rückfahrt

TOUR 18 HÖHENPROFILE

TOUR 18

MONTAGNE
DE
LURE

2022

INFOS PRATIQUES:
- ALTIMÈTRES -
- COLS -
- RAVITAILLEMENT -
- HÉBERGEMENT –

1ÈRE ETAPE: SAINT-NAZAIRE-LE-DÉSERT – LES OMERGUES (85 KM, 1850 HM)

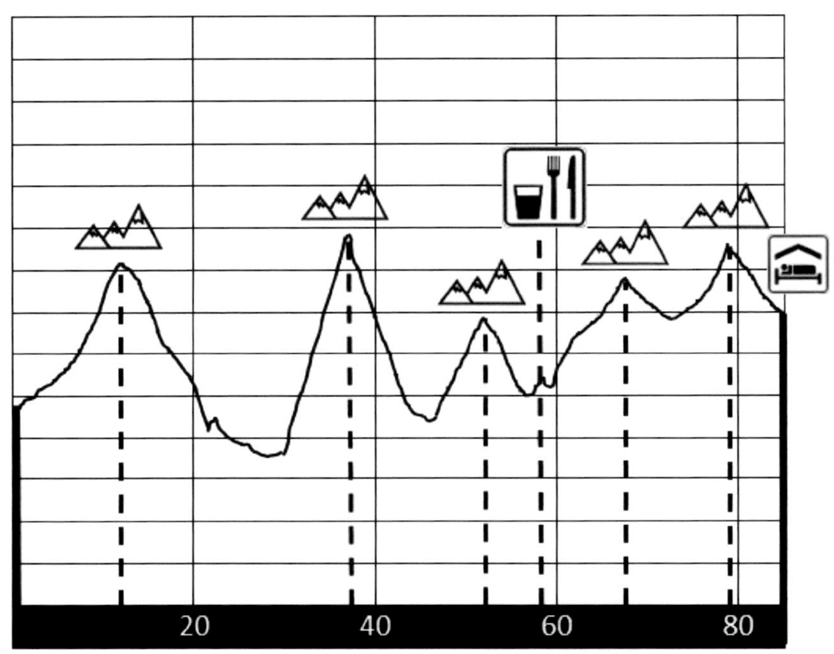

	km 12	914 m	Col de Pré Guittard
	km 59	642 m	St. Auban-sur-l'Ouvèze
	km 37	994 m	Col de Soubeyran
	km 52	820 m	Col de Peyruergue
	km 68	890 m	Col de Mévouillon
	km 78	968 m	Col de la Pigière
	km 83	820 m	Les Omergues – L'Etape

2[E] ETAPE: LES OMERGUES – SIGNAL DE LURE - LES OMERGUES (120 KM, 1780 HM)

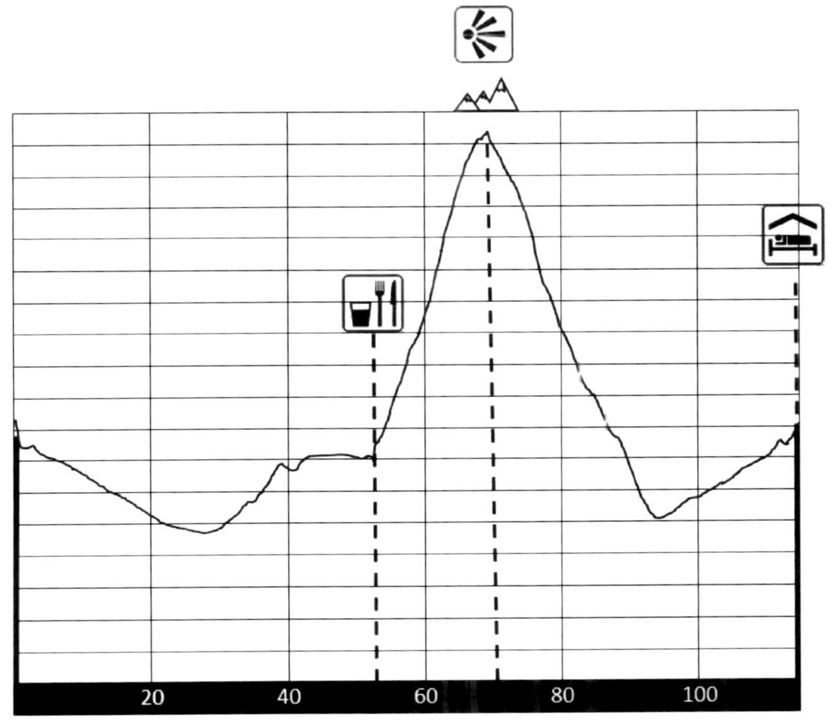

	km 54	700 m	Bar Ski Club
	km 71	1745 m	Signal de Lure
	km 118	820 m	Les Omergues – L'Etape

3[E] ETAPE: LES OMERGUES – SAINT-NAZAIRE-LE-DÉSERT (102 KM, 1500 HM)

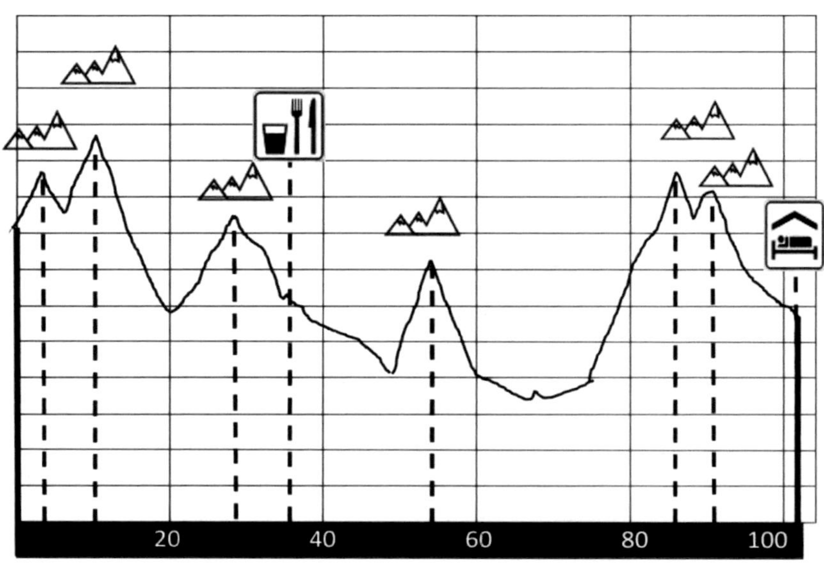

Col	km 5	968 m	Col de la Pigière
Col	km 12	1068 m	Col de Macuègne
Col	km 29	845 m	Col d'Aulan
Restauration	km 35	642 m	St. Auban-sur-l'Ouvèze
Col	km 54	718 m	Col d'Ey
Restauration	km 60	400 m	Sainte-Jalle
Col	km 86	972 m	Col de la Pertie
Col	km 90	914 m	Col de Pré Guittard
Hébergement	km 102	565 m	Auberge du Désert

4[E] ETAPE: GEIERTOUR (72 KM, 1360 HM))

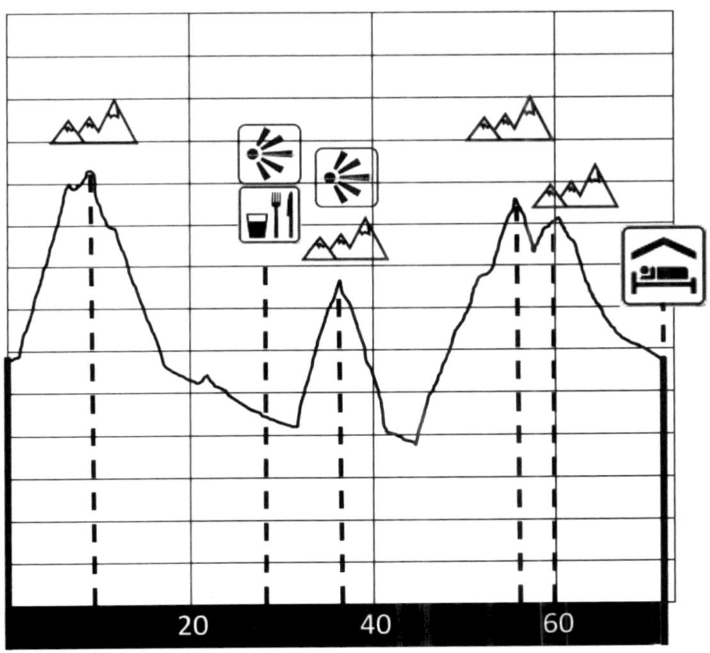

	km 10	1035 m	Col de Chamauche
	km 28	450 m	Rémuzat - OdT
	km 37	777 m	Rocher du Caire
	km 56	972 m	Col de la Pertie
	km 60	914 m	Col de Pré Guittard
	km 72	565 m	Auberge du Désert

5e ETAPE: CLAIRETTE DE DIE (78 KM)

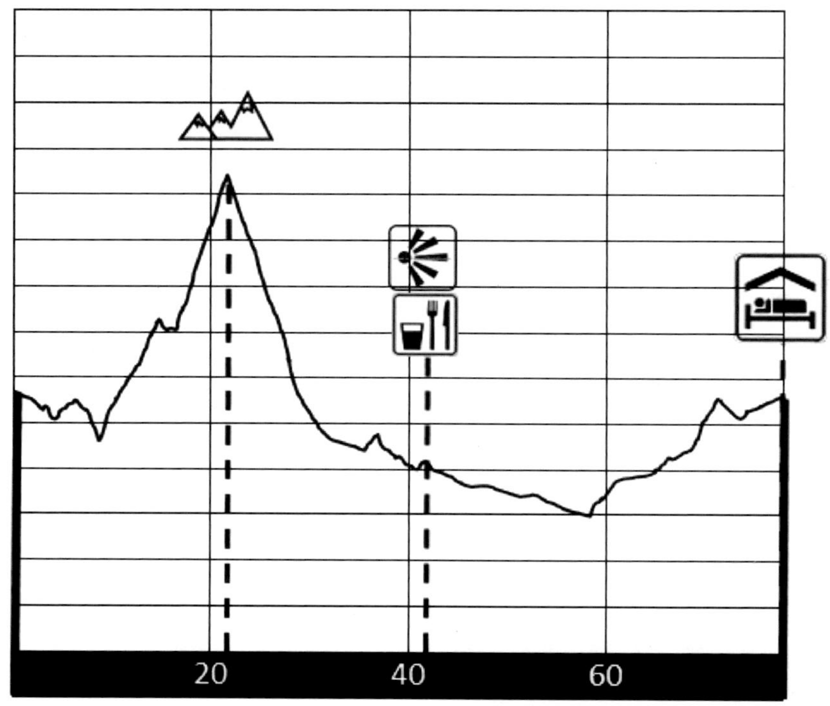

	km 21	1040 m	Col de Pennes
	km 42	425 m	Die - „Clairette de Die“
	km 78	565 m	Auberge du Désert

6.1[E] ETAPE: NYONS (130 KM, 2370 HM)

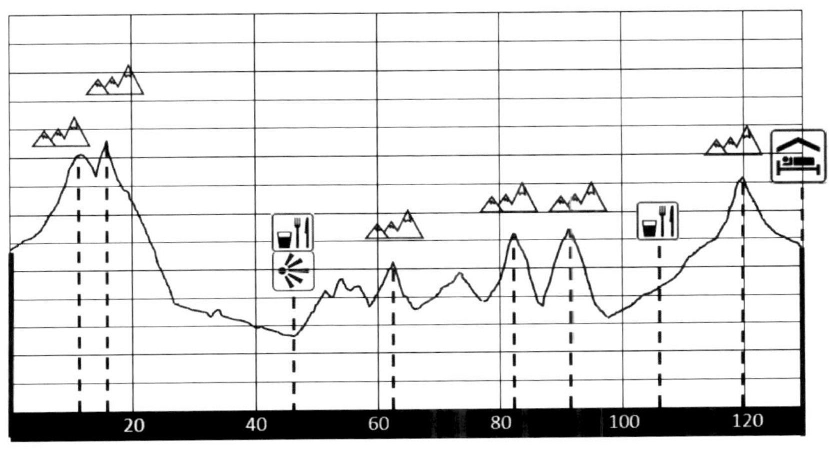

	km 11	914 m	Col de Pré Guittard
	km 16	972 m	Col de la Pertie
	km 47	266 m	Nyons
	km 63	502 m	Col du Pègue
	km 83	626 m	Col du Pertuis
	km 91	643 m	Col de Pascalin
	km 104	408 m	Bourdeaux
	km 119	829 m	Col Lescou
	km 129	565 m	Auberge du Désert

6.2^E ETAPE: NYONS (116 KM)

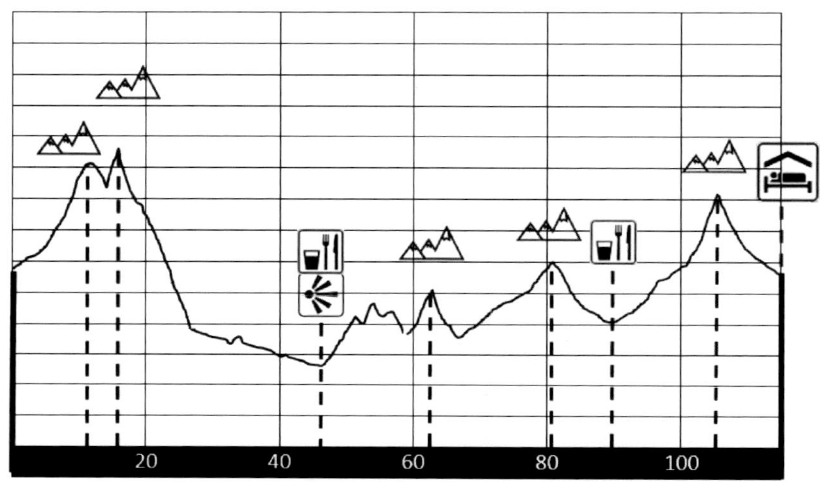

	km 11	914 m	Col de Pré Guittard
	km 16	972 m	Col de la Pertie
	km 47	266 m	Nyons
	km 63	502 m	Col du Pègue
	km 81	616 m	Col de l'Homme
	km 90	408 m	Bourdeaux
	km 106	829 m	Col Lescou
	km 116	565 m	Auberge du Désert

7[E] ETAPE: DÉFILÉ DE TRENTE PAS (80 KM)

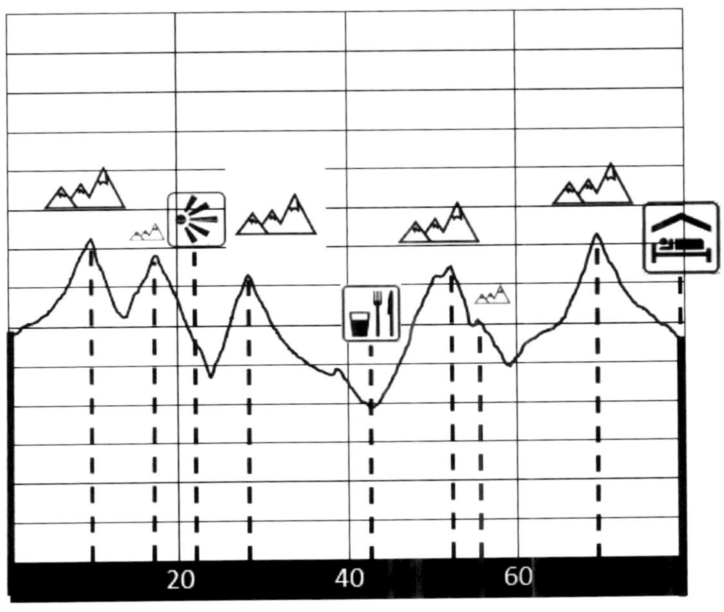

	km 10	829 m	Col Lescou
	km 18	791 m	Col de la Sausse
	km 22	550 m	Défilé de Trente Pas
	km 28	735 m	Col de Valouse
	km 43	380 m	Dieulefit
	km 53	725 m	Col de Vesc
	km 56	616 m	Col de l'Homme
	km 70	829 m	Col Lescou
	km 80	565 m	Auberge du Désert

Tour 19 „EWG-Tour“: D, F, B, Lux.

Saarbrücken - Maastal - Ardennen - Eifel- Saarbrücken

(8 Etappen ca. 780 km)

Hotels in Saarbrücken:

Motel One:
www.motel-one/saarbruecken.com

Victor's Residenz-Hotel:
www.victors/saarbruecken.de

Hotel Am Triller:
www.hotel-am-triller-saarbruecken.de

Cartes Michelin: 307 (Moselle, Meurthe-et-Moselle, Meuse)
534 (Belgique-Sud, Ardennes)
Luxembourg By Cycle (PC 1 - PC 23)
Maas-Radweg: Eurovelo 19: www.eurovelo.com
www.maasradweg.eu

19.1 Saarbrücken - Delme 80 km

Saarbrücken-St.Arnual (180 m ü. NN) - **Radweg *Frank-reich*:** Sarreguemines - **Piste cyclable (PC)** Grundviller: **PC** Rue de l'Étang - Puttelange-aux-Lacs: rue Jean Moulin - Rue des Tuileries - Rue de Rémering - Rémering-lès-Puttelange - **PC** Rue de Diederfing - re Castviller - Hilsprich: Rue de St. Jean - in Rechtskurve geradeaus: Zellen - D 29 B - Francaltroff - D 79 D/ D 79/ D 27 Morhange - D 78 Achain - Bréhain - li D 20 Oron - 210 m **Delme: HR À la 12:**
www.ala12.fr

19.2 Delme - Bislée 120 km

Delme - Lemoncourt - D 21 A Manhoué - D 32/ D 913 Le

Piroué - **PC** - Nancy - **Canal de la Marne au Rhin** - Neuves-Maisons - Toul - Pagny-sur - Meuse - Void-Vacon - **Maas-Radweg** - Commercy - vor St. Mihiel: 220 m: **Bislée: HR La Table des Bons Pères:**
www.relais-romainville.com

19.3 Bislée - Sédan 120 km

Bislée - Maas-Radweg vor **Sédan** (160 m):
Rémilly-Aillicourt: HR La Sapinière

www.la-sapiniere08.com

19.4 Rémilly - Sédan - Givet 120 km

Rémilly - Maas-Radweg - Sédan - Charleville-Mézières - 100 m: **Givet:**

HR Le Roosevelt (www.hotel-le-roosevelt.com)
oder:**HR Le Val Saint-Hilaire (www.hotel-val-st-hilaire.com)**

19.5 Givet (100 m) - La Roche-en-Ardennes 90 km

Givet - ***Belgien*** - Heer - re > N 989 - re N 915 - Mesnil-Saint-Blaise (300 m) - li N 910 - re: Mahou - Finnevaux - N 929 Houyet (130 m) - **PC** Rochefort (190 m) - Jemelle - Forrières - N 889 - > - Nassogne - > Bois de Nassogne: 535 m - Champlon (444 m) - li Journal - Grainchamps - Straße von Mièrchamps nach Erneuville überqueren - geradeaus an Flüsschen Ri de Bronse entlang: Grande Strument bis 223 m:
La Roche-en-Ardennes: HR Le Midi:
www.hotelmidi.be

19.6 Von La Roche-en-Ardennes in die Eifel nach Körperich (100 km)

La Roche (223 m) - > - Bérimenil (440 m) - Belvédère des Six Ourthe - Houffalize (370 m) - **RAVeL 163** - Bastogne (515 m) - **RAVeL 164** - Benonchamps - ***Luxembourg**:* **PC 20** - Wiltz - **PC 20** bis Kautenbach - 322 Consthum - Holzthum - Hauptstraße N 7 (E421) überqueren - weiter auf der 322 - nach Dickt: li 322 B Walhausen - Untereisenbach - über die Our : ***Deutschland*** **- re** D48 - in Gemünd (200 m): li > Dorfstr. L 10 - an der Abzweigung auf der Höhe **nicht** li nach Dauwelshausen - **re:** L 1 Rodershausen (502 m) - Bauler - 260 m :

Körperich: HR Im Goldenen Grund:
www.im-goldenen-grund.de

19.7. Körperich - Eft-Hellendorf 80 km

Körperich - Niedersgegen - 92 - Wallendorf-Pont - ***Luxembourg*** **PC 3** - Echternach - Mertert - Grevenmacher: Mosel überqueren 150 m ü. NN: ***Deutschland*** **Mosel-Radweg** auf rheinland-pfälzischer/ saarländischer Seite bis Perl - > li Triererstraße - Kirschenstraße - > L 170 Pillingerhof - **Radweg** Zum Schneeberg - Kirchenstr. - Efterstr. Poststr. - Merzigerstr.: 370 m:

Eft-Hellendorf: HR Sonnenhof
www.sonnenhof-perl.de

19.8 Eft-Hellendorf - Saarbrücken 70 km

Eft-Hellendorf - > Scheuerwald - **Saarland-Radweg** (Steine an der Grenze) - vor Silwingen re > L 172 Biringen - li Oberesch - an Gerlfangen vorbei - Siersburg - Rehlingen - **Saar-Radweg** bis:
Kulturbiergarten Saarbrücken-St. Arnual

Tour 20: „Mein" Rad-Marathon: Saarbrücken - Saarbrücken

Carte Michelin 315

Saarbrücken - Bliesgau - Pays de Bitche - Krummes Elsass - Nordost-Lothringen - Saarbrücken
(230 km, 5 humane Steigungen: > **5 % - 9 %))**

Hotels in Saarbrücken:

www.motel-one/saarbruecken.com

Victor's Residenz-Hotel: www.victors/saarbruecken.de

Hotel Am Triller: www.hotel-am-triller-saarbruecken.de

Saarbrücken-St. Arnual: Saar-Radweg bis Güdinger Schleuse - li Brückenstraße über die Saar - Fechinger Straße - Theodor-Heuss-Straße - Talweg - re Fechingen Provinzialstraße - Eschringen - L 107 Ommersheim - > Aßweiler - Biesingen li: im Dorf - **Radweg „Langes Tal"** nach Alschbach - Lautzkirchen - nach Bahnübergang li Florianstraße - In der Au - re/li **Radweg** Ingweiler - re: Störche in der Blies-Aue - re Ingweiler - li Raiffeisenstraße - Einöd: re Webenheimer Straße - unter Autobahn - dann li **Radweg** - Wolfslochstr. in Zweibrücken-Bubenhausen - Friedrich-Ebert-Straße - Etzelweg - li - re Rimschweilerstr. - re: **Radweg** Hornbach **(50 km)** - L 479 - Brenschelbach-Bahnhof - Frankreich/Lothringen D 85 Volmunster - Holbach - D 662 an Siersthal vorbei - Reyersviller - > - 1 km vor Bitche in Linkskurve re **Route Forestière, asphaltierter Forstweg**: **RF de Mouterhouse à Bitche** - Richtung Mouterhouse - nach 4 km li **RF du Hochkopf** über Col du Wiederschall nach Stockbronn - re 500 m Route Nationale (Hauptstraße) - in Eguelshardt li Rue de l'Église - Schweizerlaendel/La Petite Suisse - Rue du Waldeck - re **RF du Waldeck** an Burgruine Waldeck vorbei - nach 1 km li **RF de Hanau ou des Bornes** - nach 4 km **RF du Landersberg** - li **RF de Harzhofen** - über den Schwarzbach - > (3 %) bis zur D 87 - re: Neunhoffen: Krummes Elsass D 853 -

Dambach - D 53 Windstein -

Alternative für 2 Tage:
- HR du Windstein (nach 110 km):
www.hotelduwindstein.com
- Naturfreundehaus Sturzelbronn (nach 100 km, D 87, am nächsten Tag wie Hinweg 100 km zurück, oder 130 km Marathonstrecke):
www.amisnature67.org
mit Essen im **<Relais des Bois>** (300 m vom NF-Haus) **www.aurelaisdesbois.fr**

D 53 - Jaegerthal - Reichshoffen - D 662 **Gundershoffen - re: Boulangerie/Pâtisserie Rauch (120 km)** - Gumbrechtshoffen - li D 119 Pfaffenhoffen - re D 326 Mulhausen - Rothbach - D 198 Reipertswiller - li > D 157 **Wimmenau: HR à l'Aigle (150 km) www.hotelrestaurantalaigle.fr** - re 100 m D 919 - re über die Moder - li: 3 km **Radweg** bis Wingen-sur-Moder (**Musée Lalique) - > Col** de Puberg (350 m ü. NN) - re D 935 Volksberg - li De 239 - Weislingen: Rue des Cerises - Waldhambach - D 252 - D 919 Diemeringen: Boulangerie/Pâtisserie Hirtz (facebook.com) **(180 km)** -
- Lorentzen - **Radweg** bis Voellerdingen - D 919 in Oermingen: an Kreuzung re Rue des Alliés - re Rue de l'Étang - re **Radweg** über die Eichel - li/re Bahndamm überqueren - li parallel zur Bahnstrecke Hutting - li auf die D 83 - in Wittring auf **Radweg** am Saarkohle-Kanal entlang bis Sarreguemines - **Radweg** bis Saarbrücken -
nach 230 km zurück in Saarbrücken-St. Arnual: **„Am Paulaner"**

Touren 21: Meine Traumrunden Saarbrücken - Saarbrücken
(für einen Tag)

> 5 % - 9 %
>> 9 % - 13 %
>>> über 13 %
<u>**Hotels in Saarbrücken**</u>:

Motel One: www.motel-one/saarbruecken.com

Victor's Residenz-Hotel: www.victors/saarbruecken.de

Hotel Am Triller: www.hotel-am-triller-saarbruecken.de

21.1. Forellentour in den Hunsrück: Saarbrücken - Saarbrücken (110 km, 1200 Hm/128 km, 1430 Hm)
ADFC-Radtourenkarte Saarland / Mosel, Kompass-Fahrradkarte Saarland

HBF Saarbrücken: Saarland-Rheinland-Pfalz-Ticket (Mo - Fr: ab 9 Uhr, Sa, So ab 0 Uhr gültig): Zug bis HBF Trier - 6 km bis Ortsteil Ruwer (130 m): **Ruwer-Hochwald-Radweg: 50 km** (!) **lange Bahntrasse** (1 % - 2 % Steigung) mit schönen Gaststätten an der Strecke, (nach 30 km **Spießbratenhalle am Waldsee bei Schillingen: www.spiessbratenhalle.com)** - bis Hermeskeil (550 m) - L 165 - 300 m >>> **15 % -** re Züsch - > Neuhütten: li Dollbergstraße - wieder L 165 -

(Alternative für Kletterfans vor dem Forellen-/Saiblingessen: in Börfink, knapp 600 m ü. NN: li sehr schöner Forstweg 8,8 km > zum Erbeskopf, 816 m und zurück = **128 km)**

nach Börfink-Einschiederhof re: **Forellenhof Trauntal**, ein **Traumtal!**
www.forellenhof-trauntal.de
- L 165 Abentheuer - Brücken - re L 167 - vor Achtelsbach li Geißgrube - Meckenbach - > Söterner Straße - re - li - Obersötern - Lin-

denstraße in Sötern: Kirche - li Hauptstraße - nach 100 m: re Weiherdamm: **Radweg** Bosen - Jüdischer Friedhof Sötern - > Bosen - **Radweg** Bostalsee - an der Südspitze des Sees/Staumauer: re am **Römerhof** vorbei - **Hauptstraße** überqueren - **Radweg** Elsenbergermühle - danach 90 ° **li** den **asphaltierten** Weg nach **Steinberg-Deckenhardt** - re L 319 Güdesweiler: li Namborner Straße, am Ortsende re: Baumschule/ Alte Trierer Straße/**Skulpturenstraße** - nach ca. 3,5 km an Wegegabelung: 90 ° **re** nach Bliesen: Niederhofer Straße unter Brücke - re Am Bahnhof: re: **Bahntrasse St. Wendel** direkt in den **Bahnhof**: stündlich Züge nach **Saarbrücken**

21.2. Ein Highlight: Petersbach - Petersbach: Wald von Saverne, Donon-Massiv

150 km, **2100 Hm, auf Radwegen und verkehrsarmen Straßen**
Cartes Michelin 315

Start/Ziel: **<Hôtel Aux Deux Clefs>, Petersbach** 60 km von Saarbrücken
(www.aux-deux-clefs-67290.alsacehotelsweb.com)
alternativ: - von **Graufthal** (HR Au vieux Moulin:
www.auvieuxmoulin.eu
(130 km, 1800 Hm)
- vom **HR Ecluse** 34: 80 km, 1500 Hm (**Steinbourg,** 3 km östlich von Saverne am Kanal:

www.hotelecluse34.com
- Tipp für 3-4 Tage: Radvergnügen in der **Elsässischen Schweiz:**
Birkenwald: Hôtel Au Chasseur:
www.chasseurbirkenwald.com

Petersbach (370 m) - D 107 Lohr - li D 122 Graufthal (200 m) - Oberhof - D 104 - > Phalsbourg (380 m) - Route des Trois Maisons - Lutzelbourg - li Canal de la Marne au Rhin - Saverne (170 m) > Radweg/verkehrsarme Straßen Richtung Molsheim: Gottenhouse - Marmoutier > Salenthal (Tipp: 3 km re: **Birkenwa**ld HR Au Chasseur!!) - bis Romanswiller (200 m) - re > D 224 **Engenthal-le-Bas** - D 224 > Windsbourg - > **Route Forestière des Russes -**

Maison forestière du Hengst (890 m) - **RF des Russes** - Elsassblick - **RF de la Zorn jaune** - Petermuehl: re - **RF** bis Schaeferhof (250 m): re > D 45 Dabo - **La Hoube**: **Restaurant <<Le Zollstock>> !** **www.restaurant-zollstock.fr** (Essen wie früher in Frankreich, gut und preiswert) - La Hoube (630 m, höchstes Dorf im Département Moselle) - D 98 D - nach 3,5 km re: **RF du Kempel** - nach Forsthaus Baerenbach (250 m): re > **RF du Loeffelthal** - Haberacker (485 m) - Billebaum - Schaeferplatz - **RF de Billebaum à Saverne** - **Canal** de la Marne au Rhin,
nach 4 km ab re - li über Kanal - Steinbourg - Radbeschilderung Hattmatt - D 116 Dossenheim - li D 133 Oberhof - re D 122 bis Graufthal (200 m) - re **RF** Route du Moulin
Vieux - > - Ankunft: Rue des Vosges in **Petersbach** (370 m): **Hôtel <Aux Deux Clefs>**
(von Engenthal bis Schaeferhof: **30 km RF durch den Wald!**)

21.3. Saarbrücken - Karlsruhe

Auf Radwegen durch die Pfalz und das Nord-Elsass
(175 km)
Radkarte Die Pfalz, www.radwanderland.de

Saarbrücken-St- Arnual - Saar-**Radweg** bis Güdinger Schleuse /Wilde Ente - re - li Brückenstraße über die Saar - Fechinger Straße - Theodor-Heuss- Straße - Talweg -
re Fechingen - Provinzialstraße - Eschringen L 107 - Ommersheim - > Aßweiler - Biesingen li: im Dorf - **Radweg „Langes Tal"** - Alschbach - re Lautzkirchen, re - nach Bahnübergang li Bahnhof Lautzkirchen - in der Au - re - li: **Radweg** Ingweiler - li Raiffeisenstraße - Einöd - re Webenheimer Straße - unter Autobahn - dann li **Radweg** - Wolfslochstraße - li **Radweg** Zweibrücken-Stadtmitte - **Pirminius-Radweg** - Contwig - Dellfeld bis Thaleischweiler - „Biebermühle" (Bahnhof Pirmasens-Nord) - Brücke über B 270 - **Radweg Pfälzerwald-Tour** - durch Rodalben - in Münchweiler: > **Pirminius-Radweg** bis Hinterweidenthal - **Pamina Lautertal-Radweg** - Wissembourg **(F)**: **Pause** in dem idyllischen Städtchen - D 3 Richtung Lauterbourg -
1. nach 2 km: in Altenstadt (Einkaufszentrum) re asphaltierter **Rad-**

weg nach Lauterbourg oder
2. 2 km nach dem Ortsteil Wissembourg-Altenstadt: am Fußballplatz re - li um *Hippodrôme* herum (die *Pferderennbahn* rechts liegen lassen, 1,5 km nicht asphaltiert) - vor der D 244: parallel **Radweg** - Schleithal - Salmbach - Niederlauterbach - in Scheibenhard (***F***) über die Lauter - Scheibenhardt (***D***) - L 545 Neulauterburg - Berg - D 20 - Rheinfähre vor Neuburg - Neuburgweier - in Mörsch li Badener Straße - Rheinstetten - Forchheim re neben B 36 - mit Rad oder mit **Zug/Straßenbahn**: **Karlsruhe Hauptbahnhof**
Alternative zur Fähre: in Neuburg, linksrheinisch: **Rheinradweg Eurovelo 15** (laut Beschreibung: „fast durchgehend asphaltiert, meist Deichwege") durch die Rheinauen, in Maximiliansau über die Rheinbrücke nach **Karlsruhe**

21.4. Meine Lieblings - Trainingsrunde in Lothringen: 80 km/800 Hm

Carte Michelin 307, 315 oder Radwanderkarte Velo visa-vis (Saarbrücken)

Kulturbiergarten Saarbrücken-St. Arnual - an der Saar bis Grosbliederstroff - re D 31 - D 31 A Bousbach - > Rue de la Prairie - Tenteling - nach Kirche li : > Rue du Grauberg - **Radweg << Voie Romaine >>** („Römerstraße") - oben: Vogesenblick - geradeaus Hauptstraße überqueren - weiter Römerstraße - re Rue de Rouhling - Ippling - li 100 m Rue de Metz - an/nach der Kirche: re Rue de la Gare - re Rue des Fleurs - Radweg - Rue des Jardins - li Rue du Vieux Moulin (Richtung woustwiller) nach 400 m: re > Rue de la Forêt - **Radweg** bis Metzing: li Rue Saint Hippolyte - am Ortsende re: **Radweg** - an Abzeigung li: abfahren an Weiher (**Étang de Diebling**) vorbei - > bis Ortsanfang Guebenhouse: re: Rue du 4 décembre - an der Hauptstraße li - Ortseingang Puttelange: Kreisverkehr re Hauptstr. D 656 Rue de Metz - nach 150 m li: Rue des Tuileries - li Rue Jean Moulin - an der Hauptstraße: **Café Ferschneider** (mittags 12 h 30 - 14 h: fermé) - li Rue de l'Étang - vor Étang de Wetschhof: **Radweg** scharf re - Weiher li liegen lassen - > Grundviller: Rue Principale - **Restaurant <Le Villageois>(!): www.restaurant-le-villageois-grundviller.fr** - Rue de l'Église - li

Rue de Hambach - > **Radweg** Sarreguemines - vorher: **Hostellerie St. Hubert** : Pause am Hambacher Weiher (Urlaubsatmosphäre: **www.hostellerie-saint-hubert.com)** - > Hambach: li **Bahntrasse** - Sarreguemines - Grosbliederstroff: Restaurant **<Café de la Paix>** (exzellente Küche! **www.cafedelapaix.cc**) - oder stilvolles Café **Côté Canal (www.cotecanal.fr) - Radweg** an der Saar bis **Saarbrücken-Güdingen-Unner**

(Abkürzung direkt nach Saarbrücken: 80 km bei 600 Hm statt 85 km mit 800 Hm)

in Saarbrücken-Unner am Gasthaus „Zur Wilden Ente" (**www.wilde-ente.de**) vom Saar-Radweg li ab - re: Friedrich-Ebert-Straße - geradeaus über Kreisverkehr: Grenzweg nach **Frankreich**: Alsting, Ortsteil Simbach: Rue de Simbach - re Rue Robert Schuman: **idyllischer Radweg** durch das Spicherer Tal - 70 m >> **10 % -** 50 m >>> **13 % -** Spicheren: re Rue des Hauteurs de Spicheren - Abschluss im **historischen Gasthaus Woll: Biergarten** mit herrlicher Aussicht **(www.restaurant-woll.com)** - Straße rechts abfahren - in linker Haarnadelkurve **re** abbiegen - Vorsicht: 100 m nicht asphaltiert - am Campingplatz (einfache Gaststätte zum Entspannen: **www.camping-saarbruecken.de**) vorbei - Spicherer Weg - re Untertürckheimer Straße - re **Radweg** - Gaststätte am Tabaksweiher **(www.tabaksmuehle.de)** - Julius-Kiefer-Straße an die Saar: **Paulaner Biergarten**

21.5. Biosphärenreservat Bliesgau/Lothringen - Runde (115 km, 950 Hm)

Carte Michelin 307

Saarbrücken-St. Arnual: Saar-Radweg bis Güdinger Schleuse/Wilde Ente - re - li -Brückenstraße über die Saar - Güdingen - Fechinger Straße **- Talweg -** Fechingen: Provinzialstraße - in Linkskurve: **geradeaus:** Bliesransbacherstraße - nach Hotel Budapest > - li **Radweg** Straße zum Schwimmbad - in Eschringen: In der Dumpf - li - nach Kirche re: Karl-Leidinger-Straße - Gräfinthalerstraße -

Ponsheimerstraße - an Kreuzung (re: Ponsheimer Hof): **links** zur Gassenmühle - L 107 Ormesheim - > Ormesheim - Konrad Adenauerstr. Nr. 69: li Allmendstraße - **Forstweg** bergab - > - auf der Höhe 90 ° re am „Insektenhotel" vorbei - 300 m nicht asphaltiert, aber mit Rennrad gut befahrbar, im Wiegetritt fahren - an der Ziegelhütte Landstraße überqueren - **Radweg** - Aßweiler - li nach Biesingen: **Radweg „Langes Tal"** - Alschbach - Lautzkirchen Bahnhof: re **Glan-Blies-Radweg** Richtung Sarreguemines - 1,5 km nach Breitfurt: li Straße überqueren li - re - **Radweg** Altheim **>> 1 km 12 % -** Kirchheimer Hof - zum Neukahlenberger Hof - re L 103 Altheim: li Brenschelbachertraße - nach 200 m re: **Riesweilerweg** bis Peppenkum - Hauptstraße nach Guiderkirch: <Parc Naturel Régional des Vosges du Nord> - li - li: **Radweg - >>> 200 m 17 %** - Utweiler - Riesweiler - nach 1,5 km: re **Radweg „grüne Grenze"** nach Ormersviller - li - Volmunster - re - nach **66 km:** Volmunster-Weiskirch: **Restaurant <La Table Paysanne> (!) www.latablepaysanne.fr,** dienstags - freitags: dreigängiges Menu du jour 13 €
(**alternativ:** 2,7 km vor Weiskirch: **Restaurant Eschweiler Mühle! www.lemoulin-eschviller.fr**)

nach Weiskirch > D 85 - re D 85 B - Urbach - > Bettviller: re - li: Rue des Alliés, nach 200 m re: **Radweg** Rimling - > - Obergailbach **D (Saarland):** „Biosphärenreservat Bliesgau" - vor Reinheim: li **Bahntrasse** Richtung Sarreguemines **(F) -** in Folpersviller: li **Rue des Iris -** nicht mehr Radwegbeschilderung nach li folgen! - geradeaus - Neunkirch-lès-Sarreguemines - am Verkehrskreisel re Rue des Romains - li Rue de Graefinthal - Avenue de la Blies - Ampel li - re: Rue de l'Ecole - über die Saar - re - li - **Saar-Radweg** bis **Saarbrücken-St. Arnual**

21.6. Drei-Täler-Tour: 53 km, davon 43 km Radwege, 400 Hm, Steigung bis 12 %
Carte Michelin 307, Velo visavis

Saarbrücken-St. Arnual, Kulturbiergarten - re - an Abfahrt Ostspange vorbei - nächste Brücke („tote Brücke") li über die Saar -

Bahnschranke - Brebach - Zur Alten Fähre - Halberger Hütte li liegen lassen - li Scheidterstraße - re Kolbenholz - nach 200 m li Bischmisheimer Straße - re: 100 m auf die Kaiserstraße - am Friedhof re: **Radweg Grumbachtal** > über Autobahnbrücke li Sengscheid - re - Ensheimerstr. - nach 50 m li:
Hauptstraße Richtung Niederwürzbach - nach 1,5 km: li Radwegebeschilderung Reichenbrunn (Würzbachstr.) - in Oberwürzbach: Friedhofstraße - Talstraße - (**nicht** für
Rennräder: ausgeschilderter Radweg durch Wald) - Oberwürzbach: li parallel zur Hauptstraße L 235: Radweg Rittersmühle - auf L 111 - (re: **L 111 nicht zu empfehlen: 1,5 km auf stark befahrener, schmaler Hauptstraße)**
besser: L 111 **li** - nach 50 m an Bushaltestelle Rittershof re: Beschilderung „Hofgut Junkerswald“ - nach 50 m unter Eisenbahnbrücke: re Radweg Niederwürzbach: 1,3 km nicht asphaltiert, aber für Rennräder befahrbar - Niederwürzbach Bahnhof - geradeaus Würzbachhallenstraße - re auf Hauptstraße (Bezirksstraße) li - am Ende von Niederwürzbach li: Fahrradweg - vor Lautzkirchen: re Alschbach „**Langes Tal**“ >> **100 m - Rampe 12 %** - Biesingen: re **Radweg**: Seelbach, dann Fechingen über Römerstraße, im **Wogbachtal**: re 100 m: zur **Wogbachtalhütte !! (www.wogbachtal-huette.saarland)** - zurück **Radweg Fechingen** durch das Wogbachtal - 1.8 km nicht geteert, aber mit Rennrad gut befahrbar - Heringsmühle in Fechingen - li - re über den Talweg - Kurt-Schumacher-Straße - li Fechinger Straße - Brückenstraße über die Saar - re auf **Saar-Radweg - Kulturbiergarten Saarbrücken-St. Arnual**

21.7. Das Krumme Elsass: zum **HR <<A l’Aigle>> in Wimmenau**
(Hinweg **75 km,** hin und zurück: **151 km, 1550 Hm)**
Carte Michelin 315 oder 307
Alternative:
Teile der Strecke mit Zug (Saarbrücken/ Sarreguemines - Strasbourg, oder:
Rückweg 3 km bis Wingen-sur-Moder, Zug bis Sarreguemines, dann 18 km auf **Saar-Radweg** auspedalieren bis **Paulaner Biergarten** in Saarbrücken

Saarbrücken-St. Arnual, Kulturbiergarten - Saar-Radweg - Sarreguemines - bis Wittring - li - re D 33 - > nach Kalhausen-Gare: re: Hutting - Oermingen - li am Bahnhof

D 123 > Dehlingen - Butten - > Neubau - Ratzwiller: nach dem Ortseingang an der Rue Principale N° 23: re > **RF** - li - Maison Forestière de Gruenewald - > Waldhambach li, li > Rue Principale - am Wasserturm re : Rue de Weislingen - Tal - > auf der Kuppe: li auf **Radweg** Rue des Cerises - Weislingen - li Grand' Rue - D 239 > Volksberg - > D 935 - li D 333 Rosteig - Wingen-sur-Moder - nach Bahnunterführung li: Rue de la Gare - **Radweg** bis Wimmenau - nach **75 km**: **Hôtel-Restaurant A l'Aigle: www.hotelrestaurantalaigle.fr,** dienstags bis samstags: Hors d'oeuvres, Plat du jour 10 € (!) - zurück **Radweg** bis Wingen-sur-Moder (200 m, ab hier Zug möglich) - D 919 - 5 km > **Col de Puberg** (350 m) - re > D 935 Richtung Volksberg - nach 3,5 km an Tannenwäldchen re: **RF** Rue du Roesert - im Wald **vorsichtig** abfahren (geteert, aber Schlaglöcher) - im Tal li - kurz nach Ratzweiler Mühle: an Weiher re > Rue du Moulin - Ratzwiller - D 123 Neubau - Butten: nach Kirche re: Rue de Rahling - re Rahling -

li Rue d'Altkirch > - Bining: Rue Sainte-Croix - li Rue de Singling - bei Singling D 84 überqueren - Rue de Singling Gros-Réderching - re - li - > Rue des Vosges - li > Rue de l'Étang - > Route Romaine - auf Kuppe li: an Windrädern vorbei - re Rue de la Forêt - Woelfling - > Rue de l'Ecole - > Route Romaine - re Rue Hermeskappel - D 82 B Bliesbruck - re Rue de la Gare: re **Bahntrasse** Sarreguemines - re - in Folpersviller: li **Rue des Iris** - nicht mehr Radwegezeichen nach li folgen ! - geradeaus Neunkirch-lès-Sarreguemines - am Verkehrskreisel re Rue des Romains - li Rue de Graefinthal - Avenue de la Blies - Ampel li - re: Rue de l'École - über die Saar - re - li: **Saar-Radweg** bis **Saarbrücken-St. Arnual: Kulturbiergarten**

21.8. Pfälzerwald-Tour: Zum Naturfreundehaus in Heltersberg und zurück
(2 Etappen)
Radkarte Pfalz, www.radwanderland.de

Etappe 1: 140 km, ca. 1300 Hm

Paulaner Biergarten - wie **Tour 21.3 (Saarbrücken - Karlsruhe)** bis **Zweibrücken:**
Saar-**Radweg** bis Güdinger Schleuse/Wilde Ente - re - li Brückenstraße über die Saar - Fechinger Straße - Theodor-Heuss-Straße - Talweg - re Provinzialstraße - Eschringen - L 107 - Ommersheim - > Aßweiler - Biesingen - li im Dorf **Radweg „Langes Tal"** - Alschbach - re Lautzkirchen - re - nach Bahnübergang li Bahnhof Lautzkirchen - in der Au - re - li **Glan-Blies-Radweg** bis Ingweiler - im Ort li Raiffeisenstraße - Einöd - re Webenheimer Straße - unter Autobahn - dann li **Radweg** bis Bubenhausen: Etzelweg - am Ende li - re - **Radweg** (Bahntrasse) bis Hornbach - li nach Mauschbach - li nach Dietrichingen - Kirschbacherhof (Storchenkolonie) - L 480 Richtung Großsteinhausen - vorher re - über Bach - li Richtung Riedelberg - nach 300 m am ehemaligen Zollhaus re - Opperding - Rolbing - D 86C - > - Dorst - re Waldhouse - li D 86 - li D 86B: >> **Côte de Liederschiedt** - Schweix - im Tal re L 478 bis Eppenbrunn: Kuchen im **Hotel-Restaurant Kupper** (sehr schön zum Übernachten! **www.kupper.de**) - im Ort li Hasentalstraße Richtung Ransbrunnerhof - L 485 > - Glashütte - Langmühle - Salzwoog: re L 486 Richtung Dahn - vor der B 427 auf **Radweg Pamina-Lautertal** - Hinterweidenthal - B 10 an Fußgängerampel überqueren - **Radweg Pfälzerwald-Tour** durch das Zieglertal - > - vorbei an Burg Gräfenstein zur Linken - Merzalben - re L 496 > Leimen - > bis zur B 48 - li 3 km B 48 (stark befahren, **Vorsicht!**) bis 100 m vor Johanniskreuz: li **Radweg Südwestpfalz-Tour** bis Heltersberg: am Friedhof li Schwarzbachstraße - nach 1 km li zum **Naturfreundehaus In der Lettenkaut:**
Einfache Doppelzimmer, sehr preiswerte Küche **(!)**, schöner **Biergarten** am Waldrand:
www.naturfreunde-heltersberg.de

Etappe 2: 85 km bis Saarbrücken:

L 499 Waldfischbach-Burgalben - li Hauptstraße - unter der B 270 auf **Radweg Pfälzerwald-Tour** - vor der „Biebermühle“ (Züge stündlich bis Saarbrücken) re **Radweg** Thaleischweiler-Fröschen - nach 2 km re Wallhalber Tal: Pause/Kuchen: **Waldgaststätte „Kneispermühle“ !** (auch preiswerte Übernachtungsmöglichkeiten: **www.kneispermuehle.de**) - L 475 Wallhalben: Zweibrückerstraße L 469 - > - Winterbach - Niederhausen - Oberauerbach - Niederauerbach - **Radweg** durch Zweibrücken z.T. am Schwarzbach entlang - Einöd: li Webenheimerstraße - nach 100 m re: Am Alten Bahnhof - Ingweiler - li **Glan-Blies-Radweg** - Lautzkircher Bahnhof - re - li St. Ingberter Straße - li Alschbach - „Langes Tal“ - >> Biesingen: weiter wie: **6. „Drei-Täler-Tour“: Radweg** über den **Römerweg:** Seelbach - Heckendahlheim am Flughafen Ensheim vorbei ins Wogbachtal**: Wogbachtalhütte: www.wogbachtal-huette.saarland** - zurück zum **Radweg** Fechingen bis Heringsmühle: li - re über den Talweg - Kurt-Schumacher-Straße - li Fechingerstraße - Brückenstraße über die Saar - re zum **Saar-Radweg - Kulturbiergarten Saarbrücken St. Arnual**